관계 속에 계신
삼위일체 하나님

관계적 삼위일체론의 역사

관계 속에 계신 삼위일체 하나님

웨슬리신학연구소 편

Triune God in Relation

차례

Triune God in Relation

프롤로그 •

삼위일체론의 가치와 중요성

기독교 신앙을 바르게 이해하기 위해서는 삼위일체론에 대한 이해가 필수적이다. 왜냐하면 삼위일체론은 기독교의 정체성과 기독교 신론의 핵심을 드러내는 교리이기 때문이다. 토마스 토렌스[Thomas F. Torrance]가 언급한 바와 같이 삼위일체론은 "하나님 지식의 근본적 문법"[1]이라고 할 수 있다. 고대의 교부 아타나시우스[Athanasius]는 삼위일체 교리로 기독교가 서고 쓰러질 수 있음을 인식하고, 하나님에 대한 교회의 모든 오류는 삼위일체 교리에 대한 잘못된 이해로부터 비롯된다고 하여 삼위일체 교리를 중시하였다.[2] 사실 우리에게 삼위일체론이 없으면, 우리는 하나님을 바르게 이해하거나 표현할 수 없고, 또한 기독교 진리를 바르게 정립할 수도 없다. 삼위일체론으로 인해 우리는 예수를 구세주로 받아들일 수 있고, 성령을 하나님으로 고백할 수 있으며, 성부, 성자, 성령을 한 분 하나님으로 설명할 수 있다.

삼위일체 교리는 초대 기독교 공동체의 하나님 만남 경험을 교회가 일관성 있게 표현한 것이다. 따라서 삼위일체 교리는 초대 기독교 공동체의 구원 경험에 대한 신학적 산물이라고 할 수 있다.[3] 초대 기독교인들은 하나님 경험과 구원 경험을 통해, 한 분이신 하나님은 성부, 성자, 성령의 세 위격으로 역사하신다는 삼위일체 믿음을 갖게 되었고 이것을 그들 신앙의

---

1 Thomas F. Torrance, *The Christian Doctrine of God, One Being Three Persons* (Edinburgh: T & T Clark, 1996), 2.

2 Herman Bavinck, *The Doctrine of God*, trans. William Hendricksen (Edinburgh: Banner of Truth Trust, 1977), 281, 285.

3 다니엘 미글리오리/이정배 옮김, 『조직신학입문』(서울: 나단, 1994), 104, 113.

중심에 두었다. 이런 까닭에 삼위일체론은 성부, 성자, 성령 하나님의 구원사건을 설명해주는 기독교 신앙의 핵심 교리가 되었다.

그러나 삼위일체론은 기독교 신앙의 핵심 교리로서의 그 가치와 중요성에도 불구하고 점차 신학의 역사에서 변방으로 밀려나게 되었다. 왜냐하면 그동안 삼위일체론이 기독교인의 구원 경험에 대한 신학적 진술이 아니라, 어떻게 한 분 하나님이 성부, 성자, 성령의 세 인격으로 존재하느냐 하는 사변적이고 추상적인 문제를 다루는 것으로 취급되었기 때문이다. 따라서 삼위일체론은 어렵고 추상적이며 난해한 교리, 또는 교회에 별 도움을 주지 못하는 무의미한 사변으로 인식되었다. 이 같은 상황은 니케아 공의회Council of Nicaea, 325에서 선언한 성부와 성자의 동일본질homoousios이 성부와 성자간의 구별 문제를 야기하자 이에 대한 답을 찾는 가운데 초래되었다. 초기의 삼위일체론은 기독교 공동체의 하나님 구원 체험의 관점이 아닌 존재론적 관점에서 하나님을 탐구하였기 때문에, 즉 성부와 성자, 성령 사이의 내적 관계를 다루었기 때문에 추상적이며 사변적인 탐구로 고착화되었다. 이러한 경향은 근대와 현대에 이르기까지 지속되었다. 특히 칸트Immanuel Kant, 1724-1804나 슐라이어마허Friedrich Schleiermacher, 1768-1834 같은 이들은 삼위일체론을 하나의 사변적인 교리 또는 기독교 신앙과 무관한 부차적이고 이차적인 교리, 실제적 가치가 없는 교리로 간주하였다.[4]

이런 경향이 전환점을 맞이한 것은 20세기 후반에 이르러서였다. 1970년대 중반 이후 위르겐 몰트만Jürgen Moltmann을 비롯한 많은 학자들이 삼위일체론에 깊은 관심을 갖고 연구하기 시작했다. 이를 통해서 삼위일체론은 하나님에 대한 사변적, 추상적, 형이상학적, 비실제적 교리가 아니

---

4   Immanuel Kant, *The Conflict of Faculties, trans.* Mary J. Gregor (New York: Abaris Books, 1979), 65; Friedrich Schleiermacher, *The Christian Faith*, trans. and ed. H. R. Mackintosh and J. S. Stewart (Edinbergh: T & T Clark, 1968), 738.

라, 기독교 신앙의 핵심을 말하는 매우 실제적, 실천적 가치를 지닌 교리로 등장하게 되었다.

그러나 1970년대 한국의 신학계는 해방신학과 민중신학에 관심과 열정을 가지고 있었고, 삼위일체에 대한 관심과 연구에 대해서는 둔감하였다. 해방신학과 민중신학이 한국 신학계에 미친 영향이 팽배하던 시기에 필자는 영국의 런던 대학교에서 신학 공부를 하고 있었다. 그 당시 런던 대학교의 신학 풍조는 삼위일체론에 대한 관심과 함께 이에 대한 연구에 열정을 보였지만, 해방신학에 대해서는 거의 관심을 보이지 않았다. 이런 풍조는 필자로 하여금 삼위일체론에 관심을 갖게 하였고 삼위일체론 연구로 학위를 받기에 이르게 하였다. 귀국하여 삼위일체론을 주제로 여러 곳에서 강의를 하였다. 그동안 한국 신학계는 삼위일체론에 대한 연구를 생산해 내지 못했다. 90년대 초에 이르러서야 이종성 박사의 『삼위일체론』이 출판되었으나 한국 신학계의 관심을 삼위일체로 돌려놓지는 못했다. 그러나 2000년대에 이르러 삼위일체론에 대한 논의가 활발하게 전개되고 있어 삼위일체론은 르네상스 시대를 맞이하고 있는 듯 보인다.[5]

최근 삼위일체론의 동향과 관계적 삼위일체론의 의의

최근의 삼위일체론은 성부, 성자, 성령 삼위 하나님이 세상의 구원을 위해 역사하신 일에 대한 서술로 이해하고, 이러한 이해를 통해 삼위일체 교리가 기독교인의 삶에 추상적이고 사변적인 교리가 아니라 실제적인 교

---

5 독일의 신학자 쉐델(E. Schaedel)과 슈뵈벨(Christoph Schwöbel)은 오늘날 새롭게 조명되고 있는 삼위일체론에 대한 관심을 "삼위일체 신학의 르네상스"(The Renaissance of Trinitarian Theology)라는 말로 표현하였다. Cf. 임홍빈, 『현대의 삼위일체론』(서울: 생명의 씨앗, 2006), 23; Christoph Schwöbel, "Introduction: The Renaissance of Trinitarian Theology-Reasons, Problems and Tasks," in *Trinitarian Theology Today: Essays on Divine Being and Act* ed. Christoph Schwöbel (Edinburgh: T & T Clark, 1995), 1-30.

리로서 가치가 있음을 강조하는 특징이 있다.⁶ 특히 최근의 삼위일체론의 한 특징으로 '관계적 삼위일체론'이 거론되고 있다. 관계적 삼위일체론은 하나님을 관계 relation 또는 관계성 relationality 의 관점에서 해석하고 이해하는 삼위일체 신학의 한 분야이다. 필자를 비롯한 관계적 삼위일체론자들은 삼위일체론이 인간의 이상적인 삶과 바람직한 사회 그리고 공동체 형성을 위한 신학적 근거를 제공해 줄 수 있다고 주장한다.

관계적 삼위일체론은 하나님을 하나의 궁극적 실체가 아니라 하나님 자신은 물론 그가 창조하신 세계와 관계하시는 분으로, 즉 하나님을 관계적 존재로 이해한다. 이러한 시도는 하나님을 실체 개념이 아닌 관계 개념으로 이해하려는 것이다. 이러한 시도는 하나님을 한 신적 본질 one divine nature 이나 한 신적 실체 one divine substance 로 이해한 서방교회의 전통에 대한 비판인 동시에, 성서와 동방교회의 전통으로 다가가려는 움직임이다. 이런 관점에서 신학을 하는 이들은 하나님과 세계의 상호 침투적 관계를 새롭게 인식하여 현대 세계에서 일어나는 문제들에 해답을 제공하고자 한다.

삼위일체론에서 중요한 문제는 한 분 하나님이 어떻게 성부, 성자, 성령의 세 위격으로 존재할 수 있는가, 또는 성부, 성자, 성령이라는 세 신적 위격이 어떻게 한 분 하나님일 수 있느냐 하는 것이다. 이것은 하나님의 통일성 unity 과 삼위성 trinity 의 관계에 관한 문제이다. 전통적으로는 인간의 정신 구조의 특성과 유비 속에서 삼위일체를 이해하려는 '심리적 삼위

---

6 최근 삼위일체 신학의 주요 특징들에 대한 연구로는 박만, 『현대 삼위일체론 연구』(서울: 대한기독교서회, 2003), 17-44를 보라. 박만의 연구에 따르면, 첫째, 최근의 삼위일체론은 삼위 하나님의 구원 사건에 대한 신학적 해명으로 간주되어 기독교인의 삶에 큰 영향을 끼치는 실제적인 교리로 인식되고 있다. 이런 성향의 신학자들로 칼 바르트(Karl Barth), 칼 라너(Karl Rahner), 발터 카스퍼(Walter Kasper), 캐서린 라쿠나(Catherine M. LaCugna), 위르겐 몰트만(Jürgen Moltmann) 등이 있다. 둘째, 최근의 삼위일체론은 이상적인 정치, 경제, 사회, 그리고 생태계 회복 등을 위한 신학적 원리를 삼위일체에서 찾고자 한다. 이런 성향의 신학자들로 몰트만, 보프, 라쿠나, 샐리 맥페이그(Sallie McFague) 등이 있다. 셋째, 최근의 삼위일체론은 유신론과 무신론의 극복으로서 삼위일체론을 제시하고 있다. 이런 성향의 신학자들로 바르트, 융엘(E. Jüngel), 몰트만 등을 꼽을 수 있다.

일체론'이 득세하였다. 그러나 이러한 삼위일체론은 삼위의 통일성이 삼위성을 압도하는 경향이 있고, 하나님의 삼위성을 충분히 반영하지 못하여 성서가 말하는 하나님의 구원 사역을 이해하는 데 어려움을 주었다. 통일성과 삼위성의 관계 문제에 대한 답변은 크게 두 가지로 구분되어 시도되었다. 첫째, 하나님의 통일성에서 출발하여 하나님의 삼위성의 과제를 풀어내려는 시도이다. 이러한 시도는 하나님의 통일성을 전제하는 단점을 가지고 있다. 둘째, 하나님의 삼위성에서 출발하여 하나님의 통일성을 설명하려는 시도이다. 여기서는 하나님의 삼위성을 전제하는 위험이 있지만, 하나님의 세 위격 간의 상호관계를 통해 이런 위험을 극복하고자 한다. 이러한 시도의 큰 특징은 하나님의 세 위격을 관계, 연합, 일치, 페리코레시스 개념 등으로 해명하여 하나님을 관계, 공동체, 사회 등으로 이해함으로써 인간의 사회와 삶에 새로운 갱신을 이끌어 내는 것이다. 따라서 이에 대한 관심과 연구를 주목할 필요가 있다.

하나님을 관계적 존재로서, 그리고 독립된 세 위격 사이의 사랑과 섬김의 공동체로 이해하는 관계적 삼위일체론은 자유와 평등, 그리고 상호 존중에 근거한 세계 공동체 형성에 유용한 신학으로 작용할 수 있다. 관계적 삼위일체론은 양극화로 인해 소외와 분열 속에서 고통당하고 있는 세계와 사회 그리고 인간의 구원을 위하여, 특히 지배와 복종이 아닌 상호 존중과 사랑의 관계를 위하여, 진정한 정의와 자유, 진정한 사귐과 일치, 진정한 해방과 평화를 위한 공동체 형성을 위하여, 억압과 성차별이 사라진 세계 형성을 위하여, 생태계의 회복을 위하여 살아갈 수 있는 원리와 모델을 제시해 준다. 우리는 관계적 삼위일체론을 통해 '관계', '공동체', '사랑', '생명', '자유,' '생태계' 등에 대한 새로운 통찰을 얻을 수 있다.[7]

---

7   이에 관해서는 김영선, 『관계신학』(서울: 대한기독교서회, 2012)을 보라.

약육강식이 범람하고 갑甲과 을乙로 구별되는 사회를 바라보며 웨슬리 신학연구소는 삶의 원리로서의 관계를 중시하고 이를 기독교인의 구체적인 삶과 긴밀하게 연결하여 삼위일체를 우리의 친숙한 교리로 삼기 위하여, 인간과 사회와 세계의 구원을 모색하는 데 기여하기 위하여, 그리고 하나님 나라의 오심에 기여하기 위하여 삼위일체를 특성화하고 전문화한 '관계적 삼위일체론' 프로젝트를 해당분야에 정통한 신학자들과 함께 기획하였다. 여기에 수록된 논문들은 이 프로젝트에 참여한 신학자들의 연구 결과이다. 이 연구서는 '관계'를 주제로 삼위일체론을 다루고 있기 때문에 삼위일체론의 역사 속에서 '관계'와 연관된 학자들의 삼위일체론을 고찰한다. 여기에 선정된 학자들, 즉 카파도키아의 교부들Cappadocian Fathers, c.329-c.394, 아우구스티누스Augustinus, 354-430, 성 빅또르의 리샤르Richard of St. Victor, 1123-1173, 토마스 아퀴나스Thomas Aquinas, 1224/5-1274, 장 칼뱅Jean Calvin, 1509-1564, 요나단 에드워즈Jonathan Edwards, 1703-1758, 칼 바르트Karl Barth, 1886-1968, 위르겐 몰트만Jürgen Moltmann, 1926-현재, 볼프하르트 판넨베르크Wolfhard Pannenberg, 1928-2014, 존 지지울라스John D. Zizioulas, 1931-현재, 레오나르도 보프Leonardo Boff, 1938-현재, 캐서린 모리 라쿠나Catherine M. LaCugna, 1952-1997 등은 다양한 특성과 차이가 있지만 근본적으로는 관계적 삼위일체론에 부합하는 신학자들이다. 선정된 신학자들의 삼위일체론은 우리가 삶의 자리에서 맺는 다양한 '관계'를 위해 많은 진리를 제공해줄 수 있을 것이다.

2015년 7월
김영선

■
■

Triune
God
in
Relation

카파도키아 교부들의
삼위일체론에 대한 신학적 성찰

■ 곽혜원[1] ■

❧

I. 카파도키아 교부들의 삼위일체론 논의를 시작하면서

1. 최근 신학계의 삼위일체론에 대한 재조명

"하나님이 삼위일체 되신 분임을 모르는 사람은 기독교에 대해 아무 것
도 모른다."[2] "삼위일체 하나님에 대한 정통 고백은 기독교 신앙과 모든
종교의 심장부이다."[3] 이런 주장과 같이 삼위일체론은 기독교 복음의 진
수를 간직한 교리이다.[4] 삼위일체론은 기독교 신앙과 신학의 총괄이라고

---

1   이화여대 사회학과를 졸업했고, 한세대와 장로회 신학대학원에서 신학을 공부했으며, 독일 튀빙
엔 대학(Tübingen Universität)에서 조직신학 박사학위(Dr. theol.)를 받았다. 현재 21세기 교회
와 신학의 새로운 패러다임을 구축하는 연구공동체 <21세기교회와신학포럼> 대표이다. 저서로는
Das Todesverständnis der koreanischen Kultur(한국 문화의 죽음이해, 2004), 『현대세계의
위기와 하나님의 나라』(2008), 『삼위일체론 전통과 실천적 삶』(2009), 『자살문제, 어떻게 할 것인가』
(2011), 『존엄한 삶, 존엄한 죽음』(2014), 『제2종교개혁이 필요한 한국교회』(공저, 2015)가 있으며,
역서로는 위르겐 몰트만(J. Moltmann)의 저서들 『절망의 끝에 숨어있는 새로운 시작(2006), 『세계
속에 있는 하나님』(2009), 『하나님의 이름은 정의이다』(2011), 『희망의 윤리』(2012)를 번역했다.

2   G. W. F. Hegel, *Vorlesungen über die Philosophie der Weltgeschichte*, vol. III
(Hamburg, 1923), 722.

3   나지안주스의 그레고리의 주장은 김석환, 『삼위일체론과 성령론』(서울: 한국학술정보, 2007),
112에서 인용.

4   로저 올슨, 크리스토퍼 홀/이세형 옮김, 『삼위일체』(서울: 대한기독교서회, 2004), 10.

해도 과언이 아닌데, 이는 기독교의 핵심이 바로 삼위일체 하나님에 대한 진리 안에 함축적으로 들어 있기 때문이다. 이 삼위일체론은 기독교를 특징짓는 핵심 교리이기도 하다. 즉 삼위일체 하나님에 대한 신앙은 기독교를 다른 종교로부터 구별하는 기독교의 독특성을 대변한다: "고대의 종교적 세계에서 기독교가 외친 하나님의 삼위일체론은 기독교를 다신론, 범신론, 단일신론으로부터 구분하는 이론이었다."[5]

그런데 이처럼 중요한 삼위일체 교리가 매우 유감스럽게도 서방교회에서는 아우구스티누스Augustinus, 354-430 이후 거의 1,500년 동안 답보상태에 놓여 있었다. 더욱이 서방교회 삼위일체론은 지나치게 철학적이고 추상적인 방향으로 발전함으로써 대다수 그리스도인의 삶에 있어서 유명무실한 교리로 간주되었다. 서방교회의 삼위일체론은 하나님의 구원역사와 거의 단절되어 사변적으로 논의됨으로써 그리스도인의 신앙에 별 다른 영향력을 행사하지 못하게 되었던 것이다. 실제로 서방교회의 역사에서 삼위일체론은 영원부터 홀로 자존하시는 하나님의 내적인 깊은 신비를 다루는 철학적 사변, 신앙의 본질과는 무관한 부수적 교리로 이해되어왔다. 심지어 헬라 철학의 영향을 받은 비(非)성서적 교리[6]로 치부되기도 했다. 그리하여 삼위일체론은 기독교의 중요한 교리로 받아들여지고는 있지만, 실제로는 그리스도인의 구체적 신앙생활과 관계없는 교리로 여겨지게 되었다.

그러다가 20세기에 들어와 '삼위일체론의 르네상스' 시대가 열리면서 삼위일체론에 대한 재조명이 이루어지게 되었다. 이제 수세기 동안 관심

---

5   J. 몰트만/김균진 옮김, 『십자가에 달리신 하나님』(서울: 한국신학연구소, 1979, 16쇄), 336; cf. J. 몰트만/이신건 옮김, 『삼위일체와 하나님의 역사』(서울: 대한기독교서회, 1998), 9.

6   성서는 '삼위일체'(τριάς/trinitas)라는 단어를 분명히 명시하지 않지만 하나님께서 성부와 성자와 성령 세 위격으로 존재하신다고 명백히 증언함으로써, 우리는 성서 안에서 삼위일체 하나님에 관한 예표를 어렵지 않게 발견할 수 있다. 곽혜원, 『삼위일체론 전통과 실천적 삶』(서울: 대한기독교서회, 2009), 43-58.

의 영역 밖으로 밀려나 있었던 삼위일체론은 신학계에서 중심적 위치를 회복하게 되었고 그 본래적 의미를 되찾게 되었다. 따라서 삼위일체론에 대한 새로운 조명과 그 중요성에 대한 연구는 최근 신학계의 가장 주목할 만한 동향 가운데 하나라고 말할 수 있다.[7] 최근의 신학자들은 삼위일체론이 지금까지 서방 교회사에서 그리스도인의 삶과 무관한 철학적 사변으로 간주되어온 현실에 반기를 들고서 하나님의 구원사역에 대한 초대 교부들의 살아있는 신앙으로 말미암아 삼위일체론이 확립되었음을 강조한다. 특별히 그들은 초대 교부들이 온갖 우상숭배와 잘못된 이단사설이 만연한 로마 제국의 혼탁한 종교적 분위기 속에서 성서와 교회의 삶에 계시된 하나님의 실재에 대해 깊이 성찰하는 가운데 삼위일체론을 정립하게 되었음을 역설한다. 즉 삼위일체론은 철학적 사변의 결과물이 결코 아니라, 성서의 계시에 기반한 초대 교부들의 구원경험이 논리적 추론과정을 거치면서 자연스럽게 형성된 신앙고백이라는 것이다.

이러한 최근 신학계의 삼위일체론의 중요한 특징은 삼위일체 교리의 구원사와의 연관성을 강조하는 점에 있다. 그동안 삼위일체론이 구원론적 맥락에서 분리되어 하나님의 세 위격 사이의 내적 관계를 철학적으로 논구하는 사변적 교리로 이해되었던 데 반해, 최근의 삼위일체 신학은 삼위일체론의 본래 자리가 하나님의 구원사역에 대한 신학적 성찰이므로 그 논의도 삼위 하나님의 구원사역에서부터 시작되어야 한다고 주장함으로써 삼위일체 교리의 사변성을 극복하고자 한다. 그러므로 최근의 삼위일체 신학자들은 삼위일체론을 예수 그리스도와 성령을 통해 하나님께서 이 세상의 구원을 위해 행하신 사역에 대한 서술로 이해한다.[8] 이러한 최근 신학계의 경향은 보다 성서적인 삼위일체론을 형성하고자 하는 바람직한 시도로 평가될 수 있다.

---

7   박만, 『현대 삼위일체론 연구』(서울: 대한기독교서회, 2007), 16f.
8   캐서린 모리 라쿠나/이세형 옮김, 『우리를 위한 하나님』(서울: 대한기독교서회, 2010), 7, 28.

2. 카파도키아 교부들의 생애와 삼위일체론 역사에 끼친 공헌

서방교회에서 삼위일체론의 본래적 의미를 회복시키려는 르네상스 분위기가 조성된 것은 20세기 이르러 이루어진 동방정교회 신학자들과의 활발한 교류에 힘입은 바가 크다.[9] 동방정교회는 초대 기독교의 전통을 순수하게 계승해 왔는데, 특히 삼위일체론에 있어서 그러하다. 그래서 초대 교부들의 신학을 그대로 보전한 동방정교회의 삼위일체론은 서방교회의 삼위일체론보다 한 수 위라는 평가를 받고 있다. 특별히 4세기 동방교회의 카파도키아 Cappadocia 교부들은 정통 삼위일체론의 뼈대를 형성함으로써 모든 삼위일체론이 지향해야 할 교리적 표준을 제시했다. 이들은 삼위일체론을 위시해 그리스도론과 성령론이 아직 정립되지 않았던 초대 교회 당시 각종 이단사설에 대항하여 정통적 입장을 개진함으로써 후대의 신학 발전을 위한 귀중한 기초를 쌓았다. 그러므로 카파도키아 교부들의 삼위일체 하나님에 대한 논의는 삼위일체론 연구에 있어서 결코 빼놓을 수 없는 대단히 중요한 테마이다.

여기서 카파도키아 교부들의 생애에 관해 간략히 살펴보고자 한다.

1. 먼저 카파도키아의 세 교부 중 유일하게 '위대한·대大'라는 별칭을 가진 카이사리아의 대 바실Basil the Great of Caesarea, 329-379을 들 수 있다. 바실은 370년경 카파도키아의 수도 카이사리아의 주교, 카파도키아 수도대주교로서 각종 이단사설에 맞서 정통 삼위일체 교리와 성령론을 확립할 때 최중심

---

9 서방교회에 영향을 미친 현대 동방정교회 신학자 중에서 먼저 관계성에 입각해 삼위일체론을 전개한 블라디미르 로스키(V. Lossky)를 들 수 있다. 또한 존 지지울라스(J. D. Zizioulas)는 로스키의 삼위일체 신학을 계승하는 가운데 현대 삼위일체론 논의에서 중요한 역할을 담당함으로써 서방 신학계 전반에 걸쳐 삼위일체론의 르네상스를 촉발시키는 데 크게 기여했다. 지지울라스의『친교로서의 존재』(정애성·이세형 옮김, 서울: 삼원서원, 2012)는 20세기 삼위일체론 발전에 상당한 기여를 한 저서로 주목받고 있다.

에 선 교부이다. 그의 가장 큰 공헌은 삼위일체론의 중심개념인 본질(οὐσία/ substantia)과 위격(ὑπόστασις/persona)을 구분함으로써 하나님의 일체성一體性과 삼위성三位性을 표현할 수 있는 개념적 정의를 제시한 일이다. 이와 함께 그는 전염병 환자를 돌보고 가난한 자들을 구제하며 여행자와 나그네를 위한 종합적인 사회복지에도 관심을 기울임으로써 실천적 사역을 담당하기도 했다.

2. 나지안주스의 그레고리Gregory of Nazianzus, 329-390는 바실의 친구이자 카파도키아 지방의 주교·콘스탄티노플 교구의 대주교직을 수행했다. 그는 삼위일체론과 관련해서는 다른 두 교부들에 가려진 듯 보이나, '예수 그리스도의 한 인격 두 본성'에 관한 온전한 교리를 체계화함으로써 칼케돈 회의(451)에서 정통 그리스도론이 확립되도록 결정적인 공헌을 하였다.

3. 닛사의 그레고리Gregory of Nyssa, 335-394는 바실의 동생이자 카파도키아 지방의 주교로서 '니케아-콘스탄티노플 신조'(381)의 작성을 통해 정통교리가 최후 승리를 거두는 데 크게 공헌한 교부이다. 바실과 나지안주스의 그레고리가 교회의 공적인 봉사에 열정을 쏟은 교부인 데 반해, 닛사의 그레고리는 내향적 성품으로 수도생활을 지지했던 교부이기도 하다.

카파도키아 교부들의 삼위일체론이 오늘날 신학계에서 크게 주목받는 것은 최근 신학계에서 상당한 반향을 불러일으키고 있는 친교적 연합communion의 사회적 삼위일체론[10]의 원형을 제시하기 때문이다. 카파도키아 교부들에게서 연원하는 사회적 삼위일체론은 하나님을 관계성 혹은 상호성, 곧 완전히 독립되고 구별되는 성부·성자·성령 세 위격이 '페

---

10 사회적 삼위일체론은 하나님의 세 위격이 친교(사귐·교통·공동체)를 나누는 것으로 이해하는 논의인데, '사회적(social) 삼위일체론'보다는 '친교적 연합(communal)의 삼위일체론'이라고 일컫는 것이 더 정확하다는 주장이 제기되고 있다. 이에 필자도 동의하는 이유는 일반적으로 '사회적'이라는 개념은 분리된 개인을 전제로 인간의 사회집단 안에서의 인격적 상호작용을 의미하지 않기 때문이다: cf. 윤철호, 『삼위일체 하나님과 세계』(서울: 장로회신학대학교출판부, 2011), 62.

리코레시스'(περιχώρησις)의 상호 내재적·상호 상통적 관계성 속에 계신 다고 이해하는 논의이다.[11] 이 사회적 삼위일체론은 세 위격이 사랑과 나눔, 섬김과 평등의 친교를 나눈다고 생각함으로써 개인주의와 이기주의, 공동체성의 상실로 인해 고심하는 현대 사회로 하여금 사랑과 평등에 기초한 인간 공동체를 형성하도록 동기부여할 수 있다. 그뿐만 아니라 사회적 삼위일체론은 오늘날 그리스도인의 구체적 삶의 영역에, 더 나아가 정치적·경제적·사회적·윤리적·생태학적 문제를 해결하는 데 중요한 신학적·실천적 원리로 적용될 수 있다.[12]

사회적 삼위일체론을 근간으로 오늘날 동·서방교회의 일련의 신학자들은 세 위격의 페리코레시스, 곧 상호 내주·상호 상통의 친교적 연합에 기초하여 하나님의 위격을 관계적 범주로 이해함으로써 '관계적 삼위일체론'을 전개하고 있다.[13] 관계적 삼위일체론이란 위격을 고립된 개별자적 실체가 아닌, 관계성 안에서 이해하는 삼위일체론이다.[14] 사실 사회적 삼위일체론은 자칫 삼신론tritheism에 빠질 위험이 있지만, 친교적 연합의 관계적 위격과 본질 개념에 기초한 관계적 삼위일체론이 사회적 삼위일체론의 위험요소를 사전에 예방할 수 있다. 그러므로 관계적 삼위일체론은 최근 신학계에서 논의되는 삼위일체론의 또 다른 중요한 동향이다. 이로 보건대, 삼위일체론을 하나님의 구원사건에 대한 신학적 성찰로 보는 가운데

---

11 사회적 삼위일체론은 서방교회의 삼위일체론을 주도해 왔던 심리적 삼위일체론, 곧 하나님을 신적 실체나 신적 주체로 이해하는 가운데 세 위격의 관계를 인간 심리적 유비를 통해 설명하는 삼위일체 논의와 대비를 이룬다. 양자는 상호 보완적 관계를 견지할 때 하나님의 신비를 잘 표현할 수 있는 도구로 사용될 수 있는데, 그럼에도 사회적 삼위일체론은 오늘날 시대상황이 절실히 요청하는 사안에 심리적 삼위일체론보다 더 적절히 대응할 수 있기에 향후 중요한 신학적 기반이 될 것으로 큰 기대를 모으고 있다: 곽혜원, 『삼위일체론 전통과 실천적 삶』 98ff.

12 참고. 위의 책, 171-219.

13 윤철호, 『삼위일체 하나님과 세계』 85.

14 위의 책, 141.

하나님을 친교적 연합의 관계적 존재로 인식하는 최근 신학계의 동향은 올바른 삼위일체론을 확립해가는 도상에 있다고 말할 수 있다. 따라서 삼위일체론이 올바른 방향으로 발전하도록 그 초석을 놓은 카파도키아 교부들의 공헌은 아무리 강조해도 지나치지 않을 것이다.

그럼에도 불구하고 카파도키아 교부들에 대해 동서양을 막론하고 그 연구가 미진한 것은 대단히 유감스럽다. 특히 우리 한국 신학계에서는 카파도키아 교부들에 대한 연구가 거의 전무하다고 해도 과언이 아니다. 한국 교회는 신학계와 목회현장을 불문하고 온전한 삼위일체론의 정립이 극히 부진한 실정이다. 신학계 안에는 삼위일체론에 관한 연구서가 상당히 부족할 뿐만 아니라, 목회현장에서도 삼위일체론이 올바로 정착되지 못하고 있다. 또한 삼위일체 논의에서 자주 사용되는 전문용어에 대한 개념 정립도 여전히 미흡한 상태에 있으며, 한글 개역성경과 신학서들에 나타난 삼위일체 관련 용어도 문제점을 드러내고 있다.[15] 전반적으로 한국 교회의 기독교 신관은 매우 혼미한 양상을 드러내는 가운데 잘못된 삼위일체론, 이를테면 일신론一神論과 삼신론三神論, 삼일론三一論과 함께 이단적인 양태론樣態論과 종속론從屬論이 혼용되고 있다. 그러므로 정통 삼위일체론의 기준을 제시한 카파도키아 교부들에 대한 심도 있는 연구는 한국 교회를 위해 매우 절실히 요청되는 신학적 과제라 아니할 수 없다.

이러한 문제의식에서 출발하는 본고는 2장에서 카파도키아 교부들의 출현 이전 삼위일체 하나님에 대한 논의를 둘러싼 초대 기독교의 상황에 대해 살펴보고, 3장에서는 삼위일체론 역사에 끼친 카파도키아 교부들의 공헌을 관계적 삼위일체론을 중심으로 논하고자 한다. 끝으로 친교적 연합의 관계성을 지향하는 관계적 삼위일체론이 다多종교·다문화·다가

---

15 김석환,『삼위일체론과 성령론』, 216.

치·다변화·다원화·개방화·세계화를 추구하는 21세기 시대상황에 몸 담고 있는 21세기 기독교의 새로운 패러다임을 형성할 단초를 마련할 수 있다고 주장하고자 한다.

II. 카파도키아 교부들 이전 삼위일체 하나님에 대한 논의
– 일신론적 삼위일체론으로 인한 난항 –

카파도키아 교부들이 등장하기 이전 서방교회에서는 터툴리아누스에 의해, 동방교회에서는 오리게네스에 의해 삼위일체 하나님에 대한 논의 가 시작되었다. 이러한 초대 기독교의 신학적 기반 위에서 특별히 아타나 시우스의 역사적 기여로 '니케아 신조'(325)가 작성되었다. 하지만 '삼위일 체' 개념의 불명확성과 번역상의 난제, 이단사설(예, 양태론과 종속론)의 횡 행과 거짓 교리의 난무, 불완전한 니케아 신조와 성령의 신성에 대한 문제제 기 등으로 인해 초대 기독교의 삼위일체 논의는 계속해서 난항에 봉착했다.

이러한 난항은 카파도키아 교부들이 등장하기 이전 실체의 단일성에 입 각한 일신론적 삼위일체론이 팽배함으로 인해 비롯된 결과인데, 여기서는 이에 대해 살펴보고자 한다. 후일 페리코레시스적(상호 내재적·상호 상통 적) 관계성에 입각한 삼위일체론을 전개한 카파도키아 교부들은 초대 교회 의 난항을 지속적으로 해결해 나갔는데, 이를 통해 우리는 삼위일체론 역 사에 끼친 그들의 위대한 공헌을 확연히 인식하게 될 것이다.

1. '삼위일체' 개념의 불명확성과 번역상의 난제

AD 3세기 초반 정통교회에서 삼위일체 하나님에 대한 논의를 본격화 시킨 인물은 서방교회의 교부 터툴리아누스Tertullianus, 160-220였다. 터툴리 아누스는 하나님의 일체성을 강조하기 위해 성부·성자·성령의 삼위성을 약화시키려는 이단들에 대항하는 과정에서 삼위일체론 형성에 매우 중요한 신학용어를 창출했다. 즉 그는 라틴어 서브스탄티아substantia, 실체·본질와 페르조나persona, 위격·인격라는 용어를 사용하여 성부·성자·성령의 통일성과 구별성 둘 다에 대해 처음으로 말하는 동시에, 성부·성자·성령의 하나 되심을 라틴어 트리니타스trinitas로 표현했다. 특히 그는 하나님의 일체성을 유니타스unitas로, 하나님의 경륜 아래 구별되는 성부·성자·성령의 삼위성을 다함께 트리니타스trinitas로, 그 각각을 페르조나로 일컬었다. 이 개념들은 이후 기독교 신학의 역사에서 삼위일체 하나님을 설명하는 중요한 용어로 채택되었다.

터툴리아누스 이래 트리니타스에 상응하는 헬라어 트리아스(τρίας)도 동방교회 교부들에 의해 세 위격의 관계를 가리키는 개념으로 본격적으로 사용되었다. 이로써 일반 개념인 τρίας/trinitas가 성서에 계시된 삼위일체 하나님 신앙을 설명하기 위한 신학 개념으로 수용된 셈이다. 터툴리아누스가 표현한 삼위일체론의 명제는 1. 하나의 실체 – 세 위격"una substantia - tres personae", 2. 구분되어 있으나 나누어져 있지 않고, 구별되어 있으나 분리되어 있지 않다"distincti, non divisi; discreti, non separati"로 표현되었다.[16] 터툴리아누스의 또 다른 중요한 공헌은 당시 정통교회를 위협했던 프락세아스Praxeas 이단[17]을 극복할 수 있는 신학적 논리를 제시한 점이다.

그러나 삼위일체론에 대한 터툴리아누스의 공헌에도 불구하고, 그의 논의는 신학적 한계를 지니고 있어서 장벽에 부딪히게 되었다. 그 주된 원인은 삼위일체 개념의 불명확성과 번역상의 난제에 있다. 특히 라틴어 페르조나가 갖는 일반적 의미(터툴리아누스 당시에는 주로 연극에서의 역할 혹

---

16 J. 몰트만/김균진 옮김, 『삼위일체와 하나님의 나라』(서울: 대한기독교서회, 1982), 169.
17 프락세아스는 '한 분 하나님'을 믿는 유대교의 일신론과 헬라 철학을 결합시켜 만든 양태론적 성격의 이단으로서, 이는 하나님의 한 분됨을 강조하는 가운데 성자와 성령이 하나님 안에서의 영원한 위격적 구별이 아니라, 단지 시간 속에서의 하나님의 현현방식에 불과하다고 주장했다.

은 가면의 의미를 내포했다)가[18] 문제였다. 이로 인해 터툴리아누스가 제시한 삼위일체론은 당시 급속도로 세력을 확장하던 사벨리우스Sabellius의 양태론으로 오도할 위험성이 있었다.[19] 게다가 그가 사용한 유니타스와 트리니타스를 구별해주는 보조 개념인 서브스탄티아의 정확한 의미 또한 모호한 상황이어서 이 단어는 실체 혹은 본질이라는 본래적 의미보다는 개체적 단일성을 가리키는 말로 오해되었다. 이처럼 개념들의 모호성으로 인해 서방교회는 터툴리아누스의 삼위일체론을 하나님의 단일성에 대한 설명으로 받아들임으로써 일신론적 삼위일체론을 발전시키게 되었다.

터툴리아누스가 사용한 삼위일체 개념의 불명확성뿐만 아니라 라틴어와 헬라어 사이에 부적절한 번역으로 인한 잘못된 연관성도 삼위일체론의 발전에 큰 걸림돌이 되었다.[20] 서방교회에서는 터툴리아누스 시대 이래 서브스탄티아를 성부와 성자와 성령의 동일 실체를 가리키는 용어로 사용하고, 페르조나를 성부와 성자와 성령의 세 위격을 가리키는 용어로 사용했는데, 이는 동방교회와 서방교회의 의사소통 과정에서 문제를 더욱 복잡하게 만들었다.[21] 라틴어가 헬라어로 번역되는 과정에서 서브스탄티아가 우시아(οὐσία, 실체·본질)로, 페르조나가 프로소폰(πρόσωπον)으로 번역되었기 때문이다. 그런데 헬라어 프로조폰 역시 라틴어 페르조나와 동일하게 그당시 인격이란 의미보다는 얼굴 혹은 가면이라는 의미를 강하게 내포했다.[22]

이러한 번역상의 난제는 동방교회 교부들로 하여금 터툴리아누스의 견해를 계승하는 서방교회 삼위일체론이 양태론적 성향을 띤 것으로 오해하

18 W. Pannenberg, article "Person", RGG', Bd. V. 230-235.
19 김명용, "니케아-콘스탄티노플 신조와 바른 삼위일체론", 「교회와 신앙」 통권95호(2001.10), 139ff.
20 현재규, "삼위일체론의 역사에 비추어 본 삼위일체 하나님의 '열린' 친교"(장로회신학대대학원 박사학위논문, 2007), 31.
21 후스토 L. 곤잘레스/이형기·차종순 옮김, 『기독교사상사』1(서울: 한국장로교출판사, 1997), 307.
22 D. P. Simpson, "persona", *Cassell's Latin Dictionary* (New York: Macmillan, 1968), 442.

게 만들었다. 이에 대한 대안으로 프로소폰 대신 휘포스타시스(υπόστασις, 위격·인격)가 페르조나의 번역어로 채택되기도 했지만, 이는 또 다른 문제를 야기했다. 당시 동방에서는 카파도키아 교부들이 등장하기 이전까지 우시아와 휘포스타시스가 의미상 거의 구분되지 않는 가운데 둘 다 라틴어 서브스탄티아로 번역되었기 때문이다.[23] 이러한 상황 속에서 '하나이면서 셋'이라는 이상한 번역이 출현하기도 했다. 이처럼 개념의 불명확성과 번역상의 난제로 인해 삼위일체론에 있어서 동방교회와 서방교회는 서로에 대해 오해하게 되었는데, 이 혼란스러운 상황은 향후 삼위일체론의 발전과정에 지속적인 걸림돌로 작용했다.

2. 이단 사설의 횡행과 거짓 교리의 난무

동방교회에서는 알렉산드리아 출신의 오리게네스Origenes, 185-254가 삼위일체 논의를 시작했는데, 그 발단은 당시 정통교회 안에 만연한 사벨리우스의 양태론적 군주신론monarchianism에 대한 반작용으로 하나님의 세 위격의 구별을 강조하기 위해서였다. 사벨리우스에 의하면, 단 한 분이신 하나님은 그의 자기계시와 구원사역에 있어서 세 가지 양태를 취하는데, 곧 동일한 한 분 하나님이 각각 역할을 달리하여 성부(창조자)·성자(구원자)·성령(생명을 주시는 자)으로 현현한다는 것이다. 오리게네스는 사벨리우스의 주장을 반박하려는 의도에서 하나님의 세 위격이 단지 섭리적으로만 구분되는 것이 아니라 본질적으로 영원히 구분된다고 강조했다. 그리고 나서 그는 성서와 신앙 전통에 근거하여 하나님의 세 위격이 어떻게 하나됨을 이루면서 사역하시는지를 제시했다.

그러나 오리게네스의 사고는 삼위일체론이 정립돼 가는 도상에 있었기

---

23 후스토 L. 곤잘레스, 『기독교사상사』 1, 340.

에 아직 온전한 삼위일체 논의에는 이르지 못했는데, 이는 그가 삼위일체론과 관련해 상호 모순된 진술을 많이 한 것으로 전해지기 때문이다. 즉 한편으로 그는 성자의 피조성을 부정하면서도, 다른 한편 양태론적 군주신론을 겨냥하여 하나님의 세 위격을 구별하는 과정에서 성부-성자-성령의 서열과 종속을 암시하는 주장을 했다. 또한 그는 성자를 성부에게 종속시키듯이, 성령을 성자에게 종속시키는 종속론적 경향을 보이기도 했다. 심지어 "성령께서 성자를 통해 성부에 의해 지은 바 되셨다"[24]고 진술함으로써 성령을 피조물로 보았다는 비판을 받고 있다. 그뿐만 아니라 성부와 성자의 사역의 범위를 모든 인간과 자연의 피조물에 이르기까지 확장시킨 반면, 성령의 사역의 범위를 오직 그리스도인에게만 제한·축소시키기도 했다.[25] 이러한 측면은 오리게네스의 삼위일체론이 갖는 한계라고 말할 수 있다.

오리게네스에게서 엿보이던 종속론적 경향은 4세기 초 아리우스Arius에 이르러 확고한 이론으로 발전함으로써 이후 삼위일체론 역사는 종속론의 심각한 도전에 직면하게 되었다. 아리우스에 따르면, 오직 성부만이 본래의 하나님, 곧 출생하지 않고 시작점이 없는 영원한 신, 가장 높은 실체이다. 아리우스는 성부와 모든 유한한 존재자 사이에 교통이 이루어지기 위해 중재자인 그리스도가 필요한데, 성부로부터 출생한 성자 그리스도는 성부와 동일 실체(homoousios/ὁμοούσιος)가 아닌 유사 실체(homoiousios/ὁμοιούσιος)라고 주장했다. 더욱이 그는 성자가 성부와 동등한 신성을 지닌 '하나님의 본질'(빌 2:5)[26]이자 '하나님의 독생자'(요 3:16)가 아니라, 성부의 명령에 따라 창조된 최초의 피조물, 성부에게 종속되는

---

24 Origenes, *Commentary on St. John' Gospel*, II, 6.

25 Origenes, *De Principiis*, I. 3. 5.

26 이는 헬라어로 'μορφῇ θεοῦ'인데, 직역하면 '하나님의 형상', 의역하면 '하나님의 본질'이다. 한글 개역개정성경에서는 '하나님의 본체'로 번역됨으로써 사신론(四神論)의 오해를 불러일으킬 소지가 있다. 참고로 영어성경들에서는 'nature'(NIV), 'form'(NASB · KJV · NRSV)으로 번역되었다.

'모든 창조물 중에 처음 태어난 자'라고 주장했다. 그뿐만 아니라 아리우스는 성자를 성부에게 종속시키듯이 성령을 성자에게 종속시켰는데, 심지어 성령을 성자의 첫 번째 피조물이라고 주장하기도 했다.

사벨리우스의 양태론과 아리우스의 종속론은 장구한 세월 동안 올바른 삼위일체론의 정립을 집요하게 가로막는 주된 요소로 작용해 왔다. 날카롭게 지적하자면, 서방교회 삼위일체론의 역사는 일신론이라 규정할 수 있는 양태론과 종속론에 대항한 역사라고 해도 과언이 아니다. 사실 초대 교부들은 삼위일체 교리를 정립하기 위해 수많은 이단과 싸워가며 고군분투함으로써 삼위일체론은 기독교를 위협하는 여러 이단사설에 대항하여 기독교의 하나님을 변증하는 과정에서 정립되었다. 그럼에도 불구하고 삼위일체론이 신학계와 교회현장에 확고히 정착하지 못해서 정통교회는 기독교 역사 내내 이단사설의 도전을 받아왔던 것이다. 기독교 신학사를 보면, 이단 가운데 잘못된 삼위일체론과 관련된 이단이 가장 많았음을 알 수 있다. 양태론과 종속론 이외에도 예수 그리스도와 성령의 존재를 잘못 인식하는 무수히 많은 이단 사설과 거짓 교리가 명멸했다.

3. 불완전한 '니케아 신조'와 성령의 신성에 대한 문제제기

여러 이단사설이 수많은 사람을 미혹하고 정통교회를 위협하는 상황에 이르자, 당시 로마제국의 콘스탄티누스^{Constantine} 황제는 사태의 심각성을 깨닫고 AD 325년 최초로 범교회적인 종교회의를 소집했다. '제1차 에큐메니컬 공회의'로 일컬어지는 니케아 공회의는 특히 예수 그리스도의 신성을 부인하고 종속론을 주장했던 아리우스를 정죄하는 내용의 '니케아 신조'(325)를 선언했다. 후일 기독교 이천년 역사상 가장 중요한 정통신조로 손꼽히는 '니케아-콘스탄티노플 신조'(381)의 기틀을 마련한 이 신조는 성부와 성자가 동일 실체라고 선언함으로써 성자의 신성을 확립했다.

니케아 신조의 작성에 실질적으로 기여한 아타나시우스^{Athanasius, 293-373}

는 아리우스에 대한 반박으로 그리스도가 영원부터 하나님의 아들, 곧 성부의 본질을 지닌 소생(γέννημα)이라고 주장함으로써 그리스도의 신성과 영원성을 변증했다.[27] 또한 그는 성자가 성부의 본질에 참여하는 분임을 논증함으로써 성자가 성부와 동일한 신성을 지니셨음을 시사했다.[28] 이를 통해 아타나시우스는 성자가 성부와 유사 실체가 아닌 동일 실체임을 성서를 토대로 설득력 있게 논증했다. 그는 그리스도가 성부와 동일 실체가 아니라면 구원자가 될 수 없을 뿐만 아니라, 그 자신도 누군가에 의해 구원받아야 할 존재로 남을 것이라고 역설적으로 말하면서 그리스도의 신성을 강변했던 것이다. 이로써 성자의 신성에 대한 오랜 논쟁은 잠정적으로 일단락되었다.

그러나 성령의 신성에 대한 논쟁은 좀처럼 종식되지 않는 바람에 유사 아리우스파와 니케아파 사이에 격렬한 투쟁이 계속되었다. 사실 니케아 공회의가 아리우스를 정죄하기는 했지만, 니케아 신조가 성령과 관련하여 "우리는 성령을 믿사옵나이다"라고 단 한 문장으로 정리한 결과 논쟁 자체를 종식시키지 못했기 때문이다. 당시 열두 종류의 신조들이 선언될 만큼 교리적 불일치가 심각한 상황에서 아타나시우스를 위시한 니케아 신조의 옹호자들은 유사 아리우스파의 모함을 받아 대거 추방당함으로써 유사 아리우스파의 정치적 · 교리적 입지가 강화되는 일도 잦았다. 이 와중에 성자의 종속론과 함께 성령의 종속론도 주장했던 아리우스의 입장이 횡행하면서 유사 아리우스파의 성령 관련 이단들이[29] 성령이 피조물이라는 거

---

27 "그(예수 그리스도)는 본질상 성부의 본질을 지니신 소생이다": Athanasius, *Orationes tres contra Arianos* III. 4, *A Select Library of the Nicene and Post-Nicene Fathers of the Christian Church* (이하: NPNF) 2nd Series, vol. IV.

28 위의 책, III. 4.

29 대표적으로 형상론자들(Tropici), 영의 항쟁자들(Pneumatomachi), 마케도니우스파(Macedoniani)를 들 수 있다.

짓 교리를 유포하기도 했다.

교회 정치적으로 극한의 대립상황 속에서 아타나시우스는 다섯 차례에 걸쳐 면직과 추방, 복직을 거듭하면서도 성령이 결코 천사와 같은 피조물이 아닐 뿐만 아니라, 하나님의 세 위격 중 한 위격이시며 성부와 동일 실체라고 강력히 논박했다.[30] 그는 만일 성령께서 단순한 피조물이라면, 성령은 구원받은 백성을 하나님의 성품에 참여케 할 수 없을 것이라고 역설적으로 말하기도 했다. 이러한 아타나시우스의 성령 이해는 362년 알렉산드리아 종교회의에서 받아들여졌고, 더 나아가 381년 콘스탄티노플 공회의에서 선언된 '니케아-콘스탄티노플 신조'의 제3조 성령조에 대한 올바른 결정이 내려지는 디딤돌 역할을 했다. 그러나 성령의 신성 확립과 '니케아-콘스탄티노플 신조'의 작성은 결정적으로 카파도키아 교부들에 의해 실현되었다.

4. 실체의 단일성에 입각한 일신론적 삼위일체론의 확산

서방교회의 삼위일체론은 카파도키아 교부들이 등장하기 이전에는 실체의 단일성에 근거한 일신론적 삼위일체론을 지향하였다. 엄밀히 말해, 서방교회는 삼위일체론이 형성된 터툴리아누스 때부터 동방정교회의 영향을 받기 이전인 20세기 중반에 이르기까지 일신론의 성격이 강한 잘못된 삼위일체론을 추구해 왔다고 해도 과언이 아니다. 일반적으로 서방교회는 실체의 단일성에 입각한 하나님의 일체성一體性에서 출발하여 성부·성자·성령 세 위격의 구별 및 삼위성三位性을 추론함으로써 태생적으로 양태론과 종속론에 함몰될 위험을 지니고 있었다. 이에 반해 동방정교회의 전통은 카파도키아 교부들의 지대한 공헌으로 하나님께서 성부·성자·성령의 서로 구별되는 세 위격으로 존재하신다는 사실을 먼저 전제한 다음 세 위격

---

30 "만약 성령이 피조물이었다면, 그는 삼위일체 안에 포함되지 않았을 것이다. 삼위일체 전체가 한 하나님이기 때문이다. … 그것은 나누어질 수 없으며 동일한 본질의 것이다." 위의 책, I. 16f.

의 일체성을 해명하는데, 이에 관해서는 다음 장에서 다루고자 한다.

III. 카파도키아 교부들의 페리코레시스적 관계성에 근거한 삼위일체론

앞서 살펴보았듯이, 카파도키아 교부들이 활동하기 이전의 문제 상황을 극복하기 위한 시도가 없지는 않았지만, 니케아 공회의(325)와 알렉산드리아 종교회의(362) 이후에도 삼위일체론은 오랜 기간 교착상태에 빠져 있었다. 그 까닭은 일신론적 성격의 삼위일체론이 팽배해서 삼위일체 하나님의 일체성과 삼위성을 동시에 표현하는 용어의 불명확성과 성령의 신성에 대한 끊임없는 논쟁 등 혼란스러운 상황이 계속되었기 때문이다. 이러한 상황 속에서 카파도키아 교부들이 등장하여 논쟁의 불씨가 되어왔던 문제의 해결에 결정적 기여를 했다.

당시 초대 교회의 책임적 과제는 크게 두 가지(1. 삼위일체 개념의 확립, 2. 성령의 신성에 대한 완벽한 옹호)였는데, 카파도키아 교부들은 니케아 신조(325)에서 문제의 소지로 남아 있었던 개념상의 불명확성을 해결하고 성령의 신성에 대해 명료히 밝힘으로써 정통 삼위일체론을 확립하는 역사적 공헌을 했던 것이다. 그 가시적 성과물이 바로 기독교 이천년 역사상 가장 중요한 정통신조로 꼽히는 '니케아-콘스탄티노플 신조'(381)이다. 이 과정에서 카파도키아 교부들은 페리코레시스적 관계성에 근거한 삼위일체론을 전개함으로써 삼위일체론 역사에 영원히 남을 위대한 족적을 남겼다.

1. '삼위일체' 개념 및 용어의 확립

1. 가이사랴의 대 바실: 실체와 위격 개념의 명확한 구분 - 먼저 카파도키아 교부들의 공헌으로서 그 이전까지 혼용됨으로 인해 여러 난제를

일으켰던 삼위일체론의 주요개념, 우시아(οὐσία, 실체·본질)와 휘포스타시스(ὑπόστασις, 위격·인격)의 명확한 구분을 들 수 있다. 앞서 언급했듯이, 서방교회의 터툴리아누스 이래 본격적으로 논의되기 시작한 세 위격의 관계를 설명하는 개념 및 용어들은 아직 확정된 의미를 갖지 못한 채 서로 혼용되고 있었다. 특히 라틴어 페르조나가 헬라어로 번역되는 과정에서 그 본래 의미가 왜곡되어서 휘포스타시스가 그 대안으로 채택되었지만, 당시 헬라어 우시아와 휘포스타시스가 모두 라틴어 서브스탄티아로 번역되어 혼란스러운 상황이 가중되었던 것이다. 그리하여 우시아와 휘포스타시스는 서로 현격히 구분되는 개념임에도 동일한 의미로 사용되는 불상사가 일어났는데, 이는 니케아 신조에서 우시아와 휘포스타시스가 동일시되는 것에서 볼 수 있다.

사실 니케아 신조를 작성하는 데 결정적 기여를 한 아타나시우스도 우시아와 휘포스타시스를 거의 동일시했으며, 니케아 신조를 추종한 대부분의 정통신학자들도 마찬가지였다. 당시 우시아는 하나님의 한 실체를 지칭하기 위해 '존재'라는 의미로 사용되었고, 휘포스타시스도 동일하게 '존재'를 의미하는 용어로 사용되었던 것이다. 이처럼 두 용어가 동일시되는 바람에 니케아 신조가 발표된 이후에도 논란은 수그러들지 않았고, 신조의 내용에 대한 보충설명과 개념에 대한 명확한 의미규정을 필요로 하는 혼란스러운 상황이 지속되었다. 이러한 상황에서 실체와 위격을 명확히 구별하는 과업을 가장 선구적으로 수행한 장본인이 바로 카파도키아 교부들 가운데 대 바실이었다.

바실은 기독교 역사상 최초로 우시아와 휘포스타시스를 명확히 정의한 인물로서 우시아는 실체를, 휘포스타시스는 위격을 의미한다고 보았다. 바실이 이해했던 위격(ὑπόστασις)이란 실체(οὐσία)의 공유 안에서의 개별적 특성을 의미하는데, 이는 베드로와 야고보와 요한의 비유를 통해 설명되었다, 즉 베드로·야고보·요한의 각 개별자에게 사람이라는 공통어를 적용할 수 있듯이, 하나님이라는 공통어를 성부·성자·성령에게 적용할 수 있다는 것이다. 하지만 베드로·야고보·요한이 서로 구별되듯이, 하나님의 세 위격도 서로 구별된다는 것이다. 이로 보건대 실체는 공통적 본질을 가리키는 것으로 이해되는 반면, 위격은 실체의 구분적 표시를 나타냄으로써, 양자는 보편과 특수가 다른 것처럼 서로 다른 것이다.[31] 이로써 우시아와 휘포스타시스는 하나님의 한 실체와 그의 존재형태를 표현하는 용어로 확립되었다.

바실은 우시아와 휘포스타시스의 분명한 구분을 통해 삼위일체 하나님의 존재방식에 대해 확실히 답변함으로써, 아타나시우스의 삼위일체론에 내재해 있는 약점(하나님의 일체성과 삼위성을 동시에 표현할 수 있는 확정된 용어의 결여)을 해결했다. 마침내 바실은 '세 위격 안의 한 실체'(μία οὐσία ἐν τρισίν ὑπόστασεσιν)[32]라는 동방교회의 삼위일체론 정식을 공식화했는데, 이는 실로 삼위일체론 교리사에서 한 획을 그은 일대 쾌거였다. 바로 이 정식이 카파도키아 교부들의 삼위일체론에서 실체와 위격의 관계에 대한 기본 전제가 되는 원리이다. 이는 삼위일체 관련 이단논쟁에 있어서 가장 중요한 기준일 뿐만 아니라 앞으로도 대대로 정통신학의 표준으로 전수될 것이다. 이를 통해 바실은 자신을 포함한 다른 두 교부들과 후대의 신학자들이 바로 이 신학적 전제 아래 삼위일체 하나님에 관해 논의할 수 있도록 기본 토대를 견고히 구축했던 것이다.

2. 나지안주스의 그레고리: 세 위격 상호 간의 구별 및 관계 설정 - 카파도키아 교부들은 삼위일체론의 단순한 개념정립에 그치지 않고, 당시 일신론이나 삼신론 중 어느 한편으로 치우칠 위험에 처해 있던 삼위일체론의 올바른 전통을 확립하는 데 크게 기여했다. 그들은 특별히 "성부는

31 Basil, *Epistulae*, 214. 4./38. 5, *NPNF* 2nd Series, vol. VIII.
32 Basil, *Epistulae*, 38. 2: 5.

성자가 아니시고, 성자는 성부가 아니시며, 성령은 성부와 성자가 아니시다"라고 진술함으로써 세 위격의 독자성과 상호 구별성을 분명히 설명했다. 이러한 하나님의 세 위격 사이의 상호 구별성에 대해 먼저 대 바실은 성부의 아버지됨($\pi\alpha\tau\rho\acute{o}\tau\eta\varsigma$), 성자의 아들됨($\upsilon\acute{\iota}\acute{o}\tau\eta\varsigma$), 성령의 '성화하는 능력'(성화, $\acute{\alpha}\gamma\iota\alpha\sigma\tau\kappa\grave{\eta}$ $\delta\acute{\upsilon}\nu\alpha\mu\iota\varsigma$)으로 명시했다.[33]

바실과 달리, 나지안주스의 그레고리는 하나님의 세 위격의 '기원'에 관한 특성을 중심으로 세 위격 내의 구별 및 관계를 다음과 같이 규명했다. 즉 성부의 비기원성과 성자와 성령의 성부로부터의 기원에 근거하여 성부의 특성을 비출생($\acute{\alpha}\gamma\epsilon\nu\nu\eta\sigma\acute{\iota}\alpha$)으로, 성자의 특성을 출생($\gamma\acute{\epsilon}\nu\nu\eta\sigma\iota\varsigma$)으로, 성령의 특성을 출래(나오심, $\acute{\epsilon}\kappa\pi\acute{o}\rho\epsilon\upsilon\sigma\iota\varsigma$)로 정리했다.[34] 즉 성부는 출생하지 않은 분이고(비출생), 성자는 성부로부터 유일하게 출생하신 분이며(출생), 성령은 성부로부터 출래하신 분이므로(출래), 세 위격은 서로 구별된다는 것이다.[35] 이처럼 나지안주스의 그레고리가 성부 · 성자 · 성령을 관계개념으로 이해하면서 세 위격을 서로 구별하고 상호관계를 설정한 것은 신학사에 획기적으로 공헌한 부분이다. 이것은 콘스탄티노플 공회의(381)를 거쳐 정통 삼위일체론의 토대가 쌓이는데 필요한 기반을 제공했다. 후일 교회사에서 나지안주스의 그레고리의 진술이 바실의 진술보다 훨씬 더 적절한 것으로 평가됨으로써 지금은 동방교회와 서방교회에서 세 위격에 대한 공식적 진술로 널리 사용되고 있다.

한편 나지안주스의 그레고리는 성자의 존재방식과 성령의 존재방식 사이에 차이가 있음을 지적하기도 했다. 그에 의하면, 성부는 '낳으신 분'이

---

33 Basil, *De Spiritu Sancto*, 18. 46, *NPNF* 2nd Series, vol. VIII; Basil, Epistulae, 214. 4: 236. 6.
34 Gregory of Nazianzus, *Oratio catechetica magna*, 25. 16: 26. 19: 29. 2, *NPNF* 2nd Series, vol. VII; J. N. D. 켈리, 『고대 기독교 교리사』 301f.
35 위의 책, 29, 2: 31, 9.

자 '출래시키신 분'이고, 성자는 '출생하신 분'이며, 성령은 '출래하신 분'이다. 성부께서는 영원 속에서 성자를 낳으셨는데, 이는 성부와 성자의 영원한 관계를 결정지었다. 그런데 성령은 성자와는 다른 방식으로 성부로부터 출래하셨는데, 성령의 오심은 출생에 의하지 않고 출래에 의하기 때문이다. 성부와 성자와 성령께서는 기원의 관점에서 구분되는데, 성부께서 비출생하시고 성자께서 성부로부터 출생하신 것과 달리, 성령께서는 성부로부터 출래하신 존재방식을 갖는다는 것이다.[36] 이로 보건대, 나지안주스의 그레고리가 삼위일체론에서 크게 공헌한 것은 세 위격의 상호관계를 각 위격의 기원을 통해 구별한 데 있으며, 또한 성령의 나오심을 성자의 출생과 구별하여 출래로 확정한 데 있다.

3. 닛사의 그레고리: 공동 실체성 및 공동 본성에 대한 구상 – 카파도키아 교부들은 성부 · 성자 · 성령 세 위격이 지닌 구별성에 전념하는 과정에서 '삼신론자'라는 비난을 받게 되었다. 이에 그들은 휘포스타시스의 개념 정립을 통해 세 위격의 구별성을 강조하고 나서, 이제 세 위격이 모두 공유하고 있는 신적 본질을 표현하기 위해 우시아(οὐσία)라는 용어를 사용하여 세 위격의 일체성을 강조했다. 하나님의 세 위격이 한 실체를 이룬다는 진리를 표명한 카파도키아 교부들의 입장은 앞서 명시한 '세 위격 안의 한 실체'라는 정식을 통해 공식화되었다.

그런데 하나님의 세 위격이 어떻게 하나의 실체를 이루시는가? 이 문제와 오랜 기간 씨름한 끝에 카파도키아 교부들은 요한복음의 가르침을 따라 세 위격이 상호 간에 내주 · 상통하신다는 사실을 발견하게 되었다. 특별히 닛사의 그레고리는 성부 안에는 성자와 성령이, 성자 안에는 성부와

---

36 위의 책, 29. 2.

성령이, 성령 안에는 성부와 성자가 완전하고도 총체적으로 내주·상통하신다는 사실에 확신을 갖게 되었다. 즉 세 위격이 구별되더라도 하나님은 여전히 한 분이시며, 이 한 분 하나님은 세 위격의 상호 내주·상호 상통의 친교적 연합의 방식으로 존재하신다는 것이다. 그리하여 그레고리는 분할 불가한indivisible 동일 실체성(실체의 단일성)을 강조한 아타나시우스와 다소 차이가 나는 공동 실체성 및 공동 본성을 주장했다. 그레고리는 특히 세 위격이 함께 행하는 활동의 단일성으로부터 실체의 단일성, 곧 공동 실체성 및 공동 본성을 추론했는데,[37] 활동의 단일성은 필연적으로 '페리코레시스' 교리로 이어졌다.

2. 성령의 신성 강화와 완전한 형태의 삼위일체론 확립

1. **가이사랴의 대 바실: 성령의 신성 및 동일 실체성을 기독교 정통 교리로 정립** – 초대 교회 당시 성자의 신성을 부정했던 사람들이 있었듯이 성령의 신성을 부정하려는 사람들도 부지기수였다. 사실 니케아 신조는 성자에 관해서는 정확하게 고백했지만 성령의 교리를 개방적으로 남겨 놓음으로써, 성령에 관한 모든 의심을 해결할 수 있는 확실한 성령론의 정립이 절실히 요청되었다. 이러한 상황 속에서 카파도키아 교부들이 등장하여 성령에 관한 모든 의심을 해결할 수 있는 참된 성령론을 위한 단초를 마련했다. 특히 '성령신학의 창시자'로 일컬어지는 대 바실은 니케아 신조의 성령에 관한 고백 조항이 보완되어야 할 필요성을 수차례 지적한 바 있는데, 니케아-콘스탄티노플 신조에서 성령조의 교리 확정은 결국 바실의 성찰의 결과라고 할 수 있다. 이를 통해 바실은 성령의 신성을 기독교의 정통교리로 정립하는 데 지대한 공헌을 했다. 그러므로 많은 학자들은 성

37　Gregory of Nyssa, *On the Holy Trinity to Eustathius*, 5: 328, NPNF 2nd Series, Vol. V.

령론에 관한 가장 중요한 작업이 바실에 의해 이루어졌다고 평가하는데,[38] 이것은 성령론에 있어서 바실이 차지하는 교리사적 위치를 잘 말해준다.

바실은 특히 성령론과 삼위일체론 확립에 결정적 발전을 가져온 것으로 평가되는 논문 "성령에 관하여"De Spiritu Sancto[39]를 통해 성령을 피조물이라고 주장하는 자들, 삼위일체론자를 향해 '삼신론자'라고 비난하는 자들 모두에 대항하여 성령께서 성부와 성자와 동등한 분이심을 분명히 논증했다. 특히 그는 성령이 피조물이 아니심은 물론 태초의 창조사역에 참여하셨던 신적 존재이심을 밝힌 후에,[40] 그에게 의존하는 천사들과는 근본적으로 다르다는 사실을 확증함으로써[41] 성령의 신성과 동일 실체성을 변호했다.[42] 또한 그는 고린도전서 2장 11절에 근거하여 성령의 성부와 성자의 연합에 관해 인간의 영과 인간 자체 사이의 관계라는 유비를 통해 묘사하면서 이 유비를 성령의 성부와 성자와의 연합에 관한 가장 위대한 증거의 위치로까지 고양시켰다. 이 말씀에서 바실은 성령께서 하나님 자신 안에 계심으로 하나님의 깊은 속을 알 수 있을 정도로 다른 위격과 연합되어 계시며, 또 다른 위격과 동등한 인격성을 지닌 영원한 존재라는 결론을 도출했다.[43]

---

38 R. P. C. Hanson, "The Divinity of the Holy Spirit", *Church Quarterly*, vol. 1, 1969, 300.

39 헨리 채드윅/서영일 옮김, 『초대교회사』(서울: 기독교문서선교회, 1983), 183f.

40 Basil, *De Spiritu Sancto*, 16. 38.

41 "우리는 성령께서 창조되신 것이 아니라 하나님께로부터 실재하신다고 고백한다. 우리는 또한 성령을 '섬기는 이'라고 말하는 모든 자들을 저주할 수밖에 없다. 왜냐하면 그들이 이 용어로 성령을 피조물의 지위로 떨어뜨리기 때문이다. 성서 말씀 '모든 천사들은 부리는 영으로서 구원 얻을 후사들을 위하여 섬기라고 보내심이 아니뇨?'에서 우리는 듣는 것처럼 '부리는 영 '들은 다 피조물이기 때문이다." 위와 동일.

42 "우리는 사도 바울로부터 다음과 같이 배웠다. '주님께서 너희 마음을 인도하사 하나님의 사랑과 그리스도를 기다리는 인내에로 들어가게 하시기를 원하노라.' 여기서 하나님의 사랑과 그리스도의 인내에로 인도하시는 주님은 어떤 주님이신가? 성령을 종으로 만드는 자들로 하여금 대답하게 하라!…그리고 그들로 하여금 성령을 주님이라고 칭한 다른 증거를 듣게끔 하자.…그 주님은 성령이시니…." 위의 책, 21. 52.

43 P. Schaff, *History of the Christian Church*, 665f.

바실은 성령께서 하나님과 동일시된 표현이 성서 안에 있음을 진술하기 위해 사도행전 5장 3-4절에서 베드로가 아나니아에게 한 말, 곧 "어찌하여 사단이 네 마음에 가득하여 네가 성령을 속이고 땅값 얼마를 감추었느냐? … 사람에게 거짓말한 것이 아니요 하나님께로다"를 인용하면서 성령이 하나님이라는 강한 암시를 하기도 했다. 또한 "너희 몸은 너희 가운데 계신 성령의 전이다"라는 고린도전서 6장 19절을 인용하여 성령께서 하나님이라고 논증했는데, 이는 모든 성전이 하나님의 성전이기 때문에 성서 말씀대로 만일 우리가 성령의 전이라면, 성령이 하나님일 수밖에 없다는 것이다.[44] 그 외에도 그는 몇 가지 사례를 들면서 성령께서 성부와 성자와 동일한 신성을 가진 분인 동시에, 성부와 성자와 함께 삼위일체를 완성하는 분이심을 역설했다. "성령은 피조물이 아니다. 그가 피조물이 아니라면, 그는 성부와 한 본질이시요 한 실체이시다."[45] "성령을 통해 저 거룩하고 영광 받으시기에 합당한 삼위일체가 완성된다."[46]

마침내 바실은 성령이 하나님이라고 선언하기에 이른다. 사실 그는 공개적 논문들에서는 성령을 일컬어 주님이자 생명의 공급자, 생명의 제왕, 성화의 원천 혹은 성화의 성취자라고 칭하면서도 하나님이라고 공적으로 선언하지는 않았다. 그렇지만 사적인 편지와 대화들에서는 여러 차례 성령이 '하나님'이라고 호칭하였다: "성부께서 하나님이시고, 성자께서 하나님이시며, 성령께서 하나님이시다";[47] "마치 사람의 속에 있는 영이 사람의 사정을 알듯이 성령께서 하나님의 깊은 것을 통달하신다면, 성령은 하나님이시다. 또한 성령의 검이 하나님의 말씀이라면, 성령은 하나님이

---

44 Basil, *Epistulae*, 8. 11.
45 위의 책, 8. 10.
46 Basil, *De Spiritu Sancto*, 45.
47 Basil, *Epistulae*, 8. 2.

시다."[48] 이처럼 바실이 성령의 신성에 대해 공공연히 말하지 않고 고심했던 사실에 대해 나지안주스의 그레고리는 바실이 자신과의 대화에서 "성령은 하나님이시다"라는 사실을 분명하게 인정했음을 고백하기도 했다.[49]

2. 나지안주스의 그레고리: 성령의 신성 및 동일 실체성에 대한 공개적·적극적 표명 – 나지안주스의 그레고리 역시 성령의 신성을 확증함으로써 삼위일체 교리를 정립하는 데 커다란 기여를 했다. 그는 성령의 신성을 부인하던 자들에 대항하여 다른 두 교부들보다 더 분명하고 공공연하게 하나님으로서의 성령의 정체성을 확증했다. 바실이 성령의 신성에 대한 공개적 확증에 대해 신중했던 데 비해, 나지안주스의 그레고리는 공적인 자리에서 성령의 신성을 분명하게 표명했다. 그는 자신의 다섯 번째 "신학적 연설문"에서 성령에 관해 집중적으로 변론했는데, 특히 이 연설문 서두에서 빛을 유비로 하여 삼위일체 하나님의 교리를 묘사하면서 두려움 없이 성령의 신성 및 동일 실체성을 확증했다.[50]

또한 나지안주스의 그레고리는 "하나님이 하나이시고 최상의 실체가 하나이신데, 어떻게 내가 그대들에게 유사 실체를 제시할 수 있겠는가?"라고 반문하면서, 성령이 하나님이시고 동일 실체적이심을 명시적으로 선언했다.[51] 그는 "성령이 하나님이신가?"라고 스스로 질문하면서 "분명히

---

48 위의 책, 8. 11.

49 김석환, 『삼위일체론과 성령론』, 102f.

50 "참 빛이셨던(Was) 성부와 참 빛이셨던 성자와 참 빛이셨던 다른 보혜사(성령)께서는 빛으로서 Was이고 Was이고 Was이다(Was and Was and Was). 그러나 그 Was는 한 가지이다(but Was One Thing). 빛은 세 번 반복되었으나, 한 빛이고 한 하나님이시다(Light thrice repeated: but One Light and One God). …우리는 성령을 높일 것이다. 우리는 두려워하지 않을 것이다. 만일 우리가 두려워한다면, 그것은 선포하는 것에 대해서가 아니라 침묵을 지키는 것에 대해서일 것이다." Gregory of Nazianzus, *Oratio catechetica magna*, 31. 5.

51 김석환, 『교부들의 삼위일체론』(서울: 기독교문서선교회, 2001), 197.

그렇다"라고 명료하게 대답하고, 연이어 "성령은 동일 실체적이신가?"라고 질문한 후에 "그가 하나님이실진대 그렇다"라고 확실하게 답변했다.[52] 그러고 나서 그레고리는 성령께서 경배를 받으셔야 한다면 분명히 찬양의 대상이시며, 진정 성령께서 찬양의 대상이시라면 성령은 틀림없이 하나님이시라고 힘주어 말했다.[53] 이러한 확신에 의거하여 그는 공개 연설에서 사람들로 하여금 성령을 하나님으로 고백할 것을 권고했다.[54]

이처럼 나지안주스의 그레고리가 공적인 자리에서 성령의 신성을 변호할 수 있었던 것은 성령을 하나님으로 믿는 그의 확고한 신앙에 기인한다. 성서에 성령이 성자에 의해 "보냄을 받는다"(요 15:26)고 기록되어 있어서 성자에 종속된 것으로 오해받는 상황에서 그는 성령께서 우리와 함께 하시는 "또 다른 보혜사"(요 14:16)라는 사실에 주목했다. 그는 "항상 존재하셨고 항상 존재하시고 항상 존재하실 이"[55]이신 성령께서 그리스도 이후에 오신 "또 다른 보혜사"라는 사실이 성자와 성령의 동등함의 증거라고 생각하면서 성령께서 성자와 동등한 주권과 동일한 존귀함을 지니신 동일 실체임을 확신했다. 그러므로 그레고리는 하나님께 속하는 모든 신성을 성령께 적용할 수 있으며, 하나님께서 가지신 모든 것을 성령께서 가지신다고 주장했다. 즉 성령은 단지 성부께만 속한 '비출생자'와 성자에게 속한 '출생자'라는 칭호만 제외하고는 하나님께 속하는 모든 칭호를 가지신다는 것이다.[56]

---

52 Gregory of Nazianz, *Oratio catechetica magna*. 31. 10.

53 위의 책, 31. 28.

54 "나의 친구들이여, 삼위일체께서 한 신격(One Godhead)으로 계시다고 고백하십시오. 또는 그대들이 좋다면 한 본성(One Nature)으로 계시다고 고백하십시오. 우리는 성령께서 그들에게 '하나님'이라는 이 단어를 주시기를 기도하겠습니다. 성령께서 이미 그들에게 첫 번째 경우에도 '하나님'이라는 단어를 허락하셨고, 두 번째 경우에도 그러하셨던 것처럼 이번에도 이 '하나님'이라는 단어를 허락하실 것입니다": 위의 책, 41. 8.

55 위의 책, 41. 9.

56 "성령께서 이 모든 것들의 조성자이시고, 그 본질로서 모든 것을 채우시며, 모든 것을 내포하시되, 그러면서도 이 세상에 의해 파악되지 않으신다"; "그(성령)는 영원히 성부와 성자와 더불어 같은

3. 닛사의 그레고리: 성령의 정체성(특히 생명의 부여자)의 확정 – AD 379년

대 바실이 세상을 떠난 후, 닛사의 그레고리는 그의 형 바실의 뒤를 이어 계속하여 성령의 신성을 입증했다. 그는 "성령에 관하여"(부제: 마케도니우스 추종자들을 반박하며)에서 성령론을 전개했는데, 이 글은 성령이 성부와 성자보다 열등하다는 거짓 교리를 주장한 유사 아리우스파 마케도니우스를 추종하는 무리를 공박하기 위한 논문이다. 이 무리를 향해 그레고리는 "성령께서는⋯성부와 성자와 정확한 동일 정체성을 가지신다"[57]고 고백하면서 성령이 성부와 성자와 동등한 등급에 계시다고 강력히 선언했다.

또한 닛사의 그레고리는 성부께서는 죄를 용서하시고, 성자께서는 세상의 죄를 짊어지시며, 성령께서는 죄와 그 오염을 깨끗이 정화하신다고 주장했는데,[58] 특히 성령은 본질적으로 '거룩'하신 위격적 특성을 기반으로 성화의 은혜를 통해 영혼을 정화시키신다고 강조했다. 그러므로 그레고리는 성령께서 거룩하게 된 존재가 아니라 성부와 성자와 함께 거룩하게 하시는 존재, 영원하고 전능하신 존재이므로, 성부와 성자와 동일한 신성을 지닌 분임을 입증하였다: "그분(성령)은⋯완전케 하지 완전케 되지 않으며, 거룩케 하지 거룩케 되지 않으며, 신화神化시키지 신화되지 않는다.⋯영원하시고⋯전능하시다(비록 독생자에게 속한 모든 것이 그런 것처럼, 성령께 속하는 그 모든 것이 제일 원인인 성부 하나님 아버지께 귀속된다 하더라도)."

특별히 닛사의 그레고리는 성령의 정체성을 '생명의 부여자'이자 성화의 은혜를 분배하시는 이로 정의하면서,[59] 생명을 주시는 은혜는 생명이 풍부하게 솟아나는 원천이 되신 성령으로부터 나와 참 생명이신 독생자를

대열에 서셨고, 또 함께 계수되셨다": 위의 책, 41. 9.

[57] Gregory of Nyssa, *Adversus Macedonianos de spiritu santo*, 5: 315-316, *NPNF* 2nd Series, Vol. V.

[58] 위의 책, 5: 324.

[59] 위의 책, 5: 324.

통해 성령의 활동에 의해 완성된다고 역설했다.[60] 그러면서 이러한 성령에 의해 성부와 성자가 영화롭게 된다고 말한다: "(성령께서는) 생명이요 생명을 주시는 분이며…그에 의해 성부가 알려지고 성자가 영광을 받는다."[61] 그레고리가 명시한 이러한 성령의 정체성, 곧 생명의 부여자로서의 성령은 니케아-콘스탄티노플 신조에 적극적으로 반영되었다.

3. 니케아-콘스탄티노플 신조의 공식화

카파도키아 교부들이 그토록 강조했던 실체와 위격 개념과 성령의 신성에 관한 주장들은 마침내 니케아-콘스탄티노플 신조(381)에서 그 결실을 맺게 되었다. '제2차 에큐메니컬 공회의'로 불리는 콘스탄티노플 공회의(381)가 개최되기 이 년 전 안타깝게도 대 바실은 별세함으로 인해 정통 성령론과 삼위일체 교리가 최후 승리를 거두는 것을 목도하지 못했지만, 두 그레고리는 회의기간 내내 다른 신학자들 중에서 지도적 위치를 차지했다. 특별히 닛사의 그레고리는 바실의 생각을 대변하는 가운데 니케아-콘스탄티노플 신조의 작성을 직접 주관했다. 최근의 연구에 따르면, 바로 닛사의 그레고리가 그 신조를 위해 성령에 관한 새로운 신앙고백을 작성한 장본인이었다고 한다.[62] 따라서 콘스탄티노플 공회의의 결정과 그 신조에 반영된 신학은 대부분 카파도키아 교부들의 사역의 결과라고 말할 수 있다.

카파도키아 교부들의 결정적 공헌으로 니케아 공회의를 계승한 콘스탄티노플 공회의는 니케아 신조에 성령에 대한 보다 세부적인 신앙고백을 첨가하여 니케아-콘스탄티노플 신조를 탄생시켰다. 콘스탄티노플 회의에서

---

60 위의 책, 5: 322.

61 위의 책, 5: 322.

62 J. van Oort, "성령에 관한 신앙고백: 니케아-콘스탄티노폴리타눔", 『삼위일체론과 성령론』(서울: 태학사, 1999), 282ff.

는 삼위일체론과 관련하여 두 가지 중요한 내용이 결정되었는데, 하나는 당시 세력을 확장하던 유사 실체homoiousios 와 상이 실체heteroousius 를 물리치고 동일 실체homoousios 를 재확인함으로써 성령께서도 그 실체가 성부와 성자와 동일하다는 사실을 천명했다.[63] 그리하여 카파도키아 교부들에 힘입어 니케아-콘스탄티노플 신조에 이르러 성부·성자·성령이 동일 실체적이라는 사실이 확연히 선포되었다.

다른 하나는 성부와 성자와 동등한 위격으로서의 성령 조항을 추가로 보완함으로써 니케아 신조나 사도 신조보다 더 균형잡힌 삼위일체 하나님에 대한 신앙고백이 완성된 점이다. 니케아-콘스탄티노플 신조의 고백 중에서 성령에 대한 조항은 카파도키아 교부들의 신학적 성찰에 크게 힘입어 공고히 확정되었다. 여기서는 성령을 '주님'(Κύριος)으로 고백함으로써 성령의 인격성과 독립성을 인정했는데, 이는 당시 성령을 하나님의 하급 사역자로 오해한 이단을 겨냥한 것이다. 또한 '생명의 부여자'(Ζωοποιός)라는 진술은 대 바실과 닛사의 그레고리의 업적에 힘입은 것인데, 이는 당시 이단이 성령을 단지 은사를 받는 수동적 도구로 생각했기 때문이다. 그리고 성령의 출래 교리가 확정되었는데, 단지 성령이 성부로부터 출래하신다는 점만 밝히고 성자와의 관계에 대해선 침묵함으로 인해 후대에 동·서방 교회 간에 '필리오케'filioque 논쟁의 여지를 남기게 되었다.

특별히 성령에 대한 신앙고백의 첨가는 니케아-콘스탄티노플 신조로 하여금 본격적인 삼위일체 신조가 되게 했다. 그러므로 이 신조는 일명 '삼위일체 신조'로 불릴 정도로 삼위일체론의 가장 큰 이정표를 세웠다고 할 수 있다. 이러한 니케아-콘스탄티노플 신조는 기독교 이천년 역사상 가장 중요한 신조이자 가장 정통적 신조로 손꼽힘으로써, 정통과 이단을 판별하

---

63 이종성, 『삼위일체론』(서울: 대한기독교출판사, 1992), 86f.

는 결정적 표준임은 물론 어떤 교회가 올바른 신앙 위에 서 있는지를 규정지을 수 있는 결정적 권위를 가진 신조가 되었다. 현재 개신교회, 로마 가톨릭, 정교회 등 기독교권의 거의 모든 교파와 교단이 이 신조를 공식적인 신앙고백으로 받아들인 만큼 가장 보편적이고 에큐메니칼적인 신앙고백이기도 하다. 이제 니케아-콘스탄티노플 신조의 내용을 제시하면 다음과 같다:

우리는 전능하신 하나님 아버지 한 분을 믿습니다. 그분은 하늘과 땅을 지으시고 보이는 것과 보이지 않는 모든 것을 지으셨습니다.

또한 우리는 한 주 예수 그리스도를 믿습니다. 그분은 모든 세상이 존재하기 전에(=만세 전에) 하나님으로부터 나신 하나님의 독생자로서 하나님의 하나님이시요, 빛의 빛이시며, 참 하나님의 참 하나님이십니다. 그분은 지으심을 받지 않고 나셨기 때문에 모든 것을 지으신 성부와 동일 실체이십니다. 그분으로 인해 만물이 지은 바 되었습니다. 그분은 우리 인간을 위해, 우리의 구원을 위해 하늘로부터 내려오셨고, 성령에 의해 동정녀 마리아로 말미암아 성육신하셨습니다. 그분은 우리를 위해 본디오 빌라도에 의해 십자가에 못박히셨고 고난을 당하셨으며 장사지낸바 되셨습니다. 그분은 성경의 말씀대로 사흘 만에 부활하셨고 하늘에 오르셨고 하나님의 오른편에 앉아 계시다가 살아있는 자들과 죽은 자들을 심판하기 위하여 영광중에 다시 오실 것입니다. 그분의 나라는 영원무궁할 것입니다.

우리는 주님이시고 생명의 부여자이신 성령을 믿습니다. 그분은 성부로부터 나오셨고(=출래하셨고),[64] 성부와 성자와 함께 경배를 받으시고 영광을 받

---

64 서방교회는 589년 톨레도 종교회의에서 이 본문을 "그분은 성부와 성자로부터(filio-que) 나오셨고..."로 수정하기로 결정했다. 이로 인해 동·서방교회는 격렬한 논쟁을 벌였고, 결국 1054년 상호 파문을 거쳐 완전한 분열에 이르게 되었다. 오늘날 한국 교회도 이 문구가 포함된 니케아-콘스탄티노플 신조(381)를 고백하고 있다.

으십니다.[65] 그분은 예언자들을 통해 말씀하셨습니다. 우리는 한 거룩하고 보편적이며 사도적인 교회를 믿습니다. 우리는 죄를 용서하는 하나의한 세례를 고백합니다. 우리는 죽은 자들의 부활과 장차 임할 나라의 삶을 고대합니다. 아멘.

위의 니케아-콘스탄티노플 신조에서 주목할 만한 것은 "우리는 한 분 하나님을 믿는다"와 "우리는 한 주 예수 그리스도를 믿는다. 그는 참 하나님으로부터 오신 참 하나님이시다"와 "우리는 주님이시고 생명의 부여자이신 성령을 믿는다. 그는 성부와 성자와 함께 경배와 영광을 받으신다"라는 세 위격 하나님에 대한 독특하고도 중요한 신앙고백이다. 즉 이 신조는 성부와 성자 외에 성령이 계시다는 것을 인정하면서 세 위격에 대해 개별적으로 신앙고백을 하고 있다. 그리스도에 대한 신앙고백 중에서는 성자의 특성을 출생으로 본 나지안주스의 그레고리의 신학적 입장이 분명하게 명시되었고, 성령에 관한 신앙고백에서는 바실과 닛사의 그레고리의 견해가 반영되었다. 성령에 관한 조항에서 특히 중요한 것은 성령을 성부와 성자와 함께 영광을 받으실 주님이라고 고백함으로써, 성령이 성부와 성자와 신성에 있어서 동일한 권능과 위엄을 지니고 계심을 선포하고 있는 점이다.[66]

사실 니케아-콘스탄티노플 신조는 정통신조 중의 정통신조, 곧 어떤 교회가 올바른 신앙 위에 서 있는 지를 규정할 수 있는 결정적 권위를 가진 신조이다. 이는 로마에서 기원한 사도 신조와는 비교할 수 없는 권위를 가진 신조인데, 그 이유는 사도 신조가 동방정교회가 인정하지 않는 서방교회만의 신조인 데 반해, 니케아-콘스탄티노플 신조는 동·서방교회가 모두 가장 귀중하게 여기고 인정하는 에큐메니컬 신조이기 때문이다. 그런데 매우

---

65 니케아 신조(325)와 사도 신조(미상)가 단지 "그리고 우리는 성령을 믿는다"라고 명시한 반면, 니케아-콘스탄티노플 신조(381)를 통해 성령이 성부와 성자와 함께 경배와 영광을 받으실 주님이시라고 선언됨으로써 비로소 삼위일체 신앙이 완성되었다.
66 김명용, 『이 시대의 바른 기독교 사상』(서울: 장로회신학대출판부, 2001), 46.

유감스럽게도 한국 개신교에는 사도 신조만이 널리 알려져 있다. 또한 웨스트민스터 신앙고백(1647)은 니케아-콘스탄티노플 신조와는 권위 면에서 비교가 안 되는 일부 장로교회만의 신조임에도 불구하고, 한국 장로교회 안에서는 웨스트민스터 신앙고백이 가장 인정받고 있는 실정이다.

그러나 무엇보다도 심각한 것은 '삼위일체 신조'로 일컬어질 정도로 삼위일체론 연구에 결정적 시금석을 제공하는 니케아-콘스탄티노플 신조가 한국 교회에 잘 알려지지 않은 현실이다. 이러한 현실은 한국 교회가 올바른 신학적 판단을 내릴 때 일말의 결함을 내포할 수 있음을 암시하는 것이다.[67] 실제로 한국 개신교는 삼위일체론의 이해에서 심각한 문제점을 안고 있어서[68] 한국 교회 강단에서 선포되는 삼위일체론에 관한 설교들은 그릇된 삼위일체론에 기반한 경우가 많다. 그러므로 한국 개신교의 올바른 삼위일체론 정립을 위해서는 동·서방교회가 공히 인정하는 정통신조들을 심도 있게 연구해야 할 필요성이 있는데, 특히 초대 교회의 전통을 잘 보존하고 있는 카파도키아 교부들의 삼위일체 신학과 그 핵심적 성과물인 니케아-콘스탄티노플 선조에 대한 심층적 연구가 절실히 요청된다.

4. 페리코레시스적 · 관계적 삼위일체론의 단초 마련

카파도키아 교부들은 요한복음을 통해 성부와 성자와 성령의 상호 내주를 발견했는데, 특별히 닛사의 그레고리가 구상한 공동 실체성 및 공동 본성은 후대에 이르러 '페리코레시스'(περιχώρησις) 교리로 자리잡게 되었다. 이 페리코레시스는 하나님의 세 위격이 서로 이루는 상호 내주·상호 상통의 관계성을 기묘하게 드러냄으로써 가장 난해한 교리로 알려진 삼위

---

67 김명용, "니케아-콘스탄티노플 신조와 바른 삼위일체론", 「교회와 신앙」 통권95호(2001.10), 134f.
68 위의 책, 140.

일체론을 해명할 수 있는 신비로 일컬어지기도 한다. 페리코레시스의 성서적 근거는 특히 요한복음 14장 10-11절("내가 아버지 안에 거하고, 아버지는 내 안에 계신…아버지께서 내 안에 계셔서 그의 일을 하시는 것이라. 내가 아버지 안에 거하고 아버지께서 내 안에 계심을 믿으라")이다.

사실 페리코레시스란 용어가 본래 성서에서 세 위격 하나님의 상호 내주·상호 상통의 의미로 사용된 것은 아니며, 또한 닛사의 그레고리를 위시한 카파도키아 교부들이 이 용어를 직접 사용한 것도 아니었다. 하지만 페리코레시스 교리는 경이로운 방법으로 하나님의 일체성과 삼위성을 결합시킴으로써 하나님의 실체의 단일성을 설명해야 하는 교리사 최대의 딜레마를 해결할 수 있었다. 이 페리코레시스를 통해 카파도키아 교부들은 실체의 단일성을 위해 삼위의 구별을 희생시키지 않을 수 있었고, 또 삼위의 구별을 위해 실체의 단일성을 희생시키지 않을 수 있었다. 또한 사랑과 자유와 평등의 친교적 연합으로 이해되는 페리코레시스 속에서는 성부·성자·성령 가운데 어느 한편의 우위나 종속을 말하지 않고도 세 위격의 일체성을 표현할 수 있다.[69] 그리하여 페리코레시스는 일신론과 삼신론, 양태론과 종속론으로 대표되는 잘못된 삼위일체론과 이단사설을 모두 다 효과적으로 논박할 수 있는 교리이기도 하다. 뿐만 아니라 페리코레시스로 인해 각기 구별된 세 위격은 유적으로 서로 동일한 공동 실체성을 가질 수 있다.

카파도키아 교부들의 주장에 영감을 받은 다마스커스의 요한은 페리코레시스를 통해 예수 그리스도의 신성(신적 본성)과 인성(인간적 본성) 사이의 상호 교류를 설명했는데, 후일 페리코레시스는 삼위일체 하나님에 대한 설명에 사용되면서부터 성부·성자·성령 세 위격의 상호 내주 및 상호 상통을 통한 일체성을 설명하는 주요 개념으로 정착하게 되었다.[70] 마침

---

69 위의 책, 212.

70 W. Trillhass, *Dogmatik* (Berlin: Walter de Gruyter, 1980), 109.

내 플로렌스 공회의(1438-1445)는 세 위격 하나님 안에서 이루어진 페리코레시스에 해당하는 다음과 같은 내용의 선언문을 발표하였다: "이 일치 때문에 성부는 전적으로 성자 안에 내주하시고, 전적으로 성령 안에 내주하신다. 또한 성자는 전적으로 성부 안에 내주하시고, 전적으로 성령 안에 내주하신다. 그리고 성령은 전적으로 성부 안에 내주하시고, 전적으로 성자 안에 내주하신다."[71]

IV. 카파도키아 교부들의 삼위일체론 논의를 마무리하면서

카파도키아 교부들의 삼위일체론에 관한 논의를 마무리하면서 21세기 시대상황 속에서 삼위일체론의 중요성에 관해 생각해 보고자 한다. 지금 우리가 살아가는 이 시대는 가히 '디스토피아'dystopia[72] 시대가 도래했다는 우려를 자아낼 만큼 무수히 많은 문제들을 안고 있다.[73] 인류문명이 처한 이 위기상황에서 21세기 기독교는 앞으로 어떤 방향으로 나아가야 하는가? 21세기에 새롭게 요청되는 기독교 신앙과 신학의 패러다임은 어떠해야 하는가? 이 질문에 대해 21세기 기독교는 인류가 당면한 현실적 문

---

71 H. Denzinger, *Enchiridion Symbolorum, Definitionum et Declarationum de rebus Fidei et Morum*, Freiburg, 1947, 704.

72 디스토피아는 토마스 모어가 말한 '유토피아'(utopia)의 반대어로서 '반(反)유토피아'를 뜻하는데, 이는 1868년 존 스튜어트 밀에 의해 처음 사용되었다. 디스토피아는 특히 2012년 제42차 다보스 포럼에서 새롭게 거론되었는데, 이 포럼에서는 모든 사람이 불만족스러워하는 '디스토피아 시대'가 태동하고 있다고 강력히 경고한 바 있다.

73 인류역사상 가장 풍요로운 물질문명 속에서도 나날이 심화되어가는 사회 양극화, 양극화의 그늘 속에서 엄청난 부를 누리는 소수의 부유·특권계층과 고도의 경제성장의 결실을 누리지 못하고 주변화 되어가는 다수의 빈곤·소외계층 사이의 갈등과 분열, 최근 전 세계를 공황상태에 빠트린 글로벌 경제위기와 맞물려 심각하게 노정된 자원경쟁과 식량위기, 보복의 악순환의 행태를 보이는 가운데 21세기 세계평화를 심각하게 위협하는 문명·종교 간 충돌과 반목, 생존의 문제이자 세계 종말의 문제로까지 거론되고 있는 생태계 위기, 생명에 대한 사랑 및 존엄성의 상실, 무엇보다도 기성 고등종교들의 역할 상실로 말미암은 영성과 가치관의 위기 등 이루 다 헤아릴 수 없을 지경이다.

제를 극복하기 위한 대안을 제시함으로써 예수 그리스도의 말씀과 사역의 핵심인 '하나님 나라'(마 4:17; 막 1:15 등)를 이 땅에 구현하기 위한 실천적 노력을 적극적으로 기울일 것을 요청받고 있다고 답변할 수 있다.

특별히 그리스도인의 실천적 삶과 관련하여, 21세기에 요청되는 기독교의 새로운 패러다임 구축과 관련하여 우리는 기독교 이천년 역사에 있어서 결코 포기할 수 없는 유산인 삼위일체론을 주목해야 한다. 왜냐하면 올바르게 해석된 삼위일체론은 모든 기독교 교리를 함축적으로 내포함으로써 기독교 신앙과 신학의 총괄일 뿐만 아니라, 더 나아가 인간과 사회, 자연, 세계에 대한 기독교의 이해와 실천에 있어서 매우 귀중한 통찰을 제시함으로써 그리스도인의 사고와 행동에 변화를 촉구할 수 있는 실천적 교리이기 때문이다. 그러므로 그리스도인의 실천적 삶이 매우 절실히 요청되는 오늘의 상황에서 그리스도인의 삶에 근본적 변화를 가져올 수 있는 실천적 교리로서의 삼위일체론의 중요성은 더욱 강하게 부각되고 있다.

필자가 특히 삼위일체론을 실천적 교리로 주목하는 것은 다음과 같은 근거에서이다. 즉 하나님에 대한 우리의 인식과 우리 자신에 대한 인식, 나아가 정치·경제·사회적 체제와 생태계를 둘러싼 인간세계 현실에 대한 인식은 상호 긴밀한 연관성을 갖는다는 점이다. 우리가 일신론에 의거하여 하나님을 이 세상과 무관하게 거룩한 천상에 홀로 거하는 절대적 지배자로 이해할 경우, 의사소통의 단절 속에서 타자 위에 군림하는 지배자적 자세를 정당화하게 될 것이다. 이에 반해 삼위일체론에 근거하여 하나님의 세 위격이 상호 간에 사랑의 사귐과 영원한 자유, 평등한 관계 속에서 하나됨을 이루시는 분으로 이해할 경우, 사랑과 자유, 평등에 큰 가치를 부여하고 이를 인간사회 공동체에 실현하고자 심혈을 기울이게 될 것이다. 이처럼 하나님에 대한 우리의 인식과 인간세계 현실에 대한 인식 사이의 긴밀한 상관관계를 유념할 때, 일신론을 극복하고 삼위일체론을 확고히 정착시키는 일은 우리 자신의 삶과 신앙을 위해서는 물론, 인간과 사회, 자연, 세계의 공영共榮을 위해서도 대단히 중요한 일이다. 그러므로 올바르게 해석된 삼위일체론은 인간과 사회, 자연, 세계에 대해 매우 귀중한 신학적 통찰을 제시함으로써 그리스도인의 삶에 변화를 촉구할 뿐만 아니라, 이 세계의 새로운 변혁을 가능케 하는 원동력으로 작용할 수 있다.

무엇보다도 세 위격 하나님이 상호 내주·상호 상통의 친교적 연합 속에서 하나됨을 이루신다고 가르치는 카파도키아 교부들의 삼위일체론이 오늘의 시대상황에 주는 대단히 의미심장한 교훈을 한국 교회는 주목해야 할 것이다. 주지하는 바와 같이, 21세기는 다多종교, 다多문화, 다多가치, 다多변화, 다원화, 개방화, 세계화를 추구하는 시대이다. 따라서 서로 다른 타자 사이에 상호관계와 소통, 공존과 상생을 독려하는 일은 그 어느 때보다 중요하다. 하지만 교통과 통신, 디지털 기술의 발전에 힘입어 '유비쿼터스'ubiquitous 라는 새로운 유토피아를 건설한 21세기 문명은 아이러니하게도 상호관계와 소통의 단절이란 문제를 안고 있다. 예수께서는 십자가를 통해 하나님과 인간 사이는 물론 피조물 사이의 막힌 담을 허무셨지만(엡 2:14; 갈 3:28), 어리석은 인간은 스스로 헛된 담을 쌓아 올리며 하나님이 베푸신 상호관계와 소통의 은총을 거절하고 있는 것이다.[74] 장구한 역사 동안 인류사회는 서로 다른 타자 사이의 반목과 갈등, 폭력과 죽음을 감내해 왔는데, 이제 상이한 세 위격 상호 간에 친교적 연합 속에서 하나됨을 이루시는 하나님에 대한 깊은 성찰은 21세기 시대상황에 부응할 수 있는 기독교의 새로운 패러다임 구축에 지대한 역할을 담당할 수 있다.

이러한 맥락에서 필자는 요한복음 17장 21-26절에 나타난 예수 그리스도의 기도를 상고하면서 상호 내주·상호 상통의 관계적·공동체적 삶의

---

74 현재규, "삼위일체론의 역사에 비추어 본 삼위일체 하나님의 '열린' 친교", 2.

당위성을 상기시키면서 삼위일체 논의를 끝내고자 한다. 여기서 예수께서는 공생애 사역을 마무리하시면서 "아버지여, 아버지께서 내 안에, 내가 아버지 안에 있는 것 같이 그들도 다 하나가 되어 우리 안에 있게 하사… 우리(하나님의 세 위격)가 하나된 것 같이, 그들(인류를 위시한 자연의 모든 피조물)도 하나가 되게 하려 함이니이다.…곧 내가 그들 안에 있고 아버지께서 내 안에 계시어 그들로 온전함을 이루어 하나가 되게 하려 함은…이는 나를 사랑하신 사랑이 그들 안에 있고 나도 그들 안에 있게 하려 함이니이다"라고 성부 하나님께 기도하셨다. 이러한 예수님의 기도 속에서 우리는 하나님의 세 위격 안에서 이루어진 상호 내주·상호 상통의 친교적 연합, 더 나아가 하나님과 우리 인류 사이에, 인류와 인류 사이에 그리고 인류와 자연의 피조물 사이에 실현되는 상호 내주·상호 상통의 친교적 연합이 다름 아닌 하나님께서 강구하시는 숙원일 뿐만 아니라, 인류를 위시한 자연의 모든 피조물이 탄식 중에 간절히 고대하는 간구라는 사실을 발견할 수 있다. 삼위일체 하나님 자체 안에서, 또한 하나님과 피조물 사이에서 이루어지는 상호 내주·상호 상통하는 친교적 연합은, 관계적·공동체적 존재이신 하나님의 형상대로 지음받은 우리 인간으로 하여금 관계적·공동체적 삶을 살아갈 것을 강력히 촉구한다. 특별히 고난당하는 이웃과 자연의 피조물에 대한 깊은 연민과 상호 간의 끈끈한 연대는 삼위일체 하나님께 상응해야 할 '하나님의 형상'imago Dei 된 인간의 책임적 사명이다.

참고 문헌

곽혜원.『삼위일체론 전통과 실천적 삶』, 서울: 대한기독교서회, 2009.
_____. "삼위일체론과 그리스도인의 실천",「한국기독교신학논총」제68집 (2010).
_____.『현대세계의 위기와 하나님의 나라』, 서울: 한들출판사, 2008.

김균진. 『기독교 조직신학』 제I권, 서울: 연세대출판부, 1984.

_____. 『역사의 예수와 하나님의 나라』, 서울: 연세대출판부, 1994.

_____. 『하나님은 어디에 계신가』, 서울: 대한기독교서회, 1990.

_____. 『헤겔 철학과 현대 신학』, 서울: 대한기독교출판사, 1980.

김명용. "니케아-콘스탄티노플 신조와 바른 삼위일체론", 「교회와 신앙」(2001.10).

_____. "몰트만의 삼위일체론", 「장신논단」(2001.1).

김석환. 『교부들의 삼위일체론』, 서울: 기독교문서선교회, 2001.

_____. 『삼위일체론과 성령론』, 서울: 한국학술정보, 2007.

김영선. 『관계신학: 관계의 관점에서 본 하나님·인간·세계 이해』, 서울: 대한기독교서회, 2012.

_____. 『예수와 삼위일체 하나님』, 서울: 기독교문서선교회, 1996.

_____. 『조직신학 이해』, 서울: 도서출판kmc, 2014.

박 만. 『현대 삼위일체론 연구』, 서울: 대한기독교서회, 2007.

윤철호. 『삼위일체 하나님과 세계』, 서울: 장로회신학대출판부, 2011.

역사신학연구회 엮음. 『삼위일체론의 역사』, 서울: 대한기독교서회, 2008.

이문균. 『신앙과 삶 속에서 삼위일체 하나님 알아보기』, 서울: 한국장로교출판사, 2005.

정성욱. 『삶 속에 적용하는 삼위일체 신학』, 서울: 홍성사, 2007.

최승태. "성만찬적 교회론: 교회의 공동체성 회복을 위하여", 「한국조직신학논총」제8집.

현재규. "삼위일체론의 역사에 비추어 본 삼위일체 하나님의 '열린' 친교", 장로회신학대 대학원 박사학위논문, 2007.

Athanasius. *Orationes tres Contra Arianos, A Select Library of the Nicene and Post-Nicene Fathers of the Christian Church* (이하: NPNF) 2nd Series, vol. IV.

_____. *Tomus ad Antiochenos*, NPNF 2nd Series, vol. IV.

Basil of Caesarea, *De spiritu sancto*, *NPNF* 2nd Series, vol. VIII.

_____. *Epistulae*, *NPNF* 2nd Series, vol. VIII.

Boff, L./레오나르도 보프/김영선·김옥주 공역. 『성 삼위일체 공동체』, 서울: 크리스천헤럴드, 2011.

_____/이세형 옮김. 『삼위일체와 사회』, 서울: 대한기독교서회, 2011.

González, J. L./후스토 L. 곤잘레스/이형기·차종순 공역. 『기독교사상사』 1, 서울: 한국장로교출판사, 1997.

Gregory of Nazianzus. *De dogmate et constitutione episcoporum*, *NPNF* 2nd Series, vol. VII.

_____. *De spiritu sancto*, *NPNF* 2nd Series, NPNF 2nd Series, vol. VII.

Gregory of Nyssa. *Ad Ablabium quod non sint tres dei*, *NPNF* 2nd Series, vol. V.

_____. *Adversus Macedonianos de spiritu santo*, *NPNF* 2nd Series, vol. V.

Greshake, G. *Der dreieine Gott. Eine trinitarische Theologie*, Freiburg: Herder, 1997.

Kasper, W. *Der Gott Jesu Christi*, Mainz, 1983 (God of Jesus Christ, trans. by M. J. O'Connell, London: SCM Press, 1983.

Kelly, J. N. D./J. N. D. 켈리/ 김광식 옮김. 『고대 기독교 교리사』, 서울: 한들출판, 1999.

LaCugna, C. M./캐서린 모리 라쿠나/ 이세형 옮김. 『우리를 위한 하나님』, 서울: 대한기독교서회, 2008.

Moltmann, J./J. 몰트만/ 김균진 옮김. 『삼위일체와 하나님의 나라』, 서울: 대한기독교서회, 1982.

_____/이신건 옮김. 『삼위일체와 하나님의 역사』, 서울: 대한기독교서회, 1998.

_____/김균진 옮김. 『생명의 영』, 서울: 대한기독교서회, 1992.

_____/김균진 옮김. 『신학의 방법과 형식』, 서울: 대한기독교서회, 2001.

_____/김균진 옮김. 『십자가에 달리신 하나님』, 서울: 한국신학연구소, 1979 16쇄.

_____/김균진 옮김. 『창조 안에 계신 하나님』, 서울: 한국신학연구소, 1987.

_____/곽혜원 옮김. 『하나님의 이름은 정의이다』, 서울: 21세기 교회와 신학포럼, 2011.

Olson, R. & Hall, Ch. A./ 로저 올슨, 크리스토퍼 홀/이세형 옮김. 『삼위일체』, 서울: 대한기독교서회, 2004.

Pannenberg, W./판넨베르크 /김영선 · 정용섭 · 조현철 공역. 『판넨베르크의 조직신학』 제1권, 서울: 은성, 2003.

Torrance, A. J. "persons in communion", *Calvin Theological Journal* 34(1999).

Volf, M./ 미로슬라브 볼프/황은영 옮김. 『삼위일체와 교회』, 서울: 새물결플러스, 2012.

Wilson-Kastner, P. *Faith, Feminism and the Christi*, Philadelphia: Westminster Press, 1983.

Zizioulas, J. D./존 지지울라스/이세형 · 정애성 공역. 『친교로서의 존재』, 서울: 삼원서원, 2012.

아우구스티누스의
삼위일체론

■ 김옥주(한세대학교)[1] ■

❧

I. 들어가는 말

신학자요 철학자였던 아우구스티누스Aurelius Augustinus, 354-430는 알제리 타가스테에서 이교도인 부친 파트리키우스Patricius와 기독교인 어머니 모니카Monica 사이에서 태어났다. 371년 교육을 목적으로 카르타고로 옮긴 아우구스티누스는 그곳에서 키케로Cicero의 『호르텐시우스』Hortensius를 접하면서 평생 동안 진리를 찾는 구도자seeker로서 살아가게 된다. 진리에 대한 열정은 그로 하여금 빛과 어둠의 두 본질을 축으로 한 이원론적 구조 속에서 고대 조로아스터교, 동방의 종교, 그리고 영지주의적 우주론을 혼합한 신비주의적 종교체계를 지닌 마니교Manichaesm의 교리에 심취하게 하였다(373-382). 그러나 마니교는 아우구스티누스의 진리에 대한 갈급함을

---

1   호주 그리프시 대학교(B.A)을 졸업하고 한세대학교(M.Div), 미국 듀크대학교(Th.M), 그리고 드류대학교에서 조직신학으로 박사학위(Ph.D)를 받았다. 현재 한세대학교 신학부 겸임교수로 재직 중이다. (공)역서로는 레오나르도 보프의 『성삼위일체 공동체』(크리스천헤럴드, 2011), 엘리자베스 존슨의 『예수를 깊이 생각하라』(대한기독교서회, 2013)을 번역했다.

채우기에는 모순점이 너무 많았다.[2]

384년 그는 이탈리아 밀란으로 옮겨 제국의 수사학자로서 입지를 확고히 하였다. 암브로시우스Ambrosious, 339-97 감독과의 만남은 아우구스티누스에게 새로운 인생의 전환기를 가져왔다. 암브로시우스의 설교는 마니교의 모순을 해소시켰을 뿐만 아니라 성경에 대한 해석적 통찰과 신학에서의 신-플라톤 철학의 실효성을 인식하게 하였다. 그는 신플라톤주의를 통해 특별히 하나님은 존재 자체이며, 그로 말미암아 창조된 피조물들은 선하고, 그 피조물은 결국 하나님에게로 회귀된다는 사실을 깨닫게 된다.

이러한 일련의 과정을 거쳐 아우구스티누스는 극적인 회심(386년)을 하고 평생을 신神지식knowledge of God을 추구하는 구도자요 신학자로 살게 되었다. 그는 암브로시우스에게 세례를 받은 후 조용한 수도원 생활을 위해 아프리카로 귀향한다. 그러나 히포를 방문하는 동안 본인의 의사와는 무관하게 히포의 감독 발레리우스Valerius에게 사제로 수임 받고(391년) 이후에 히포의 감독으로 선임된다(396). 그는 많은 설교집과 신학 저술을 남겼고 430년 반달족Vandals이 히포를 포위한 지 3개월이 되는 때에 세상을 떠났다.

교부들이 집필한 삼위일체론 중에 가장 마지막 작품인 아우구스티누스의 De Trinitate는 그의 기독교 사상이 최고로 성숙된 시기(400-419년)에 저술되었다. 그 저술은 서방교회의 삼위일체론에 뼈대와 내용을 제공하였다. 아우구스티누스는 삼위일체론의 탐구를 위한 기존의 전통적 방식과는 달리 성부가 아닌 하나님의 본질essence로부터 시작하여 세 위격으로 이동하는 방법을 취한다. 나아가, '관계' 안에서 성부, 성자, 성령을 구별하는 동시에 사랑으로 연합을 이루는 독특한 삼위일체론을 확립하였다. 이 글에서

---

2 마니교의 가르침은 아우구스티누스에게 회의를 품게 하였고, 382년 여름 서방 마니교도들 중에 유명했던 감독 파우스투스(Faustus)가 카르타고에 왔다. 기대에 가득 찬 아우구스티누스는 그와의 만남을 가졌지만 마니교에 대한 의심만 증폭될 뿐이었다. 그 결과 그는 회의주의에 빠지고 수사학을 가르치기 위해 로마로 떠났다.

는 아우구스티누스의 *De Trinitate*를 관계적 관점에서 살펴보도록 하겠다.

II. 아우구스티누스의 *De Trinitate*에 나타난 삼위일체 사상

히포의 감독 아우구스티누스는 서방(라틴)신학에서 삼위일체론의 토대를 세운 교부로 알려져 있다. 그의 삼위일체론과 카파도키아 교부들의 삼위일체론이 서로 비교되는 것은 최근의 신학적 경향 가운데 하나다. 보편교회Catholic Church는 1051년 필리오케*filioque* 논쟁으로 동방교회와 서방교회로 분열되면서 오랜 단절의 역사를 거치게 된다. 다행스러운 점은 20세기로 들어와서 에큐메니컬 운동이 교회적 분열의 아픔을 치유하려는 움직임으로 나타났다는 사실이다.

11세기 이후 동방교회는 이슬람 문화의 유입과 공산화로 인한 인고의 세월을 보냈다. 그럼에도 불구하고 그들 특유의 신학과 전통의 독특성을 면면히 지켜온 그들의 저력이 참으로 놀랍다. 20세기에 일어난 세계 도처의 식민지 해방과 공산주의 멸망은 동방과 서방 사이의 신학적 교류를 활성화시키는 계기가 되었다. 특히 동방교회의 신학적 토대를 세운 학자들로 인식되는 카파도키아 교부들의 사상이 서방신학에 새로운 활력을 불어넣고 있다. 이런 점에서 카파도키아 교부들과 동시대에 활동하면서 동일하게 (서방의) 신학적 토대를 세웠던 교부로 인식되는 아우구스티누스와의 비교는 그리 놀라운 일이 아닐 것이다.

카파도키아 교부들과 아우구스티누스는 아들과 성령의 신성을 부정하려는 이단들의 공격으로부터 삼위일체 하나님에 대한 보편교회의 신앙을 보존하는 공통의 임무를 수행한다. 그러나 그 접근방식에 있어서는 각각 나름의 독특한 방법론을 개발했다. 전자는 성자와 성령의 신성을 부인하는 반反니케아 아리우스주의자들과 투쟁하는 과정에서 논쟁적 특성을

띤 삼위일체적인 사상을 발전시켜나갔다. 반면 아우구스티누스는 그보다
는 덜 논쟁적이면서도 오랜 사색과 명상으로 축적된 정교한 삼위일체론을
전개해간다.[3] 왜냐하면 5세기에 들어오면, 성자나 성령의 신성을 증명하
는 것이 더 이상 신학적 이슈가 아니었기 때문이다. 아우구스티누스의 관
심 또한 이미 니케아-콘스탄티노플 신조(381년)로 보편신앙Catholic faith을
정립한 교회의 가르침을 충실히 따르면서 그것에 개념적 설명을 부여하고
이러한 전제들에 의해 주어진 신학적 이해의 지평을 확대하는 데 있었다.

이런 배경은 아우구스티누스의 삼위일체론에서 아리우스주의에 대한
명시적 언급이 왜 소수에 불과한지를 설명해준다.[4] 그는 보편신앙에 반
하는 아리우스주의의 주장에 대항하는 자신의 논지를 De Trinitate 5권,
6권, 그리고 7권에 집중적으로 서술한다. 랭커스터Sarah H. Lancaster에 의
하면, 북아프리카의 적대자들에 대한 아우구스티누스의 명확한 언급은
410년까지는 나타나지 않는다.[5] 힐Edmund Hill은 De Trinitate가 실제로 특
정한 정황과 그에 따른 목적을 위해 쓰인 논쟁적 저술이 아님에 주목한
다.[6] 물론 아우구스티누스와 카파도키아 교부들은 서로 다른 상황에 직면해
있었기 때문에 어느 편이 다른 편에 비해 우위를 점한다고 말하기는 어렵다.
오히려 그들 모두는 형용할 수 없는 하나님의 신비를 인식하고 동시에 보편
신앙을 방어하고 확증하기 위해 다양한 접근방식들을 고안했던 것이다.

---

3   Yves Congar, *I Believe in the Holy Spirit* Vol.3, trans. by David Smith (London: Geoffrey Chapman, 1983), 80; Gerald O'Collins, S.J. *The Tripersonal God* (Mahwah: Paulist Press, 1999), 135.

4   Sarah H. Lancaster, "Divine Relations of the Trinity: Augustine's Answer to Arianism," *Calvin Theological Journal*, 34 (1999): 327.

5   위의 글. 랭커스터는 5권, 6권, 그리고 7권이 아마도 413년과 416년 사이에 집필되었을 것이고 그 당시 아우구스티누스는 413년 이후부터 *Homilies on the Gospel of John*를 저술하면서 반(反) 아리우스주의 논지를 포함했을 것으로 본다.

6   Augustine, *De trinitate*, translated with introduction and notes by Edmund Hill (New York New City Press, 1991), 1.1.

1. *De trinitate*에 대하여

『고백론』, 『신의 도성』, 그리고 *De Trinitate*는 아우구스티누스의 저술 가운데서도 가장 널리 알려진 작품들이다. 『고백론』이 아우구스티누스의 자전적 신앙의 여정을 기술하고, 『신의 도성』이 역사 속 교회의 신앙적 여정을 다룬 것이라면, *De Trinitate*는 그 신학의 과정에서 인간과 교회의 신앙적 대상이자 목적인 하나님에 대해 기술하고 있다. 물론 *De Trinitate*는 막힘 없이 20여 년 동안 쓰인 책은 아니다. 저술하는 동안 아우구스티누스는 도나티스트들과 논쟁을 해야 했고 건강 악화로 펜을 놓아야만 했다. 그는 카르타고의 감독 아우렐리우스Aurelius에게 완성된 책과 함께 보낸 서신에서 집필을 시작할 때는 젊은 사람이었는데 마칠 때는 노인이 되어 있다고 서술하였다.[7]

De Trinitate 전체를 관통하는 것은 아버지, 아들, 성령이 각각의 위격적 독특성과 상호간의 동등성을 갖는다는 점이다. *De Trinitate*는 총 15권으로 구성된 방대한 저술이다. 1부(1-7)는 하나님의 신비를 그 신비 자체로서 서술하였다면, 2부(8-15)는 인간 안에 있는 하나님 형상을 삼위일체 하나님의 형상으로 간주하여 그 신비에 대하여 조명한다.[8] 전반부에서는 하나님이 한 분이고 삼위일체 하나님은 모든 신적인 행동에서 능동적으로 활동한다는 사실이 과연 무엇을 의미하는지 살펴본다. 처음 네 권은 성경에 나오는 삼위의 동등성에 관한 전제에 집중한다. 히포의 감독에게 성경은 삼위일체를 포함한 모든 교리에 있어 원리적 권위의 역할을 한다. 왜냐하면 인간의 이성은 삼위일체를 결코 발견할 수 없기 때문이다. 처음부터 그는 삼위일체 신학의 기초적 공리axiom 즉, 오직 성자만이 성육신하고, 오직 성령만이 오순절 날에 교회에 부어졌으며, 오직 성부만이 하늘로부터

---

7   Edmund Hill, "Introduction" in *De trinitate*, 20.

8   이러한 구도는 1권에서 아우구스티누스가 성서의 권위에 입각한 삼위일체의 보편신앙을 세운 후, 이를 반대하는 자들에 의해 제기된 이성적 논쟁에 자신의 이성적 주장으로 재반박하는 것으로 구성되어 있다.

말씀한다 할지라도, 삼위는 서로 불가분적 관계에 있으며 따라서 다함께 사역한다고 주장한다.[9]

후반부로 들어가는 8권은 *De Trinitate*의 절정으로서, 아우구스티누스의 삼위일체론의 핵심이 되는 사랑의 유비를 등장시킨다. 여기서 성부는 '사랑하는 자,' 성자는 '사랑받는 자,' 그리고 성령은 '사랑의 끈/연대'로 묘사된다. 이어서 삼위일체 하나님은 하나님의 형상인 인간의 내면에 투영되어 묘사된다. 아우구스티누스는 독자들이 구원과 영적 성장이 그들 자신이 삼위일체 하나님의 형상으로 지음 받은 존재임을 아는 것과 관계가 있음을 깨닫기를 원한다. 나아가, 기독교인의 소명은 인간 안에 존재하는 하나님의 형상을 재건하는 데 있다고 생각한다. 그러한 목적을 성취하기 위해 그는 성경뿐만 아니라 신新플라톤 철학을 넘나드는 광범위한 사유를 했다.

아우구스티누스는 자신의 책 어디에서도 삼위일체 교리를 증명하려고 시도하지 않는다. 그의 관점에서 보면 성경의 거의 모든 부분이 삼위일체 하나님을 선포하고 있으므로 그 교리를 계시의 자료datum로서 받아들일 뿐이다. 그의 관심은 증명하는 것이 아니라 교회의 가르침에 대한 명료한 이해를 제공하는 것이었다. 다시 말해서, 그의 신학은 이해를 추구하는 신앙faith seeking understanding의 전형을 보여준다. 아우구스티누스의 신학적 방법은 신앙을 전제로 삼아 이해하는 것이다. 이것은 지성을 반대하거나 폄하하는 것이 아니다. 오히려 인간은 무엇보다 먼저 믿어야 하고 그 토대

---

9 Augustine, *De trinitate*, 1.28. 히포의 감독은 삼위의 불가분적 관계성을 설명할 때 두 가지 방식 즉, 하나님의 속성(attributes)과 전유(appropriation)를 통해 설명한다. 하나님 안에서는 어떠한 구성(composition)도 있을 수 없기 때문에, 지혜, 선과 같은 신적인 속성이 이야기 될 때 삼위일체 전체에 적용된다. 동시에 어떤 속성(지혜)이나 신적인 활동(창조)이 어느 한 위격에 적용될 때에도 그 외의 위격들은 여기서 제외된다는 것을 의미하지 않는다. 따라서 창조, 구속 및 신성화(*theosis*)와 같은 신적인 활동과 관련하여, 아우구스티누스는 삼위일체가 창조하고, 삼위일체가 구속하며, 삼위일체가 신성화한다고 주장한다. 이와 동시에 그는 삼위일체의 전유로서 성부의 창조, 성자의 구속, 성령의 신성화라는 독특성 활동을 설명한다. 이 모두는 세 위격이 속성과 활동 안에서 하나이며 동시에 구별된다는 것을 보여준다.

위에 이해를 추구해야 한다는 의미이다. 히포의 감독에 의하면 인간은 죄인이며, 따라서 인간의 지성은 한계가 있기 때문에 하나님을 인식하기 위해서는 먼저 신적인 은혜의 조명이 필요하다.

여기서 강조되는 중심 사상은 하나님을 향한 구도이다. 일평생 구도자로 진리를 추구했던 아우구스티누스는 뛰어난 지적 호기심을 품었고, 자신의 감각적, 감정적, 이성적 경험 모두를 종합할 수 있는 뛰어난 인지적 통찰력을 지녔다. 이것은 그의 저서에서 시편 105편 3-4절-"그의 거룩한 이름을 자랑하라. 여호와를 구하는 자들은 마음이 즐거울 지로다. 여호와와 그의 능력을 구할지어다. 그의 얼굴을 항상 구할지어다"-을 세 번이나 인용한 데서 잘 드러난다.

2. *De trinitate*에 나타난 삼위의 동일본질성^{consubstantiality}

*De Trinitate*에서 아우구스티누스의 구상은 어떻게 성부, 성자, 성령이 성경에서 "삼위일체로 존재하는 하나이자 오직 한 분이신 참된 하나님"으로서 자신을 알리는가 하는 이성적 질문으로부터 시작한다(1.4).[10] 필자가 앞서 언급하였듯이, 카파도키아 교부들의 저술에 비해 아우구스티누스의 글에는 논쟁적 긴장감이 덜 나타나는 편이다. 하지만 아우구스티누스가 삼위의 동일본질을 부인하는 아리우스주의나 위격들의 다양성을 부정하는 사벨리우스주의로부터 격리되어 있었던 것은 아니다. 오히려 그는 그

---

10 매쉬(Thomas Marsh)는 *De trinitate*에 나오는 아우구스티누스의 네 가지 목적에 관한 개요를 나열한다: "삼위일체 교리에 관한 교회의 기본 입장을 진술하고 설명하며, 교회가 가르치는 삼위일체 교리가 성서에 확고한 기반을 두고 있다는 사실을 입증하며, 교회 안에서 삼위일체 하나님이 바르게 설명되기 위해서 지켜져야만 하는 인간의 언어와 논리에 있어 특정한 규정을 세우고, 인간의 마음이나 영에 즉각적으로 알려진 창조의 가장 최상의 형식에서 창조자이며 만물의 기원자이신 삼위일체 하나님의 흔적들을 발견하기 위한 노력이다"[Thomas Marsh, *The Triune God* (Mystic, Conn: Twenty-Third Publications, 1994), 131].

들의 문제를 의식하고 있었고,[11] 동방교부들과 마찬가지로, 보편신앙에 따라 위격들의 구별성(사벨리우스에 대항하여)과 신적인 통일성(아리우스주의에 대항하여)을 확증하려고 노력하였다.

흥미롭게도, 아우구스티누스는 동일한 문제들에 대해 카파도키아 교부들과는 상이한 방법으로 접근한다. 카파도키아 교부들과 동방교회 전체는 삼위의 통일성보다는 독특한 위격들에 역점을 두는 경향이 있다. 반면에 아우구스티누스는 전통적 보편신앙을 보존하려고 노력하면서도 하나님의 신비를 보다 분명하게 설명하기 위해 전통의 경계를 뛰어넘는 데 주저하지 않았다. 당시 삼위일체론의 전통은 하나님을 아버지로 이해하는 데서 출발한다. 아우구스티누스의 가장 뛰어난 혁신 가운데 하나는 하나님 이해를 [삼위의] 본질로부터 출발한다는 사실이다. 슈발리에Irenee Chevalier는 성부의 모나키monarchy: 아버지가 아들과 성령의 신적 존재의 근원이라는 사상에 대한 강조가 아우구스티누스에게 우려를 불러일으킨 이슈였을 것으로 지적한다.[12] 다시 말해서, 아우구스티누스는 전통적 방식인 성부의 모나키를 오히려 위격들 사이에 위계질서 또는 종속성을 내포하는 것으로 인식하였다. 그는 종속성에 대한 일말의 암시조차 제거하기 위해 성경적 토대를 둔 하나님의 위격성과 신플라톤주의의 절대적이고 순전하며simple, 불가분적 존재로서의 신적인 단순성divine simplicity을 결합한 하나님의 개념을 발전시키려 노력하였다.[13]

세 위격의 단순성에 대한 강조는 그의 이전 저술인 『신앙과 신경에 대하여』On Faith and the Creed에 이미 나타나 있다. 그는 (하나의) 물이 그 근원에

---

11 Gary D. Badcock, *Light of Truth & Fire of Love: A Theology of the Holy Spirit* (Grand Rapids, Michigan: Wm. B. Eerdmans Publishing Co., 1997), 73.

12 Irenee Chavalier, *Saint Augustine et la pensee grecque: Les relations trinitaires* (Fribourg en Suisse: Collectanea Friburgensia, 1940), 141ff, Hill, The Three-Personed God, 56 재인용.

13 J. N. D. Kelly, *Early Christian Creeds*, 5th revised ed. (San Francisco: HarperCollins, 1978), 272.

서 흘러 다양하게 발견될 수 있다는 사실을 통해 삼위일체를 원천*fons*, 물줄기*fluvius*, 그리고 마시는 물*potio*로써 묘사한다. 이와 유사하게, 삼위일체는 뿌리*radix*, 몸통*robour*, 가지*rami*로 존재하는 나무와 같다고 서술한다. 나무의 각 부분은 "어느 하나가 다른 하나와 유사하지는 않지만 그들 모두는 한 나무이며 한 목재라는 의미에서"[14] 삼위일체와 같다. 이러한 유비들은 한 위격(성부)이 아들과 성령의 원천이라는 주장보다는 삼위-공동의 원천이라는 기본 원리를 가리키고 있다.

그러므로 아우구스티누스의 하나님은 세 위격의 동일한 영원성, 불변성, 장엄함과 위대함을 지닌 동일본질성*consubstantiality* 안에 존재한다.[15] 따라서 하나님 안에서는 어떠한 종속적 경향도 배제된다. 아우구스티누스에게 있어 하나님에 관한 모든 주장은 세 위격에 동일하게 적용된다. 왜냐하면 세 위격은 하나이며 동일한 본질이 각 위격들을 구성하기 때문이다.[16] 여기서 "신성에 대하여 고려할 점은 성부는 성자보다 더 위대한 분이 아닐 뿐만 아니라, 함께하는 성부와 성자 또한 성령보다 더 크지 않으며, 세 위격들 가운데 어느 한 위격도 삼위일체 그 자체보다도 열등하지 않다."[17] 이것이 가능한 이유는 삼위가 "한 원리"*unum principium* [18]로서 행동하고, "그들이 서로 분리될 수 없는 것과 같이 불가분적으로 활동하기 때문이다."[19] 다시 말해서, 삼위일체는 불가분의 행위와 의지를 지닌 단일성이다.[20] 아우구스티누스는 "성경에 따라 한 본질의 불가분적인 동등성 안에서 아버

---

14 Augustine, *On Faith and the Creed*, 17, Badcock, Light of Truth & Fire of Love, 67 재인용.
15 Augustine, *De trinitate*, 5.9.
16 위의 책.
17 위의 책, 8.1.
18 위의 책, 5.15.
19 위의 책, 1.7.
20 위의 책, 2.9.

지, 아들, 성령은 신적인 통일성을 나타내며 따라서 거기에는 세 명의 신들gods이 아닌 한 분 하나님이 계시다"[21]라고 확신한다.

3. 성부와 성자의 한 본질

아우구스티누스의 삼위일체 사상은 니케아 전통을 위하여, 또한 그것에 의해 발전해 나간다. 니케아 신앙과 특별히 아들의 완전한 신성을 옹호하는 입장은 주로 알렉산드리아의 감독 아타나시우스와 카파도키아 교부들의 활약을 통해 381년 콘스탄티노플에서 승리하였다.[22] 니케아 신조와 관련된 아타나시우스의 위대한 공헌은 구원과 관련하여 성자의 완전한 신성의 의미를 확증한 것이었다. 알렉산드리아 감독에 따르면, 오직 하나님만이 인간을 구원할 수 있으며, 오직 인간만이 죄에 대한 율법의 요구를 감당할 수 있다. 그러므로 아타나시우스는 그리스도가 인간을 구원하기 위해서는 참 하나님이어야 하며 동시에 인간의 죄를 온전히 감당하기 위해서는 참 인간이어야 했다고 단언한다. 마찬가지로, 성령이 만약 신자를 그리스도와 연합시키는 분이라면 신적인 위격이어야만 한다. 데르위시Linda Darwish에 의하면, 아타나시우스는 "그리스도가 성부와 공유하는 공동의 영원성co-eternality과 구원의 필수요건인 그의 참된 신성의 동일성을 확보하는 한편 신적 위격들의 통일성을 강조한다."[23] 나아가, 아타나시우스의 업적은 삼위일체론, 그리스도론, 그리고 구원론 사이의 연계성을 찾으려는 아우구스티누스의 기초 작업에 큰 도움을 제공했다는 점이다. 스투더Basil Studer는 "결국 아우구스티누스 안에서 삼위일체의 신비와 구원하시

---

21 위의 책, 1.7.

22 Kelly, *Early Christian Creeds*, 240-69.

23 Linda Darwish, "The concept of the mediator in Augustine's Understanding of the Trinity," *Didaskalia*, 13 no 1 Fall (2001): 62.

는 하나님의 성육신이 내적으로 결부된 하나의 분명한 사건으로 경험된다"[24]고 주장한다. 이러한 경향은 히포의 감독이 요한복음 1장 1-3절과 1장 14절에서 발견되는 한 본질로서의 성부와 성자의 동등성을 보여주려고 시도할 때 더욱 두드러지게 나타난다. 그는 위격의 동등성을 다음과 같이 묘사한다.

이러한 구절에서 예수는 지금 자신이 하나님일 뿐만 아니라 아버지와 동일한 본질임을 분명히 보여준다. 왜냐하면 "말씀은 하나님과 함께 있었고 그 말씀이 하나님이셨다"라고 말한 후 "이것은 하나님과 함께 시작하였고, 만물이 그를 통해 만들어졌으며, 그가 없이 만들어진 것이 하나도 없다"(요 1.2)고 첨부하기 때문이다. "만물"이란 오직 피조된 것을 의미하므로 모든 피조물을 말한다. 따라서 모든 만물을 만든 아들은 피조된 것이 아니라는 사실이 아주 명백하다. 그리고 만약 그가 창조된 것이 아니라면 그는 피조물이 아니며, 만약 그가 피조물이 아니라면 그는 성부와 동일한 본질이다.[25]

여기서 아우구스티누스 삼위일체론의 도입부를 주목할 필요가 있다: "삼위일체로서 존재하는 분이 유일한 참 하나님이심과 성부, 성자, 성령이 동일한 본질 또는 본체이신 한 분 하나님이라는 사실을 말하고 이해하며 믿는 것이 옳다는 것을 설명하기 위해 전력을 다할 것이다."[26] 다시 말해, 그의 삼위일체 교리는 신적인 본질의 통일성에서 시작한다. 물론 한 본질로부터 시작하는 방식이 전혀 새로운 것은 아니다. 실은 터툴리아누스까

---

24 Basil Studer, *Trinity and Incarnation: The Faith of the Early Church* (Collegeville, Liturgical Press, 1993), 10.13, 19, 24, 위의 책, 64 재인용.

25 Augustine, *De trinitate*, 1.9.

26 위의 책,1.4.

지 거슬러 올라가는 라틴신학의 삼위일체론의 전형적인 순서를 단순히 이어가고 있기 때문이다.[27] 반면에 그의 선배들이 신적인 모나키 즉, 성부로서의 한 분 하나님에 대한 확고한 의식을 보존하였다면, 아우구스티누스는 그러한 입장과 이해를 배격한다. 그 대신, 한 분 하나님은 한 신적인 본질임을 밝힌 후 삼위로 존재한다는 것을 확증해간다.[28]

4. 삼위일체의 관계

그렇다면 각 위격의 독특성을 어떻게 추적할 수 있는가? 아우구스티누스는 신성 안에서의 상호관계에서 그 해답을 찾는다. 그는 전통적 개념인 "위격"person에 만족하지 않는데, 실제로 그 개념은 서로가 분리된 개별자들로서의 성부, 성자, 성령을 가리키기 때문이다.[29]

아리우스주의자들은 하나님에 대해 거론되거나 이해되는 것은 모두 하나님의 본질에 관한 것이라고 주장한다. 그러므로 그들에 따르면, 만약 아버지가 비출생된 존재unbegotten이고 아들이 출생된 존재begotten라면, 아버지의 본질은 비출생이며 아들의 본질은 출생이라고 말할 수 있다. 여기서 비출생은 출생과 다르기 때문에 아버지의 본질은 아들의 것과 달라야만 한다.[30] 그러나 아우구스티누스는 하나님은 단순성simplicity 때문에 어떠한 우발성accidents도 지니지 않는다고 주장하며 그러한 주장에 반박한다. 말하자면, "선goodness"으로서의 하나님에 대해 말하는 것은 하나님을 변화시키는 어떤 우발적 특질에 대해 말하는 것이 아니다. 여기에서 아우구스티누스

---

27 Kelly, *Early Christian Creeds*, 269.

28 Sergius Bulgakov, *The Comforter*, trans. by Boris Jakim (Grand Rapids, Michigan: William B. Eerdmans Publishing Co., 2004), 41.

29 Augustine, *De trinitate*, 5.10; 7.7-9. 켈리는 아우구스티누스가 현행 어법을 채용한 이유가 아마도 인간 언어의 불충분함에 대한 인식과 양태론의 경향을 차단하기 위한 필요성 때문이라고 추정한다(Kelly, *Early Christian Creeds*, 274).

30 Augustine, *De trinitate*, 5.4.

는 아리우스주의자들이 하나님을 우발성의 차원에서 다루지 않는 점은 옳다고 인정한다. 그러나 그들은 하나님 안에 있는 주요한 범주 즉, 하나님의 관계(들)를 도외시한다는 점에서 오류를 범했다. 아우구스티누스에 의하면,

아버지가 오직 그렇게[아버지로] 호칭되는 것은 아들이 있기 때문이며, 아들이 오직 그렇게[아들로] 호칭되는 것은 아버지가 있기 때문이듯, 이러한 명칭들은 본질을 말하는 것도, 그 자체를 말하는 것도 아니고, 오직 상대방에 관하여 말하는 것이다. 그 명칭들은 우발성에 관한 것도 아닌데, 아버지와 아들이라는 호칭의 의미는 그 두 위격이 영원히 그리고 불변적으로 서로에게 속해 있기 때문이다. 그러므로 비록 아버지로 존재하는 것이 아들로 존재하는 것과 상이하다 할지라도 본질에는 차이가 없다. 왜냐하면 그 호칭들은 본질에 관한 것이 아니라 관계에 관한 것이기 때문이다. 그리고 이 관계는 변할 수 있는 것이 아니기 때문에 변형이 아니다.[31]

아리우스주의가 본질과 우발성 사이를 구별하는 것과는 반대로, 아우구스티누스는 "하나님의 신적이고 영광스러운 숭고함에 관해 말하는 것이면 무엇이든지 신적인 본질에 관해 말하는 것이지만, 그 외의 것에 대해 거론되는 것은 본질이 아니라 관계를 가리키는 것이다"[32]라고 말함으로써 본질과 관계에 대해 명료하게 진술한다.

아우구스티누스 사상의 근저에는 신적인 관계의 개념을 발전시키면서 하나님에 관한 담론을 확대시키려는 의도가 있다. 여기서 필자는 관계의 개념에 대한 동방교회와 서방교회 사이의 합의점을 발견한다. 아우구스티누스는 아마도 413년경에 카파도키아 교부들의 문서를 읽고 영향

---

31 위의 책, 5.6.
32 위의 책, 5.9.

을 받았을 것으로 알려져 있다.[33] 동방교부들은 상호관계의 개념에 의거한 삼위 각각의 독특성을 위격들 사이의 구별성으로 이해하였다. 예를 들어, 바질Basil은 에노미우스Enomius가 성부와 성자 간의 다양성을 본질의 다양성으로 해석하였다고 비판한다.[34] 닛사의 그레고리Gregory of Nyssa는 본성nature의 통일성을 변호하면서 "아버지"와 "아들"이란 호칭은 관계적 용어라는 바질의 주장을 재차 강조한다.[35] 이와 마찬가지로, 나지안주의 그레고리Gregory of Nazianzus는 "아버지"와 "아들"이란 이름은 관계뿐만 아니라 신적인 삼위의 근원적인 관계relations of origin를 가리킨다고 주장한다.[36] 카파도키아 교부들을 따르는 비잔틴 수도사인 고백자 막시무스Maximus the Confessor는 "'아버지'란 이름은 본질의 이름도, 에네르기아energia의 이름도 아니다. 그것은 관계성의 이름이며, 어떻게 아버지가 아들과 관련하여 존재하며 어떻게 아들이 아버지와 관련하여 존재하는지를 말하는 것이다"[37]라고 명시한다. 물론 동방교회는 관계가 위격을 규정짓는 것이 아니라 오히려 관계가 신적인 위격들의 독특한 다양성을 표현하는 데 기여한다고 강조한다.[38]

이와 유사하게, 아우구스티누스 또한 아버지, 아들 그리고 성령의 호칭은 서로 다른 위격을 가리키는 것으로 이해한다. 아버지는 자기 자신을 가

---

33 Hill, *The Three-Personed God*, 56-7.

34 Basil, *On the Holy Spirit*, in *A Select Library of the Christian Church: Nicene and Post-Nicene Fathers*, Vol.8. edited by Philip Schaff and Henry Wace, Second series (Peabody, MA: Hendrickson Publishers, Inc., 1995), 588A-589C.

35 Gregory of Nyssa, "On 'Not Three Gods' in *Nicene and Post-Nicene Fathers*, Vol.5. edited by Philip Schaff and Henry Wace, Second series (Peabody, MA: Hendrickson Publishers, Inc., 2007).331-336.

36 Gregory of Nazianzus, *Theological Orations in Select Orations in A Select Library of the Christian Church: Nicene and Post-Nicene Fathers*, translated by Charles G. Browne and James E. Swallow (Peabody, MA: Hendricksen Publishers, Inc., 1995), 29; 31.

37 Maximus, *Ambigua* 26, Congar, *I Believe in the Holy Spirit*, 82 재인용.

38 Vladimir Lossky, *The Mystical Theology of the Eastern Church*, trans. by members of the Fellowship of St. Alban and St. Sergius (Cambridge: James Clarke & Co., 1957), 79.

리키는 것이 아니라 오히려 아들을 가리킨다는 점에서 아버지이며, 마찬가지로 아들은 아버지를 가리키기 때문에 아들이다. 그 용어들은 상호적이며 그와 같은 관계적 상황에서만 오직 의미를 지니게 된다. 신적인 관계 자체는 인간적 차원에 다뤄지는 아버지-아들 관계의 경우처럼 우발적이지 않다. 왜냐하면 신적인 관계들은 결코 변할 수 없기 때문이다. 히포의 감독이 아버지는 하나님이고, 아들도 하나님이며, 성령 또한 하나님이라고 말하는 것은 하나님이 세 분 계시다는 의미가 아니다. 왜냐하면 이 호칭들은 신적 본질을 가리키는 것이 아니기 때문이다.[39] 오히려 아버지와 아들이란 이름은 본질이나 우발성이 아니라 관계를 가리키는 말이다.

물론 아우구스티누스는 성령을 아버지-아들과 같은 관계적 구조에 적용하여 설명하기가 쉽지 않음을 발견한다. 아버지-아들의 상호 관계적 용어는 상대방에 관하여 표현한다.[40] 반면에 이 경우와 같이 아버지-성령 또는 아들-성령의 관계에도 동일한 결과를 끌어내기는 어렵다. 말하자면, 성부는 성자의 아버지이고 성자는 성부의 아들이라고 한다면, 성령은 아버지의 영이라고 할 수는 있지만 성부가 성령의 아버지라고 말할 수는 없다. 이렇게 말한다면 성령을 두 번째 아들로 규정하는 것이 되리라.[41] 아우구스티누스는 이 딜레마에 대한 해결책을 성경에서 발견한다. 그는 성령이 성부의 영과 아들의 영으로 인식되고 있다고 결론을 내린다.[42] 그는 성령이 아버지의 영(마 10:28; 요 15:26)이자 아들의 영(갈 1. 4:6; 요 14:26; 20:22; 눅 6:19; 롬 8:15)이라는 자신의 주장을 성경에 근거하여

---

39 Augustine, *De trinitate,*, 5.8.

40 위의 책, 5.13.

41 위와 동일.

42 아우구스티누스는 "아버지와 아들의 영"에 대한 이해는 막 10:20 ("네 아버지의 영")과 갈 4:6("아들의 영"), 그리고 예수가 제자들에게 자신이 아버지에게 돌아간 후에 그들에게 성령을 보내겠다는 (요15:26) 것과 성부가 파라클리트(*Paraclete*)로서의 성령을 보낼 것(요14:26)이라고 선언하는 성경구절에서 끌어낸다(Augustine, *De trinitate*, 1.7; 1.8; 4. 29; 5.12; 15.45 참조).

강조한다.[43]

그러나 만약 성령이 아버지의 영이며 또한 아들의 영이라면 어떻게 성령은 아버지-아들과의 상대적 관계성 안에 놓이게 되는가? 아우구스티누스에게는 "성령이 아버지께로부터 나온다proceed"(요 15:26)는 요한의 진술이 관계성의 개념과 호응하지 못하는 듯이 보인다. 만약 성령이 오직 성부로부터만 나온다면 아들은 독생자라 불릴 수 없기 때문이다.

아우구스티누스는 아들의 "출생"generation과 성령의 "발현"procession을 따로 구별해야만 했다. 그리고 상대방에게 [선물을] 주는 자Giver를 가리키는 "선물"Gift이란 칭호가 성령에 적용된 사실(행 8:20; 요 4:10)에 주목한다.[44] 비록 성부와 성자 둘 다 성경에서 '주는 자'라는 호칭을 부여받진 못해도, 히포의 감독은 성경에서 성부와 성자에 의한 성령의 파송mission/sending이 이뤄지고 있음을 발견한다. 그는 하나님의 이러한 경륜적 파송의 무대에서 성령을 "선물"로, 성부와 성자 두 위격을 "주는 자"로 부르는 것이 가능하다고 생각한다. 그럴 경우에는 성령은 아버지와 아들이 공유하는 존재가 된다. 만약 성경이 성령은 아버지로부터 나온다고 말한다면(요 15:26), 성령의 발현이 성자와도 관련이 있다는 사실을 부정할 수 없게 되고,[45] 따라서 이는 아버지와 아들이 성령의 동일한 기원one origin을 의미하는 필리오케filioque 교리를 정당화하게 된다.[46]

이후, 아우구스티누스는 경륜 안에서의 성부, 성자, 성령 사이의 관계적 구별성이 내재적 삼위일체 안에서 어떻게 조화되는지를 탐구한다. 성부-성자의 관계에 관한 논의는 한편으로는 삼위간의 구별된 관계를 보여주며,

---

43 위의 책, 1.7; 5.8; 8.9.
44 위의 책, 5.13.
45 위의 책, 4.29; 5.12; 14.15.
46 위의 책, 5.15.

다른 한편으로는 성령을 성부와 성자 사이의 공동의 연대common bond로 인식하는 길을 열어준다.[47] 앞서 언급했듯이, 관계 안에서의 이러한 차별성은 성부로부터의 성령의 발현에는 성자도 포함된다는 것을 보여준다.

아우구스티누스는 따라서 성부와 성자가 서로 사랑하는 방식에 비추어 성령의 발현에 대해 가르친다. 선물로서의 성령의 위격성을 설명하면서 *De trinitate*, 5.15-16, 성령이 단순히 시간 속에서 교회에 주어진 선물이 아니라, 오히려 아들에게 주어진 아버지의 영원한 선물이자 아버지에게 주어진 아들의 영원한 선물이라고 주장한다.[48] 그는 이렇게 말한다.

확실한 것은 이러한 관계성이 성령이라는 특정한 이름에서는 불명확하지만 그것이 하나님의 선물로 불릴 때는 명확해진다(행8:20; 요 4:10). 그[성령]는 성부와 성자의 선물인데, 한편으로는 주님이 말씀하신대로 그가 성부로부터 나오기 때문이며(요 15:26), 다른 한편으로는 "누구든지 그리스도의 영이 없으면 그리스도의 사람이 아니라"(롬 8:9)는 사도의 말이 성령에 관해 말하고 있기 때문이다. 따라서 우리가 "기부자의 선물"과 "선물의 기부자"를 거론할 때는 선물과 기부자의 상호 관계를 말하는 것이다. 그러므로 성령은 성부와

---

47 요한복음을 인용하면서 아우구스티누스는 다음과 같이 주장한다. "만약 이렇다면, 아버지가 아들 없는 하나님이 아니며, 아들도 아버지 없는 아들이 아니라, 두 분 모두 하나님이시라고 말해야만 한다. 그리고 '태초에 말씀이 있었다'(요1:1)는 구절은 아버지 안에 아들이 있었다는 의미로 이해해야 한다. 혹은 만약 '태초에'가 단지 다른 모든 것의 이전(before)을 의미한다면, 이후에 나오는 '그리고 말씀이 하나님과 있었다'는 말을 이해하는 데 어려움이 있게 된다. …말씀은 형상과 같은 것이다. 즉 아버지와 아들 두 분 모두 형상이 아니라 아들만 이 아버지의 형상이다. 아들은 아버지의 아들이므로 아버지와 아들 모두가 아들은 아니다. 그러므로 '말씀이 하나님과 함께 있었다'(요1:1)는 말씀은 오직 아버지만이 하나님이 아니며 아버지와 아들 모두 하나님이라는 의미이다(Augustine, *De trinitate*, 6.3).

48 위의 책, 5.15. 아우구스티누스는 선물은 기부자와 그것을 받은 그/그녀/사람들 양측 모두를 가리킨다고 주장한다. 따라서 성령은 아버지의 영으로뿐만 아니라 성령을 받은 우리의 영이라고도 불린다.

성자 간의 형언할 수 없는 교제 communion 나 친교 fellowship 이다.[49]

아버지가 아들에게 주는 선물은 〔그의〕 사랑의 선물이다. 그러므로 아버지는 사랑하는 자이며 아들은 사랑받는 자가 되고, 성령은 그 둘 사이를 오가는 상호적 사랑이다.[50]

아우구스티누스는 신적인 관계성에 대한 이해와 함께 삼위가 한 본질임을 보여주려고 시도한다. 그에 따르면, "하나님이 그 자신에 대해 말하는 모든 것은 아버지, 아들, 성령의 위격들이나 삼위일체의 다수를 말하는 것이 아니라 단수를 말하는 것이다."[51] 아버지는 선하고, 아들은 선하며, 성령이 선하지만, 거기에는 세 개의 선함이 있는 것이 아니라 오직 하나의 선함만이 있다. 이와 유사하게, 아버지가 하나님이고, 아들이 하나님이며, 성령이 하나님이라고 하지만, 거기에 세 분 하나님이 있는 것이 아니라 오직 한 분 하나님만이 존재한다. 성부와 성자 사이의 구별은 각각 상이한 본질을 지니고 있다는 것이 아니다. 오히려 그들이 동일한 본질을 공유하고 있는 방식을 가리키는 것이다. 아우구스티누스는 다음과 같이 서술한다.

그래서 아버지와 아들 두 위격은 한 지혜이다. 왜냐하면 본질이 본질에서 나오듯 그들은 지혜에서 나온 지혜이며, 따라서 본질적으로 한 분이기 때문이다. 그러므로 아버지는 아들이 아니고 아들은 아버지가 아니기 때문에, 혹은

---

49 위의 책, 5.12.
50 라쿠나(C. LaCugna)와 함께 배드콕(Badcock)은 아우구스티누스의 탁월한 점은 성령론을 사랑의 관점에서 발전시킨 데에 있다며 그 점을 높이 평가한다. 히포의 감독에게 사랑은 삼위일체 하나님으로부터 흘러나와 그 분께로 다시 돌아가는 것인 만큼 근본적으로 성령론적이며 구원론적인 범주이다. 그는 부분적으로 아버지와 아들 두 분이 공유하는 존재가 성령임을 성경적으로 밝히고 그것을 성령론의 결정적 토대로 삼았기 때문에 이러한 사상을 세울 수 있었다 (Badcock, *Light of Truth & Fire of Love*, 74; Catherine M. LaCugna, *God for Us: The Trinity and Christian Life* (New York: Harper-Collins, 1991), 91를 보라.
51 Augustine, *De trinitate*, 5.9.

한 분은 출생하지 않았고 다른 한 분은 출생된 분이기 때문에 그들이 한 분으로서 존재하지 않는다고 할 수 없다. 왜냐하면 이 호칭들은 그들의 관계를 가리키기 때문이다. 그러나 두 위격은 함께 한 지혜요 한 분이듯, 존재한다는 것은 지혜로운 것과 동일하다. 그러나 아버지와 아들이 함께 말씀이나 아들로 불리지는 않는다. 왜냐하면 여기서 존재한다는 것은 말씀이나 아들로서 존재한다는 것과 동일한 의미가 아니기 때문이다. 우리가 충분히 증명하였듯이, 이 용어들은 관계적인 개념들이기 때문이다.[52]

아들은 자기 자신을 상대적으로 말한다는 점에서 아버지와 구별되지만, 본질의 차원에서 거론될 때는 아버지와 동일하다. '비출생'unbegotten은 본질적인 것이 아니라 관계적인 용어이다. 아버지와 아들은 한 분으로서 온전한 지혜이며, 그들은 상호관계 때문에 구별되지만 완전한 하나님이다. 그렇다면 그들은 개별적인 하나님이 아니라 모두 함께하는 하나님인 셈이다.

4. 인간의 마음 안에 나타난 삼위일체

아우구스티누스의 전제 중의 하나는 하나님이 창조 속에 삼위일체의 흔적vestigia trinitatis을 남겼으며 인간의 내적 자아 자체가 바로 삼위일체 하나님을 반영하는 최고의 유비라는 것이다. 왜냐하면 "삼위일체의 흔적으로서 가장 탁월한" 인간은 하나님의 형상으로 창조되었기 때문이다(창 1:26).[53] 힐에 따르면, 아우구스티누스는 인간의 동물적 본능 즉, 감각 기능들이나 식욕 등과 같은 저급한 감각을 배제하며,[54] 인간의 마음mens 속에 내재한 삼위일체의 유비 안에서 하나님의 신적인 신비와 인간 자아의

---

52 위의 책, 7.3.
53 위의 책, 1.14; 7.12; 11.1; 12.6-10, 14.25.
54 Hill, "Introduction," in Augustine, De trinitate, 25.

신비 사이의 존재론적 연계성을 발견하려고 시도한다.[55] 바꿔 말하면, 만약 어느 사람이 자기 자신을 성찰한다면, 인간의 마음속에 있는 하나님 형상은 그/그녀를 보다 더 깊은 신적 신비 안으로 인도한다는 확신과 비슷하다.

따라서 이 라틴 교부는 내적 자아, 앎, 그리고 사랑이라는 삼위 triads 에서 시작하여 인간의 하나님에 대한 기억, 앎 그리고 사랑으로 이동한다. 그는 곧 인간의 영의 활동에서 추적 가능한 일련의 삼위들을 이용한다.[56] 그는 사랑하는 자, 그 대상인 사랑받는 자 그리고 그들을 연합하는 사랑이라는 인간의 삼위적인 성격의 사랑 개념으로부터 삼위일체에 관한 탐구를 시작한다. 반면에 아우구스티누스에게 인간의 사랑 유비는 삼위일체를 설명하는 완벽한 유비는 아니었다.[57] 왜냐하면 이러한 외면적 사랑의 개념에서는 사랑하는 자와 사랑받는 자가 각각 다른 개별자를 가리킬 수 있으며, 또한 인간의 사랑은 세속적 성향을 다분히 갖고 있어서 보다 고차원적인 경지에 오르기 위해서는 정화될 필요가 있기 때문이다.

아우구스티누스는 9권에서 마음/지식/사랑 mens/notitia sui/amor sui 의 구조 안에서 삼위일체의 보다 내면적 형상들로 이동한다.[58] 그의 목표는 마음의 유비를 통해 삼위의 본질적 단일성, 동일본질, 공동-속성과 동시에 그들의 구별성, 비혼합성 그리고 상호관계가 어떻게 표현될 수 있는지를 밝히는 것이었다. 그는 "마음이 그 자체를 사랑할 때는 마음과 그것에 대한 사랑, 두 가지가 존재한다. 마찬가지로 마음이 그 자체를 알 때는 마음과 지식, 이 두 가지가 존재한다. 그러므로 마음, 사랑 그리고 지식은 셋으로 존재하는 어떤 것이며, 이 셋은 하나이며, 그들이 완전할 때는 서로 동등하다."[59]

---

55 위의 책, 24-5.
56 위의 책, 9.3; 14.15.
57 위의 책, 8.14.
58 위의 책, 9.2; 9.4.
59 위의 책, 9. 4.

10권에서 아우구스티누스는 보다 고차원적 형상인 기억^{memoria}, 이해^{intelligentia}, 의지^{voluntas}로 이동한다. 기억은 회상 그 이상을 의미한다. 그것은 사람이 품은 스스로의 현존과 정체성에 대한 끊임없는 감각과 같은 보다 높은 차원의 어떤 것을 가리킨다. 아는 것과 알지 못하는 것에 대한 자기인식은 신지식$^{knowledge of God}$을 향하는 또 다른 길이다. 아우구스티누스에 의하면, 만약 내면적 자아가 그 자신을 사랑하지만 그 자신을 알지 못한다면, 그것은 삼위일체에 관한 잘못된 이미지일 것이라고 한다. 그는 다음과 같이 말한다.

마음이 그 자신을 알려고 노력할 때, 이미 노력하고 있는 자기 자신을 인식한다. 그래서 마음이 이미 그 자신을 안다. 이는 곧 마음이 단순히 그 자체를 알 수 없다는 말인데, 왜냐하면 그 자신이 모른다는 것을 알고 있다는 사실로 인해, 마음은 그 자신을 인식하고 있기 때문이다. 만약 마음이 알지 못하고 있는 자신을 모른다면, 그것은 그 자신을 알려고 노력하지 않는 것이다. 왜냐하면 마음이 그 자체를 알려고 노력한다는 그 사실에서 마음은 알지는 못하지만 노력하고 있다는 그 자체는 인식하기 때문이다.[60]

정도의 차이에 따른 다양한 유비는 한 본질과 관계에 대한 아우구스티누스의 주장과 일관되게 나타난다.[61] 아우구스티누스에게 이 형상^{image}은

---

60 위의 책, 10.5.

61 위의 책, 10.18; 9.8. 아우구스티누스에 의하면, "그렇다면, 이러한 기억, 이해 그리고 의지는 세 개의 생명이 아니라 한 생명이며 세 마음이 아니라 한 마음이다. 따라서 이것들은 세 본체가 아니라 한 본체(substance)이다. 기억이 생명, 마음, 본체로 불릴 때는 그 자체가 그렇게 불리는 것이다. 그러나 그것이 기억이라고 불릴 때는 다른 것과 관련하여 그렇게 불리는 것이다. 나는 이해와 의지에 대해서도 동일하게 말할 수 있다. 즉 이해와 의지는 다른 것과 관련하여 그렇게 불려진다. 그러나 이 각각은 그 자체와 관련하여 생명이며 마음이며 존재이다. 이러한 이유로 이 셋은 한 생명, 한 마음, 한 존재라는 점에서 하나이며, 그 자체와 관련하여 각각 무엇이라고 부르든 복수(plural)가 아닌 단수(singular)로 불린다."

비록 왜곡되긴 했지만 매우 중요한 사실을 내포하고 있다. 인간은 하나님을 사랑하고 그 하나님과 연합될 수 있는 능력을 담지하고 있다는 사실을 보여주기 때문이다.[62]

그러나 인간의 내면적 자아에서 하나님의 형상을 발견하는 일이 아우구스티누스가 추구하는 최고의 목표는 아니다.[63] 이 라틴 교부에 의하면, 인간은 그 자신 안에서 하나님의 형상을 발견하는 능력이 있는 동시에 자신의 창조주를 연상할 수 있는 존재이다. 삼위일체의 흔적을 이해하고자 하는 이러한 추구는 인간들이 그들 자신을 치유하고 정화하며 새롭게 하려는 노력이다. 그러한 행위 자체가 그들의 관심을 일시적이고 세속적인 것들로부터 하나님으로 전환시키기 때문이다.[64] 아우구스티누스의 신학에서 인간의 마음은 하나님을 묵상하며 이를 통해 하나님과 연합될 수 있다. 이 전환은 인생의 여정을 통해 도달하게 되는 창조주에게로의 귀환을 의미한다.

더 나아가, 아우구스티누스는 하나님과 인간 사이의 불가피한 차이와 함께 자신이 사용하는 유비들의 불완전성과 한계를 독자들에게 분명하게 밝힌다. 삼위일체 하나님에 대한 유비는 인간을 하나님께로 이끌고 그들로 하여금 하나님을 즐거워할 수 있게 하지만, 그 자체로 하나님의 온전성을 보여주지는 않는다. 아우구스티누스는 하나님에 대한 가장 적절한 유비조차도 한계가 있음을 가르친다.[65] 히포의 감독은 사도 바울의 고린도전서 13장 12절을 인용하면서, 인간 존재 안에 있는 하나님 형상을 "수수

---

62 위의 책, 14.6; 14.11.
63 위의 책, 14.15. 15.44에서 마음을 연구하는 자들이 그 너머에 계신 하나님을 바라보지 않고 연구하면 정죄를 당할 것이라고 말한다.
64 위의 책, 14.22; 14.23.
65 위의 책, 15.3; 15.14; 15.15; 4.22.

께끼"로 간주한다.[66] 실제로, 인간은 자신의 내면 속의 삼위일체의 형상을 봄으로써 하나님을 보게 된다. 그것은 하나님의 희미한 형상에 불과하다. 다른 피조물보다 인간의 마음이 하나님을 좀 더 닮았다는 사실은 하나님과 인간 사이의 심오한 차이를 제거하는 것도, 축소하는 것도 아니다. 이는 삼위일체 하나님이 신성의 본질을 구성하는 방식에서 하나님의 존재와 인성의 어떤 것이 동일하다는 것을 의미하지 않는다.[67] 그는 이러한 유비들을 통해 하나님의 삼위일체성을 이해하기 원하지만, 어떻게 하나님이 하나이면서 셋인지를 이해하기에는 역부족이라는 사실을 의식하고 있다.

III. 나가는 말

아우구스티누스의 신학적 배경에는 신플라톤주의와 더불어 그 철학과 기독교 사이의 공통분모가 있긴 하지만, 그리스도의 발견이야말로 그에게는 신플라톤주의의 범위를 초월할 수 있는 유일한 길이었다.[68] 히포의 감독에 의하면 존재하는 모든 것은 그 자체에 존재를 부여하는 원천, 곧 하나님의 흔적을 담지하고 있다. 그러므로 그는 한 분이자 삼위의 연합체인 하나님의 흔적을 삼위일체적 구조를 지닌 인간의 마음 안에서 찾았다.

그의 삼위일체 사상은 한 개인의 기억, 이해, 사랑을 유비로 삼아 인식될 수는 있지만, 그런 사상을 오늘날의 개인주의나 내적 성찰로 치부하는 것은 아우구스티누스에 대한 정당한 평가가 아니다. 후자는 인간이 하나님을 찾기 위해서는 오직 인간의 내면만을 성찰하면 된다고 생각하기 때

---

66 위의 책, 15.14.
67 위의 책, 15.7.
68 Augustine, *Confession*, translated with an Introduction by R.S. Pine-Coffin (New York: Penguin books, 1961), 7.9; 7.18, 24.

문이다. 오히려 히포의 감독은 인간이 자신 안에 있는 하나님의 형상을 깊이 성찰한다면, 그는 돌아온 탕자와 같이 참된 마음의 울림을 느낄 것이며, 죄로 인해 분리되었던 자신을 하나님께로 돌이키게 된다고 생각한다. 다시 말해서, 아우구스티누스는 최상의 인간적 삼위일체는 인간의 마음 안에서 그 자체를 기억하고 이해하고 사랑하는 것이 아니라 그 안에서 하나님을 기억하고 이해하고 사랑하는 것에서 인식할 수 있다고 본다.[69]

나아가, 인간의 지성이나 마음이 하나님을 추구하는 일은 오직 신적인 빛에 의해 조명될 때만 가능하다. 하나님에 대한 참된 지식은 신적인 도움을 요구하며 하나님과의 바른 관계를 필요로 한다. 하나님은 단순히 인간이 자신의 내면을 바라본다고 발견되는 것이 아니라 내면을 통해 '위'above를 바라볼 때에야 발견되기 때문이다. 마음은 사랑 안에서 완전해지고, 참된 앎은 알려진 것에 대한 사랑에 비례한다. 실제로 마음 혹은 영혼의 존엄성은 하나님의 형상으로 지음 받은 자들이 하나님을 예배하고 소유할 수 있는 능력 안에서 나타난다.[70]

또한 아우구스티누스에 의하면 성부, 성자, 성령의 호칭은 관계를 나타내는 개념으로 계시되어 있다. 이러한 호칭들은 단순히 삼위일체를 말하기 위한 신학적 도구가 아니라 기독교의 여정 가운데 핵심 주제로 나타나는 개념이다. 성부, 성자, 성령의 호칭은 자신이 아닌 상대방을 가리킨다. 아버지는 아들과 관계하는 존재이며 아들은 아버지와 관계하는 존재이다. 성령은 성경에서 '아버지의 영'과 '아들의 영'으로 불린다는 사실을 감안하면 두 위격과 관련된 '공동의 끈'이며 '선물'로 표현되는 것임을 알 수 있다. 또한 이 관계를 형성하는 것은 신적인 사랑인데, 이것은 세 위격을 연결하는 동시에 세 위격의 본질적 속성에 해당한다. 나아가, 아우구스티누

---

69 Augustine, *De trinitate*, 14.12-15.
70 위의 책, 14.4-6.

스는 삼위일체 하나님이 관계적 구별성과 더불어 통일성을 갖고 있다고 주장하며, 성령의 기능이 바로 성부와 성자 두 위격 사이의 사랑의 연합을 이루는 것이라고 주장한다.

다른 한편, 아우구스티누스가 삼위의 독특한 관계성을 설명하면서 성령을 성부와 성자의 공동의 선물/사랑으로 정의하는 것은 성령의 인격성을 확보하는 데 어려움을 준다. 아들을 적극적으로 사랑하는 아버지와 그의 사랑에 적극적으로 반응하는 아들에 비해 성령은 비인격적인 힘이나 단순히 사랑의 연대로 나타나기 때문이다. 성령을 성부와 성자 간의 상호 연대로 보는 사상은 성령을 성부와 성자가 부여하는 사랑에 의해 존재하는 수동적인 그 무엇으로 간주하기 때문에 부적절한 성령론을 낳을 수 있다. 나-당신의 관계를 맺은 두 위격이 서로에게 주는 상호적 선물로서의 사랑은 세 번째 위격으로 인식되기가 어렵고, 두 위격과 구별되는 인격적 특성을 지닌 존재로 거의 나타나지 않는다. 물론 히포의 교부가 성령의 위격적 특성을 축소하려는 의도는 없었을 것이다. 하지만 그의 삼위일체 사상에는 이러한 경향을 내포하고 있는 것이 사실이며, 역사적으로 서방신학에서 성령론의 약화를 초래할 수 있는 여지를 남겨두었다.

참고문헌

Augustine. *De Trinitate*. Translated with introduction and notes by Edmund Hill. New York New City Press, 1991.

_____. *Confession*. Translated with introduction by R.S. Pine-Coffin. New York: Penguin books, 1961.

Badcock, Gary D. *Light of Truth & Fire of Love*: *A Theology of the Holy Spirit*. Grand Rapids, Michigan: Wm. B. Eerdmans Publishing Co., 1997.

Basil of Caesarea, *On the Holy Spirit, in A Select Library of the Christian Church*:

Nicene and Post-Nicene Fathers. Vol.8. Edited by Philip Schaff and Henry Wace. Second series. Peabody, MA: Hendrickson Publishers, Inc., 1995.

Bulgakov, Sergius. *The Comforter*. Translated by Boris Jakim. Grand Rapids, Michigan: William B. Eerdmans Publishing Co., 2004.

Congar, Yves. *I Believe in the Holy Spirit*. Vol. 3. Translated by David Smith. London: Geoffrey Chapman, 1983.

Dodaro, Robert and Lawles, George, ed. *Augustine and His Critics*. New York: Rutledge, 2000.

Gregory of Nazianzen. *Select Orations in A Select Library of the Christian Church: Nicene and Post-Nicene Fathers*. Translated by Charles G. Browne and James E. Swallow. Peabody, MA: Hendricksen Publishers, Inc., 1995.

Greogory of Nyssa. *Nicene and Post-Nicene Fathers*, Vol.5. edited by Philip Schaff and Henry Wace. Second series (Peabody, MA: Hendrickson Publishers, Inc., 2007

Hill, William J. *The Three-Personed God: The Trinity as a Mystery of Salvation*. Washington, D.C: The Catholic University of America Press, 1982.

Kelly, J. N. D. *Early Christian Creeds*, 5th revised ed. San Francisco: HarperCollins, 1978.

LaCugna, Catherine M. *God for Us: The Trinity and Christian Life*. New York: Harper-Collins, 1991.

Lancaster, Sarah Heaner. "Divine Relations of the Trinity: Augustine's Answer to Arianism." *Calvin Theological Journal* 34 (1999): 327-346.

Lossky, Vladimir. *The Mystical Theology of the Eastern Church*. Translated by members of the Fellowship of St. Alban and St. Sergius. Cambridge: James Clarke & Co., 1957.

Marsh, Thomas. *The Triune God*. Mystic, Conn: Twenty-Third Publications, 1994.

O'Collins, Gerald, S.J. *The Tripersonal God*. NY: Paulist Press, 1999.

Rahner, Karl. *The Trinity*. trans. by J. Donceel. New York: Heder, 1970.

Williams, Rowan. *Arius*. Grand Rapids, Michigan: William B. Eerdmans publishing Co. 2001.

생 빅또르의 리샤르의
관계적 삼위일체론

※ 백충현[1] ※

I. 서론

생 빅또르의 리샤르Richard of St. Victor, c.1123-1173는 1170년경에 완성한『삼위일체론』De Trinitate 제 III 권에서 하나님의 삼위성의 필연적인 이유들을 탐구한다. 그는 하나님에게 속한 선의 충만함fullness of goodness, 행복의 충만함fullness of happiness, 영광의 충만함fullness of glory이라는 삼중적인 논변에 근거해 사랑의 본성을 분석하면서 하나님의 삼위성의 필연적인 이유들을 탐구한다. 이를 통하여 리샤르는 최고의 진정한 사랑caritas/charity은 홀로 있는 사랑이 아니라 관계 속에 있는 사랑이며 공동체 안에 있는 사랑임을 보여줌으로써 위격person은 관계성 또는 공동체성 속에 있다는 상호위격적 삼

---

1   백충현은 현재 장로회신학대학교 조직신학 조교수로 가르치고 있다. 서울대학교 철학과(B.A.), 장로회신학대학교 신학대학원(M.Div.), 프린스턴 신학교(Th.M.), 예일신학대학원(S.T.M.), 버클리 연합신학대학원(GTU in Berkeley)(Ph.D.)에서 공부하면서 조직신학 및 철학적 신학 분야에서 삼위일체 신학을 전공하였다. 저서로는 *The Holy Trinity - God for God and God for Us: Seven Positions on the Immanent-Economic Trinity Relation in Contemporary Trinitarian Theology*(Princeton Theological Monograph Series 145)(Eugene: Pickwick Publications, 2011),『남북한 평화통일을 위한 삼위일체적 평화통일 신학의 모색』(2012) 등이 있으며, 번역서로는 다니엘 L. 밀리오리의『기독교조직신학개론 - 이해를 추구하는 신앙(전면개정판)』(공역, 2012) 등이 있다.

위일체 신학^{an interpersonal Trinitarian theology}을 제시한다.

12세기 인물인 리샤르가 제시한 이러한 상호위격적 삼위일체 신학은 그 자체의 한계점들이 있음에도 불구하고, 20세기 중반부터 발전하여 오늘날 부흥기를 맞이하고 있는 현대 삼위일체 신학에 기여할 점들이 많이 있다. 왜냐하면 현대 삼위일체 신학의 발전 및 부흥의 여러 원인들 중의 하나가 현대사회의 가장 심각한 사회병리현상인 개인주의의 병폐를 해결하고자 하는 것이기 때문이며, 또한 개인주의의 문제의 중심에는 위격 또는 인격^{person}에 대한 개인주의적인 이해가 반드시 있기 때문이다.

그러므로 이 글은 리샤르의 『삼위일체론』제 III권을 중심으로 그의 관계적 또는 공동체적 삼위일체론을 세밀하게 분석하고, 그의 입장이 현대 삼위일체 신학과 관련하여 어떠한 공헌점들과 한계점들이 있는지를 비판적으로 검토하고자 한다. 리샤르의 관계적 삼위일체론을 본격적으로 다루기에 앞서 먼저 그가 삼위일체론의 탐구에 대해 얼마나 뜨거운 열정을 품었는지를 살펴보자.

내가 탐구하는 계획과 관련하여 나를 조소하기를 원하는 자들이 있다면, 그렇게 하도록 하라. 나를 조롱하고자 하는 자들이 있다면, 그렇게 하도록 하라. 그리고 마땅히 그렇게 해야 한다. 왜냐하면, 내가 여기에서 진실을 말하자면, 나로 하여금 진리를 추구하도록 움직이는 것은 나를 우쭐하게 만드는 지식이 아니라 불타오르는 영혼의 열정이기 때문이다. 내가 애를 많이 쓰지만 만약 목표에 도달하지 못한다면 어찌해야 할 것인가? 길을 달리다가 비틀거린다면, 어찌해야 할 것인가? 그래도 나는 즐거워하리라. 주님의 얼굴을 뵈옵기 위하여 나는 전심으로 달렸고, 수고하였고, 내 모든 힘껏 땀을 흘렸기에, 나는 즐거워하리라. 그리고 내가 가는 길이 너무나도 길고, 거칠고, 험난하기 때문에 내가 실패하는 일이 일어난다고 할지라도, 나는 적어도 무엇인가를 해내게 될 것이다. 진심으로 말한다면, 적어도 내가 할 수 있는 것만큼

을 해내게 될 것이다.[2]

이와 같은 리샤르의 열정을 염두에 둔다면, 그의 삼위일체 신학과 그의 관계적 삼위일체론을 이해하는 데 도움이 될 것이다.

II. 리샤르의 생애와 사상, 그리고 삼위일체론의 흐름 속의 위치

1. 생애와 사상

생 빅또르의 리샤르는 스코틀랜드에서 1123년경에 태어났다. 그러나 그의 어린 시절에 관하여 알려진 것은 많지 않다. 리샤르는 대략 1150년대 초 청년시절에 파리 근교의 생 빅또르 수도원에 들어갔다. 아우구스티누스의 규율을 따르는 이 수도원은 1108년에 기욤 드 샹포 Guillaume de Champeaux / William of Champeaux, c.1070-1121에 의해 세워졌고, 독일에서 온 성 빅토르의 휴고 Hugo von St. Viktor, c.1096-1141에 의해서 발전하였다.[3] 리샤르는 거기에서 문헌들을 통하여 당대의 저명한 성경학자이며 신학자였던 성 빅토르의 휴고로부터 많은 영향을 받았다. 리샤르는 이 수도원의 소수도원에서 1159년부터 부원장으로, 그리고 1162년부터 1173년까지 원장으로 활동하였다.

생 빅또르의 리샤르가 소수도원의 원장으로 있는 동안에 수도원에 큰 어려움이 있었다. 주수도원장인 에르비시우스 Ervisius가 수도원의 재산을 낭비하고 수도원의 규율을 문란케 했기 때문이었다. 이로 인해 수도원은 교황의 권고를 받고 당국의 조사를 받게 되었으며, 그 결과 에르비시우스가 사임하게 되었다. 그처럼 어려운 상황 속에서도 리샤르는 오히려 더 거

---

2   Richard of St. Victor, *De Trinitate* III. 1. 374 , trans. Grover A. Zinn, *Book Three of the Trinity* (New York: Paulist Press, 1979).

3   강치원, "성 빅토르의 휴고에게 있어서 거룩한 독서," 『한국교회사학회지』 20집 (2007년), 10-12.

룩한 영적인 생활에 집중하였다.[4]

생 빅또르의 리샤르는 당대의 영향력 있는 사상가이며 주요한 신비주의 신학자였다. 그는 다수의 주석들과 신학논문들을 저술했다. 무엇보다 그는 관상contemplatio/contemplation에 많은 관심을 보였고 여러 책들을 저술하였다. 리샤르는 관상을 "지혜의 현현들에 대해 마음이 경이로움에 휩싸인 채 자유롭고 더욱 통찰력 있게 응시하는 상태"[5]로 정의를 내렸다. 특히 그는 다른 이들에게 관상을 가르치고 실천하게 하고자 체계적인 책들을 저술하였다. 그 중에 "소小벤야민" Benjamin Minor으로 불리는 『열두 족장들』 The Twelve Patriarchs과 "대大벤야민" Benjamin Major으로 불리는 『신비의 증거궤』 The Mystical Ark가 유명하다. 이 작품들은 관상의 본질과 양상들을 심층적으로 분석하고, 영성의 여러 단계들을 제시하였다.

"소小벤야민"으로 불리는 『열두 족장들』은 야곱의 자녀들을 네 개의 조로 나누고 각 조를 관상탐구의 여러 단계들 중의 각 단계를 표상하는 것으로 간주한다. 구체적으로, 첫째, 레아의 자녀들은 의지를 훈련하는 덕들을 가리킨다. 둘째, 빌하의 자녀들은 사고를 제어하는 덕들을 가리킨다. 셋째, 실바의 자녀들은 행동을 통제하는 덕들을 가리킨다. 마지막으로, 라헬의 자녀들은 금욕의 삶 전체를 감독하며 관상을 의미하는 덕들을 가리킨다.

그리고 "대大벤야민"으로 불리는 『신비의 증거궤』에서는 여섯 가지의 관상들을 구별하고 각 관상의 본질이 무엇인지를 분석한다. 이 책의 제I권에 따르면, 첫째는 상상 안에서 이루어지되 오직 상상을 따라서 이루어지는 관상이다. 둘째는 상상 안에서 이루어지되 이성을 따라서 이루어지는

---

4   Nico Den Bok. *Communicating the Most High: A Systematic Study of Person and Trinity in the Theology of Richard of St. Victor* (Paris/Turnhout: Brepols, 1996), 95-99.

5   "the free, more penetrating gaze of a mind, suspended with wonder concerning manifestations of wisdom." Richard of St. Victor, trans. Grover A. Zinn, *The Mystical Ark* (New York: Paulist Press, 1979) I. 4.

관상이다. 셋째는 이성 안에서 이루어지되 상상을 따라서 이루어지는 관상이다. 넷째는 이성 안에서 이루어지되 이성을 따라서 이루어지는 관상이다. 다섯째는 이성 위에서 이루어지되 이성을 넘어서지 아니하는 관상이다. 여섯째는 이성 위에서 이루어지되 이성을 넘어서는 것처럼 보이는 관상이다. 이러한 여섯 가지 관상들 중에서 처음 두 가지는 상상 안에서 이루어지는 관상이고, 가운데 두 가지는 이성 안에서 이루어지는 관상이며, 마지막 두 가지는 이해 안에서 이루어지는 관상이다.[6]

"소小벤야민"과 "대大벤야민"과 같은 작품들은 이후에 보나벤투라 Bonaventure와 여러 신비주의자들에게 심대한 영향을 끼쳤다. 그래서 13세기에 활동한 성 보나벤투라는 리샤르를 고대교부들 중 가장 위대한 관상저술가인 디오니시오스 아레오파기테스 Dionysius the pseudo-Areopagite에 맞먹는 새 시대의 관상전문가로 간주하였다.[7]

리샤르는 관상과 같은 영성적인 것들에 많은 관심을 기울이면서 자연스럽게 하나님의 본연의 모습에 관해 많이 묵상하고 성찰하였다. 그 결과 1162년부터 1173년 사이에 『삼위일체론』 De Trinitate을 저술하였다. 이 논문에서 리샤르는 삼위일체 하나님의 모습과 관련하여 하나님의 삼위성의 "필연적인 이유들" necessary reasons을 제시하고자 하였다. 그렇다고 리샤르가 이 논문에서 단순히 이성적, 합리적, 학문적 접근만을 취한 것은 아니었다. 오히려 평생 많은 관심을 쏟아 부었던 관상을 포함한 영적이고 영성적인 접근을 취하는 가운데 하나님의 삼위성의 "필연적인 이유들"을 제시하고자 하

---

6   Richard of St. Victor, trans. Grover A. Zinn, *The Mystical Ark* (New York: Paulist Press, 1979) I. 6. 관상의 여섯 종류들의 구별은 다음과 같다. ① "in imagination and according to imagination only," ② "in imagination and according to reason," ③ "in reason and according to imagination," ④ "in reason and according to reason," ⑤ "above but not beyond reason," ⑥ "above reason and seems to be beyond reason."
7   Grover A. Zinn, "Introduction," in *Richard of St. Victor: The Twelve Patriarchs, The Mystical Ark, Book Three of the Trinity* (New York: Paulist Press, 1979), 1.

였다. 이러한 점을 고려할 때, 『삼위일체론』은 그의 신앙적, 학문적, 영성적인 모든 관심들이 집약적으로 반영되어 있는 작품이라고 할 수 있다.

2. 삼위일체론의 흐름 속에서의 위치

리샤르는 12세기에 활동한 인물로서 중세에 삼위일체론을 논의하고 발전시킨 많은 신학자들 중의 하나이다. 리샤르는 동방교회가 아닌 서방교회에 속한 인물로서 서방의 삼위일체 신학의 전통 속에 위치하고 있으면서도 서방의 삼위일체론을 새롭게 발전시키고자 하였다. 개괄적으로 살펴보면, 리샤르는 아우구스티누스, 안셀무스, 보나벤투라, 아퀴나스로 이어지는 서방의 삼위일체론의 흐름 속에 위치한다. 무엇보다 리샤르의 관계적 또는 공동체적 삼위일체론은 아우구스티누스의 영향을 받았으며, 오늘날 현대 삼위일체 신학에서 관계의 개념을 중요하게 다루는 사회적 삼위일체론과 여러 유사점들을 지니고 있다.

구체적으로 살펴보면, 리샤르는 보에티우스[Boethius, 480-524/524]의 인격 또는 위격[person] 개념이 지닌 한계를 넘어서서 위격의 내적인 역동적 관계성을 확보하고자 하였다. 본래 위격에 대한 고전적인 정의는 보에티우스의 정의이다. 보에티우스는 위격을 "이성적 본성을 지닌 개별적 실체"[an individual substance of rational nature]라고 정의하였다. 이 정의의 강조점은 개별적인 실체에 있다. 그의 정의는 개별성과 실체성을 강조함으로써 역동적인 관계성 또는 공동체성을 상대적으로 소홀히 여기게 되었다. 그리하여 이 강조점이 서방교회에서 주된 흐름을 차지하였다. 이와는 달리 리샤르는 위격 안에서의 관계성 또는 공동체성을 확보하고자 시도했는데, 이 시도는 이전의 아우구스티누스[Augustinus, 354-430]의 관계 개념을 발전적으로 계승한 것인 동시에 이후의 아퀴나스[Aquinas, 1225-1274]의 관계 개념으로 발전적으로 연결되고 있음을 알 수 있다.

더 구체적으로 살펴보면, 삼위일체론의 발전에 크게 기여한 아우구스티누스는 삼위일체론의 논의 안으로 "관계"의 개념을 도입한다. 그는 위격을 관계 개념으로 해석하고 실체로부터 구분하려 하였다. 그에게 위격은 그 자체의 존재를 다른 위격의 존재와 동일한 것으로 만드는 관계에 있는 것이고, 이 관계는 영원한 관계이다. 그래서 아우구스티누스는 한 분하나님의 존재 안에 세 가지 관계성이 곧 아버지와 아들과 성령이라고 말하였다.[8] 즉, 성부는 성자와의 관계 속에서 아버지로 불리며, 성자는 성부와의 관계 속에서 아들로 불린다.[9] 성령은 성부 및 성자와의 관계 속에서 성령으로 불린다.[10] 또한 삼위일체 하나님 안에는 사랑하는 자the lover와 사랑 받는 자the loved와 양자를 묶어주는 사랑love이 존재한다.[11] 이러한 관계 개념이 리샤르에게 그대로 전달될 뿐만 아니라 새롭게 강조되기도 한다. 특히 리샤르에게 성령은 사랑하는 자와 사랑 받는 자가 함께 사랑을 향하게 하는 자, 즉 함께 사랑을 받는 이, 즉 "콘딜렉투스"condilectus로서의 성령이다. 이런 점에서 리샤르가 제시하는 관계성 또는 공동체성의 개념은 아우구스티누스의 개념보다 더 역동적이라고 평가할 수 있다.

리샤르의 이러한 관계 개념은 이후에 아퀴나스에게서 더욱 발전하였다. 아퀴나스는 위격을 관계로 이해하였다. 여기서 관계는 단순히 "관계의 양식을 통한 것으로서의"per modum relationis 관계가 아니라, "존속의 양식을 통한 것으로서의"per modum subsistantiae 관계이며, "존속하는 것으로서의 관계"relatio ut subsistens이다.[12]

---

8   이종성, 『삼위일체론』(서울: 대한기독교출판사, 1991), 487-489.

9   Augustine, *The Trinity*, V, i, 6.

10   Augustine, *The Trinity*, V, iii, 12.

11   Augustine, *The Trinity*, VIII, v, 14.

12   손은실, "중세의 삼위일체론: 12세기에서 14세기를 중심으로," 『삼위일체론의 역사』(서울: 대한기독교서회, 2008): 266-269.

그러나 서방교회의 경우, 삼위일체론에서의 "관계" 개념이 근대를 거치면서 약화되었다. 아우구스티누스와 리샤르와 아퀴나스 등이 관계에 관하여 어느 정도 논의하고 또 나름의 이론을 제시하였지만 서방교회의 주된 흐름을 바꾸지는 못하였다. 게다가, 근대에 들어와서는 인격person을 개인주의적으로 이해하는 근대문화의 특성으로 인하여 삼위일체론에서 관계에 관한 논의는 더욱 약화되었다.

그러다가 20세기 중후반에 새롭게 부흥하게 된 삼위일체 신학에서는 "관계"의 개념이 새로운 관심사로 부상하여 많이 논의되고 있는 중이다. 물론 이러한 변화는 러시아 정교회와 그리스 정교회의 신학자들에 의해 동방교회의 삼위일체 신학이 소개됨으로써, 그리고 그것을 서방교회의 신학자들이 수용함으로써 일어났다. 예를 들어, 상호내주 또는 상호침투를 의미하는 "페리코레시스"perichoresis 개념이 블라디미르 로스끼와 존 지지울라스 등에 의해 소개되었고, 이를 위르겐 몰트만과 레오나르드 보프 등이 적극적으로 수용하고 논의하였다. 이를 통해 삼위일체 하나님 안에서의 관계성 또는 공동체성에 대한 관심이 확산되었으며, 특히 몰트만과 보프는 사회적 삼위일체론the social Trinity을 제시하였다. 이와 같이 관계 개념에 대한 관심의 확산과 부흥에 힘입어, 오늘날의 신학자들은 거꾸로 서방교회의 삼위일체론의 역사 속에서 관계의 개념을 발전시킨 인물들에 대한 관심이 커지고 있다. 그 중에서도 생 빅또르의 리샤르의 관계적 또는 공동체적 삼위일체 신학이 많은 주목을 받고 있다.

III. 생 빅또르의 리샤르의 관계적 삼위일체론

1. 리샤르의 신학적인 관심

『삼위일체론』 제 III권 1-25장에서 리샤르는 하나님의 위격의 복수성을 탐구한다. 제 Ⅲ권 이전에서는 하나님의 일치성, 즉 하나님의 본체^{substance}의 하나됨에 관하여 다루었다면, 제 Ⅲ권에서는 하나님의 위격의 삼위성을 다룬다. 특히 리샤르는 하나님의 위격이 삼위성이 되는 "필연적인 이유들"을 탐구한다.

제 Ⅲ권 2-5장에서 리샤르는 하나님의 위격의 삼위성의 필연성을 증명하기 위하여 삼중적인 논증을 전개한다. 첫 번째는 선의 충만함에 근거한 논증이고, 두 번째는 행복의 충만함에 근거한 논증이며, 세 번째는 영광의 충만함에 근거한 논증이다.

이러한 삼중적인 논증의 핵심은 선과 행복과 영광 각각의 충만함에 최고의 진정한 사랑^{caritas/charity}이 존재한다는 점이다. 이 최고의 진정한 사랑은 홀로 존재하는 혼자만의 사랑이 아니라, 사랑을 받는 다른 동등자^{equal}가 함께 있는 사랑이다. 또한 여기에서 사랑하는 자^{the lover}와 사랑 받는 자^{the loved} 사이의 상호적인 사랑은 제삼자에게로 향하는, 즉 앞의 둘의 사랑이 함께 지향하게 되는 사랑, 즉 "콘딜렉투스"로서의 사랑이다. 이런 점에서 하나님의 위격의 삼위성이 증명된다고 리샤르는 주장한다. 이러한 삼중적인 논증들을 하나씩 세밀하게 검토하면 아래와 같다.

2. 선의 충만함^{fullness of goodness}에 근거한 논증

첫째, 선의 충만함에 근거한 논증에 따르면, 선의 충만함과 완전함에는 최고의 진정한 사랑이 존재한다. 그런데 최고의 진정한 사랑은 자신만을 사랑하는 사랑이 아니다. 최고의 진정한 사랑은 타자를 향한 사랑이다. 그러므로 최고로 선하신 분인 하나님은 홀로 존재하는 신이 아니라, 하나님의 사랑이 향하는 타자가 반드시 있어야 한다. 여기에 위격의 복수성의 가능성이 존재한다. 다시 말해서, 위격의 복수성이 결여되어 있다면, 그것을 최고의 진정한 사랑이라고 할 수 없다.

그러므로 최고로 선하신 분인 하나님에게는 위격의 복수성이 존재한다. 물론 최고로 선하신 분인 하나님에게 단 하나의 위격이 있고, 하나님의 사랑이 자신의 피조물에게 향하는 경우가 있을 수도 있다. 그러나 이러한 사랑은 최고의 진정한 사랑은 아니다. 왜냐하면 하나님의 최고의 진정한 사랑이 자신의 피조물에게 향한다면, 최고로 진정한 사랑을 주지 말아야 할 것을 최고로 진정한 사랑을 하는 것이기에 그것은 무질서한 사랑이 될 것이기 때문이다.

그러므로 최고로 선하신 분인 하나님에게 최고의 진정한 사랑이 존재하기 때문에 위격의 복수성이 존재하며, 또한 최고의 진정한 사랑으로 사랑하는 자와 사랑을 받는 자는 동등한 자가 되어야 하기에 동등한 자들로 이루어진 위격의 복수성이 존재하는 것이다.[13]

3. 행복의 충만함 fullness of happiness 에 근거한 논증

둘째, 행복의 충만함에 근거한 논증에 따르면, 선의 충만함에 가장 좋은 것이 결여될 수 없듯이, 행복의 충만함에 가장 기쁜 것이 결여될 수 없다. 그런데 경험과 자연에서 알 수 있듯이, 사랑의 특징은 사랑하는 자가 그 사랑의 대상으로부터 사랑 받기를 원한다는 점이다. 그러기에 사랑하는 자는 그 대상으로부터 사랑을 받아야 기쁨을 누린다. 만약 그 대상으로부터 사랑을 받지 못한다면, 즉 자기 혼자만 사랑을 준다면, 그는 기쁨을 누리지 못할 것이다.

사랑은 서로 주고받는 상호적인 사랑이어야 기쁜 것이 된다. 어느 한쪽만의 사랑이라면 기쁨이 있기 보다는 도리어 근심과 외로움이 있을 것이며, 그렇다면 행복이라고 말할 수 없다. 따라서 행복의 충만함에 근거한 논증에 따르면, 최고의 진정한 사랑은 상호적인 사랑이어야 기쁜 사랑이 된다.

---

13 Richard, *De Trinitate* III. 2. 374-375.

상호적인 사랑이 되려면 사랑을 주는 자와 사랑을 되돌려주는 자가 반드시 모두 존재해야 한다. 즉, 사랑을 제공하는 자와 사랑을 갚는 자가 반드시 모두 존재해야 한다. 그러므로 행복의 충만함에 근거하여 위격의 복수성이 존재할 수밖에 없다.[14]

위격이 홀로 기쁨을 누릴 수 있고 행복을 누릴 수 있다고 많은 이들이 착각할 수 있다. 그러나 리샤르의 논증에 따르면, 위격이 기쁨을 누리고 행복을 누리고자 한다면, 위격 자신이 사랑을 베풀어줄 뿐만 아니라 그 자신 또한 다른 이로부터 사랑 받기를 원하기에 다른 이로부터 사랑을 받아야만 한다. 이런 점에서 리샤르의 위격은 서로 사랑을 교환하는 관계성을 전제하고 있다고 볼 수 있다.

4. 영광의 충만함 fullness of glory 에 근거한 논증

셋째, 영광의 충만함에 근거한 논증에 따르면, 영광의 충만함은 영광을 공유하는 자를 그 요건으로 삼는다. 만약 하나님 안에 오직 하나의 본체가 있듯이 오직 하나의 위격만 존재한다면, 하나님에게는 자신의 충만함의 무한한 풍성함을 공유하는 자가 없을 것이다.

이러한 경우는 하나님께서 자신의 충만함의 무한한 풍성함을 공유하기를 원해도, 그것을 공유할 자를 하나님께서 가질 수 없기 때문에 생기는 것인가? 그런데 이러한 불가능성은 합당한 이유가 될 수 없다. 왜냐하면 하나님은 전능하신 분이기 때문이다.

그렇다면 하나님께서는 공유할 자를 가질 수 있어도, 그러기를 원하지 않기 때문인가? 그렇다면 하나님에게는 교제가 결여되어 있을 것이고, 위엄의 보좌에 홀로 머물러 있을 것이며, 최고의 사랑이 주는 가장 큰 달콤

---

14 Richard, *De Trinitate* III. 3. 375-376.

함을 영원히 상실할 것이다.

더 나아가서, 하나님이 자신의 충만함의 무한한 풍성함을 홀로 간직하길 선호하신다면, 그 결과는 매우 심각할 것이다. 즉, 하나님은 타자에게 보이거나 인정되는 것을 부끄럽게 여길 것이며, 천사들과 모든 이들의 눈으로부터 스스로를 감출 것이다. 그러나 이것은 하나님에게 있을 수 없는 일이다. 오히려 하나님에게는 하나님의 최고의 위엄에 영광이 있어야 하며, 하나님의 최고의 위엄이 영광을 받아야 마땅하기 때문이다. 그러므로 영광의 충만함은 영광을 공유하는 자를 그 요건으로 삼기에 위격의 복수성을 요구하는 것이다.[15]

이처럼 리샤르는 선의 충만함과 행복의 충만함과 영광의 충만함에 근거한 삼중적인 논증을 통하여 하나님의 최고의 사랑에는 동등한 위격들의 복수성이 존재할 수밖에 없음을 확증한다. 최고의 진정한 사랑보다 더 좋은 것은 없고, 더 기쁜 것은 없고, 더 찬란하고 영광스러운 것은 없다. 이 최고의 진정한 사랑은 위격의 복수성 안에 존재한다.

이와 같은 삼중적인 논증을 리샤르는 마태복음 18장 16절의 두세 증인의 말과 전도서 4장 12절의 삼겹줄에 비유한다. 전자는 "만일 듣지 않거든 한두 사람을 데리고 가서 두세 증인의 입으로 말마다 확증하게 하라"고 말하며, 후자는 "한 사람이면 패하겠거니와 두 사람이면 맞설 수 있나니 세 겹줄은 쉽게 끊어지지 아니하느니라"고 말한다. 이런 방식으로 리샤르는 삼위일체 하나님에 대한 자신의 탐구 내용이 참으로 견고하다고 주장한다.[16]

5. 하나님의 위격의 복수성의 필연성

지금까지는 하나님의 위격의 복수성을 확증하였는데, 그렇다면 그 복

---

15 Richard, *De Trinitate* III. 4. 376-377.

16 Richard, *De Trinitate* III. 5. 378.

수성이 반드시 삼위성이어야 할 필연적인 이유는 무엇인가? 왜냐하면 삼위성이 아닌 복수성도 있을 수 있기 때문이다.

이에 관하여 리샤르는 『삼위일체론』 제 III권 11장부터 논증한다. 여기에서도 선의 충만함, 행복의 충만함, 영광의 충만함에 근거한 삼중적인 논증을 통하여 삼위성을 논증한다.

첫째, 선의 충만함에 근거한 논증에 따르면, 최고의 진정한 사랑은 반드시 완전하며, 또한 탁월하다. 그렇다면 최고의 진정한 사랑에서는 자신을 사랑하듯 타자를 사랑하는 것도 완전하고 탁월한 것이다. 그러기에 최고의 진정하고 완전하고 탁월한 사랑은 그 사랑을 기꺼이 공유하는 사랑이다. 그러므로 가장 탁월한 수준의 사랑은 사랑을 공유하는 자를 배제하는 경우나 탁월한 기쁨의 공유를 배제하는 경우에는 존재하지 못한다. 그러므로 최고의 사랑을 받는 자와 최고의 사랑을 주는 자는 각각 둘 모두의 사랑을 함께 받을 누군가를 동일한 갈망으로 찾게 된다. 바로 여기에서 최고의 진정한 사랑의 완전성이 위격의 삼위성을 요구하게 되는 것이다.[17]

둘째, 행복의 충만함에 근거한 논증에 따르면, 행복의 충만함은 사랑으로부터 모든 결점을 배제한다. 그렇다면 사랑을 주는 자와 사랑을 받는 자가 각각 둘 모두의 사랑을 함께 받을 누군가를 동일한 갈망으로 찾는데, 한쪽은 원하고 다른 한쪽은 원하지 않는 경우는 있을 수 없다. 이것은 결점이 되기 때문이다. 그리고 둘 모두가 원하면서도 찾지 못하는 경우도 있을 수 없다. 왜냐하면 둘이 서로 사랑하는 경우에 한쪽은 찾고 다른 한쪽이 찾지 못한다면, 찾는 쪽은 찾지 못하는 쪽을 보고 슬퍼할 것이기 때문이다. 이것 또한 결점이 되기에 행복의 충만함도 위격의 삼위성을 요구하게 되는 것이다.[18]

---

17 Richard, *De Trinitate* III. 11. 384-385.
18 Richard, *De Trinitate*. III, 12. 385-386.

셋째, 영광의 충만함에 근거한 논증에 따르면, 사랑의 교제를 경험할 수 없다는 것은 최고의 사랑에게 큰 결점이 된다. 이러한 결점이 사랑하는 자들 중 누군가에게 있다면, 그 결점으로 인하여 누군가는 슬퍼할 뿐만 아니라 그 스스로도 부끄러워할 것이다. 부끄러움과 수치심이 있는 곳에 어떻게 영광이 있겠는가? 영광의 충만함 안에서는 그와 같은 당황스러운 일이 있을 수 없다. 그러므로 영광의 충만함도 위격의 삼위성을 요구하게 되는 것이다.[19]

이와 같이 선의 충만함과 행복의 충만함과 영광의 충만함에 근거한 논증들은 동일한 점을 증명한다. 신적인 사랑의 충만함에 관하여 어떻게 생각해야 할지를 분명하게 보여주고 있다. 즉, 최고의 진정한 사랑은 결점이 없어야 하고, 그런즉 모든 완전성의 충만함을 선언하며, 따라서 위격의 복수성을 요구하고, 이 복수성이 더 완전해지기 위해 위격의 삼위성을 요구한다.[20] 다시 말해서, 하나님의 위격들에서는 한 위격의 완전성은 또 다른 위격의 존재를 요구하며, 또한 두 위격들에서 각 위격의 완전성은 세 번째 위격과의 연합을 요청한다.[21]

이와 같은 점은, 리샤르에 따르면, 자선 benevolence의 관점에서도 확증될 수 있다고 한다. 사랑하는 자와 사랑 받는 자 둘 사이에 최고의 사랑이 있으려면 각 위격이 최고로 완전해야 하며, 이는 두 위격들 모두에게 최고의 자선이 있어야 함을 의미한다. 최고의 완전한 자선의 특징은 자신의 충만함의 온전한 풍성함을 둘 모두와 공유하도록 하는 것이다. 그래서 각 위격은 동일한 열망이 그렇듯이 자신의 탁월한 기쁨을 공유할 자를 추구하는

---

19 Richard, *De Trinitate* III. 13. 386-387.

20 Richard, *De Trinitate* III. 13. 387.

21 Richard, *De Trinitate* III. 15. 388.

것이 필연적이다.[22]

만약 첫 번째 위격이 두 번째 위격과의 친밀한 사랑 안에서 최고의 기쁨을 누린다면, 두 번째 위격도 첫 번째 위격과의 사랑 안에서 탁월한 기쁨을 누린다. 그렇지만 첫 번째 위격만이 두 번째 위격에게 사랑을 받는다면, 첫 번째 위격만이 탁월한 달콤함의 기쁨을 가진 것처럼 보인다. 반면에 두 번째 위격에게 세 번째로 사랑을 나눌 자가 없는 한, 탁월한 기쁨의 공유를 결여하게 된다. 그러기에 첫 번째와 두 번째 위격이 동일한 종류의 즐거움을 공유할 수 있으려면 세 번째 위격의 존재가 필수적이다.[23]

이렇게 하여 리샤르는 하나님의 위격의 삼위성을 여러 가지 관점에서 확증하고 증명한다. 여기에서 주목할 점은 세 번째로 사랑을 나눌 자를 표현하기 위해 함께 사랑을 받는 자라는 뜻의 "콘딜렉투스"라는 단어를 사용한다는 점이다. "콘딜렉투스"의 존재로 인하여 하나님의 위격은 필연적으로 삼위성이 되는 것이다.

하지만 이와 같은 리샤르의 여러 가지 논증에도 불구하고, 여전히 해소되지 않는 점들이 남는다. 이런 논증에 근거하여 하나님의 위격의 복수성이 삼위성이 되는 게 필연적이라 하더라도, 이것이 반드시 삼위성으로 한정시키거나 삼위성에 머물게 할 만큼 결정적인 근거가 되지는 못한다. "콘딜렉투스"의 존재는 삼위성의 존재를 입증하지만, 그렇다고 사위성이나 오위성 등을 논리적으로 막기에는 역부족인 것처럼 보이기 때문이다.

따라서 하나님의 위격이 삼위성을 지닐 수밖에 없는 필연적인 이유들을 추구하였던 리샤르의 신학방법론이 한편으로 삼위성을 확보하는 데는 성공했을지라도, 다른 한편으로 삼위성에 머물게 하는 점은 여전히 미완의 작업으로 남겨놓은 것 같다.

---

22 Richard, *De Trinitate* III. 15. 388-389.
23 Richard, *De Trinitate* III. 15. 389.

IV. 적용 및 평가

이제까지 리샤르의 『삼위일체론』제 III 권을 중심으로 고찰해본즉, 그가 하나님의 위격의 삼위성을 확증하고자 했던 만큼 그의 삼위일체론이 관계적 또는 공동체적 삼위일체론임을 알 수 있다. 리샤르는 『삼위일체론』제 III 권 이전에는 하나님의 하나됨, 즉 하나님의 본체substance의 하나됨을 다루었지만, 거기에 머물지 않고 제 III 권에서는 하나님의 위격의 삼위성을 다루며 그 필연적인 이유들을 확증하고자 하였다. 이를 위하여 특히 제 III 권 2-5장에서 선의 충만함, 행복의 충만함, 영광의 충만함에 근거한 삼중적인 논증을 제시했던 것이다. 이러한 과정을 통하여 리샤르는 하나님을 관계적 또는 공동체적 삼위일체의 하나님으로, 또는 상호위격적 삼위일체 하나님으로 제시하였다. 이워트 커즌스Ewert Cousins는 영성의 주제와 관련하여 리샤르의 삼위일체론을 분석하면서 그의 삼위일체론을 "상호위격적 관계성의 신학"a theology of interpersonal relations이라고 규정하고 다음과 같이 평가하였다.

> 개인영혼을 삼위일체의 형상으로 이해하는 아우구스티누스의 개념은 개인이 하나님과의 연합에로 오르는 것을 강조하는 내면적인 영성의 길을 위한 지침들을 제공한다면, 리샤르의 삼위일체 사상은 상호인격적인 공동체와 연관된 영성의 가능성을 제시한다.[24]

이런 점에서 리샤르의 삼위일체론은 항상 관계성 또는 공동체성과 분리될 수 없는 신학이라고 할 수 있다.

19세기 말의 삼위일체론 연구가인 떼오도르 드 레뇽Théodore de Régnon은

---

24 Ewert Cousins, "A Theology of Interpersonal Relations," *Thought* 45 (1970): 59.

서방교회의 삼위일체론과 동방교회의 삼위일체론을 비교 연구하면서 전자는 하나님의 하나됨에서 삼위성으로 나아가고, 후자는 하나님의 삼위성에서 하나됨으로 나아간다고 구분하였다. 이러한 구분이 양 진영의 특징을 지나치게 단순화하고 있다는 비판을 받고 있지만, 하나됨에서 삼위성으로 나아가는 순서는 리샤르의 경우와 그 이전의 아우구스티누스의 경우와 그 이후의 토마스 아퀴나스의 경우에도 적용된다고 할 수 있다. 다만 하나님의 하나됨과 하나님의 삼위성으로 구분된다고 하더라도, 이 두 부분이 긴밀한 연관성을 맺고 있는지, 아니면 이 두 부분이 따로 다루어지고 있는지는 신학자마다 다를 수 있으므로 세밀한 연구가 필요할 것이다.

어쨌든 리샤르는 서방교회의 전통에 따라 하나님의 하나됨에서 하나님의 삼위성으로 나아가는 순서를 보이고 있음이 사실이다. 그럼에도 불구하고, 그의 삼위일체론이 하나됨 또는 일치성에 머무르지 않고 관계적 또는 공동체적 삼위일체론으로 나아가고 있다는 점은 주목할 만하다. 이런 특징을 지닐 수 있었던 것은 하나님의 위격을 다룰 때에 삼위성의 각 위격이 필연적으로 지닌 관계성 또는 공동체성을 간과하지 않고 주목하였기 때문이다. 이러한 점은 리샤르의 독특한 공헌이라고 할 수 있다.

리샤르의 관계적 또는 공동체적 삼위일체론의 중심에는 위격에 대한 그의 이해가 담겨 있다. 앞서 언급했듯이, 보에티우스는 위격을 "이성적 본성을 지닌 개별적 실체"라고 정의하였다. 이 정의는 위격의 개별성과 실체성을 부각시키는 반면 위격의 관계성과 공동체성을 부차적으로 여겼다. 보에티우스의 정의에 대한 불만족을 해결하기 위하여 안셀무스, 아벨라르두스, 로베르투스, 리샤르, 아퀴나스 등이 여러 가지 시도를 하였다.[25] 이들 중에서 리샤르는 위격을 "이성적 본성을 지닌 교환불가능한 실존"an

---

25 박승찬, "신학적 관심에 따른 '인격(person)' 개념 정의의 변천 - 성 빅토르의 리카르두스를 중심으로," 『중세철학』 제18호 (2013년): 162-165.

incommunicable existence of rational nature 으로 정의하였다. "교환불가능한 실존"이란 "유일한 어떤 위격에게만 속할 수 있는 것"[26]을 의미한다. 그리고 "실존"은 세 가지 양태로 구분될 수 있다고, 즉 첫째는 "오직 사물의 성질에 따라," 둘째는 "오직 사물의 기원에 따라," 셋째는 "이 둘 모두의 변화에 따라" 구분될 수 있다고 한다.[27] 이와 같은 작업을 통하여 리샤르는 위격의 교환불가능한 고유성을 확보하는 동시에 인격의 근원적인 관계성 또는 공동체성을 확보하고자 하였다. 이러한 점과 관련하여 박승찬은 리샤르의 위격의 개념에 관하여 다음과 같이 요약한다.

세 위격보다 더 많은 위격이 존재할 수는 없다는 사실을 밝히기 위해 리카르두스[리샤르]는 이제 위에서 언급되었던 정반대의 기원관계, 즉 '산출되도록-함'의 관계 또는 '어디로'의 관계를 들여온다. 신 안에는 간접적인 산출의 방식을 상정할 수 없기 때문에 만일 더 많은 위격을 상정한다면, 제4위격은 최초의 세 위격으로부터 직접적으로 산출되고, 제5위격은 최초의 네 위격으로부터 직접적으로 산출되어야만 할 것이다. 그러나 이제 위격들의 수가 무한히 늘어나지 않게 하기 위해서, 그것으로부터 다른 어떤 위격이 산출되지 않는 특성을 가지고 있는 한 위격이 존재해야만 한다. 리카르두스는 또한 제III권에서 언급했던 사랑을 더욱 분명히 구분하면서 제4, 제5의 위격이 존재할 수 없음을 밝힌다. 그에 따르면, 빚진 debitus 사랑, 무상으로 주는 gratuitus 사랑, 무상으로 주기도 하고 빚지기도 하는 사랑을 통해 사랑의 가능한 종류들은 모두 나열되었다. 따라서 그 이상의 위격은 자신에게 고유한 것일 수 있는 사랑의 다른 종류를 가지고 있지 못할 것이다.

이로써 그들의 교환불가능한 실존이라는 관점에서 세 위격들은 확정된다. 제

---

26 위의 글, 187.
27 위의 글, 184.

1위격은 다른 어떤 곳에서도 그 존재를 받아들이지 않고, 오직 다른 것들에게 존재를 주는 것이다. 제2위격의 특성은, 한편으로 제1위격으로부터 직접적으로 존재를 받아들이면서, 다른 한편으로 제3위격에게 주기도 하는 것에 있다. 제3위격은 두 위격으로부터 직접적으로 산출되지만, 그 존재를 오직 받기만 하고 계속해서 전달하지는 않는 것이다.[28]

이렇게 요약된 내용은 리샤르의 『삼위일체론』 제5권에서 주로 다루어진다. 이러한 내용이 리샤르에게 여전히 해결되지 않았던 문제에 대해 제대로 해답을 제시하였는지 여부는 여전히 논란의 여지가 있다. 한편으로는 삼위성이 필연적임을 보여주면서도, 다른 한편으로는 삼위성의 최종성을 직접적인 근거가 아니라 부가적으로 도입된 근거에 의해 간접적으로 제시하는 것이기 때문이다.

어쨌든 리샤르의 새로운 인격 개념은 보에티우스의 인격 개념의 한계를 뛰어넘어 내적인 역동적 관계성을 확보하고자 하였다. 이 점을 고려하면, 리샤르의 관계적 또는 공동체적 삼위일체론의 중심에 있는 위격에 대한 그의 이해는 매우 중요하다고 할 수 있다. 이를 바탕으로 리샤르는 위격을 관계적 또는 공동체적인 존재로 이해할 수 있었고, 더 나아가서 삼위일체 하나님 안에 "화합적인 사랑"concordant charity과 "공동사회적 사랑"consocial love이 있음을 확증할 수 있었다.[29]

리샤르의 이러한 통찰은 오늘날 부흥기를 맞이한 현대 삼위일체 신학에 공헌할 점들이 많다고 여겨진다. 특히 현대 삼위일체 신학은 서구의 가장 심각한 사회병리현상인 개인주의를 극복하기 위해 참되고 진정한 수평적 사랑의 관계성과 공동체성의 개념을 탐구하고 또 대안으로 제시한다.

---

28 위의 글, 197-198.
29 Richard, *De Trinitate* IV. 20. 393.

무엇보다, 서구사회가 근대 이후로 인간을 이해할 때 인격person의 개념을 "자의식을 지닌 개별적인 중심"an individual center of self-consciousness로 규정하면서 개인주의의 병폐가 오늘날까지 심화되어 왔다. 이로 인하여 모더니즘은 인간중심적인 세계관을 바탕으로 남녀차별, 인종차별, 식민지건설, 환경오염 및 자연파괴 등을 정당화시켜 왔던 것이다. 그러므로 오늘날 모더니즘의 인간중심적 세계관을 비판적으로 성찰하고, 아울러 진정한 사랑의 관계와 공동체성을 탐구하는 작업은 매우 유의미한 작업이라고 할 수 있다. 이러한 점에서 리샤르의 관계적 또는 공동체적 삼위일체론은 매우 의미 있는 통찰들을 제공할 수 있을 것이다.

그렇지만, 성경에서 언급된 삼위간의 근원적인 관계 개념인 페리코레시스 개념을 고려할 때, 리샤르의 관계 개념이 얼마나 성경적으로 그리고 신학적으로 충분히 전개되었는지 여부는 별도의 심층적인 연구를 통해 검토해야 할 것이다. 왜냐하면 예수께서 "아버지가 내 안에, 내가 아버지 안에"(요 14:10, 11, 20)라고 말씀하신 것은 위격이 먼저 존재하고 관계가 덧붙여지는 것이 아니라, 이미 근원적인 관계 안에 위격이 있음을 암시하기 때문이다. 리샤르의 관계 개념은 서방교회의 전통에서는 상당히 진전된 것임이 틀림없지만, 성경에 언급된 근원적인 관계 개념에 충분하게 도달했다고 판단하기는 어렵다.

V. 결론

리샤르의 『삼위일체론』 제 III권은 하나님이 삼위일체일 수밖에 없는 필연적인 이유들을 탐구한 책이다. 그가 말하는 필연적인 이유들은 신앙적 접근과는 구별되는 이성적 접근을 주로 가리킨다. 이런 점에서 그의 삼위일체론은 이성과 경험에 근거를 둔 합리적 성격을 많이 띤다고 볼 수 있다. 따라서 성경적인 구속사 중심의 삼위일체 이해와는 사뭇 다른 분위기를 주는 것이 사실이다. 리샤르의 삼위일체론이 이성적 접근을 통하여 필연적인 이유들을 탐구하고는 있지만, 그렇다고 영성과 완전히 분리되었다고 말할 수는 없다. 리샤르의 신학 전체를 고려하면 그의 이성적 접근 방법도 그의 영성의 탐구 안에 위치하기 때문이다. 그러므로 그의 관계적 또는 공동체적 삼위일체론을 평가할 때는 그의 이성적 접근이 지닌 영성적인 특성과 차원을 먼저 고려해야 한다. 이러한 점을 염두에 두면서 우리는 리샤르가 선의 충만함, 행복의 충만함, 영광의 충만함에 근거한 삼중적인 논증을 통하여 하나님의 최고의 진정한 사랑에는 관계성 또는 공동체성이 있음을 확증하고 있다는 것을 분명히 확인할 수 있다. 이러한 논증의 밑바탕에는 위격의 새로운 정의-"이성적 본성을 지닌 교환불가능한 실존"-가 있음을 또한 확인할 수 있다. 그의 위격 개념이 성경에 언급된 근원적인 관계 개념에 완전히 도달한 것은 아닐지라도, 오늘날 부흥기를 보내고 있는 현대 삼위일체 신학에서의 관계성 또는 공동체성의 탐구에 많은 통찰을 제공할 수 있을 것이다.

참고문헌

강치원. "성 빅토르의 휴고에게 있어서 거룩한 독서," 『한국교회사학회지』 20집 (2007년): 7-37.
박 만. 『현대 삼위일체론 연구』, 서울: 대한기독교서회, 2003.
박승찬. "신학적 관심에 따른 '인격(person)' 개념 정의의 변천 – 성 빅토르의 리카르두스를 중심으로,"『중세철학』제18호 (2013년): 161-221.
서원모. "서방 교부들의 삼위일체론,"『삼위일체론의 역사』(서울: 대한기독교서회, 2008): 169-198.
손은실. "중세의 삼위일체론: 12세기에서 14세기를 중심으로,"『삼위일체론의 역사』(서울:

대한기독교서회, 2008): 255-294.

이문균, 『신앙과 삶 속에서 삼위일체 하나님 알아보기』, 서울: 한국장로교출판사, 2005.

이종성, 『삼위일체론』, 서울: 대한기독교출판사, 1991.

피터스, 테드/이세형 옮김, 『삼위일체 하나님-신적 삶 안에 있는 관계성과 시간성』, 서울: 컨콜디아사, 2007.

Baik, Chung-Hyun. *The Holy Trinity - God for God and God for Us: Seven Positions on the Immanent-Economic Trinity Relation in Contemporary Trinitarian Theology (Princeton Theological Monograph Series 145)*, Eugene: Pickwick Publications, 2011.

Bok, Nico Den. *Communicating the Most High: A Systematic Study of Person and Trinity in the Theology of Richard of St. Victor*, Paris/Turnhout: Brepols, 1996.

Busch, William G. ed. *The Trinitarian Controversy*, Philadelphia: Fortress Press, 1980.

Cousins, Ewert. *"A Theology of Interpersonal Relations," Thought* 45 (1970): 56-82.

Grenz, Stanley J. *Rediscovering the Triune God - The Trinity in Contemporary Theology*, Minneapolis: Fortress Press, 2004.

Ngien, Dennis. "Richard of St. Victor's Condilectus: The Spirit as Co-beloved," *Europe Journal of Theology* (2003): 77-92.

Harkins, Franklin T. and Frans van Liere eds. *Interpretation of Scripture: Theory. A Selection of Works of Hugh, Andrew, Richard, and Godfrey of St. Victor, and of Robert of Melun*. Turnhout: Brepols, 2012.

Richard of St. Victor, trans. Jonathan Couser, *Book One of the Trinity, 1999* (http://pvspade.com/Logic/docs/StVictor.pdf).

Richard of St. Victor, trans. Grover A. Zinn, *Book Three of the Trinity*, New York: Paulist Press, 1979.

Richard of St. Victor, trans. Grover A. Zinn, *The Twelve Patriarchs*, New York: Paulist Press, 1979.

Richard of St. Victor, trans. Grover A. Zinn, *The Mystical Ark*, New York: Paulist Press, 1979.

St. Augustine, trans. Edmund Hill, *The Trinity*, New York: New City Press, 1991.

Zinn, Grover A. "Introduction," *in Richard of St. Victor: The Twelve Patriarchs, The Mystical Ark, Book Three of the Trinity* (New York: Paulist Press, 1979): 1-49.

토마스 아퀴나스와
관계적 삼위일체론

■ 정원래[1] ■

I. 들어가며

현대 신학은 삼위일체론의 전성기를 맞이하고 있는데 이처럼 삼위일체론에 관한 관심이 고조되었던 시기는 초대 교회 이후에는 없었다고 여겨진다. 삼위일체론에 관한 많은 저술들과 논문들이 발표되고 활발한 논쟁이 벌어지고 있다. 그 중에서도 로스키[V. Lossky], 지지울라스[John D. Zizioulas], 스테니로에[D. Staniloae], 바르트[K. Barth], 몰트만[J. Moltmann] 등 삼위일체론과 관련된 탁월한 학자들이 등장하였다.

특히 삼위일체론에 관한 담론에서 동방과 서방의 삼위일체론의 비교는 이 주제에 대한 담론을 더욱 풍성하게 만들었다. '본질'을 강조하는 서방의 삼위일체론과 '위격들' 혹은 '위격들의 코이노니아'를 강조하는 동방의 삼위일체론은 이 담론에 기여한 바가 크다. 물론 삼위일체에 관한 논의는 동방과 서방의 신학적 논의에서 매우 중요한 요소이자 차이를 드러내는 자리이기도 하다. 교회의 역사에서 삼위일체에 관한 이해는 고대에서 현대에

---

1   총신대학교 신학과와 동 신학대학원을 졸업하고 독일 베를린의 홈볼트대학에서 신학박사(Dr. theol.)를 취득하였으며, 현재는 총신대학 신학대학원에서 역사신학 교수로 재직 중이다.

이르는 동안 발전과 변화와 심화의 과정을 경험하게 된다. 그 발전과 변화 가운데 현대가 지닌 중요한 특징은 삼위일체 담론이 신론에서 고립되어 있기보다는 다른 신학적 주제들과 밀접하게 연관되어 다루어지는 것이다.[2]

삼위일체 담론에서 중세는 하나님의 본질에 대한 지적인 탐구에서 출발하여 위격에 대한 탐구로 전개되는 아우구스티누스에 커다란 영향을 받았다. 하나님에 대한 탐구에서 아우구스티누스는 플라톤적인 사유 방식에 따라 하나님의 본질에 대한 논의를 선행하고, 위격을 통해 신적인 사역을 고찰하는 방식을 택하였다. 이러한 전통적 입장에 대하여 중세 후반에 소개된 아리스토텔레스의 철학은 삼위일체에 대한 논의에 어느 정도 변화를 가져오기도 했다. 즉 중세의 삼위일체론은 크게 아우구스티누스와 플라톤적 사유 방식을 잇는 안셀무스 등의 전통적 견해와 아리스토텔레스적 체계를 택한 아퀴나스 등으로 대표된다고 평가하기도 한다.[3] 중세의 삼위일체론과 관련하여 이형기는 "공의회와 아우구스티누스의 삼위일체론의 유산을 떠나서 중세의 스콜라주의 신학자들의 삼위일체론을 생각할 수 없다"[4]고 역설한다. 임홍빈 역시 "중세에는 새로운 삼위일체론이 없다고 해도 과언이 아니다"[5]라고 단언한다. 반면에 헤르만 바빙크[H. Barvink]는 기독교 신학이 신의 불가해성[incomprehensibility] 개념과 신 존재의 불가지성[unknowability] 개념을 출발점으로 삼지만, 스콜라 신학에서는 신의 불가해성은 배후로 물러가고 그 여지가 축소된 반면 불가지성이 강조되었다고 지적하며 초대와는 달라진 모습을 보인다고 말한다.[6] 하지만 바빙크는 신의 본질적 존재에 대한

---

2   헤르만 바빙크, 『개혁주의 신론』, 434-35. 바빙크는 특별히 삼위일체 교리가 창조론과 관련하여 매우 지대한 역할을 하며 실천적인 측면에서도 매우 중요하다고 주장한다(481ff).
3   역사신학연구회, 『삼위일체론의 역사』 (서울: 대한기독교서회, 2006), 16.
4   위와 동일.
5   임홍빈, 『현대의 삼위일체론』 (서울: 생명의 씨앗, 2006), 38.
6   헤르만 바빙크, 『개혁주의 신론』 3rd. 이승구 역(서울: 기독교문서선교회, 1992), 23ff.

불가지성을 확언하는 것이 안셀무스, 알베르투스 마구누스 그리고 토마스 아퀴나스의 견해라고 평가한다.[7] 이는 초대교회와의 차이점이 신神인식의 문제에 있다고 말하는 것이다. 이처럼 중세 교회에서는 삼위일체 논쟁보다는 신神인식에 대한 견해 차이가 더 중요한 이슈였다.

그러나 실제로 중세의 삼위일체 논쟁은 주로 5세기 보에티우스Boetius, c.480-524의 위격persona의 정의definition에 관한 이해를 둘러싸고 전개되었다.[8] 즉 어떻게 하나님이 세tria 위격이시면서 동시에 한unus 하나님일 수 있는지에 대한 질문이다. 달리 말하면, 한 본질을 해치지 않으면서도 세 위격을 어떻게 설명할 것인지를 둘러싼 논의라고 할 수 있다. 1190년의 수와 송 공의회에서의 로셀린Rocelin de Compiegne, c.1050-1120에 대한 정죄, 그리고 로셀린과 아벨라르두스Abaelardus, 1079-1142의 논쟁[9], 1121년 수와송 공의회에서의 아벨라르두스에 대한 정죄, 질베르 드 라 포레Gibert de la Porree, 1075-1154가 일으킨 논쟁, 그리고 요아킴 피오레Joachim of Fiore, 1132-1202에 의해 촉발된 논쟁은 모두 삼위의 위격에 관한 이해를 둘러싸고 전개되었다. 이러한 논쟁들에서 위격의 이해가 주요 관심사였으나 그 결과는 손은실이 주장한 것처럼 "초기 스콜라신학의 삼위일체론의 특징은 로슬랭, 질베르 드 라 포레를 단죄하면서 교회가 천명한 입장이 보여주듯이 하나님의 본질의 단일성을 강조하는 것으로 전개되었다."[10] 이처럼 중세 인물들의 삼위일체 논쟁은 위격들과 그 관계성 보다는 본질의 단일성을 강조하는 쪽으로 기울었다. 그들은 초대교회 당시의 논의에 대한 이해를 심화시키는 데 기여하였지 새로운 논의를 촉발시킨 것은 아니다. 때문에 중세의 삼위일체론

---

7 위의 책, 29.

8 보에티우스는 위격을 이성적 본성의 개별적 실체(*persona est rationalis naturae individua substantia*)로 정의하였다[*Liber de Persona et Duabus Naturis*. ch. 3].

9 Abaelardus, ep. 15. [PL 178, 358-372].

10 손은실, "중세의 삼위일체론", 264.

에 새로운 것이 없다고 여겨지기도 하는 것이다. 그러나 앞에서 지적한 것처럼 중세의 아우구스티누스적 삼위일체론에 변화를 가져온 것이 아리스토텔레스의 사상이며, 그의 논리를 따라 신학을 전개한 토마스 아퀴나스를 살펴보는 것은 중세의 삼위일체론의 나타난 변화를 살펴보는 작업이 될 것이다.

나아가, 이 논문은 중세의 삼위일체에 관한 논의 중에서도 관계론적 측면을 살펴보고자 시도한다. 관계론적 측면의 가장 중요한 개념은 '페리코레시스'로 파악되는데, 보프에 따르면, '페리코레시스' 개념은 비록 피터 롬바르두스와 토마스 아퀴나스 등 서방교회의 주류 스콜라신학자들에 의해서는 무시되었으나, 보나벤투라, 둔스 스코투스, 옥캄 등에 의해서는 사용되었으며, 플로렌스 공의회(1438-45)가 삼위일체의 페리코레시스에 해당하는 내용을 선언했다고 한다.[11] 플로렌스 공의회의 결정은, "아버지는 전적으로 아들 안에 계시고, 아들은 전적으로 아버지 안에 계시고, 또 전적으로 성령 안에 계시며, 성령은 전적으로 아버지 안에 계시고, 또 전적으로 아들 안에 계신다"(DS 1331)이다. 그리고 보프는 플로렌스보다 훨씬 앞서 열린 675년 스페인의 톨레도 공의회에서도 페리코레시스와 같은 진술이 발견된다고 한다. 따라서 페리코레시스의 개념이 중세에 명시적으로 진술되고 있지는 않지만 이를 나타내는 신학적 진술이 포기되거나 거부된 것은 아니라고 할 수 있다.

이러한 두 가지 이유로, 중세의 관계론적 삼위일체와 관련하여 토마스 아퀴나스에게서 나타나는 논의를 살펴보고자 한다. 이에 위해 중세 삼위일체 논쟁의 역사에서의 토마스 아퀴나스의 자리를 간략하게 제시하고, 이어서 토마스 신론의 삼위일체 논의에서의 관계론적 측면을 고찰하고,

---

11 L. Boff, *Trinity and Society*, tr. Paul Bums (Eugene, Oregon: Wipf & Stock Publishers, 1988), 135-136 [이형기, "결론: 동방교회와 서방교회의 전통을 넘어서", 『삼위일체론의 역사』(서울: 대한기독교서회, 2006), 753에서 재인용].

나아가 이것을 어떻게 신앙과 삶에 적용할 수 있는지의 여부를 모색하고자 한다. 관계적 삼위일체론을 거론하기 전에 염두에 두어야 할 역사적 정황은, "13세기의 스콜라 신학자들은 일반적으로 질베르에 반대하여 관계적 속성은 본질에 외적으로 추가되는 것extrinsecus affixa이 아님을 명시했다. 관계적 속성은 본질과 '다른 어떤 것'이 아니다"라는 결의 사항이다.[12] 토마스는 앞선 교부들의 신학을 통해서 작업한 부분도 있지만 중요한 공의회, 예를 들면 제4차 라테란 공의회(1215)의 확정된 논리를 토대로 하고 있다는 점을 염두에 두어야 한다.

II. 토마스 아퀴나스와 삼위일체론

1. 토마스 아퀴나스

토마스 아퀴나스Thomas Aquin 1224/5-1274의 어린 시절에 관한 대부분의 신화적 이야기들, 출생과 유혹, 그리고 유학길에 오르는 과정 등은 13세기 중세 가정의 평범한 모습이다. 정확한 연대기적 토마스에 대해 알려진 지식은 도미니쿠스 수도회의 입회와 대학에서 교수활동의 시기에 관한 것이다. 토마스는 1124/5년 이탈리아 나폴리 근처의 아켕에서 출생하였다. 3남 4녀 중 막내아들로 전해지는 토마스 아퀴나스는 5세에 몬테 카지노의 베네딕트 수도원의 헌신자Oblate가 되어 교육을 받았다. 1239년 이 수도원 원장이 "소년의 부모들을 설득해서 나폴리 대학에 보내 교양과목들을 배우게 했다"고 말한다.[13] 토마스는 나폴리 대학에서 교양 과목들과 철학 공부를 시작하기 위해 "일반학원"studium generale에서 인문학의 기초를artes

---

12 Bonaventura, Sent I, d. 33, a. 1, q. 2(Opera omnia, t. 1, 574-576); 손은실, 위의 글, 266.

13 J. A. Weisheipl, *Friar Thomas D'Aquino, His life, Thought, and Works*. 이재룡 옮김. 『토마스 아퀴나스 수사생애, 작품. 사상』 (서울: 성 바오로출판사, 2012), 40

liberales 익혔다. 이후 그는 도미니크 수도회에 입회하여 파리로 떠나기 전까지 약 5년 동안 대학 교수들의 지도 아래 학문 연구에 헌신했다.

이후 토마스는 파리와 쾰른을 거치며 알베르투스 마그누스로부터 학문을 배웠고, 1256년경부터 '성서교사'*a magister in Sacra Pagina=master of the sacred page*이자 수도사로서 일생을 연구와 가르치는 일에 종사했다. 토마스는 중세의 신학을 집대성하였을 뿐만 아니라 가장 체계적인 신학적 구조를 우리에게 남겨주었다.

스콜라 시대 이전의 신학 담론이 이슈에 대한 대답 혹은 해결책의 모색이었다면, 스콜라신학은 신학의 체계와 내용을 종합하는 성격이 짙다. 예를 들면, 아우구스티누스가 도나투스 논쟁에서 성례의 문제를, 펠라기우스 논쟁에서 자유의지의 문제를, 고트족의 침입으로 인한 로마의 함락으로 기독교 역사철학을 탐구하는 형태였다면, 스콜라주의자들은 처음부터 전체적인 신학의 체계와 구조를 설정하고 이에 맞추어 신학적 내용을 안배하였다. 따라서 토마스의 신학에서는 그의 체계가 제시하는 구도 안에서 각각의 신학적 내용을 고찰할 필요성이 있다. 삼위일체론 역시 그의 신학 체계 내에서 살펴야 한다.

2. 토마스 아퀴나스와 삼위일체론

토마스 아퀴나스는 의심할 여지가 없이 중세 신론의 특징을 대변하는 인물이다.[14] 앞서 살펴본 것처럼, 대부분의 학자들은 삼위일체 논쟁과 관련하여 토마스 아퀴나스는 전형적인 서방 교회의 관점에 서 있다고 평가한다. 라너 K. Rahner는 토마스와 스콜라주의가 구원의 경륜 안에 나타난 위격들의 활동을 배격한 채 하나님의 내재적인 삶에 초점을 맞춘 삼위일체

---

14 G. Newlands, "Gott VII", TRE Bd. 13, 660.

교리를 전개했다고 비판하였다. 즉 라너는 토마스의 "삼위일체 논제는 철학적이고 추상적인 문제에 관심을 두느라 구원 역사에 관심을 두지 않게 되었다"[15]고 평가한다. 그는 토마스의 신론이 "위격들로 이루어진 삼위일체보다 하나의 신적 본질을 우선시함으로써 그리스도와 성령 안에서 우리에게 다가오시는 아버지로서의 하나님에 대한 성서, 예전, 신경의 증언 방식을 무효화하였다"고 비판했고, "한 분 하나님과 삼위의 하나님이라는 두 논제로 분리함으로 삼위일체 신학이 기독교 신앙에 이차적이라는 인상을 갖게 했다"고 덧붙였다.[16]

이와 같은 비판은 근본적으로 토마스 아퀴나스가 그의 대표작인 『신학대전』에서 하나님에 관한 논의를 구분하는 것에 근거하고 있다. 토마스는 『신학대전』 1권 qq. 27-43에서 삼위일체를 논하는데, q 27을 이렇게 시작한다.

"하나님의 본질의 일성에 관한 ad divinae essentiae unitatem 사항들을 논한 후 신적인 것들에 있어서, 즉 하나님 안에서의 위격들의 삼성 ad trinitatem personarum 에 속하는 것들에 대해 고찰하는 것이 남아 있다."

이러한 라너의 비판에 대해 라쿠나 C. M. LaCugna 는 신학대전의 각 구조는 독자적인 내용이라기보다는 상호 연관성 안에서 파악되어야 한다고 주장한다. 아퀴나스의 신학대전에 나오는 하나님에 대한 이해를 라쿠나의 도식에 따라 살펴보면 다음과 같다.[17]

---

15 K. Rahner, *The Trinity* (New York: Herder and Herder, 1970), 16-17.

16 C. M. LaCugna. *God for Us.* 이세형 옮김, 『우리를 위한 하나님』(서울: 대한기독교서회, 2012), 217.

17 캐서린 모리 라쿠나, 『우리를 위한 하나님』 221.

	한 분 하나님 De Deo Uno		삼위의 하나님 De Deo Trino
qq. 2-11	존재하시는 하나님 the dinine to-be	qq. 27-28	관계하시는 하나님 the divine to-be-related
qq. 12-13	하나님을 인식하고 명명함 knowing and naming God	qq. 29-32	하나님 위격들을 명명하고 인식함 naming and knowing divine persons
qq. 14-26	하나님의 사역들 divine operations	qq. 33-43	하나님의 위격들 the divine persons

이와 같은 도식 속에서 라쿠나는 "신학대전에서 토마스는 먼저 삼위일체의 경륜적 현시를 다루지 않고 삼위일체 그 자체를 다룬다. 이는 '하나님의 관점'이지 피조물의 관점이 아니다. 계시의 관점이나 인간의 경험과 인식의 관점에서 보면, 그 순서는 반대가 될 것이다"[18]라고 설명한다. 더불어 이와 같은 구조는 '신학적 인식'의 결과이다. 즉 실천적 관점에서가 아니라 이론적인 관점에서 하나님에 관하여 논하고 있는 것이다.

나아가, 라쿠나는 신학대전의 전체 구조를 하나님으로부터 나감^{exitus}-돌아옴^{reditus}으로 이해한다면, '한 분 하나님'과 '삼위의 하나님'의 대립적 구도로 이해하는 것은 적절하지 않다고 비판하기도 한다.[19] 즉 토마스의 신학대전의 신론 전체는 하나님에 대한 고찰이다. 토마스는 이론적 차원에서 먼저 하나님의 본질$^{essentia\ divina}$을 논하고, 이어서 위격의 구분^{distinctio} ^{personarum}과 관련되는 것을 다루고 있다. 따라서 라쿠나는 이것을 삼위에 공통된 것과 삼위 각각에 고유한 것 사이의 구분으로 이해하는 것이 더 타당하지 대립적으로 보는 것은 적절하지 않다고 본다.[20]

---

18 위의 책, 223.
19 위의 책, 224-25. 손은실은 이러한 견해가 현대 토마스 연구자들의 일반적인 견해이며, 대표적인 학자로 Jean Pierre Torell을 들고 있다[손은실, "중세의 삼위일체론", 279].
20 손은실, "중세의 삼위일체론", 279.

물론 토마스의 신학이 하나님의 본질이나 실체에 관심을 두었고 하나님의 본성 자체에 대해 관심이 크다는 것은 의심의 여지가 없다. 때문에 토마스의 신학이 거둔 효과에 대해 라쿠나는 "삼위일체의 교리를 주변으로 내몰았다"고 평가하기도 한다.[21] 그러나 "그의 신학이 정태적이라는 비난은 토마스 자신의 저술에게 돌려져야 할 것이 아니라, 토마스에 대한 신스콜라주의적이며 바로크 풍의 해석들에 돌려져야 더 적절하다고 본다"고 역설한다.[22] 오토 헤르만 페쉬 O. H. Pesch는 토마스의 신론에서 소위 "내재적인 하나님"-본질이나 실체에 관한 논의-과 "경륜적 하나님"-구속사적인 계시로서의 삼위를 논하는 것-의 대립적 구도를 명시적으로 드러내는 것은 『신학대전』 1, qq. 43뿐이라고 지적한다.[23] 이처럼 현대의 신학자들이 토마스의 삼위일체론을 대립적으로 파악하는 것을 지지하지 않는다.

이런 면에서 다음과 같은 이형기의 토마스 이해는 과거의 견해에 따르고 있다고 할 수 있다. 이형기는 토마스의 신론이 가진 문제점을 이렇게 지적한다:

"…아퀴나스는 『신학대전』의 질문 1-26까지 그렇게 많은 쪽수를 "한 하나님에 관하여"De Deo uno에 할애하고, 그것도 하나님의 본질에 대한 지식을 논하고 있다. 비록, 아퀴나스에게 있어서 "De Deo uno"도 전통적인 정통 삼위일체 하나님에 대한 예배의 대상이요 신앙 고백의 대상인 신앙의 삼위일체 하나님에 대한 예배와 신앙 고백을 전제하고 있기는 하지만, 바야흐로 이와 같은 "De Deo uno"에서 예배의 대상이요 신앙고백의 대상인 신앙의 삼위일체 하나님이 제거되고, 그것이 독립할 경우, 철학의 신존재 증명과 신의 본질

---

21 캐서린 모리 라쿠나, 『우리를 위한 하나님』, 259.

22 위의 책, 226.

23 Pesch, Otto Herman, "Thomas von Aquino/Thomismus/Neutheomismus", TRE Bd. 33, 453..

에 대한 탐구가 더 주된 부분이기 때문에, 신앙의 삼위일체 하나님은 밀려나게 될 위험성이 아퀴나스에게 내재하고 있던 것으로 보인다. 이것이 아리스토텔레스 철학의 사용과 더불어 매우 복잡하게 얽히고설키는 일이 바로 중세 스콜라주의 신학에서 보였다."[24]

하지만 토마스의 『신학대전』이 아리스토텔레스의 사상을 사용하여 존재와 신의 본질에 대한 탐구에 힘을 기울이지만, 동시에 그는 아리스토텔레스의 철학을 따라 존재를 현실적인 것으로 이해한다. 따라서 토마스에게 신의 본질essentia은 하나님 존재-자체deum esse일 뿐만 아니라[25], 하나님의 존재는 그 현실[행위, actus dei]과 일치한다. 왜냐하면 신은 순수 현실태actus purus이기 때문이다.[26] 토마스에게서 신의 본질과 사역을 분리하는 듯한 이해는 지양되어야 한다. 그에게 신은 존재인 동시에 순수 현실이다. 신적 존재는 그 사역에서 본질이, 본질에서 사역이 이해된다고 할 수 있다. 즉 본질로서 파악되는 한 분 하나님과 현실로서 파악되는 삼위 하나님에 대한 이해는 서로 대립하고 분리되는 것이 아니라 함께 하나님에 대한 이해를 구성한다.

III. 토마스의 삼위일체론

토마스가 삼위일체론에 관한 논의는 『신학대전』 1권 qq. 27-43에서, 『이교도대전』summa contra gentiles 4권에서는 동일한 순서로, 『명제집 주석』에서는 롬바르두스 명제집의 순서에 따라 삼위 하나님을 먼저 다룬다. 토마스 아퀴나스에게도 삼위일체론은 매우 어려운 주제임에 틀림없었다. 왜냐

---

24 이형기, 『삼위일체론의 역사』(서울: 역사신학연구회, 대한기독교서회, 2008), 728.

25 ST I, q.3. a.4.

26 ST I, q.3. a.6. corpus.

하면 『신학대전』에서 토마스 아퀴나스는 아우구스티누스의 삼위일체론 1권을 이렇게 인용하기 때문이다. "이보다 더 오류를 범하기 쉬운 곳도 없고, 이보다 더 탐구하기에 힘든 곳도 없으며, 이보다 더 결실을 풍부하게 발견할 곳도 없다."[27] 이어서 그는 우리가 삼위일체 논쟁을 전개할 때 피해야 할 두 가지 중요한 오류를 거론한다.

"우리가 삼위일체에 대해 말할 때 두 가지 대립되는 오류를 경계해야 하며 이 양자 사이에 중용의 길을 가야 한다. 그 두 가지 오류란 세 위격들, 즉 위격들의 삼성과 더불어 세 실체들, 즉 실체들의 삼성을 주장한 아리우스의 오류와, 한 본질 즉 본질의 일성과 더불어 한 위격, 즉 위격의 일성의 주장한 사벨리우스의 오류이다.

그러므로 우리는 아리우스의 오류를 피하기 위해 하나님 안에서의 차별과 차이의 명칭을 피하여야 한다.…또 한편 사벨리우스의 오류를 피하기 위해 단독singuralitatem을 피해야 한다."[28]

토마스는 당시의 삼위일체 논쟁에서 오늘날 우리가 말하는 단일신론monarchism과 삼신론tritheismus의 오류를 피하는 것을 가장 중요하게 여겼다. 앞에서 거론한 내용과 연관하여, 토마스에게는 보에티우스의 "위격"persona에 관한 정의와 관련하여 이 두 오류를 피하면서 그것을 정의하는 문제가 가장 중요했다. 이제 이를 염두에 두면서 토마스가 위격을 어떻게 정의하는가 하는 문제와 위격의 구분이 가져오는 결과들에 주목하고자 한다.

---

27 ST I, q.31. a.2. corpus.

28 ST I, q.31. a.2. corpus.

1. 토마스가 말하는 신적 관계들

토마스의 삼위일체론에 대한 기본적인 인식은 q. 28에서는 "하나님 안에서의 관계들에 관하여"*De relationibus divinis*, q. 29에서는 "신적 위격들에 관하여"*De personis divinis*에서 다루어지고 있다. 이는 하나님 안에서 위격들이 실제로 구분될 수 있는지, 구분된다면 그 위격이 어떻게 정의되는가 하는 문제이다.

q. 28은 하나님 안에서의 위격들의 구분이 "개념상의 관계"*relatio rationis* 인지 실제적인 관계인지를 질문하고(a.1), 그 관계가 하나님의 본질 자체인지 아니면 어떤 우연적인 것인지를 거론한다(a.2). 나아가, 하나님 안에서 서로 실제적으로 구별되는 여러 관계들이 있을 수 있는지를 질문하고(a.3), 그 관계들의 수에 관한 물음으로 마무리한다(a.4). 이 q. 28은 사벨리우스주의에 대한 논박이다.

토마스는 먼저 하나님 안에서의 위격들의 관계가 실제적임을 거부하는 것은 사벨리우스 이단이라고 주장하고,[29] 하나님 안에서의 발출들은 본성의 동일성 안에*in identitate naturae* 있는 것으로, 하나님의 발출들에 근거하여 인정되는 관계들은 필연적으로 실제적인 관계들이라고 주장한다.[30] 즉 신적인 발출에서는 발출하는 자와 그로부터 발출되는 자는 같은 본성을 갖고 있다. 반면에 하나님과 피조물의 관계는 하나님의 본성에서 유래하는 것이 아니라, 신적 지성과 의지*per intellectum et voluntatem*로 말미암은 것이다. 이러한 지성적 작용으로만 인식되는 사물들 안에 존재하는 관계들은 관념상의 관계들일 뿐이다. 때문에 하나님 안에서의 위격의 관계가 실제적이라면, 하나님의 피조물들에 대한 관계는 우연적이라고 할 수 있다.[31] 신적

---

29 ST I. q.28. a.1, sed.

30 ST I. q.28. a.1. corpus.

31 ST I. q.28. a.1. ad. 3-4.

위격의 구분은 신적 본성에서 기인한다.

그러면 하나님 안에서의 관계가 하나님의 본성에서 유래하는 것이면, 그 관계는 본성과 동일한 것은 아닌가 하는 물음이 자연스럽게 제기된다. 달리 표현하면, 신적 위격들이 하나님의 단일성의 다른 표현에 지나지 않는가 하는 문제이다. 이것은 사벨리우스의 질문이었고, 또한 중세의 인물인 질베르의 질문이기도 하였다. 이에 질베르는 하나님 안에서의 관계들이 보조적인 것들 혹은 수반적인 것들이며 외부로부터 첨가된 것들이지 본성과 다른 것이 아니라고 주장함으로 단일성을 확보하려 했다. 그러나 이 견해는 토마스에게 하나님 안에서의 관계들이 본질적이 아닌 우연적 관계-하나님과 피조물의 관계처럼-라는 의미나 다름없었다.[32] 이러한 질베르의 견해는 레메넨시 공의회와 제4차 라테란 공의회(1215)를 통해 이미 정죄를 받았다.[33] 13세기의 스콜라 신학자들은 대체로 질베르에 반대하여 관계적 속성은 본질에 외적으로 추가되는 것, 혹은 우연적 속성이 아님을 명시했다. 관계적 속성은 본질과 "다른 어떤 것"이 아니다."[34] 토마스는 하나님 안에서는 관계의 존재 esse relationis와 본질의 존재 esse essentiae가 서로 다른 것aliud이 아니고 하나이며 같은 것이라고 주장한다.[35] 동일한 신적 존재가 신적 본성에서 그리고 신적 관계들에서 파악되지만, 관계들은 본성과 동일한 것으로 거론되지 않는다. 이는 신적인 단순성에 기인한다:

"아버지 됨paternitas 혹은 하나님 안에 있는 다른 관계가 그 존재에 따라secundum

---

32 ST I. q.28. a.1. ad. 3-4.

33 주세페 알베리고 외 역음, *Conciliorum Oecumenicorum Decreta II*, 김영국외 옮김, 보편 공의회문헌집 제 2권 전편, 제 1~4차 라테란 공의회, 제 1~2차 리옹 공의회-, (서울: 가톨릭 출판사, 2009), 231ff.

34 Bonaventura, Sent I, d.33, a.1, q.2(*Opera omnia*, t. 1, 574-576)(손은실, 위의 책, 266).

35 ST I. q.28. a.2. corpus.

esse suum 하나님의 본질과 같은 것이 아니라는 말이 아니고, 실체의 양식에 따라secundum modum substantiae 말해지는 것도 아니다…하나님에 있어서는 그 최고도의 단순성simplicitatem Dei 때문에 하나님 안에 존재하는 어떤 것도 그것 안에 있는 것과의 관계 혹은 그것에 대해 말해지는 것과 관계를 맺을 수 있는 것이란 아무 것도 없다. 동일성과 관계를 맺지 않는 한habere nisi habitudinem identitatio 그런 것이다."[36]

하나님 안에 있는 관계가 본질과 존재의 차이를 의미하는 것이 아니라면, 하나님 안에 존재하는 관계들은 실제로 서로 구별될 수 있는가? 만일 관계들이 실제 서로 구별되지 않는다면 하나님 안에는 실제적 삼위trinitas realis가 없는 사벨리우스의 오류가 된다. 이에 대해 토마스는 관계가 실제하기 위해서는 하나님 안에서 '대립'oppositio-예를 들면 발출하는 자와 그로부터 발출되는 것, 또는 낳는 자 또는 낳아진 자 등-이 실제적으로 존재해야 한다. 그리고 이 관계적 대립은 그 개념 안에 구별을 내포하기 때문에 하나님 안에 실제적인 구별이 있어야 한다. 그러나 하나님의 본질은 최고의 단일성과 단순성을 지니기 때문에 실제적인 구별은 관계적인 것에 따라secundum rem relativam 존재한다고 설명한다.[37] 따라서 삼위가 서로 다른 것에서 기원되거나 발출되지 않는다 할지라도, 어떤 것이 다른 것에서 발출한다는 데 근거하여 관계들은 대립되는 것으로 이해된다.[38] 즉 삼위가 동일한 신적 본성을 소유함에도 발출이라는 기원에 근거하여 서로 구별되는 대립을 지니므로 실제적으로 구별된다.

이러한 구별을 낳는 발출은 두 가지인데, 그 중의 하나는 '말씀의 발

---

36 ST I. q.28. a.2. ad.1.
37 ST I. q.28. a.3. corpus.
38 ST I. q.28. a.3. ad.3.

출'^{processio verbi}로서 지성의 작용^{actio intellectus}이며, 다른 하나는 '사랑의 발
출'^{processio amoris}로서 의지의 작용^{actio voluntatis}이다. 이 발출에 따라 두 대립
되는 관계가 인정되어야 한다. 이외에 하나님 안에서의 다른 관계들은 존
재하지 않는다.[39]

2. 신적 위격들

하나님 안에 실제적인 관계가 존재한다면 그 관계들은 실제로 어떻게
구별되는가? 실제적인 구별을 나타내는 '위격'은 어떤 의미를 갖고 있는
가? 앞서 거론한 보에티우스의 정의 -"위격은 이성적 본성의 개별적 실체
이다"-는 다수의 논의에 의해 신적 위격을 설명하는 것으로는 적절하지
않다고 여겨졌다. 토마스는 보에티우스의 정의를 아리스토텔레스의 형이
상학 제5권을 통해 이해하려고 시도한 끝에 다음과 같이 결론을 내린다.

> "위격^{persona}은 자연 전체에서 가장 완전한 것, 즉 이성적 본성에 있어서 자립
> 하는 것^{subsistens in rationali natura}을 표시한다. 따라서 완전성에 속하는 모든 것
> 은 하나님께 귀속되어야 하기 때문에 하나님의 본질은 그 자체 안에 모든 완
> 전성을 내포하는 것이므로 이런 위격이라는 명칭이 하나님께 적용되는 것이
> 당연하다."[40]

나아가, 토마스는 보에티우스의 정의를 교정하기 위해 제시된 성 빅토
르의 리차드의 정의, 즉 위격이란 "공유될 수 없는 신적 본성^{divinae naturae}
^{incommunicabilis}을 지닌 존재자^{existentia}이다"란 정의를 통해 자신의 주장을

---

39 ST I. q. 28. a. 4. corpus.
40 ST I. q. 29. a. 3. corpus.

강화한다.[41]

또한 토마스는 "우리가 삼위일체 안에서 아버지의 위격을 말할 때 아버지의 실체 외에 다른 것을 말하는 것이 아니다. 위격은 그 자신과 관련된 용어이지 아들이나 성령과 관련된 용어가 아니다"라고 한다.[42]

"사실 이성적인 것rationale은 '사람의' 의미에는 내포되지만 '동물의' 의미에는 내포되지 않는다. 그러므로 '동물의' 의미에 대해 묻는 것과 '사람의' 의미에 대해 묻는 것은 서로 다르다. 이와 비슷하게, 인간의 공유하는 '인격'persona humanis의 의미에 대해 묻는 것과 '하나님의 위격'personae divinae의 의미에 대해 묻는 것은 서로 다르다."[43]

결국 신적 본성에 대한 질문과 하나님의 위격에 대한 질문은 서로 다른 것이다. "인간에게 있어서 인격은 한 인간의 개인적인 원리인 '이' 살, '이' 뼈, '이' 영혼을 의미한다."[44] 따라서 우리가 하나님에게 부여하는 "persona" 또한 하나님의 위격의 구분을 표현해야 한다. 여기에 관계에 대한 연구가 개입된다. 그러나 하나님 안에서 관계는 한 주체에 속하는 피조물의 속성처럼 우연적 속성으로서 존재하지 않는다. 그것은 하나님의 본질 자체이다. 그러므로 관계는 본질과 같은 자격으로 존속되어야 한다. 즉 있기도 하고 사라지기도 하면서 일시적으로 존재하는 것이 아니라 지속적으로 존재한다. 때문에 "하나님의 위격은 존속하는 것으로서

---

41 ST I. q. 29. a. 3. ad. 4.
42 ST I, q. 39, a. 4, ob. 1: *Augustinus, De Trinitate*, 7, 6.
43 ST I. q. 29. a. 4. corpus.
44 ST I, q. 29. a. 4. corpus.

의 관계*relatio ut subsistens*를 의미한다. 다시 말해서 그것은 하나님의 본질 안에 존속하는 위격과 실체의 방식으로서의 관계를 의미한다*relatio per modum subsistantiae quae est hypostasis subsistens in natura divina*. 비록 하나님의 본질 안에 존속하는 것이 하나님의 본질과 다른 것은 아니지만 말이다.[45]

더 나아가서 토마스는 옥세르의 기욤*Guillaume d'Auxerre*가 제안한 의견을 더 구체적으로 표현한다.[46] 기욤은 "위격이라는 이 명칭이 직접적으로는 관계를 표시하고 간접적으로는 본질을 표시한다"고 주장하였다.[47] 토마스는 이 견해를 옳다고 평가하였다. 토마스는 '위격'이라는 명칭이 이단자들의 비방이 있기 전에는 명백하게 인식되지 않았으나, 그들과의 논쟁을 통해 적절한 의미를 지니게 되고 관계적인 것을 표현하게 되었다고 한다. 또한 이 명칭의 용도에서뿐만 아니라 그 의미에서도 그렇게 되었다고 평가한다.[48] 결론적으로 "위격이란 명칭은 하나님 안에서의 관계를, 그리고 하나님의 본성 안에 자존하는 것*in divinis relationem ut rem subsistentem in natura divina*을 의미한다.[49] 즉, 토마스 아퀴나스는 신적 위격을 "존속하는 것으로서의 관계"*relatio ut subsistens*로 파악한다.[50]

IV. 신적 위격의 상호 관계성과 의미

앞에서 하나님 안에서 관계들의 구분이 실제적이라면, 그 의미는 무엇이며, 어떻게 구분되는가? 이는 신적 위격의 상호 관계성의 문제와 매우

---

45 ST I, q.29, a.4. corpus.
46 손은실, 위의 글, 267.
47 ST I, q.29, a.4. corpus.
48 ST I, q.29, a.4. corpus.
49 ST I, q.30, a.1. corpus.
50 ST I, q.29, a.4. corpus

밀접하게 연관되어 있다. 요셉 베른하르트^{J. Bernhart}는 토마스가 '상호침투' 혹은 '상호내재'^{circuminsessio}의 삼위의 관계성을 거론하고 있는 곳이 바로 『신학대전』 I, qq. 42-43이라고 지적한다.[51] 이에 따라 우리는 『신학대전』의 이 부분에 초점을 맞추어 살펴려고 한다. 신적 위격들 상호 간의 동등성과 유사성에 관한 질문과 위격의 발출이 갖는 구속사적 의미가 그 핵심이다.

1. 신적 위격의 상호 관계성

토마스는 q. 42에서 하나님의 위격들 상호간의 동등성과 유사성에 관하여 고찰하고 있다. 하나님의 위격들을 구분할 수 있다고 했는데, 그럼에도 불구하고 위격들은 동등하다고 말해야 하는가 아니면 유사하다고 말해야 하는가 하는 질문이다. 이는 초대교회와 니케아 공의회 이후의 논쟁과 유사한 질문이기도 하다. 성자는 성부의 모상模相이다. 그러나 성부가 성자와 같은 것이 아니라고 할 때, 그것은 필연적으로 동등성이 아닌 유사성을 의미하는 것은 아닌가 하는 질문이다. 이에 대하여 토마스는 아타나시우스의 주장을 반론으로 제기하면서 답을 시작한다. "세 위격은 서로가 같이 영원하며 서로가 같이 동등하다."[52] 하나님의 위격들 사이에 어떤 동등하지 않음^{inaequalitas}을 주장하는 것은 그들 사이에 하나의 본질이 있을 수 없으며, 나아가 세 위격이 하나의 하나님일 수 없기 때문에 우리는 하나님의 위격들 사이에 동등성을 인정해야 한다. 즉 유사성을 주장하는 것은 위격들 사이의 더 작고 큼을 인정하는 것이 되기 때문에 수용할 수 없다는 입장이다.[53] 아버지와 아들과 성령이 동등하다는 것은 그들 중 어느 하나가

---

51 Thomas von Aquino, *Summe der Theolgie*, Bd. 1: Gott und Schöpfung,, Joseph Bernhart (hrsg.), (Stuttgart: Kröner, 1985), 196.
52 ST I q.42. a.1.
53 ST I q.42. a.1. corpus.

영원성에서 선행하거나 위대함에서 뛰어나거나 능력에서 압도적이지 않다는 의미이다.[54]

"성부와 성자는 그 본성이 하나일 뿐만 아니라 더욱더 본성이 양자 안에 동등하게 또 완전하게 존재하는 것이기 때문에, 우리는 에우노미우스[Eunomius. 395년경 사망55]의 오류를 배척하기 위해 성자는 성부와 유사하다[simile]고 할 뿐만 아니라 또한 아리우스의 오류를 배척하기 위하여 성자는 성부와 동등하다고 한다."[56]

여기서 토마스는 신적 위격들 모두에 유사성[similitudinem]을 적용한다. 이때 토마스가 사용하는 유사성은 본질적인 차이를 의미하는 것이 아니다. 오히려 구분되는 세 위격이 공히 신적 본질에 참여함을 나타내려고 한다. 아버지가 신적 본질에 참여하는 것처럼 아들 역시 신적 본질에 참여하는 점이 유사하다고 말하는 것이다.[57]

이처럼 하나님의 위격과 관련하여 동등성이나 유사성이 사용되며, 명사적으로 사용되는 경우와 동사적으로 사용되는 경우가 있다. 명사적으로 사용되는 한, 동등성과 유사성은 하나님의 위격들의 상호관계에 적용된다. 즉 성자는 성부와 동등하며 유사하고 그 역도 성립된다. 그런데 동사적으로 사용될 때는 운동과 더불어 동등성을 표시한다. 하나님 안에 운동은 존재하지 않지만 거기에는 '받는다'는 것이 존재한다. 그러므로 성자는 성부로부터 그와 동등해지는 연유를 받지만 그 역은 아니기 때문에 우리

---

54 ST I q.42. a.1. ad. 1.

55 유노미우스는 니케아 공의회 이후 아리우스의 견해를 수정하여, 신적 위격이 동등하지 않고, 세 위격은 서로 차등이 있다는 주장을 하였다.

56 ST I q.42. a.1. ad. 2.

57 ST I q.42. a.1. ad. 2.

는 성자가 성부와 동등해진다고 하지만 그 역은 말하지 않는다.[58]

이처럼 하나님의 위격들에 있어서의 동등성과 유사성은 위격적 관계들과 다른 어떤 실재적 관계가 아니고, 오히려 위격의 개념 안에 위격들을 구별하는 관계들을 내포하고 본질의 일체성을 내포하는 것이다.[59] 또한 "발출하는"이란 개념이 앞뒤를 말하는 것이 아닌가 하는 질문에 대해 토마스는 하나님에 있어서는 관계들 자체가 한 본성 안에 자존하는 위격들이라고 대답한다. 그러므로 본성으로 관계들로 보나 한 위격이 다른 위격보다 선행한다는 것은 본성상으로도 개념적으로도 있을 수 없다.[60] "낳으시는 아버지가 낳으심을 받으시는 아들보다 먼저 계신 것이 아니고, 낳으심을 받은 자가 낳으시는 자에게 현존하지 않는 것이 아니며, 발출하시는 성령도 아버지와 아들 후에 나타나시는 것이 아니다."[DS 531]. 페레코레시스에 해당하는 삼위에 대한 이해는 675년 톨레도 공의회에서 진술되었는데, 이를 토마스는 중세의 서방신학에서도 이어가고 있다는 것을 볼 수 있다. 각주 9번에서 보프는 토마스 등이 '페리코레시스'의 개념을 무시했다고 지적했지만, 명시적으로 거론하지 않았다고 말하는 게 좋을 것 같다.

또한 성자는 크기magnitudo와 능력potentia에 있어서도 성부와 동등한가? 하나님에 있어서는 고유한 의미로 또 진실한 의미로 아버지 됨paternitas과 아들 됨filiatio이 있다. 그리고 하나님 아버지의 능력이 〔아들을〕 낳는다고 줄어들거나 하나님의 아들이 변화를 통해 점차 완전성에 도달한다고 할 수도 없다. 그러므로 성자는 크기/능력에 있어 영원 전부터 성부와 동등하다고, 즉 같다고 말할 수밖에 없다.[61] 결국 성부와 성자는 관계상 구별될/

---

58 ST I q.42. a.1. ad. 3.
59 ST I q.42. a.1. ad. 4.
60 ST I, q.42. a.2. ad.2.
61 ST I, q.42. a.4. corpus.

대립될 뿐 본질 면에서 대립하지 않는다."[62]

후대의 신학자 헤르만 바빙크는 하나님의 존재와 위격의 관계를 이렇게 설명한다.

"삼위는 단지 나타남의 양식들이 아니라, 신적 본질 안에 있는 존재의 양식들이다. 삼위는 그들의 영원한 내재적 관계에서 서로 구별된다. 즉 아버지 되심, 아들 되심, 그리고 나오심이라는 그들의 위격적 속성들에 의해서 구별된다는 말이다."[63]

이는 토마스 아퀴나스가 파악했던 신적 위격의 관계에 대한 이해와 거의 동일하다.

2. 위격들의 구분이 갖는 구속사적 의미

요한복음 8장 16절에 나오는 "나를 보내신 아버지께서 나와 함께 계신다"는 말씀에서 "보내는 자"와 "보냄을 받는 자"의 개념이 등장한다. 이에 근거하여 "하나님의 위격의 보내심"이라는 개념이 성립한다. 토마스는 성자가 성부로부터 이 세상에 보냄을 받았다는 것은 육신을 취함으로써 이 세상에 가시적으로 존재하기 시작하였음을 의미한다고 말한다. 그러나 이러한 '보내심'은 장소적 분리를 의미하는 것이 아니다. 하나님의 위격이 전에 없었던 곳에서 존재하기를 시작하는 것도 아니며, 마찬가지로 전에 있었던 곳에서 존재하기를 그만두는 것도 아니다. 그것은 이런 장소적 움직임으로서의 '보내심'을 의미하지 않는다.[64] 대신 성자는 출생*generatio*의

---

62 ST I, q.42. a.6. ad.3.
63 헤르만 바빙크, 『개혁주의 신론』 435.
64 ST I, q.43. a.1. ad.2-3.

양태로 '보내심'을 받는다. 그러므로 위격의 동등성은 유지된다.

신적 위격의 "보내심"이 피조물의 경우에는 "은총 안에서의 삶"*inhabitationem* 과 "은총에 의한 어떤 갱신"*innovationem quamdam per gratiam*을 가져 온다.[65] 따라서 하나님의 구원의 은총에 참여하는 것과, 신자로서의 신적 위격을 향유하는 것은 모두 '보내심'의 은총에 의해 이뤄진다. 또한 하나님의 위격의 파견은 성례들에 따라 이루어지는 것이 아니라, 그 성례들에 의해 은총을 받은 사람들에게 이루어진다.[66] 그런데 이 "보내심을 받는 자"는 성부의 위격에는 해당되지 않는다. 이는 성자와 성령에 해당된다.

> "파견의 양태는 성자와 경우와 성령의 경우가 다르다. 그것은 성령에게는 그가 사랑으로서 발출하는 한, 성화의 은사인 것이 적합하고, 성자에게는, 그가 성령의 근원인 한, 이 성화의 원동자인 것이 적합하기 때문이다. 그러므로 성자는 성화의 원동자로서 가시적으로 파견되었고, 이에 대해 성령은 성화의 표징으로서 파견되었다."[67]

성자와 성령이 이성적 존재 안에 내주한다는 것은 은총에 의한 갱신만이 아니라 성자와 성령의 위격에 어울리는 현존이 있다는 것을 의미한다. 즉 하나님은 인식하는 자 안에 인식되는 자로, 사랑하는 자 안에 사랑 받는 자로 현존한다는 뜻이다. 그러므로 이성적 피조물은 인식하고 사랑함으로써 하나님 자신을 만나며, 또한 이러한 특별한 현존 방식 때문에 하나님은 지성적인 피조물 안에 내주하실 뿐만 아니라, 자신의 성전에 거하는

---

65 ST I ,q.43. a.6. corpus.

66 ST I, q.43. a.6. ad.4.

67 ST I, q.43. a.7. corpus.

것처럼 거기 거한다.[68]

위격의 '발출'processio 혹은 '밖으로 나감'exitus은 하나님에게 있어서 영원하게 그리고 시간적으로 일어난다. 즉 하나님으로서 발출하는 것은 영원으로부터이고, 가시적인 파견에서는 인간으로서 시간적으로 발출한 것이며, 비가시적인 보내심에 있어서도 인간 안에 존재할 때는 가시적이다.[69] 이런 까닭에 이중발출gemina processio이라고 일컬어진다.[70] 여기서 토마스는 아우구스티누스의 삼위일체론 15권을 인용하면서, "성령이 피조물을 성화santificatio하기 위하여 (시간적으로) 발출한다"고 하며, "보내심"을 시간적인 발출로 이해한다. 하나님의 내적인 발출이 영원한 발출이라면, "공로의 은총"gratia gratum faciens[71]에 의해서 하나님의 위격이 새로운 양태로 이성적 피조물 안에 존재하는 것이 가능하며, 이 "공로의 은총"에 의해 하나님의 위격이 시간적으로 발출한다. "공로의 은총" 아래서 이성적 피조물은 하나님의 위격을 향유하며 또 완성에 이른다.[72] 피조물의 성화는 "공로의 은총"을 통하지 않으면 이뤄질 수 없다.[73] 그 신적 위격의 보내심이라는 은총 속에서 인간은 다시 하나님께로 회귀하게 된다.

'발출'이라는 신적 본성의 내적 행위에서 위격들이 구분된다면, 외적 행위에서는 인간의 거듭남과 성화가 이루어진다. 인간의 거듭남과 성화는 신적 위격들의 내적 행위에 의존한다. 이 신적 위격들의 내적 행위는 본질적인 성격을 지닌 반면, 인간에 대한 신적 위격들의 외적인 행위는 시간적

---

68 ST I, q.43. a.3. corpus.

69 ST I, q.43. a.2. corpus.

70 ST I, q.43. a.2. ad.3.

71 ST I. q.43. a.3. corpus. 이 개념은 "구원 얻는 은혜"(gratia gratis data)로서의 칭의의 은혜와 구분하여, "성화를 가져오는 은혜"(gratia gratum faciens)의 개념으로 볼 수 있으나, 후대는 이를 "공로의 은총"으로 주로 해석하므로 여기서 이렇게 번역하였다.

72 ST I, q.43. a.3. ad.1.

73 ST I, q.43. a.3. corpus.

이며 우연적인 성격을 지니고 있다. 인간의 구원은 필연적이 아니라 신적 은총에 의존한다는 것이다.

V. 토마스 아퀴나스 삼위일체론의 평가와 적용

1. 평가

토마스의 삼위일체론에 대해 위에서 언급한 것을 간략하게 정리하면, 신적 본질에 관한 논의와 위격에 관한 논의에서 서방 신학의 전형적인 특징을 보여준다. 즉 위격에 관한 논의보다는 신적 본질의 단일성을 강조하는 양상을 띤다. 그러나 토마스의 삼위일체 논쟁에 관한 논의들을 살펴보면, 초대 교회 이후로 전개된 신론에 대한 다양한 이단들의 논쟁을 잘 알고 있음을 알 수 있다. 그는 샤벨리우스적인 단일신론^{monarchianism}과 아리우스적인 삼신론^{tritheism}의 오류를 피하는 가운데 한 본성과 세 위격을 설명하려고 시도한다. 나아가 그는 보에티우스 이래로 '위격'^{persona}의 정의를 둘러싼 중세의 논의에 대해서도 정통했다. 토마스는 삼위일체론에서 로셀린과 아벨라르두스 등 유명론자들이 주도한 보에티우스의 위격의 정의에 대한 논쟁에서 나타난 질베르 드 라포레의 위격에 대한 이해를 상세히 설명하기도 했다. 토마스는 "위격을 하나님 안에서의 관계로, 그리고 하나님의 본성 안에 자존하는 것"^{in divinis relationem ut rem subsistentem in natura divina}으로 설명하고, 반론들을 피하며, 삼위의 실체성을 설명하려고 시도한다.

나아가 신적 위격들 사이의 구분과 사역 그리고 파견 등의 의미들을 통해서 신적인 세 위격의 "페레코레시스"적 상호 관계들을 설명하고, 이러한 신적 위격의 구분이 인간의 구속과 어떻게 연관되는지를 설명하였다. 구원을 낳는 은혜만이 아니라 은혜 아래 거하는 것과, 나아가 이성적 피조물의 완성에 있어서도 신적 위격의 역사가 필수적임을 보여준다.

그러나 이와 같은 토마스의 삼위일체에 대한 설명도 예기치 못한 결과를 낳았다. 앞에서 언급한 라쿠나의 지적처럼[각주 17], 토마스는 신적 위격의 내재적인 관계를 영원한 것이고, 본질적인 것이라고 설명하는 데 비해 피조물과의 관계를 우연적인 관계로 설명하는 데서 문제가 드러난다. 즉 삼위의 구속 사역에 관한 논의보다 신적 본질에 관한 논의가 우선적이다. 이를 라쿠나는 테오로기아*theologia*와 오이코노미아*oikonomia*의 분리로 해석하기도 했다.[74] 동시에 신의 내적 행위, 즉 앎과 사랑의 행위는 본성 안에서 일어난 영원한 행위로 이해해야 하지만, 하나님에 대한 인식과 하나님에 대한 사랑이 이성적 피조물에 보내어질 때는 시간성과 우연성에 종속된다. 따라서 이성적 피조물의 구원 사역이 신의 성품에 본질적으로 흡수되지 못하는 한계를 낳는다고 할 수 있다. 라쿠나의 표현을 빌리자면,

"토마스는 신적 위격들의 정체성이 창조와의 관계에 의해 구성되거나 형성된다는 어떤 암시도 조심스럽게 피해가고 있다. 신적 발현들이 피조물들의 창조된 방식에 영향을 주지만 피조물들의 창조는 신적 위격들에게 독특한 것이 아니다. 또한 창조는 우리에게 신적 위격들의 독특한 것에 대해 아무것도 말해 주지 않는다."[75]

이와 같은 언급을 통해 라쿠나는 창조자 하나님과 삼위일체 하나님의 분리는 창조가 관계라는 토마스의 통찰을 손상시킨다고 비평한다. 하지만 토마스의 경우 신의 피조물에 대한 관계가 우연적인데 반해 모든 피조물의 신에 대한 관계는 절대적이다. 이는 무로부터 창조된 모든 피조물이 신

---

74 캐서린 모리 라쿠나, 『우리를 위한 하나님』 258.

75 위의 책, 257.

에게 그 존재를 의존하고 있기 때문이다.[76] 때문에 아래에서 전개되는 삼위일체론의 적용이 가능하다.

2. 삼위일체의 형상

토마스는 『신학대전』 1권 q. 93에서 인간 창조의 목적과 결과에 관한 질문을 한다. 먼저 성경에 따라 인간은 하나님의 모양*imago*과 형상*similitudo*에 따라 창조되었다. 그것은 인간이 하나님을 원인자로 삼는 행위의 결과임을 의미한다.[77] 따라서 인간은 하나님의 형상인 만큼 모형인*Vorbildursache*이 되는 하나님과 특별한 관계를 맺고 있다. 즉 모사*exemplatum*로서의 인간의 창조 목적은 원형*exemplar*으로서의 하나님과의 관계에서 고찰되어야 함을 의미한다.[78] 그러나 엄밀히 말하면, 하나님과 인간 사이에 어떠한 완전한 닮음도 존재하지 않는다. 왜냐하면 원형으로서의 하나님은 모사로서의 인간을 무한히 초월하기 때문이다. 정확히 말하면, 오직 하나님의 독생자만이 하나님의 형상으로 표현되며, 그에 반해 모든 인간은 단지 하나님의 형상에 따라*ad imaginem Dei* 창조되었을 뿐이다.[79] 이때 전치사 '따라서'*ad*는 떨어져 있는 사물에 대한 일종의 유사성을 의미한다. 그래서 토마스 역시 모든 피조물 가운데 오직 독생자만이 하나님의 "완전한 형상"*perfecta imago*이라고 주장한다. 그러므로 인간은 한편으로는 유사성 때문에 "형상"*imago*이라 불리고, 다른 한편으로는 이러한 닮음의 불완전성 때문에 "형상에 따라서"*ad imaginem*라고 표현되는 것이다.

인간 창조의 목적은 바로 "하나님의 형상"이란 어구에서 찾을 수 있다.

---

76 ST I, q.45, a.4, corpus.

77 ST I, q.93, introd.

78 ST I, q.93, a. 1, co.: "non tamen est similitudo secundum aequalitatem, quia in infinitum excedit exemplar hoc tale exemplatum."

79 ST I, q.93, a.6, ad.1.

인간은 신적 위격인 "삼위의 형상"을 따라 창조되었기 때문이다. 앞에서 신적 위격의 행위를 다룰 때 고찰했듯이, 신적인 본성은 신적 위격들의 행위들을 통해 드러나고, 신적 행위들의 절정은 지성과 의지의 행위에서 발견할 수 있다:

"신적 위격의 전개는 지성과 의지의 행위에 따라 고찰된다는 것을 살펴보았다. 왜냐하면 아들은 지성의 말씀으로서 전개되고, 성령은 의지의 사랑으로서 전개되는 까닭이다. 그러므로 지성과 의지를 지닌 이성적 피조물에게서도 형상의 방식에 따른 세 위격이 지닌 속성이 발견된다. 즉 그들 안에 수용되는 말씀과 나아가는 사랑이 나타나기 때문이다."[80]

토마스는 인간이 신적인 행위들 자체와 함께 신적 위격들 상호간의 내적인 행위들을 모방한다고 밝힌다. 따라서 하나님의 형상으로서 인간에게 하나님에 대한 인식과 하나님에 대한 사랑은 인간의 본성에 해당한다. 토마스는 "하나님의 형상" 개념을 통해 인간의 본질과 행위 모두를 하나님과 연결시키고 있다*in ordine ad Deum*.[81] 즉 닮음*imago*에서 닮는, 모방하는*imitare* 행위를 이끌어내는 것이다. 토마스의 이해가 신적 본질에서 신적 행위로 나아가는 것처럼 "삼위 하나님의 형상"으로서의 인간의 본성에서 지성과 의지에 따른 인간 행위에 대한 고찰로 나아간다. 이와 같이 토마스의 경우 삼위일체에 대한 이해가 인간 이해의 근본 바탕을 형성하고 있다.

---

80 ST I. q. 28. a. 4. corpus.
81 Wonrae Jeong, *Die Lehre des Thomas von Aquin von der ewigen Glueckseligkeit*, (Berlin: Logos, 2011), 45,

3. 인간 행위의 목적으로서의 행복

토마스의 사상에서 "삼위일체의 형상"이 인간과 관련되어 있는 것을 들자면 행복beatitudo에 대한 이해를 꼽을 수 있다. 특히 토마스가『신학대전』1부 q. 26에서 제시하는 신적 행복이 그러하다. q. 26은 네 개의 장으로 나누어진다. 앞의 두 장에서는 신의 행복 자체를 다루고, 뒤의 두 장에서는 하나님의 행복을 인간의 행복과 연관시킨다. 모든 이성적 존재의 완전한 선을 행복으로 부른다면, 하나님께 행복은 최상의 것으로 인정된다.[82] 왜냐하면 완전하고 이성적인 인식은 어떤 것과도 비교할 수 없을 만큼 하나님께 있기 때문이다. 각 사물이 각자의 완전을 추구하는 것처럼 이성적 존재들도 본질적으로 행복을 추구한다. 그리고 이성적 존재의 경우 최고의 행위는 인식활동이고, 인식의 힘에 의거해서 이성적 존재는 모든 것을 파악한다. 그러므로 하나님의 행복이나 모든 이성적 피조물의 행복은 인식에 근거를 두고 있다. 따라서 하나님은 자신의 이성적 활동에 근거하여 행복하다고 일컬어지고, 다른 행복한 자들은 하나님의 행복을 닮아가는 일per assimilationem 을 통해 복되다고 불릴 수 있다.[83]

이성적 활동을 인식 활동 자체와 인식의 대상으로 구분할 수 있다. 만일 사람들이 인식의 대상을 고려한다면, 하나님만이 모든 행복한 자의 행복이다. 하나님의 인식에만 행복이 존재한다. 그러나 만일 사람들이 행복을 인식의 행위에 따라 고찰한다면, 행복은 행복한 피조물들에 의해 창조된 어떤 것으로서 존재한다. 왜냐하면 하나님은 본질적으로 완전히 행복한 데 비해, 모든 이성적 피조물들은 그 행위를 통해 행복하게 되기 때문이다. 이런 면에서 하나님께 있는 행복은 창조되지 않은 어떤 것이다. 이성적 피조물에게 하나님은 어떤 대상처럼 궁극적인 목적이다. 반면에 피

---

82 ST I, q. 26, a. 1, corpus.

83 ST I, q. 26, a. 2, corpus.

조된 행복은 일종의 "사용"*uti*의 의미나 나아가 대상의 "향유함"*frui*의 의미를 지닌다. 여기서 토마스는 "목적"*finis cuius*으로서의 행복과 "수단"*finis quo*으로서의 행복을 구분한다.[84] 추구하는 행복이 어떠한 것이든 간에―그것이 참된 행복이든 또는 거짓된 것이든 관계없이―그것은 신적인 행복 속에 최상의 형태로 이미 존재한다. 명상적 삶*vita contemplativa*을 통해 이 세상에서 얻을 수 있는 행복도 하나님의 자기 인식과 다른 사물에 대한 인식 안에 이미 존재하고, 이 세상에서 영위되는 활동적인 삶*vita activa*의 행복 역시 세상을 다스리는 하나님의 행위 속에 이미 존재한다. 이 땅에 존재하는 어떠한 행복의 형태들이라도, 즉 사람들이 부와 명예, 명성, 권력, 혹은 육체적 쾌락에서 찾는 행복도 신적인 행복과 닮은 모습에서 비롯된다.[85] 그러므로 토마스는 어떤 행복이든 그것이 참된 행복의 의미에서 벗어나는 한 잘못이라고 주장한다. 즉 그것이 하나님 안에 있지 않는 한 잘못된 것이란 말이다.[86] 앞에서 논의한 삼위일체론과 연관시키자면, 하나님과의 관계가 인간에게는 본질적인 것이기 때문이다.

이와 같이 토마스 아퀴나스는 행복이 하나님께 가장 완전한 방식으로 존재하고 있으며, 또한 모든 피조된 행복이 하나님 안에 무한히 우월한 방식으로 선재한다고 주장하였다. 이를 통해 토마스는 인간의 행복에 관한 사고를 자신의 신론과 연결시킨다. 즉 하나님의 행복 안에, 그리고 하나님 그분 안에 인간의 행복이 포함되어 있고 그 근거가 있다. 그러므로 이런 주장이 가능하다. 즉 토마스 아퀴나스의 행복론은 인간의 자기 성취를 위해 고안된 어떤 것이 아니라 하나님, 즉 창조주의 행복에 의거하여 인간의 행복이 이해되고 또 논의되고 있다는 것. 따라서 이는 본질적으로 신학의

---

84 ST I, q.26, a.3, ad. 2.
85 ST I, q.26, a.4, corpus.
86 ST I, q.26, a.4, ad.1.

한 주제로서 거론되고 있으며, 하나님과 무관한 행복은 토마스의 사상 안에 설 자리가 없다. 왜냐하면 하나님의 행복이 "원형"*exemplar*이고 인간의 행복은 그 "닮음 꼴"*exemplata*이기 때문이다.[87]

이처럼 신적 위격의 본질과 사역은 인간의 존재와 행위에 그 목표를 제시해주고, 행동양식의 모범을 제공하고 있다. 토마스에게 신적 위격은 피조물의 관점에서 보면 본질적 관계를 형성하는 데, 특히 이성적 피조물에서는 더욱 그러하다. 즉 토마스의 삼위일체는 인간 행위와 그 목적의 근원이 되고 있다는 것이다.

결론적으로 토마스의 삼위일체론은 인간의 본성을 이해하는 데 필요한 근거를 제공하고, 인간의 행위를 고찰하는 면에서도 중요한 바탕을 제공하고 있다. 이런 점이 토마스의 삼위일체론이 가진 중요한 특징이라 할 수 있다.

참고문헌

김석환, 『교부들의 삼위일체론』, 서울: 기독교문서선교회, 2001.
박만, 『현대 삼위일체론 연구』, 서울: 대한기독교서회, 2003.
역사신학연구회, 『삼위일체론의 역사』, 서울: 대한기독교서회, 2006.
이종성, 『삼위일체론을 중심한 신학과 철학의 알력사』, 서울: 장로회신학대학교출판부, 2005.
임홍빈, 『현대의 삼위일체론』, 서울: 생명의 씨앗, 2006.

Bavinck, H. *The Doctrine of God*. 이승구 옮김. 『개혁주의 신론』, 3rd. 서울: 기독교문서선교회, 1992.
Jeong, Wonrae, *Die Lehre des Thomas von Aquin von der ewigen Glueckseligkeit*. Berlin: Logos, 2011.

---

[87] Wonrae Jeong, *Die Lehre des Thomas von Aquin von der ewigen Glückseligkeit*, 155

K. Rahner, *The Trinity*. New York: Herder and Herder, 1970.

LaCugna, C. M. *God for Us*. 이세형 옮김, 『우리를 위한 하나님』, 서울: 대한기독교서회, 2012.

Olson, Roser & Christoper A. Hall, *The Trinity*. 이세형 옮김, 『삼위일체』, 서울: 대한기독교서회, 2004.

Pesch, Otto Herman, "Thomas von Aquino/Thomismus/Neutheomismus". TRE Bd. 33, 433-474.

Thomas von Aquino, *Summe der Theolgie* Bd. 1: Gott und Sch?pfung,, Joseph Bernhart (hrsg.), Stuttgart: Kröner, 1985.

Weisheipl, J. A. *Friar Thomas D'Aquino, His life, Thought, and Works*. 이재룡 옮김. 『토마스 아퀴나스 수사-생애, 작품』. 사상, 서울: 성 바오로출판사, 2012.

주세페 알베리고 외 역음. *Conciliorum Oecumenicorum Decreta II*. 김영국 외 공역. 『보편공의회문헌집 제 2권』 전편, 제 1~4차 라테란 공의회, 제 1~2차 리옹 공의회-, 서울: 가톨릭 출판사, 2009.

■
■

Triune
God
in
Relation

칼뱅의
관계적 삼위일체론[1]

※ 최윤배[2] ※

🙢

I. 서론

"신학"*theologia*은 곧, "신에 관한 로기아"(θεός + λόγια)이고, 기독교 초기 역사에서 신학은 좁은 의미에서 신론神論, 특별히 삼위일체론으로 이해되었을 만큼 신론은 기독교 신학에서 매우 중요한 위치를 차지했다.[3] 니젤은 칼뱅Jean Calvin, 1509-1564의 중심 사상이 그리스도론이라고 주장했지만,[4] 대부분의 개혁파 정통주의자들과 탁월한 칼뱅 연구자인 두메르그E. Doumergue와 이오갑은 신론이 칼뱅 사상의 중심을 이룬다고 주장한다.[5] 칼뱅 사상에서 특정 교리가 그의 사상의 중심을 이룬다는 주장은 칼뱅연구에서 여전히 논

---

1   이 논문은 2015년 장로회신학대학교의 지원을 받아 수행된 연구임.

2   한국항공대 항공전자공학과 졸업, 연세대대학원 전자공학과 졸업, 장로회신학대 신학대학원과 대학원 졸업, 네덜란드 기독교개혁신학대학교에서 신학박사학위를 취득했다. 현재 장로회신학대 조직신학 교수로 재직하면서 복음실천처장, 장신대장학재단이사, 한국성서학연구소이사, 한국개혁신학회부회장을 맡고 있다. 저서로『칼뱅신학입문』『잊혀진 종교개혁자 마르틴 부처』외 다수가 있다.

3   최윤배, 『성경적·개혁적·복음주의적·에큐메니칼적·기독교적 조직신학 입문』(서울: 장로회신학대학교출판부, 2013), 34.
4   Wilhelm Niesel, *Die Theologie Calvins* (München: Chr. Kaiser Verlag, 1957), 9-22.
5   이오갑, 『칼뱅의 신과 세계』(서울: 대한기독교서회, 2010), 377-396.

쟁 중에 있다.[6] 그럼에도 불구하고, 칼뱅의 주저인『기독교 강요』(1559)가 삼위일체론적 구조를 가지고 있다는 주장은 설득력이 있다.[7] 일반적으로 말해, 칼뱅의 신학사상에서 차지하는 삼위일체론의 비중은 결코 무시될 수 없다.

칼뱅의 삼위일체론, 특히 관계적 삼위일체론 연구는 종교개혁과 칼뱅 전통에 서 있는 대부분의 한국 교회들의 신학의 뿌리와 정체성을 확인시키고, 소통과 관계의 문제로 위기에 봉착한 한국교회와 다양한 사회 공동체들에게 지혜를 제공해줄 수 있을 것이다. 필자는 칼뱅의 신앙과 신학의 21세기의 유용성과, 세르베투스 처형사건을 중심으로 칼뱅에 관한 역사적 오해에 대한 해명을 취급한 후에 그의 삼위일체론에 대해 논의할 것이다.

II. 오늘날 21세기에도 여전히 칼뱅인가?

최근에 칼뱅이 국내외적으로 크게 주목받는 이유들 중 하나는 2009년이 바로 그의 탄생 500주년을 맞이했던 해였고, 오는 2017년은 마르틴 루터가 종교개혁의 불을 지핀 지 500년이 되기 때문만은 아니다. 칼뱅과 그의 사상은 500주년을 맞이했던 그 해뿐만 아니라 16세기 당대에는 물론 서양사와 세계 기독교회사에서 줄곧 큰 영향력을 끼쳐왔던 것으로 평가되었기 때문에, 그는 최근에 더욱더 주목받고 있다. 이와 관련된 몇 가지 이유들을 제시하면 다음과 같다.

첫째, 칼뱅은 프랑스의 평범한 사람들 중 한 사람이 아니라 당대 전 유럽의 유명한 지성인들과 사상가들 중에서도 탁월한 사상가와 지성인에

---

6   박경수, "삼위일체론에 대한 칼뱅의 공헌," 장로회신학대학교출판부 편, 「장신논단」 제24집 (2004), 144.
7   박경수, "삼위일체론에 대한 칼뱅의 공헌," 145; 유해무, "삼위일체론," 한국칼뱅학회 편,『칼뱅 신학 해설』(서울: 대한기독교서회, 1998), 143.

속했다. 칼뱅은 마르쉬대학을 거쳐 몽때규대학에서 문학석사학위를 받았고 오를레앙대학을 거쳐 부르쥬대학에서 법학사가 되었다. 그가 다닌 몽때규대학은 로마가톨릭교회의 정통주의 요새로서 수준 높은 학문훈련과 엄격한 신앙훈련으로 유명한 대학이었다. 서양사를 전공하지 않은 사람들에게도 이름이 익숙한 네덜란드의 인문주의자 에라스무스와 로마가톨릭교회의 "예수회"를 창시한 이그나티우스 로욜라도 이 대학에 다녔다. 기숙사 식당에서 썩은 달걀을 먹으면서 혹독한 훈련을 받았던 학생들은 엄격하고도 무섭기로 소문난 이 대학의 똥삐뜨 총장에게 "무서운 폭풍"이라는 별명까지 붙였다. 이와 같이 열악한 환경과 엄격한 학문적·종교적 훈련조차도 칼뱅은 충분히 감당할 수 있었다. 이 당시의 모든 지성인들은 인문주의에 정통했다. 칼뱅은 1532년 23세라는 젊은 나이에 『세네카의 관용론 주석』(1532)을 출판할 정도로 탁월한 사상가요 지성인이었다.

둘째, 칼뱅은 프랑스인 중의 프랑스인이었다. 16세기 당시 우리나라의 대부분의 전문서적이 한문으로 출판되었듯이, 유럽에서는 대부분의 학술도서가 자국어로 출판되지 않고 라틴어로 출판되었다. 그러나 16세기 당시 유럽인들 중에 라틴어를 읽을 수 있는 사람은 별로 많지 않았다. 프랑스 고국동포들의 이 같은 고충을 알고 있던 칼뱅은 스트라스부르에서 1539년에 라틴어로 출판된 『기독교 강요』를 1541년에 외국 도시 제네바에서 어려운 망명생활을 하는 동안 프랑스어로 번역 출판했다. 이 책은 지금도 프랑스 어문학사語文學史에서도 매우 중요한 고전 자료에 속한다. 왜냐하면 이 책은 프랑스어로 출판된 오래된 희귀본들 중에 하나이며, 여기에 사용된 칼뱅의 프랑스어 문체가 그 진가를 발휘하기 때문이다. 그는 스트라스부르와 제네바에서 곧 바로 시민권을 획득할 수 있었음에도 불구하고 하나님의 품에 안기기 불과 몇 년 전에야 비로소 이국땅 제네바시의 시민권을 부여받았다. 그는 프랑스의 애국자들 중에 애국자였다.

셋째, 칼뱅은 유럽 전체를 위한 교육신학자였다. 종교개혁자로서 칼뱅은 개혁교회의 원조로 간주될 뿐만 아니라 모든 개신교에 신학적으로 지대한 영향을 끼쳤다. 칼뱅은 초기에 그의 선배들인 종교개혁자 루터, 마르틴 부처, 파렐, 츠빙글리로부터 영향을 받았으나, 후기로 갈수록 성경과 다른 문헌에 대한 방대한 연구를 통해 자신의 탁월하고도 독창적인 신학과 사상을 발전시켰다. 그의 신학과 사상은 16세기 당대는 물론이고 기독교회사 속에서 그가 주로 체류했던 제네바나 그가 속한 개혁교회라는 교파 안에서만 머무르지 않았다. 칼뱅의 영향을 받은 프랑스 사람들은 스스로에게 "위그노"라는, 네덜란드 사람들은 "바다의 거지"라는, 영국 사람들은 "개혁교도"라는, 스코틀랜드 사람들은 "청교도"라는 별명을 붙였다. 심지어 감리교회의 창시자인 웨슬리도 스코틀랜드의 청교도인 존 오웬의 사상의 영향을 받았는데, 존 오웬이야말로 칼뱅의 직계제자인 존 녹스를 통해서 칼뱅의 영향을 받았던 인물이었다.

유럽 전역에서 몰려온 유학생들은 "제네바 아카데미"(1559)에서 교육받아 고국에 돌아가 칼뱅의 신학과 사상을 계승하고 발전시켰다. 칼뱅은 전 유럽을 향하여 통나무를 제네바로 보내주면 화살을 만들어서 다시 돌려보낼 것이라고 하면서 유럽 전체를 대상으로 한 제네바 교육의 위상과 사명을 천명했을 정도였다. 칼뱅의 제자겸 동역자였던 인물은 프랑스 출신의 베자Béze와 스코틀랜드 출신의 녹스Knox였다. 베자는 칼뱅의 사상을 이어받아 "제네바 아카데미"를 운영하여 유럽대륙에서 개혁교회와 신학을 발전시켰고, 녹스도 칼뱅의 사상을 이어받아 영국에서 장로교회를 발전시켰다. 1556년 제네바를 방문했던 녹스는 칼뱅이 이룩한 업적을 "여기에 사도시대 이후 가장 완전한 그리스도의 학교가 있다. 나는 여기보다 도덕과 신앙이 향상된 곳을 보지 못했다"라고 감탄했고,[8] 베자는 칼뱅의 임종에 대한 각계각층의 반응을 "해가 지는 그 날 지상에서 하나님의 교회를 인도하던 큰 별이 하늘로 돌아가고 말았다.…그날 밤과 그 다음 날 제네바 시 전체는 슬픔에 휩싸였다. 백성은 하나님의 선지자를, 불쌍한 양떼들은 신실한 목자의 떠남을, 학교는 참된 교사와 스승의 여읨을, 모든 사람들은 참된 아버지와 하나님의 위로자의 여읨을 애도했다"라고 회고했다.[9]

넷째, 칼뱅은 종교 이외의 대부분의 분야들 속에서도 지도력을 발휘한 공공신학자였다. 칼뱅은 유럽의 성도들과 신학생들과 목회자들과 신학자들에게만 영향을 미친 것이 아니다. 그는 제네바 시의 행정관들은 물론 그 도시와 국경을 뛰어넘어 이탈리아 왕후, 폴란드의 군주, 영국의 왕 등 유럽의 수많은 정치지도자들을 직접 방문하거나 자신의 책의 헌정이나 서신교환을 통해서 신앙적, 사회적, 정치적 충고도 마다하지 않았다. 심지어 그는 "구호자금" 제도를 만들어 제네바의 가난한 시민들이나 난민들의 사회복지에도 힘썼다. 16세기 당시 교회는 고리대금업을 원칙적으로 금지했으나 사회에서는 고리대금업이 관행처럼 실시되고 있었다. 그러나 칼뱅이 처음으로 성경 주석에 근거하여 원금을 갚을 능력이 없는 자에게는 이자를 요구하지 말되, 투자와 사업목적으로 빌려간 원금에 대한 정당한 이자를 받을 수 있는 제도를 합법적으로 제안하여 실시했다.

다섯째, 칼뱅은 신앙인들 중에 순종의 마음과 뜨거운 심장을 가진 신앙인이었다. 그의 신앙은 "오직 하나님께만 영광" Soli Deo gloria이라는 하나님의 절대 주권과 하나님의 전적인 은혜를 강조하는 신앙이었다. 그는 처음

---

8 John T. McNeil, *The History and Character of Calvinism* (New York: Oxford University Press, 1954), 178: "the most perfect school of Christ that ever was in the earth since the days of the apostles."

9 Théodore de Bèze, *La vie de Jean Calvin* (Chalon-sur-Saône cédex: Europresse, 1993), 131.

에 평범한 중세 로마가톨릭교회의 미신적 신앙을 가졌지만 나중에 회개를 통해 참된 종교개혁 신앙을 가졌다. 그는 하나님의 말씀인 성경의 절대 권위를 인정하는 성경의 사람이었고 성령의 활동에 민감한 "성령의 신학자"였다. 그리고 교회를 사랑하고 지역교회는 물론 보편교회의 중요성을 인정하는 교회연합과 일치의 사람이었다. 그는 순종의 사람이었다. 종교개혁자 파렐이 칼뱅을 처음에 제네바에 초청했을 때 그가 거절했으나, 파렐이 하나님의 말씀으로 권면하자마자 그가 즉각 순종하였다. 마르틴 부처가 그를 스트라스부르로 초청했을 때에도 처음에는 거절했으나, 부처가 하나님의 말씀으로 강권하자 즉각 승복하였다. 자신을 3년 전에 추방했던 제네바시가 그를 초청했을 때 그는 "내게 만일 선택의 여지가 있다면, 이 일에 있어서 당신에게 굴복하느니 다른 무슨 일이든 하겠으나, 내가 내 자신에게 속한 것이 아니었음을 돌이켜 생각하며 제물로 죽임을 당하듯이 내 심장을 주님께 바칩니다"라고 고백하면서 제네바의 2차 귀환을 허락했다. 그 후부터 "가슴을 쥐고 있는 한 손"이 칼뱅의 문장紋章이 되었다.

III. 칼뱅에 대한 오해와 진실

삼위일체론 또는 기독론 이단자로 화형당한 세르베투스Servetus의 문제로 인해 칼뱅 자신은 물론 개혁교회에 대한 부정적인 시각이 지금까지 내려오고 있다. 만약 우리가 16세기 당시 역사적 정황을 정확하게 이해한다면, 교회사 속에서 칼뱅과 개혁교회를 향한 부정적인 시각은 어느 정도 해소될 수 있을 것이다.

삼위일체론이나 기독론 이단자들이 화형을 당하는 것은 16세기의 종교적 일반 관행이었고, 기독교 모든 교파들(중세 로마가톨릭교회, 루터파, 개혁파, 재세례파 등)은 다른 교파들의 그리스도인들을 처형했는데, 상대적으로

중세 로마가톨릭교회가 다른 교파들의 사람들을 가장 많이 처형했고, 칼
뱅이 속한 개혁파는 비교적 적게 처형했다. 또한 세르베투스를 처형할 수
있는 권한이 목회자 칼뱅에게는 없었고 제네바 시정부에게 있었다. 제네
바 시정부는 세르베투스 처형 전에 그의 처형문제에 대해 대표적인 교회
들과 시정부들에게 여론조사 과정을 거쳤던 유일한 시정부였다. 제네바의
여론조사 설문 편지를 받은 교회들과 시정부들은 이단자 세르베투스를 화
형에 처해달라는 내용의 회신을 만장일치로 보냈다.

칼뱅은 옥중에 있는 세르베투스를 방문하여 언제든지 그의 잘못된 교
리를 취소하고 살 길을 얻도록 목회상담 차원에서 수차례 호소했지만, 세
르베투스는 칼뱅을 모욕하면서 그의 충고를 거절했다. 칼뱅은 제네바 시
정부에 찾아가서, 만약 세르베투스를 처형해야 할 경우, 고통스런 화형대
신 참수형을 선택해 줄 것을 호소했지만, 제네바 시정부는 목회자 칼뱅의
요청을 거절하고 중세교회의 관행대로 이단자로 판명된 세르베투스를 화
형에 처했다.

제네바 개혁교회보다 더 많은 사람들을 처형한 어느 기독교 교파도 자
기 선배들의 잘못을 역사적으로 회개하지 않았다. 그러나 세르베투스가
1553년 제네바 시정부에 의하여 화형당한 지 약 450년 후인 1907년, 칼뱅
의 정신을 따르는 사람들과 학자들이 연합하여 제네바에 세르베투스 처형
에 대한 회개의 비석을 세르베투스의 무덤 근처에 세웠다. 위의 사실들로
부터 우리는 칼뱅과 제네바 시정부와 칼뱅의 후손들은 완전히 무흠한 자
들은 아니었지만, 16세기의 역사적 상황 속에서 합리적 절차를 밟고 책임
있게 행동하려고 노력했다고 평가할 수 있을 것이다.

16세기의 프랑스 사람 칼뱅의 신앙과 정신은 단지 16세기에만, 프랑스
국가에만, 제네바 도시에만 살아 움직였던 것이 아니라, 시대를 넘고 인종
을 넘고, 국경을 넘고, 교단과 교파를 뛰어넘어 예수 그리스도의 재림 시

까지 울러 퍼질 것을 고대하면서 한국장로교회에 최초로 장로회신학대학교 교정에 칼뱅 탄생 500주년을 맞이한 2009년에 "칼빈 탄생 500주년 기념사업회"에 의해 칼뱅의 흉상이 세워졌고, 이 흉상비석 뒷면에 칼뱅 자신의 다음의 말이 새겨져 있다. "주님께 내 심장을 드리나이다, 즉시 그리고 진심으로."*Cor meum tibi offero Domine, prompte et sincere*

칼뱅의 생애는 그가 거주하고 활동했던 장소를 중심으로 단순하게 네 기간, 곧 노아용 시절, 파리와 오를레앙 시절, 제1차 제네바 시절(1536-1538), 스트라스부르 시절(1536-1541), 제2차 제네바 시절(1541-1564)로 구분할 수 있다.

장 칼뱅Jean Calvin 또는 꼬뱅Cauvin은 1509년 7월 10일 오늘날의 벨기에와 프랑스 파리 사이에 있는 노아용에서 아버지 제라르Gérard Cauvin와 어머니 르프랑Jeanne Le Franc의 다섯 형제들 중 넷째 아들로 태어났다. 그의 아버지는 1481년 시의 등기 직원이 되었고, 후에 노용 주교청의 비서, 노아용 참사회의 대리인이 되었다. 노아용 시를 통치한 주교는 샤를 드 앙제였는데, 칼뱅은 어려서부터 이 주교 집안의 자녀들과 친하게 지냈으며, 후에 파리로 유학갈 때 앙제 집안의 세 자녀와 함께 갔다. 칼뱅은 1521년 12세 때부터 노아용 대성당에 있는 라 제시느La Gésine 제단으로부터 나오는 수입의 일부를 받았다.

일생 동안 하나님의 영광만을 생각했던 칼뱅은 그의 『기독교 강요』(1559)를 "하나님을 찬양하라!"*laus Deo*로 마쳤다.[10] 칼뱅의 1564년 5월 27일에 하나님의 품에 안기자 그의 유언대로 제네바시는 그를 묘비명 없이 평토장으로 제네바 공동묘지에 장례했기 때문에 아직까지 그의 무덤의 정확한 장소가 알려지지 않았다.

---

10 『기독교 강요』(1559)를 인용할 때, 예를 들면, 1권, 제 1장, 1절을 간단하게 I, i, 1로 표시하기로 한다. John Calvin, 『기독교 강요』(1559), IV xx 32.

IV. 칼뱅의 삼위일체론의 역사적 배경

우리가 익히 잘 알고 있다시피, 칼뱅의 작품은 너무나도 방대하고,[11] 또한 그의 신론과 삼위일체론에 대한 연구 자료도 분량이 상당하여,[12] 이 모든 작품들과 자료들을 참고하여 그의 신론을 연구하는 것은 제한된 본고에서는 거의 불가능하다. 그러나 칼뱅의 다양한 작품들 속에 하나님에 대한 그의 이해가 나타나지만, 특별히 그의 주저 『기독교 강요』 초판(1536)에서 그의 초기의 삼위일체론이, 『기독교 강요』 최종판(1559), 특히 제1권에서 그의 말기의 삼위일체론이 집중적으로 발견된다.[13] 그러므로 우리는

---

11 Cf. Wulfert de Greef, *Johannes Calvijn: zijn werk en geschriften* (Kampen: Uitgeverij Kok, 2006^2); 불페르트 더 흐레이프/황대우 · 김미정 옮김, 『칼뱅의 생애와 저서들』(서울: SFC출판부, 2006).

12 Cf. Wilhelm Niesel, *Calvin-Bibliographie 1901-1959* (München: Chr. Kaiser Verlag, 1961); 김재성, "칼뱅의 삼위일체론, 그 형성과 독특성과 중요성," 한국칼뱅학회 편, 『칼뱅연구』 창간호(서울: 한국장로교출판사, 2004), 31-69; 박해경, "칼뱅의 신론," 한국칼뱅학회 편, 『칼뱅신학개요』(서울: 두란노아카데미, 2009), 31-48; 박해경, 『칼뱅의 신론』(서울: 이컴비즈넷, 2005); 유해무, "칼뱅의 삼위일체론," 한국칼뱅학회 편, 『칼뱅신학해설』(서울: 대한기독교서회, 1998), 133-153; 유해무, "칼뱅의 삼위일체론, 동방신학과 관련하여," 한국칼뱅학회 편, 『칼뱅신학과 목회』(서울: 대한기독교서회, 1999), 7-31; 이양호, 『칼뱅: 생애와 사상』(서울: 한국신학연구소, 2005); 이오갑, 『칼뱅의 신과 세계』(서울: 대한기독교서회, 2010); 차원형, "칼뱅의 창조론,"(장로회신학대학교 대학원 Th.M. 미간행 석사학위 논문, 2009); 최유배 공저, 『개혁신학과 기독교 교육』(서울: 한국장로교출판사, 2007); 최윤배 공저, 『16세기 종교개혁과 개혁교회의 유산』(서울: 한국장로교출판사, 2003); Arie Baars, *Om Gods verhevenheid en Zijn nabijheid: De Drie-eenheid bij Calvijn* (Kampen: Uitgeverij Kok, 2004); Ph. W. Butin, *Revelation, Redemption, and Response: Calvin's Trinitarian Understanding of the Divine-Human Relationship* (New York: Oxford University Press, 1995); Yoon-Bae Choi, *De verhouding tussen Pneumatologie en Christologie bij Martin Bucer en Johannes Calvijn* (Leiden: J. J. Groen en Zoon, 1996), 38-77; J. P. Mackey, *The Christian Experience of God as Trinity* (London: SCM Press, 1981); W. Niesel, *Die Theologie Calvins* (München: Chr. Kaiser Verlag, 1957); T. F. Torrance, "The Doctrine of the Trinity in Gregory of Nazianzus and John Calvin," T. F. Torrance, *Trinitarian Perspectives* (Edinburgh: T. & T. Clark, 1994); F. Wendel, *Calvin: sources et évolution de sa pensée religieuse* (Paris: Presses Universitaires de France, 1950); B. B. Warfield, "Calvin's Doctrine of the Trinity," *Calvin and Calvinism* (New York, 1931).

13 삼위일체론의 경우, 성서주석의 내용과 『기독교 강요』의 내용은 대동소이하다. 이오갑, 『칼뱅의

그의 『기독교 강요』를 중심으로, 그의 다른 작품들과 중요한 제2차 문헌들을 참고하면서 칼뱅의 삼위일체론, 특히 관계적 삼위일체론을 기술함으로써 본고의 소기의 목적을 달성하고자 한다.

칼뱅의 『기독교 강요』 최종판(1559)을 보면 제1권 "창조주에 대한 인식"de cognitione Creatoris을 중심으로[14] 그의 신론이 전개되고 있으며, 모두 18장으로 구성되어 있다. 칼뱅은 제1장부터 12장까지는 신 인식론과 계시론을, 제13장은 삼위일체론을, 제14장과 15장은 창조론을, 제16장부터 제18장까지는 섭리론을 다루고 있다.[15] 필자는 주로 『기독교 강요』(1559) 제I권 제13장을 중심으로 칼뱅의 삼위일체론, 특히 관계적 삼위일체론을 살펴보고자 한다.

칼뱅은 『기독교 강요』(1559) 제I권 제13장의 제목을 "우리는 세 위격들tres…personas을 포함하고 있는 하나님에게 한 본체본질, essentiam가 있다는 사실을 성경으로부터 배운다."로 붙였다.[16] 삼위일체론을 본격적으로 논의하기 전에 칼뱅은 먼저 성경이 가르치는 하나님의 중요한 두 가지 본질로서 하나님의 무한성과 영성을 특별히 강조하면서 하나님의 불가해성 및 초월성과 내재성을 언급하는 가운데,[17] 범신론과 마니교의 이원론과 신인

신과 세계』(서울: 대한기독교서회, 2010), 192-193.

14 "Institutionis Christianae religionis Liber primus. DE COGNITIONE DEI CREATORIS." in: P. Barth, G. Niesel (ed.), *Joannis Calvini Opera Selecta*(= OS) Volumen III, 31. 비록 "인식"(*cognitio*)과 "지식"(*notitia*)은 용어 상의 차이가 있지만, 본고에서는 이 두 단어를 특별한 구별 없이 사용하고자 한다.

15 OS III, 31-227.

16 John Calvin, 『기독교 강요』(1559), I xiii 1 = OS III, 108: "Unicam Dei essentiam ab ipsa creatione tradi in Scripturis, quae tres in se personas continet. CAP. XIII." 본고에서는 'persona'를 "인격"과 "위격"으로 혼용하여 쓰겠다.

17 칼뱅이 이해한 하나님의 초월성과 내재성의 변증법적 관계에 대한 훌륭한 논의는 이오갑과 바르스의 글에 잘 나타난다. 이오갑, 『칼뱅의 신과 세계』, 19ff; A. Baars, *Om Gods verhevenheid en Zijn nabijheid*, 707: "Finally: Calvin's doctrine of the Trinity has two central components: the triune God is the Exalted One, 'the wholly Other'. Simultaneously, He is very near in

동형동성론을 비판하고, 성경에 나타난 하나님의 계시방법으로서 높은 곳에 계시는 하나님의 적응*accomodatio Dei* 사상을 소개한다.[18]

"성경은 하나님의 본질*Dei essentia*이 무한하며 영적이라고 *de immensa et spirituali* 가르치는데, 이는 일반 대중의 망상을 일축할 뿐만 아니라 세속 철학의 교묘한 이론을 논박하기에 충분하다.···그런 형식의 말씀들(신인동형동성론적인 표현들: 필자주)은 우리의 연약한 역량에 맞추어서 하나님에 관한 지식들을 전달하는 것이므로, 하나님이 과연 어떤 분이신가를 명확하게 표현해주는 것이 아니라 우리에게 맞추시기 위해서*accomodant* 그렇게 높이 계신 하나님께서 무한히 낮게 내려 오셔서*descendere* 말씀하신 것이다."[19]

종교개혁 진영으로 전향했다가 로마가톨릭교회 진영으로 다시 돌아갔던 까롤리P. Caroli는 파렐G. Farel의 작품 『교리요약집』*Sommaire, 1534*과 『신앙고백』*불어판 1537: 라틴어판 1538*에 "삼위일체"와 "인(위)격"이라는 단어가 발견되지 않는다는 이유로 파렐과 칼뱅을 아리우스주의자로 부당하게 정죄했다.[20] 비록 칼뱅이 신학 용어나 고대 교리에 대한 입장은 항상 근본적으로 동일했으나 까롤리 사건을 계기로 후대로 갈수록 신학 용어에 대해 더욱 신중한 입장을 취한 바, 칼뱅은 『기독교 강요』(1559) 최종판에서 히브리서 1장 3절로부터 '히포스타시스'*hypostasis*란 용어를 직접 인용하기까지 한다.[21] 칼뱅에게 신학 용어는 성경의 진리를 밝히는 데 필요한 동시에 한계성도 갖고 있다.

Christ and through His Spirit."
18 칼뱅의 계시론에 나타난 "accomodatio Dei" 사상에 대해서는 다음을 참고하라. 신정우, "칼뱅의 계시론," 한국칼뱅학회 편, 『칼뱅신학개요』, 49-68.
19 John Calvin, 『기독교 강요』(1559), I xiii 1.
20 Yoon-Bae Choi, *De verhouding tussen Pneumatologie en Christologie bij Martin Bucer en Johannes Calvijn*, 45.
21 John Calvin, 『기독교 강요』(1559), I xiii 2.

"칼뱅은 고대 교리의 용어의 필요성과 한계성을 인정한다. 칼뱅에게 신학 용어들, 교부들, 공의회들, 고대교회의 신앙고백들은 동일한 관점과 차원에서 이해된다. 다시 말하면 이것들이 성경 위에 있지 않고, 성경과 일치할 때, 이것들은 하나님의 말씀에 봉사 하는 위치에 서 있으며 교회를 섬기게 된다. 이것들은 성경에 종속되어야 한다."[22]

칼뱅의 삼위일체론은 반[反]삼위일체론자들 Servetus, Gentilis, M. Gribaldi, G. Brandrata, 특히 세르베투스와의 논쟁을 통해서 더욱 발전되었지만[23] 근본적으로 그의 초기부터 말기까지 일관성을 유지하고 있다. 초기에는 삼위일체론의 신학 용어를 중심으로 까롤리와 논쟁했고, 후기에는 주로 세르베투스와의 논쟁을 통해서 어느 종교개혁자들보다도 삼위일체론에 더 많은 관심을 갖게 되었다.

삼위일체론 또는 기독론 이단자로 화형당한 세르베투스 문제로 인해 칼뱅 자신은 물론 개혁교회 전통에 대한 날카로운 비판이 제기되곤 한다. 그러나 앞에서 해명했던 것처럼 칼뱅 당시에 일어난 역사적 사실을 정확하게 알면 칼뱅과 개혁교회 전통에 대한 상당한 부정적인 오해들이 풀릴 것이다.[24]

칼뱅은 올바른 고대교회의 신앙과 신학 전통과, 성경 주석을 근거로 삼위일체 하나님의 '한 본질, 세 인(위)격들' ["una substantia (= essentia = οὐσία) tres personae (= hypostaseis = ὑποστάσεις = πρόσωπα)"]을 주장한다. 칼뱅은 하나님의 한[unicus] '본질'을 표현하는 용어로 '수브스탄치아'[substantia]보다는 '에센티아'[essentia]를 더 선호하고, '인(위)격'이라는 용어를

22 Yoon-Bae Choi, 위의 책, 41.
23 Yoon-Bae Choi, 위의 책, 68, 특히, 68-73.
24 Cf. 최윤배 공저, 『16세기 종교개혁과 개혁교회의 유산』, 267-269; 최윤배, 『칼뱅신학 입문』, 94-95.

위해 『기독교 강요』(1559) 최종판에서 히브리서 1장 3절로부터 '히포스타시스'hypostasis란 용어를 직접 인용하고, 그것을 다음과 같이 정의한다.

"내가 인(위)격persona이라고 부르는 것은 하나님의 본질essentia 안의 실재subsistentia를 의미한다. 그것은 다른 실재subsistentia와 관계를 맺고 있는 동시에 전달할 수 없는 고유성proprietas을 통해서 구별된다."[25]

칼뱅은 각 인(위)격perosona, 곧 실재subsistentia가 갖고 있는 고유성proprietas의 각 내용에 대해 다음과 같이 표현한다.

"그럼에도 불구하고 성경에 표현되어 있는 그 구별distinctionem에 대하여 묵과하는 것은 온당치 못하다. 성경이 말하는 구별은 다음과 같다. 곧, 성부는 일의 시초가 되시고 만물의 기초와 원천이 되시며, 성자는 지혜요 계획이시며 만물을 질서 있게 배열하시는 분이라고 했다. 그러나 성령에게 그와 같은 모든 행동의 능력과 효력이 돌려지고 있는 것을 보게 된다."[26]

결국 칼뱅의 경우, 성부, 성자, 성령 각각의 인(위)격persona은[27] 하나님의 본질essentia = substantia과 함께 다른 인(위)격이 갖고 있지 않고, 다른 인

---

25 John Calvin, 『기독교 강요』(1559), I xiii 6, 참고 OS III, 116: "Personam igitur voco subsistentiam in Dei essentia, quae ad alios relata, proprietate incommunicabili distinguitur."

26 John Calvin, 『기독교 강요』(1559), I xiii 18, 참고 OS III, 132: "Quam tamen Scripturis notatam distinctionem animadvertimus, subticeri non convenit. Ea autem est, quod Patri principium agendi, rerumque omnium fons et scaturigo attribuitur: Filio sapentia, concilum, ipsaque in rebus agendis dispensatio: at Spiritui virtus et efficacia assignatur actionis."

27 칼뱅의 삼위일체론에 사용된 신학 용어에 대한 독자의 이해를 돕기 위해 다음과 같이 수식화해 보았다. persona = hypostasis = subsistentia = πρόσωπον.

(위)격에게 양도할 수 없는 자신의 "유일한 고유성"*unicueque proprietas*을 갖고 있다.[28]

"인(위)격"에 대한 칼뱅의 정의에서 "한 본질"의 문제, "세 인격들의 구별"의 문제, "본질과 인격의 관계" 문제, 그리고 "위격들 사이의 관계" 문제에 대한 질문이 제기될 수 있다. 이에 대해 칼뱅은 다음 순서로 자세하게 논의한다. 칼뱅은 『기독교 강요』(1559) 제I권 16-20장에 삼위일체 하나님의 구별성과 일체성을 논의한다. 제16장에서는 일체성에 대해, 제17장에는 삼위성에 대해, 그리고 제18장과 19장에서는 삼위의 상호 구별과 상호 관계에 대해 논의하고, 제20장에서는 삼위일체론을 신앙고백적으로 종합하고 있다.

칼뱅은 삼위일체의 삼위성을 무시하거나 희생시킨 사벨리우스*Sabellius*를 중심으로 한 양태론을 비판할 뿐만 아니라, 삼위일체의 일체성을 무시하거나 희생시킨 아리우스*Arius* 등의 종속론을 비판했다. 그는 삼위일체의 일체성을 확보하기 위해 하나님의 한 본질*essentia*을 강하게 주장하고, 성부, 성자, 성령의 각 인(위)격에 공통적으로 신성神性과 자존성*aseitas*을 부여하고,[29] "본질수여자"*essentiator* 되심을 인정하고,[30] "한 하나님과 한 신앙과 한 세례의 세 가지"를 신앙경험과 교회예전 차원에서 상호 인과적으로 관계시킴으로써,[31] 삼신론이나 종속론을 반대할 수 있었다. 동시에 칼뱅은 삼위일체의 삼위성을 확보하기 위해 다른 인(위)격에게 양도할 수 없는 각

---

28 John Calvin, 『기독교 강요』(1559), I xiii 19(= OS III 132). 칼뱅의 삼위일체론에 사용된 신학 용어에 대한 독자의 이해를 돕기 위해 다음과 같이 수식화해보았다. *persona = essentia + proprietas*.

29 칼뱅은 영원한 성자의 신성을 I xiii 7-13에서, 성령의 신성을 I xiii 14-15에서 다양한 측면에서 논증한다. "그러므로 바울은 성령에게 신적 권능이 있음을 분명히 가르치며, 또한 그가 실재(*in Deo hypostatice*)로 하나님 안에 거하신다는 것을 보여주고 있는 것이다."(I xiii 15)

30 Yoon-Bae Choi, 위의 책, 70.

31 John Calvin, 『기독교 강요』(1559), I xiii 16.

인(위)격만의 고유성^{proprietas}을 통해서 차별화되는 삼위의 구별성을 강조함으로써,[32] 양태론을 반박할 수 있었다.[33]

삼위의 구별성을 지나치게 강조할 경우 초래될 수 있는 삼위 사이의 관계성 문제를 의식한 칼뱅은 아우구스티누스의 말 ―"삼위 간의 구별을 나타내는 이 이름들은 삼위들이 서로 간에 갖는 관계를 의미하는 것이지, 그들이 하나를 이루고 있는 본질 그 자체를 의미하는 것이 아니다."―을 인용하고, 인식의 한계로 인해 이에 대한 더 이상의 논의를 멈춘다.[34] 또한 삼위들 사이의 관계에서 상호간의 순서^{ordo}가 중요하다. 가령, 성자는 자신에 대하여는 하나님이시지만, 성부에 대해서는 성자이시다.[35] 그리고 칼뱅은 믿음의 분량에 따라 "그것은 곧 우리가 한 분 하나님$^{unum\ Deum}$을 믿는다고 고백할 때, 이 하나님이라는 이름으로서 단일하고 유일하신 본질$^{unicem\ et\ simplicem\ essentiam}$을 생각하며, 또한 그 안에 세 인(위)격들$^{tres\ pesonas}$ $^{vel\ hypostaseis}$이 존재하는 것으로 이해한다는 것이다"라고 우리가 신앙고백을 하기 원한다.[36]

칼뱅 연구에서 칼뱅은 삼위일체 하나님의 일체성보다도 삼위성을 먼저 언급했기 때문에 동방교회 전통에 서 있다는 주장이 있는데, 이에 반대하며 유해무는 "칼뱅의 삼위일체론은 얼마나 성경적으로 작성되었으며" 동·서방교회를 초월하고 아우르는 "공교회적 입장에 서 있다"고 설

---

32 칼뱅은 "분리"(divisionem)가 아니라, "구별"(distictionem)임을 강조한다.(I xiii 17, OS III, 131)

33 John Calvin, 『기독교 강요』(1559), I xiii 5, 참고 OS III, 113-114.

34 위의 책, I xiii 19.

35 위의 책, I xiii 18(= OS III, 132), I xiii 20(= OS III 134).

36 위의 책, I xiii 20: "nempe quum profitemur nos credere in unum Deum, sub Dei nomine intelligit unicem et simplicem essentiam, in qua comprehendimus tres pesonas vel hypostaseis."

득력 있게 주장했다.[37]

V. 칼뱅의 관계적 삼위일체론

박경수는 칼뱅의 "관계적 삼위일체론"에 대해 심도있게 논증했다.[38] 칼뱅의 관계적 삼위일체론을 이해하기 위해서는 네 가지 문제들, 즉 ① 하나님의 한 본질 essentia/substantia 문제, ② 하나님의 위격들 persona/subsistentia 의 구별 문제, ③ 한 본질과 세 위격들 사이의 관계 문제, ④ 세 위격들 간의 관계 문제 각각을 잘 이해하고, 또한 네 가지 문제들을 종합적으로 이해해야 할 것이다.

첫째, 칼뱅은 하나님의 한 본질 내지 하나님의 일체성을 확보하기 위해 성부와 성자와 성령의 신성에 집중한다. 16세기 당시 성부의 신성에 대한 인정은 보편적이었으나, 성자의 신성이 세르베투스 등에 의해서 부정되는가 하면, 성령의 신성도 겐틸리스 등에 의해서도 공공연하게 부정되었다. 칼뱅은 성부와 마찬가지로 성자와 성령에게도 똑같이 '자존성'을 돌리고, 성부와 마찬가지로 성자와 성령도 똑같이 '본질수여자'라고 부름으로써, 하나님의 한 본질과 일체성을 입증했다. 다시 말하면 칼뱅은 삼위의 구별과 상호 관계에 집중하기 전에 제일 먼저 성자와 성령의 신성 deitas 을 증명하고자 했다. "그러나 나는 앞으로 계속 나아가기 전에 아들과 성령의 신성을 증명해야 한다. 그 후에 우리는 삼위가 어떻게 서로 다른 지를 살펴볼 것이다."[39] 칼뱅은 말씀이신 그리스도의 위격과 사역을 통해 그리스도

---

37 유해무, "삼위일체론: 동방신학과 관련하여," 31.

38 박경수, "삼위일체론에 대한 칼뱅의 공헌," 150-154.

39 John Calvin, 『기독교 강요』(1559), I xiii 7.

의 신성을 논증한 뒤,[40] 곧 이어서 성령의 사역과 위격을 통해 성령의 신성
도 증명한다.[41]

둘째, 칼뱅은 하나님의 한 본질 속에 있는 세 위격들을 구별하는 작업
을 각 위격이 가지고 있는 고유성proprietas을 통해서 진행한다. "성경은 아
버지를 말씀으로부터 구별하고, 말씀을 성령으로부터 구별한다."라고 말
하면서 이 문제를 논의할 때, 이 신비의 중대성에 비추어, 우리가 경건하
고도 신중한 자세를 취해야 한다고 강조한다. 칼뱅은 성부와 성자와 성령
사이의 관계에서는 "확실한 구별certe distinctionem, 즉 구별이지 분리가 아니
다."sed distinctionem, non divisionem라는 사실을 분명하게 주장한다.[42] 칼뱅은 아
들이 아버지와 구별되며, 또한 아들이 성령과 구별됨을 성경 구절들을 통
해 논증한다.[43] "참으로 아버지, 아들, 성령이라는 말들은 참된 구별을 의
미한다. 하나님의 사역들에 따라 하나님께 다양하게 붙여진 이 명칭들은
무의미한 것이라고 생각하지 말자! 이것은 구별이지 분리가 아니다."[44]

칼뱅은 삼위 사이의 구별을 소위 삼위일체의 흔적vestigium Trinitate을 통해
서 증명하려는 모든 '존재유비'analogia entis의 시도를 전적으로 거부하면서
도, 성경이 계시하고 있는 삼위 사이의 구별을 묵과하는 것은 올바른 자세
가 아니라고 말한다.

"그럼에도 불구하고 성경에 표현되어 있는 그 구별에 대해 묵과하는 것은 온
당치 못하다. 성경이 말하는 구별은 다음과 같다. 곧, 성부는 일의 시초가 되
시고 만물의 기초와 원천이 되시며, 성자는 지혜요 계획이시며 만물을 질서

---

40 위의 책, I xiii 7-13.
41 위의 책, I xiii 14-15.
42 위의 책, I xiii 17.
43 위의 책, I xiii 17.
44 위의 책, I xiii 17.

있게 배열하시는 분이라고 하였으며, 그러나 성령에게 그와 같은 모든 행동의 능력과 효력이 돌려지고 있는 것을 보게 된다."[45]

셋째, 칼뱅은 하나님의 한 본질 내지 일체성과 하나님의 삼위들의 구별성을 차례대로 논증하면서도 하나님의 일체성과 삼위들의 구별성은 상호 관계 속에서 동시에 파악되어야 한다고 강조한다. 다시 말하면, 삼위성은 일체성 속에 있는 삼위성이며, 일체성은 삼위성 속에 있는 일체성이다. 칼뱅은 기꺼이 나지안주스의 그레고리의 헬라어 본문을 다음과 같이 직접 인용한다. "나는 즉시 삼위의 광채에 의해 둘러싸이지 않고서는 한 분(하나님; 필자 주)을 생각할 수 없다. 나는 곧바로 한 분(하나님; 필자 주)께 돌아가지 않고서는 삼위를 구별할 수 없다."[46] 칼뱅이 인용한 나지안주스의 그레고리의 말은 하나님의 삼위성과 일체성은 상호 밀접한 관계 속에 있어서 결코 떨어질 수 없다는 사실을 우리에게 보여주기에 충분하다. 여기에 나타난 관계적 삼위일체론의 특징을 잘 표현할 수 있는 용어가 바로 '페리코레시스'(περιχώρησις; perichoresis; circuminsessio)일 것이다.[47]

넷째, 칼뱅은 삼위들 사이의 상호 관계에 대하여 논의한다. 아들의 영원한 출생 eternal generation이나 성령의 아버지와 아들로부터의 영원한 출원뵐

---

45 위의 책, I xiii 18, 참고. OS III, 132: "Quam tamen Scripturis notatam distinctionem animadvertimus, subticeri non convenit. Ea autem est, quod Patri principium agendi, rerumque omnium fons et scaturigo attribuitur: Filio sapentia, concilum, ipsaque in rebus agendis dispensatio: at Spiritui virtus et efficacia assignatur actionis."

46 John Calvin, 『기독교 강요』(1559), I xiii 17.

47 헬라어 'περιχώρησις' (perichoresis; mutual indwelling, mutual inter-penetration, co-inherence; circuminsessio)라는 용어는 'περί' (주위에, 둘레에)라는 기본 전치사와 'χωρεῖν'/'χωρέω'(담다, 포용하다, 침투하다, 충만하다)라는 동사의 합성어이다. '페리코레시스'는 세 위격들의 상호관계를 표시하는 용어로서 '세 위격들의 결합과 연합 혹은 내적으로 교통하는 상태 또는 행위'를 의미한다. 즉 삼위의 '공동내재성' 또는 '상호관통, 상호침투'를 의미한다.

출, eternal process이란 표현이[48] 성부, 성자, 성령 사이에 상호 우열이나 종속의 관계를 가리키는 것으로 오해하지 않도록, 칼뱅은 하나님의 본질의 관점에서가 아니라 삼위들의 질서 *ordo*와 경륜 *dispositio vel oeconimia*의 관점에서 말하는 삼위 간에 존재하는 순서의 차이임을 주장한다. "왜냐하면 각 인간의 마음은 아버지를 먼저 생각하고, 그 다음에 그로부터 나온 지혜를, 다음에 그 계획의 작정을 수행하시는 능력에 대해 생각하고 싶어 하기 때문이다. 이런 이유로, 아들은 오직 아버지로부터만 나오고, 영(성령: 필자주)은 아버지와 아들로부터 동시에 나온다."[49]

칼뱅은 삼위 간의 구별이 하나님의 일체성과 모순되기는커녕 도리어 하나님의 일체성을 증명한다고 말한다. "아들은 아버지와 한 하나님이시다. 왜냐하면 아들이 아버지와 함께 동일한 한 영(성령)을 공유하시기 때문이다. 그리고 성령은 아버지와 다르고 아들과 다른 어떤 것이 아니다. 왜냐하면 영(성령)은 아버지와 아들의 영이시기 때문이다."[50] 칼뱅은 삼위성과 일체성의 밀접한 관계를 더욱 강조하기 위해 아우구스티누스의 말을 직접 인용한다.

"그리스도는 자신과의 관계에서 하나님으로 불리시고, 아버지와의 관계에서 아들로 불리신다. 또한 아버지는 자신과의 관계에서 하나님으로 불리시고, 아들과의 관계에서 아버지로 불리신다. 그가 아들과의 관계에서 아버지로 불리시는 한, 그는 아들이 아니시며, 그가 아버지와의 관계에서 아들로 불리시는 한, 그는 아버지가 아니시다. 그가 자신과의 관계에서 아버지로 불리시고, 또한

---

48 Cf. 칼뱅은 칼 바르트처럼 서방교회 전통에서 말하는 '필리오케(filioque)'를 인정한다.

49 John Calvin, 『기독교 강요』(1559), I xiii 18: "…Qua ratione, a Patre duntaxat existere dicitur Filius: a Patre simul et Filio Spiritus."

50 위의 책, I xiii 19.

그가 자신과의 관계에서 아들로 불리시는 한, 그는 동일한 하나님이시다."[51]

칼뱅은 성경 주석과 교회 전통과 신앙 체험과 교회 예식 등을 통해서 삼위일체 하나님에 대해 논증한 후에 결국 우리가 삼위일체 하나님에 대한 신앙고백을 해야 한다고 역설한다. 칼뱅은, 진지함을 사랑하고 믿음의 분량으로 만족하는 사람들에게 유익한 삼위일체의 내용을 다음과 같이 간단하게 요약한다. "말하자면, 그것은 곧 우리가 한 분 하나님*unum Deum*을 고백할 때, 이 하나님 이름으로서 유일하고도 단순한 본질*unicam et sinplicem essentiam*을 생각하며, 그 안에 세 위격들 또는 히포스타세이스*tres personas vel hypostaseis*가 존재하는 것으로 이해한다."[52]

칼뱅이 이해한 삼위일체 하나님은 내재적 삼위일체 속에서 유아독존唯我獨尊하시거나 단자單子로 계시지 않는다. 삼위일체 하나님은 삼위들 속에서 한 본질을 이루시고, 한 본질 속에서 삼위들로 계시면서도, 삼위들은 상호 구별은 되나 서로 분리되지는 않으신다. 삼위들은 경륜과 질서는 있으나 우열이나 종속 관계는 없고, 상호 교제와 상호 소통과 상호 사랑 속에 영원히 계신다.

한 걸음 더 나아가, 칼뱅이 이해한 삼위일체 하나님은 경륜적 삼위일체 속에서 창조(섭리)와 구속과 관련이 있는 분이다. 삼위일체 하나님은 모든 피조물과 관계를 맺고 모든 성도들과 관계를 맺으신다. 창조(섭리)와 구속 속에서 삼위일체 하나님이 피조물과 성도들과 맺는 관계는 피조물과 피조물의 상호 관계와 성도들의 상호 관계를 파생시키고 가능케 한다. 칼뱅이 말하는 삼위일체 하나님은 내재 속에서뿐만 아니라 경륜 속에서도 관계적인 성격과 대화적인 성격을 갖고 계신다. 삼위일체 하나님의 관계적인 특

---

51 위의 책, I xiii 19.
52 위의 책, I xiii 20.

성에 기초하여, 성도들과 교회는 불통과 불화와 소외를 극복하고, 탈-관계, 몰-관계, 무-관계, 모든 잘못된 관계 속에 있는 인간 개개인은 물론이고, 가정과 교회와 국가와 세계와 우주와 생태계 등 다양한 공동체들도 더불어 조화로운 관계, 복된 관계, 행복한 관계, 올바른 관계를 회복시켜야할 것이다.

VI. 칼뱅의 관계적 삼위일체론의 유익

칼뱅의 삼위일체론, 특별히 관계적 삼위일체론은 21세기인 오늘날에도 여러 가지 측면에서 우리에게 유익하다.

첫째, 칼뱅의 삼위일체론은 성서 주석적으로 우리에게 유익하다. 그는 이미 『기독교 강요』(1536) 초판에서 삼위일체론의 근거가 성경에 분명히 있다고 주장한다. "이스라엘은 '우리 하나님 여호와는 오직 한 분이신 여호와'라고(신 6장) 말했다. 성경이 아버지가 하나님이시고, 아들이 하나님이시고, 그리고 성령이 하나님이시라고 진술할 때, 동일한 성경이 어떤 불명료한 주장도 하고 있지 않다."[53] 칼뱅의 이런 주장은 『기독교 강요』(1559) 최종판에도 동일하게 나타난다. 삼위일체론을 집중적으로 취급하고 있는 『기독교 강요』(1559) 제I권 제13장은 다음과 같이 시작한다. "우리는 세 위격들$^{tres\cdots personas}$을 포함하고 있는 하나님에게 한 본체본질, $essentiam$가 있다는 사실을 성경으로부터 배운다."[54] "삼위일체론은 너무나 명확하게 계시되어 있다."[55] "그러나 우리는 무엇보다도 먼저 다음의 사실

---

53 OS I, 70.

54 John Calvin, 『기독교 강요』(1559), I xiii.

55 Louis Berkhof, *Systematic Theology* (Grand Rapids: WM. B. Eedmans Publishing Company, 1938/1981), 85.

을 말해야 한다. 계시가 삼위일체론의 근거이다. 다시 말하면, 삼위일체론은 계시 이외의 어떤 다른 근거도 가지지 않는다."[56]

둘째, 칼뱅의 삼위일체론은 교회사적으로 그리고 교회연합(교회일치: 에큐메니칼)적으로 우리에게 유익하다. 비록 칼뱅은 고대 교부들의 주장들과 고대 에큐메니칼 신조들조차도 성경 주석적 관점에서 비평적으로 고찰했지만, 고대 교부들의 주장들과 에큐메니칼 신조들이 성경에 일치하는 한, 고대교회 전통들을 존중하고 발전시켰으며, 특별히 서방교부들의 문헌이나 동방교부들의 문헌을 편식하지 않고 공히 수용함으로써 에큐메니칼 정신을 발휘했다.

셋째, 칼뱅의 삼위일체론은 교회론적으로 우리에게 유익하다. 칼뱅은 삼위일체 하나님을 교회의 믿음과 교회의 세례와 밀접하게 결부시킨다. "우리는 오직 한 가지 증거만을 제시하고자 한다. 그러나 이 한 가지는 천 가지와 동일하다. 바울은 하나님과 믿음과 세례, 이 세 가지를 밀접하게 연결시킴으로써 이 하나로부터 다른 것을 추론할 수 있게 해준다.(엡 4장) 한 믿음이 있기 때문에 이 사실로부터 하나님도 한 분이라는 것을 증명할 수 있고, 세례가 하나이기 때문에 이 사실은 믿음이 하나인 것을 보여준다."[57] 기독교역사에서 세례의 실천이 중단된 적은 없을 것이다. 세례는 교회에서 성부, 성자, 성령의 이름으로 베풀어져왔고 지금도 베풀어지고 있다.[58] 삼위일체 축도 역시 기독교 예배 속에서 시행되고 있다.

넷째, 칼뱅의 삼위일체론은 구원론적으로 우리에게 유익하다. 삼위일체론의 구원론적 유익은 앞에서 언급한 교회론적 유익과 밀접한 관계에

---

56 K. Barth, *Die Kirchliche Dogmatik* I/1 (Zollikon-Zürich: Evangelscher Verlag A. G., 1947), 329.

57 OS I, 71.

58 John Calvin, 『기독교 강요』(1559) I xiii 16.

있다. 박경수는 칼뱅의 삼위일체론의 구원론적 유익에 대해 탁월하게 논증하였다. "칼뱅에게 있어서 삼위일체 교리는 사색을 위한 이론이 아니라 구원과 직접적으로 관계된 것이기 때문에 중요했다.…그에게 있어서 삼위일체 교리는 구원과 그리스도인의 삶과 연관된 실천적 교리였다."[59]

다섯째, 칼뱅의 삼위일체론은 무엇보다도 사회적, 공동체적 유익을 우리에게 준다. 최근에 몰트만J. Moltmann이 주도한 "사회적 삼위일체론"에 대한 논의는 이미 보편화된 상황이다. 오늘날 특별히 다양하고도 복잡한 사회적, 공동체적 관계들이 생겨나고 있다. 그러나 안타깝게도 인간과 인간 사이의 관계, 인간과 다른 피조물들 사이의 관계 속에서 갈등과 불화와 불통과 억압과 종속이 더욱 심화되고 있는 실정이다. 일체성이 없는 다양성은 상호 분열을 초래할 수 있고, 다양성이 없는 일체성은 획일주의로 전락할 수 있다. 이 두 경우에는 인격적인 관계나 교제나 소통이 잘 이루어질 수 없다. 삼위와 일체로 계시는 하나님은 삼위 간에 가장 인격적인 교제와 소통의 관계를 맺으신다. 삼위의 관계 속에 계시는 하나님은 모든 피조물들과의 관계를 유지하기를 원하신다. 관계적 삼위일체 하나님을 믿는 그리스도인과 교회는 하나님과 피조물의 관계, 그리고 피조물과 피조물 사이의 관계, 특별히 교회 안에서의 성도의 교제를 촉진시켜야 할 큰 사명을 맡았다.

VII. 결론

한국교회의 대부분은 종교개혁 전통과 개혁신학 전통에 서 있기 때문에 개혁파 종교개혁자 칼뱅의 삼위일체론, 특히 관계적 삼위일체론은 한

---

59 박경수, "삼위일체론에 대한 칼뱅의 공헌," 154-155.

국교회의 신앙과 신학의 뿌리를 재점검하게 하여 신앙과 신학의 뿌리를 튼튼하게 만드는 데 기여할 수 있을 것이다.

칼뱅은 당대 유럽의 탁월한 지성인과 사상가에 속했고, 프랑스 조국을 사랑했던 사람이었고, 교육신학자였으며, 공공신학자였고, 경건과 신앙의 사람이었다.

성경과 고대교회 전통에 충실한 칼뱅은 삼위일체의 삼위성을 무시하거나 희생시킨 사벨리우스를 중심으로 한 양태론을 비판할 뿐만 아니라, 삼위일체의 일체성을 무시하거나 희생시킨 아리우스 등의 종속론을 비판했다. 특별히 그는 서방교부와 동방교부를 성경의 기준에 따라 공히 그 가치를 인정하면서 삼위일체론을 전개함으로써 공교회적인 입장에 서 있다.

칼뱅의 삼위일체론에 관계적 삼위일체론 사상이 강하게 내재되어 있음을 발견했다. 우리는 그의 관계적 삼위일체론이 오늘날 21세기에도 유익하다는 사실을 다섯 가지로 논의했다. 그의 삼위일체론은 성서 주석적으로, 교회사적으로, 교회 연합적으로(에큐메니칼적으로), 교회론적으로, 구원론적으로 유익하고, 특별히 공동체적으로 유익하다. 삼위들의 관계 속에 계시는 삼위일체 하나님은 성도들과 모든 피조물들을 자신과 관계를 맺게 하고, 성도들과 모든 피조물들이 관계적 삼위일체 하나님 안에서 상호 관계를 맺으며 서로 만나고 상호 소통하기를 원하신다.

참고문헌에 나와 있듯이, 네덜란드의 멀러의 작품 *De Godsleer van Calvijn, 1881* 은 칼뱅의 신론 연구에서 고전古典에 속하고, 칼뱅의 신론을 개괄적으로 다룬 훌륭한 저서로는 독일의 니젤Niesel의 『칼뱅신학』과 프랑스 방델Wendel의 『칼뱅』과 두메르그Doumergue의 7권의 대작 중에 제IV권과 이양호의 『칼뱅』과 최윤배의 『칼뱅신학 입문』과 박경수의 『교회의 신학자 칼뱅』 등이 있다. 칼뱅의 신론을 전문적으로 탁월하게 다룬 작품은 스토페르의 『창조론』, 이오갑의 『칼뱅의 신과 세계』와 박해경의 『칼뱅의 신론』 등이다. 현재까지 칼뱅의 삼위일체론과 관련하여 최고^{最高}의 연구는 네덜란드 아뻴도른^{Apeldoorn} 기독교개혁신학대학교의 신학박사학위논문인 아리 바르스^{Arie Baars}의 『하나님의 높이계심과 가까이계심을 중심으로: 칼뱅에 나타난 삼위일체성』_{Om Gods verhevenheid en Zijn nabijheid: De Drie-eenheid bij Calvijn, 2004}이다.

참고문헌

김재성. "칼뱅의 삼위일체론, 그 형성과 독특성과 중요성", 『칼뱅연구』 창간호. 서울: 한국장로교출판사, 2004, 31-69.

박경수. "삼위일체론에 대한 칼뱅의 공헌", 장로회신학대학교출판부 편. 「長神論壇」 제24집(2004).

____. 『교회의 신학자 칼뱅』, 서울: 대한기독교서회, 2009.

박해경. "칼뱅의 신론." 한국칼뱅학회 엮음. 『칼뱅신학개요』, 서울: 두란노아카데미, 2009, 31-48.

____. 『칼뱅의 신론』, 서울: 이컴비즈넷, 2005.

신복윤. 『칼뱅의 하나님 중심의 신학』, 안양: 합동신학대학원출판부, 2005.

안인섭. 『칼뱅과 어거스틴: 교회를 위한 신학』, 서울: 그리심, 2009.

유해무. "칼뱅의 삼위일체론" 한국칼뱅학회 엮음. 『칼뱅신학해설』, 서울: 대한기독교서회, 1998.

____. "칼뱅의 삼위일체론, 동방신학과 관련하여", 한국칼뱅학회 엮음. 『칼뱅신학과 목회』, 서울: 대한기독교서회, 1999.

이양호. 『칼뱅: 생애와 사상』, 서울: 한국신학연구소, 2005.

이오갑. 『칼뱅의 신과 세계』, 서울: 대한기독교서회, 2010.

차원영. "칼뱅의 창조론", 장로회신학대학교 대학원 Th.M. 미간행 석사학위 논문, 2009.

최윤배. 『칼뱅신학 입문』, 서울: 장로회신학대학교출판부, 2012.

____. 『성경적·개혁적·복음주의적·에큐메니칼적·기독교적 조직신학 입문』, 서울: 장로회신학대학교출판부, 2013.

____ 공저. 『개혁신학과 기독교교육』, 서울: 한국장로교출판사, 2007.

____ 공저. 『16세기 종교개혁과 개혁교회의 유산』, 서울: 한국장로교출판사, 2003.

Baars, Arie. Om Gods verhevenheid en Zijn nabijheid: De Drie-eenheid bij Calvijn. Kampen: Uitgeverij Kok, 2004.

Butin, Ph. W. *Revelation, Redemption, and Response: Calvin's Trinitarian Understanding of the Divine-Human Relationship*. New York: Oxford University Press, 1995.

Choi, Yoon-Bae. *De verhouding tussen Pneumatologie en Christologie bij Martin Bucer en Johannes Calvijn*. Leiden: J. J. Groen en Zoon, 1996.

Doumergue, E. *Jean Calvin: les hommes et les choses de son temps* I - VII. Lausanne, 1899-1917; Neuilly.

Koopmans, J. *Het oudkerkelijk dogma in de Reformatie, bepaaldelijk bij Calvijn*. Wageningen 1938.

Mackey, J. P. *The Christian Experience of God as Trinity*. London: SCM Press, 1981.

Muller, Pieter Johannes. *De Godsleer van Calvijn*. Groningen: J. B. Wolters, 1881.

Niesel, W. *Die Theologie Calvins*. München: Chr. Kaiser Verlag, 1957.

Opitz, Peter/페터 오피츠/정미형 옮김. 『요하네스 칼빈의 생애와 사상』. 서울: 한들출판사, 2012.

Selderhuis, H. J./헤르만 셀더르하위스/장호광 옮김. 『중심에 계신 하나님: 칼빈의 시편 신학』, 서울: 기독교서회, 2009.

van 't Spijker, Willem/빌렘 판 엇 스페이커르/박태현 옮김. 『칼빈의 생애와 신학』, 서울: 부흥과개혁사, 2009.

Stauffer, R. *Dieu, la Création et la providence dans la prédication de Calvin*. Berne: Peter Lang, 1978.

Torrance, T. F. "The Doctrine of the Trinity in Gregory of Nazianzus and John Calvin." in: Torrance, T. F. *Trinitarian Perspectives*. Edinburgh: T. & T. Clark, 1994.

Wendel, W. Calvin: *sources et évolution de sa pensée religieuse*. Paris: Presses Universitaires de France, 1950.

Warfield, B. B. "Calvin's Doctrine of the Trinity." *Calvin and Calvinism*. New York, 1931.

요나단 에드워즈의
관계적 삼위일체 이해

■ 이승구[1] ■

❧

　삼위일체 하나님을 관계적으로 이해하는 노력의 하나로 요나단 에드워
즈의 삼위일체 이해가 얼마나 관계적인지를 드러내어 보이려고 한다. 이
책에 실리는 글의 형식에 따라서 먼저 제1장에서는 요나단 에드워즈가 누
구인지를 간단히 살펴보고, 제2장에서 그의 삼위일체 이해가 얼마나 정통
적인 것인지를 제시한 후, 제3장에서 에드워즈의 삼위일체 이해가 얼마나
관계적인지를 논의하고, 마지막 제4장에서는 정통적 삼위일체 이해와 관
계적 이해에 대한 결론을 내리고자 한다.

---

[1]　총신대(B.A.), 서울대학교 대학원(M. Ed.), 합동신학원(M. Div.)을 졸업하고, 영국으로 유학
하여 St. Andrews 대학교에서 키에르케고어와 바르트의 계시론을 비교하는 논문으로 신학 석사
(M. Phil.) 학위(1985)를, 키에르케고어의 역사적 단계와 기독교를 비교하는 논문으로 박사학위
(Ph. D)를 받았다(1990). 웨스트민스터 신학원(1992-1999)과 국제 신학대학원대학교 교수를 역임
했고(1999-2009), 2009년부터 합동신학대학원대학교에서 조직신학 교수로 섬기고 있다. 그동안
『Kierkegaard on Becoming and Being a Christian!』(Meinema, 2006), 『개혁신학에의 한 탐구』
(1995), 『개혁신학 탐구』(1999), 『21세기 개혁신학의 방향』(2005), 『전환기의 개혁신학』(2008), 『광
장의 신학』(2010), 『우리 이웃의 신학들』(2014)과 같은 개혁신학 탐구 시리즈를 냈고, 『기독교 세계
관이란 무엇인가』(2003), 『기독교 세계관으로 바라보는 21세기 한국 사회와 교회』(2005), 『한국 교
회가 나아 갈 길』(2007), 『우리 사회 속의 기독교』(2010), 『거짓과 분별』(2014) 등의 기독교 세계관
시리즈를 냈으며, 『교회란 무엇인가』(1996), 『진정한 기독교적 위로』(1998), 『성령의 위로와 교회』
(2001), 『사도 신경』(2003) 등의 성도들의 신앙을 강화하는 책을 출간했다. 이밖에 Geerhardus Vos
의 『성경신학』(1985), 『예수의 자기 계시』(1988), 『바울의 종말론』(1989) 등 26권의 책을 번역했다.

I. 요나단 에드워즈는 누구인가?

요나단 에드워즈(1703-1758)는 흔히 마지막 청교도라고 불린다.[2] 이는 한편으로 그가 18세기 초·중반에도 청교도적인 관심을 잘 유지하고 있음을 드러내기도 하지만, 그의 자녀들과 제자들을 비롯한 그 다음 세대는 청교도적인 관심과 정통적 기독교에서 벗어났음을 안타깝게 표현하는 말이기도 하다. 또 한편으로 그는 미국에서 가장 중요하며 가장 독창적인 최초의 신학자요 철학적 신학자였다는 말도 듣는다.[3] 비교적 최근에 미국 신학자들을 중심으로 미국적 신학을 시도한 최초의 인물 중 한 사람으로 에드워즈가 거론되는 것이다. 이와 같이 그는 많은 사람들의 관심의 대상이 되는 인물이다.

먼저 그의 생애를 간략히 더듬어 보기로 하자.[4] 요나단 에드워즈는 당

---

2 이런 언급의 대표적인 예로 David C. Brand, *Profile of the Last Puritan* (Atlanta, GA: Scholar's Press, 1991); Stephen J. Nichols, "Jonathan Edwards: His Life and Legacy," in *A God-Entranced Vision of All Things: The Legacy of Jonathan Edwards*, eds., John Piper and Justin Taylor (Wheaton, ILL: Crossway, 2004), 37을 보라.

3 Perry Miller와 Edmund Morgan이 이런 주장을 하였고, 최근에 나온 주장으로는 George M. Marsden, *Jonathan Edwards: A Life* (New Haven: Yale University Press, 2003), 498-505를 보라.

4 그의 생애와 사상에 대한 좋은 논의를 담은 책들은 다음과 같다. Ian H. Murray, *Jonathan Edwards: A New Biography* (Edinburgh: Banner of Truth Trust, 1987), 윤상문, 전광규 옮김, 『조나단 에드워즈』 (서울: 이레서원, 2006); Stephen R. Holmes, *God of Grace & God of Glory: An Account of the Theology of Jonathan Edwards* (Grand Rapids: Eerdmans, 2000), 특히, 1-30, 그 중에서도 16, 30("Jonathan Edwards was a Reformed preacher and theologian."); George M. Marsden, *Jonathan Edwards: A Life* (New Haven: Yale University Press, 2003); idem, *A Short Life of Jonathan Edwards* (New Haven: Yale University Press, 2008); William Sparkes Morris, "*The Young Jonathan Edwards: A Reconstruction*" (Ph. D. dissertation, The University of Chicago, 1955; published as *The Young Edwards: A Reconstruction* (Eugene: Wipf & Stock Publishers, 2005). 간단한 논의로는 John E. Smith, "Jonathan Edwards: His Life and Times," in his *Jonathan Edwards: Puritan, Preacher, Philosopher* (London: Geoffrey Chapman and Notre Dame, Indiana: University of Notre Dame, 1992), 2-12를 보라; 폭 넓은 문헌에 근거하여 잘 정리한 글로는 이상웅, 『조나단 에드워즈의 성령론』 (서울: 부흥과 개혁사, 2009), 62-107를 보라.

시의 신대륙으로 불리던 미국 카네티컷 주의 이스트 윈저(오늘날의 'South Windsor')에서 목회하던 디모디 에드워즈Timothy Edwards, 1668-1759 목사의 아들로 1703년 10월 5일에 태어났다. 어머니 에스더 Esther Stoddard는 메사스세츠 주 노스햄톤의 회중교회에서 목회하던 유명한 솔로몬 스토다드Solomon Stoddard, 1643-1729 목사의 딸로 매우 뛰어난 지적 재능을 가졌던 분으로 알려져 있다. 에드워즈는 디모디 목사와 에스더 사모의 열한 자녀 중 다섯째로 외아들이었다고 한다. 디모디 목사는 홈스쿨링으로 자녀들을 잘 가르쳤는데, 요나단 에드워즈도 디모디 목사와 큰 누나인 에스더에게 잘 교육받고 13세가 미처 되기도 전인 1716년에 예일 대학에 입학했다. 이듬해인 1717년에 존 로크의 『인간 오성론』Essay Concerning Human Understanding, 1689을 읽고 그 영향을 받았으면서도 평생 그 내용에 대해 비판적인 입장을 견지하게 된다. 요나단 에드워즈는 또한 오늘날 자연과학이라 불리는 분야에 관심이 지대했고, 자연사natural history에[5] 대한 관심으로 인해 17세에는 "날라 다니는 거미의 습성에 대한 연구 보고서"를 작성하기도 했다.

그는 1720년 9월에 최우등생으로 예일을 졸업할 때에 자기 나름의 철학을 형성한 것으로 생각했다. 그 내용은 대학 마지막 학년 때에 얻은 구원과 선택에 대한 확신의 근거가 된 기독교의 가르침과 당대의 과학적 발견 및 철학을 비판적으로 종합한 것으로 보인다. 그는 계속해서 아이작 뉴톤Isaak Newton, 1642-1726/27과 당대 과학자들의 발견과 자연 과학에 관심을 품었고, 자연세계에 하나님의 큰 설계의 증거가 나타나 있다고 생각하며 자신의 세계관을 형성했다.

1720년부터 1722년까지 2년 동안 신학을 공부한 후 (그래서 그의 이름 뒤에는 항상 A. M.라는 학위명이 붙는다), 1722-23년 사이에 8개월 동안 뉴

---

5   George Marsden, *Jonathan Edwards*, 66.

욕에 있는 한 장로교회의 임시 목사로 일했다. 그 교회에서는 계속 일해주기를 청하였으나 사양하고 고향에 가서 개인적으로 공부한 후 1724년부터 1726년까지 예일 대학에서 당시 두 명의 투터tutor 중의 하나로 일하게 된다. 이 때 그는 대단한 열심과 대학에 대한 충성, 그리고 정통적 신앙 견지 노력 등으로 인해 "기둥 같은 투터"pillar tutor라는 별명을 얻게 되었다고 한다. 이것은 당시의 학장이었던 티모디 커틀러와 또 한 사람의 투터가 성공회로 교적을 옮긴 것에 대한 반향으로 나온 별명일 수도 있다.

결국 그는 1727년 2월 15일에 노스햄톤 회중 교회에서 목사로 사역하고 연세 많은 외할아버지 스토다드 목사를 돕는 보조 목사로 섬기게 된다. 그는 하루에 열세 시간을 서재에서 공부하는 목사로 역사에 그 이름을 남겼다. 목사로 사역하던 해인 1727년에 그는 예일 대학 창립에 매우 중요한 역할을 했던 제임스 피어폰트 목사의 딸인 사라 피어폰트Sarah Pierpont와 혼인한다. 이 년 후인 1729년 2월 11일 스토다드 목사가 소천하는 바람에 에드워즈는 당시 신대륙인 미국에서 가장 부유하고 큰 회중인 노스햄톤 교회의 목회자로 부임한다.

1733년부터 1734년 가을에 걸쳐 그 지역에 큰 회개 운동이 일어난 결과 삼백 명의 새 신자가 교회에 등록하게 되었다. 다른 지역에도 그 회개 운동이 퍼져가던 중 1735년에 몇 사람이 영원한 정죄를 받았다고 확신한 나머지 자살하는 사건이 발생했는데, 그 중 한 명이 에드워즈의 삼촌인 죠셉 호울리 2세였다고 한다. 이런 사건들이 첫 부흥의 열기를 끊는 역할을 했다고 전해진다.[6] 이 모든 것을 살핀 요나단은 바른 회개가 어떤 것이고 바르지 않은 회개가 어떤 것인지를 잘 설명하는 책을 쓰게 된다. *A Faithful Narrative of the Surprising Work of God in the Conversion of Many Hundred Souls in Northampton* (1737).

6　George Marsden, *Jonathan Edwards*, 163.

1739년에서 1740년 사이에 영국에서 온 부흥사인, 11세나 어린 조오지 횟필드George Whitefield, 1714-1770를 에드워즈가 환영하고 그의 부흥 운동을 지지하게 되면서 다시 그 지역에 회개 운동이 일어났다. 요나단 에드워즈와 죠오지 횟필드는 모든 면에서 똑같진 않았지만 기본적으로 순수한 복음을 열정적으로 전하고 결국 개혁파적인 해석을 하는 점에서는 일치했다. 횟필드가 좀더 감정적인 면에 강조점을 두었다고 한다. 횟필드가 노스햄톤 교회에서 설교할 때에 에드워즈는 예배 시간 내내 울었다고 전해지고, 온 회중이 깊은 감동을 받았다고 한다. 이렇게 다시 일어난 부흥의 분위기 가운데 에드워즈 자신이 1741년에 카네티컷 주 엔필드의 한 교회에서 그의 가장 유명한 설교, "진노하시는 하나님의 손 안에 있는 죄인들"Sinners in the Hands of an Angry God을 설파했다.

회개 운동이 잘못된 현상들을 수반하자 많은 비판이 제기되었고, 논쟁에 참여했던 에드워즈는 1742년과 1743년에 그 모든 문제에 대한 설교를 노스햄톤 교우들 앞에서 한 후 『신앙과 정서』Religious Affections, 1746를 출간했다.

이미 1740년대부터 에드워즈는 세례 받은 성도들도 합당하게 성찬에 참여해야 한다고 강조했는데, 당시 세례만으로 정식교인 자격을 충분히 인정하는 반半 언약half-way covenant 에 익숙해진 성도들이 점점 더 강한 것을 요구하는 에드워즈의 목회방침에 마침내 반발하자 그는 결국 사임하고 만다. 스코틀랜드의 한 교회와 버지니아 주의 한 교회가 그를 청빙하였으나 그는 다 사양하고, 1751년 매사추세츠 주 스톡브리지의 한 교회에 목사로 부임하여 휴사토닉 인디언들에게 복음 전하는 일을 잠시 동안 하게 된다. 그 기간에 그는 여러 논문들과 특히 원죄론을 쓰게 되었다.

1757년 그의 사위 아론 버르가 죽자,[7] 그는 그 대신에 뉴저지 대학(프린스톤 대학교의 전신)의 총장을 맡아달라는 부름을 받고 여러 번 거절했으나

---

7 아론 버르는 1750년 요나단 에드워즈의 딸인 에스더 에드워즈와 혼인했고 그 아들인 아론 버르 2세가 후일에 미합중국 부통령이 된다. 그래서 요나단 에드워즈는 아론 버르 부통령의 외할아버지인 셈이다.

결국 1758년 1월에 임지에 도착하여 2월 16일에 임직식을 거행하고 상급반 학생들에게 매주 에세이 과제를 내주는 등 많은 노력을 기울였으나, 홍역 면역의 일환으로 자신이 먼저 우두를 맞은 것 때문에 1758년 3월 22일에 소천하고 말았다.

이와 같은 생애를 산 에드워즈는 실로 그 시대에 칼뱅주의 기독교를 잘 대변하는 학자이자 목사였다고 할 수 있다. 그것도 가장 정순하고 정통적인 칼뱅주의를 대표했던 인물이었다. 바로 이런 의미에서 많은 사람들은 그를 마지막 청교도라고 부르기를 즐겨한다. 예일 대학교의 요나단 에드워즈 센터는[8] 그가 생전에 출간한 책들은 물론 그의 설교까지 포함시켜 73권에 달하는 그의 전집을 출간하고 그 내용을 온라인으로도 제공하며 계속해서 그와의 대화를 진작시키고 있다.

II. 요나단 에드워즈의 정통파적 삼위일체 이해에 나타난 관계성

당대의 철저한 개혁파 목사였던 에드워즈가 정통파적인 삼위일체 이해를 가졌다는 것은 매우 당연한 일이다.[9] 그러나 여러 이유에서 에드워즈의 삼위일체 이해가 비정통적이라는 논의들이 계속 있어 왔다. 그러므로 이 부분에서는 먼저 에드워즈의 삼위일체 이해가 얼마나 정통적인 것인지를 밝히 드러내고자 한다.

에드워즈의 삼위일체론에 대해 여러 오해가 생기는 이유는 다양하다. 그 이유를 대체로 정리해 보면, (1) 그가 한 작품에서 본격적으로 심도 있게 삼위일체론을 제시하지 않고, "삼위일체에 대하여"라는 짧은 글과 그의 은혜

---

8 http://edwards.yale.edu/.
9 이상과 이하의 각 내용에 대한 각주가 붙은 자세한 논의를 보려면 이승구, "요나단 에드워즈의 정통적, 관계적 삼위일체 이해", 「신학정론」 32/2 (2014); 294-324를 보라.

론과 설교와 철학적 저술 곳곳에 삼위일체론적 사유가 흩어져 있다는 것, 즉 삼위일체에 대한 한 권의 큰 저서가 없다는 것, 특히 1829-30년에 출간된 열 권짜리 에드워즈 전집에 삼위일체에 대한 논의가 다 포함되어 있지 않은 것, (2) 따라서 한동안 독자들이 그의 글을 선별적으로만 읽었던 독서 방식의 문제, 그리고 특별히 (3) 그가 삼위일체에 대한 논의를 할 때 그의 철학적 상상력이 가미되어 모호한 논의의 가능성을 보여준 점 등이다.

그러나 에드워즈의 삼위일체에 대한 글이 모두 출판된 지금은[10] 에드워즈의 의도에 따라 그의 글을 읽어보면 그가 아주 정통주의적인 삼위일체 이해를 제시하고 있다는 것을 아주 분명히 알 수 있다. 그러므로 여기서는 에드워즈의 독특한 뉘앙스에 주의하면서도 그의 삼위일체에 대한 논의가 왜 정통주의적 삼위일체론이지를 밝히는 것에 집중하려고 한다. 그러면서도 그 정통적 삼위일체가 어떻게 관계론적으로 나타나는지를 보여줄 것이다.

1. 본체론적 삼위일체의 본체론적인 관계성

에드워즈는 성부를 "근원적으로, 다른 데서 기원하지 않은, 그리고 가장 절대적인 방식으로 존재하는 신"이라고 표현한다.[11] 정통신학의 표현

---

10 Jonathan Edwards, "An Essay on the Trinity," in *Treatise on Grace and Other Posthumously Published Writings*, ed., Paul Helm (Cambridge, U.K.: James Clarke & Co., 1971)=Edwards, "Discourse on the Trinity," in *The Works of Jonathan Edwards*, vol. 21: *Writings on the Trinity, Grace, and Faith*, ed., Sang Hyun Lee (New Haven: Yale University Press, 2003), 109-14. Cf. Steven M. Studebaker and Robert W. Caldwell, III, *The Trinitarian Theology of Jonathan Edwards: Text, Context and Application* (Farnham: Ashgate, 2012).

11 Jonathan Edwards, "An Essay on the Trinity," in *Treatise on Grace and Other Posthumously Published Writings*, ed., Paul Helm (Cambridge, U.K.: James Clarke & Co., 1971), 118:Edwards, "Discourse on the Trinity," in *The Works of Jonathan Edwards*, vol. 21: *Writings on the Trinity, Grace, and Faith*, ed., Sang Hyun Lee (New Haven: Yale University Press, 2003), 131. 또한 Jonathan Edwards, "The Mind," in *The Works of Jonathan Edwards, vol. 6: Scientific and Philosophical Writings*, ed., Wallace E. Anderson (New Haven: Yale University Press, 1980), 332-36도 보라.

그대로 다른 위격과 달리 성부는 낳아지지 않으셨으며, [다른 데서] 나오지 않으셨다고 한다.[12] 또한 에드워즈는 많은 교부들과 같이 성부를 "신성의 원천"*the fons et orgio of the Godhead*이라고도 말한다.[13] 그런데 하나님은 그의 성격상 "자기 자신을 즐기는 것에서 무한히 행복하시다"라고 한다.[14]

이와 같이 성부가 자신을 기뻐하고 즐거워하기 위해서는 자신이 주체인 동시에 스스로에게 '대상'his own object이 된다고 하면서,[15] 성부에게 '대상'이 된 성자를 성경의 진술(특히 골 1:15; 히 1:3)에 따라 보이지 않는 하나님의 형상으로 제시한다. 이는 성부 자신의 형상Image 또는 하나님 자신의 관념Idea인데, 하나님의 관념은 완전한 관념이므로 (사물의 불완전한 반영인) 인간의 관념과는 달리 사물 자체the thing itself일 수밖에 없다고 한다.[16] 따라서 하나님께서 자기 자신에 대한 관념을 갖게 되면, 하나님은 자신의 본질 자체를 관념으로 가질 수밖에 없고 또한 그것은 반드시 존재할 수밖에 없다. 하나님의 본질에 대한 하나님의 완전한 관념은 다시 그 자신의 완전한 본질일 수밖에 없다는 것이다.[17]

이에 대해 에드워즈는 전통적 용어를 써서 "낳아지심"이라고 한다. "신성의 본질의 다시 표현됨[再現]은 또 다시 신적 본질이 된다. 따라서 하나님이 신성을 생각하심으로써 신성이 낳아지는 것이다."[18] 따라서 성자는 "낳아지신 하나님"God the generated이라고 한다. 따라서 "낳아지신 하나님의

---

12 Jonathan Edwards, *The Miscellanies*, ed., Thomas A. Schafer, in *The Works of Jonathan Edwards*, vol. 13 (New Haven: Yale University Press, 1994), 257 (#94). 이하 이 책으로부터의 인용은 Edwards, *The Miscellanies 1* 이라고 표기하겠다.

13 Jonathan Edwards, "Discourse on the Trinity," 135="An Essay on the Trinity," 122.

14 Jonathan Edwards, "An Essay on the Trinity," 99.

15 Jonathan Edwards, "An Essay on the Trinity," 100.

16 Jonathan Edwards, *The "Miscellanies 1,"* 258 (#94); 또한 Edwards, "Discourse on the Trinity," 114.

17 Jonathan Edwards, "An Essay on the Trinity," 103.

18 Jonathan Edwards, "Discourse on the Trinity," 116.

본질적 형상이 있게 된다"there is a substantial image of God begotten.[19] 이로부터 에드워즈는 결론내리기를 하나님의 자기 자신에 대한 생각에 의해 신성 자체는 구별된 위격distinct subsistence을 낳게 되고, 성경은 이를 "하나님의 말씀"the "Word of God"이라 부른다고 한다.[20] 이렇게 하나님의 자기 이해에 의해 낳아진 신성을 '하나님의 아들', 즉 삼위일체의 제2위라고 부르는 것이다.[21] 이를 성경에서는 "아버지의 영광의 광채"light and refulgency of the Father라고 언급한다고(히 1:3) 말하고,[22] 에드워즈는 아버지가 "빛"으로 언급된 것과(요일 1:5) 아들이 "세상의 빛"으로 언급된 것을(요 8:12) 서로 연관시키면서 "아버지가 빛의 무한한 원천이라면 아들은 그 빛을 세상에 전달하는 자"라고 말한다.[23] 특히 그를 통해서만 하나님의 대한 바른 지혜와 인식이 인간 정신에 부여되는 것을 볼 때 그리스도는 참으로 세상의 빛이시라는 것이다.[24]

다시 정리하자면, 성부가 자기 자신에 대해 품은 온전한 관념은 성부 자신과는 구별될 수밖에 없으므로 성부와 성자는 구별된다는 것이다. 그러나 성부는 또한 자기 자신의 본질 이하의 것을 자신에 대한 관념으로 품을 수 없다. 따라서 성부의 본질과 성자의 본질은 같다는 것이다. 사실 이런 표현들은 그가 이미 성부, 성자, 성령을 정통신학에 따라 이해한 바를 자기 나름대로 묘사하는 수단이었다고 할 수 있다. 그러므로 반복하여 말하는 것이 무의미할 정도로 정통주의자인 에드워즈는 아리우스주의를 비

---

19 Jonathan Edwards, *The Miscellanies*, 1, 258 (#94).

20 Jonathan Edwards, "Discourse on the Trinity," 117.

21 Jonathan Edwards, "An Essay on the Trinity," 118.

22 Jonathan Edwards, *The Miscellanies* 1, 299 (# 44).

23 Jonathan Edwards, "Christ, the Light of the World," in *Sermons and Discourses, 1720–1723*, ed., Wilson H. Kimnach, in *The Works of Jonathan Edwards*, vol. 10 (New Haven: Yale University Press, 1992), 538.

24 Cf. Jonathan Edwards, "God Glorified in Man's Dependence," in *Sermons and Discourses, 1730–1733*, ed., Mark Valeri, in *The Works of Jonathan Edwards*, vol. 17 (New Haven: Yale University Press, 1999), 201.

판한다: "그들은 [아리우스주의자들은] 그리스도와 성령의 신성을 부인하고, 그들이 단지 피조물들일 뿐이라고 주장하여, [결국] 삼위일체를 부인하는 것이다."[25] 그리고는 매우 안타까운 어조로 "최근에 이 이단이 영국에서 다시 나타나 활개를 치고 성공회와 분리주의자들 사이에서도 상당히 융성하고 있다"고 말하면서[26] 이런 이단에 대항하여 성경적인 정통주의적 삼위일체 이해를 가지는 것이 중요함을 강조한다.

에드워즈는 또한 하나님은 사랑이라는 성경적 관념을 생각하면서 삼위일체를 또 다른 식으로 표현하기도 한다. 본성상 무한히 온전하시고 지극히 행복하신 하나님은 무한한 사랑을 갖고 계신다.[27] 그런데 하나님의 사랑은 자기 사랑self-love일 수 없으므로, 하나님의 사랑은 반드시 그 대상인 사랑 받는 자를the Beloved 요구한다. 그런데 그 본성상 하나님은 자신의 무한하고 온전한 본질만을 사랑하게 된다. 따라서 하나님의 무한한 사랑의 대상은 또 다시 하나님 자신의 본질이 되는 것이다. 여기에 성자가 있게 되는 근거가 있다고 한다.[28]

그런데 성자 또한 성부를 사랑하므로 하나님의 사랑은 상호 사랑mutual love이 되고,[29] 성부께서 사랑 받는 자인 성자를 무한히 기뻐하시고 온전히 사랑하심에서 흘러나오는 신적인 본질이 성령이라고 한다.[30] 에드워즈는

---

25 Jonathan Edwards, *The Works of Jonathan Edwards, vol. 9: A History of the Work of Redemption*, ed., John Frederick Wilson (New Haven: Yale University Press, 1989), 405-6.

26 Jonathan Edwards, *A History of the Work of Redemption*, 432.

27 Jonathan Edwards, *The Miscellanies, 1*, 283-84 (# 117).

28 Cf. Jonathan Edwards, *The Miscellanies, 1*, 283-84 (# 117).

29 Cf. Jonathan Edwards, "Discourse on the Trinity," 121.

30 Jonathan Edwards, *The Miscellanies, 1*, 260 (# 94). 또한 Edwards, "An Essay on the Trinity," 108="Discourse on the Trinity," 124, 121; Edwards's sermon "The Work of the Ministry is in Saving Sinners," in *Jonathan Edwards, The Salvation of Souls*, ed., Richard A Bailey and Gregory A. Wills (Wheaton: Crossway, 2002), 163-64도 보라.

성령을 "행동하시는 신성"the Deity in act이라고 하면서 하나님께는 의지 외에 어떤 다른 행동이 있을 수 없다고 한다.[31] 에즈워즈가 아우구스티누스를 연상시키는 말로 성령이 성부와 성자 사이의 사랑이라고 말할 때, 아우구스티누스나 에드워즈는 어떤 비평가들이 잘못 생각하듯이 성령의 독자적 위격성을 결코 약화시키지 않았다. 에드워즈는 심지어 "인격적 성령"the personal Holy Spirit이라는 말도 특별히 사용하고 있다.[32] 에드워즈는 성령이 신적 활동의 주체와 객체로 표현되고 있는 성경의 표현들을 주목하며 그에 근거해서 성령이 독자적 위격이심을 분명히 한다. 에드워즈는 말한다. "성령은 〔성경에서〕 자주 한 위격a person으로 언급되었고, 위격적 특성들과 위격적 행위들로 계시되셨으며, 인격으로 대우받는 것으로 언급되며, 성경은 별개의 위격을 지칭하는 모든 것을 그에게 돌리고 있다."[33] 마지막 말은 그가 다른 곳에서도 하고 있는 진술이다. "성경은 아주 분명히 독자적 위격을 특징짓는 모든 것을 성령께 돌리고 있다."[34] 이와 같이 에드워즈는 당시에 삼위일체를 부인하는 사람들에 반대하여 성령의 위격성과 독자성을 분명히 강조하고 있다.

그는 또한 이전의 이미지를 사용하여 하나님께서 하나님의 관념에 대해 품은 사랑과 열정은 그 관념과는 구별되므로 성령은 구별되는 위격으로 있게 된다고 한다. 그리고 성경의 표현들에 주의하며 논의하기도 하는데, 성경은 하나님의 사랑이 성도들 안에 계신다고 하고(요일 4:12), 또한 곧 이어서 성령께서 성도들 안에 계신다고 하니(요일 4:13), 이는 성령이

---

31 Jonathan Edwards, "Discourse on the Trinity," 121.

32 Jonathan Edwards, "The Mind," 364.

33 Jonathan Edwards, "*Treatise on Grace*," 181. 또한 Edwards, "Discourse on the Trinity," 131; Edwards, *The Miscellanies*, 1, 262도 보라.

34 Jonathan Edwards, "The Threefold Work of the Holy Ghost," in *Sermons and Discourses, 1723–1729*, ed., Kenneth P. Minkema, in *The Works of Jonathan Edwards*, vol. 14 (New Haven: Yale University Press, 1997), 57.

사랑이심을 잘 보여주는 것이라고 말한다.[35] 에드워즈는 또한 요한계시록 22장에 나오는 생명수의 강이 하나님의 기쁨을 표현한다는 것과 요한복음 7장에서 성도들의 배에서 흘러나오는 생수가 결국 성령을 지칭하고 있다는 것을 서로 연결시켜서, 성령은 "하나님의 즐거움과 무한한 기쁨"이라고도 말한다.[36] 또한 고린도후서 13장 13절과 연관시켜 그리스도의 은혜는 곧 하나님의 사랑인데, 이는 바로 성령의 교통하심이라고 한다. 다시 한 번 에드워즈는 삼위의 위격을 분명히 해야 한다고 강조한다. 정통주의적 표현을 고수하고 있는 것이다. 영원한 셋이신 성부, 성자, 성령이 "한 하나님이시며 삼위이시다"라고 주장한다.[37] 이를 에드워즈 식으로 표현하면, "하나님의 무한한 아름다움은 그의 자신에 대한 무한한 상호 사랑이다."[38] 스트로벨은 이런 에드워즈의 독특한 표현 방식에 유의하면서 에드워즈의 삼위일체론을 "인격적인 지복적 기쁨"personal beatific-delight이라는 (자기 자신이 인정하는 대로) 아주 독특한 말로 요약하여 표현하기를 좋아한다.

서방신학의 전통에 충실한 에드워즈는 성령은 성부로부터, 그리고 성자로부터도 나오신다고filioque 말한다. 성령은 "성부와 동등하게 성자로부터도 나오신다."[39] 그리고 "성령은 성부와 성자로부터 숨쉬어지셨다"고 달리 표현하기도 한다.[40] 성부, 성자, 성령 사이에는 한편으로는 "순서상

---

35 Jonathan Edwards, "Discourse on the Trinity," 121-22. 또한 다음도 보라: Edwards, *The Miscellanies I,* 299 (# 146); 461-62 (# 396).

36 Jonathan Edwards, *The Miscellanies 1,* 412 (# 336).

37 Jonathan Edwards, "The Threefold Work of the Holy Ghost," 57.

38 Jonathan Edwards, *The Works of Jonathan Edwards,* Online, vol 6: 363: "His infinite beauty is his infinite mutual love of himself."

39 Jonathan Edwards, "The Threefold Work of the Holy Ghost," 379. 또한 Edwards, *The Miscellanies, 1,* 298 (# 143); Edwards, "Discourse on the Trinity," 133; Edwards, "Treatise on Grace," in *The Works of Jonathan Edwards,* vol. 21, 185-86

40 Jonathan Edwards, "Treatise on Grace," 62-63.

앞과 뒤가 존재한다"라고 말하면서도,[41] 동시에 성부와 성자와 성령이 다 영원하고 항상 같이 있다고 말함으로써 에드워즈도 성부, 성자, 성령의 뛰어남excellency과 엄위dignity에 어떤 차이가 있지 않고, 성령의 나오심이 시간적 나오심temporal procession이 아니라는 점을 아주 분명히 한다. "비록 한 위격이 다른 위격으로부터 나오지만 그 위격이 다른 위격에 비해 열등한 것이 아니다"라고 말하는[42] 에드워즈는 모든 정통주의자들과 함께 삼위가 "동일한 신적 본질"을 지니고 있음을 아주 분명히 한다.[43] 그리고 동시에 삼위는 분명히 "정당하게 구별되는 위격들이다"라는 것이 에드워즈의 입장이다.[44] 그리고 이 삼위는 "아주 놀라운 방식으로, 즉 서로가 서로 안에 존재하신다"고 말하여[45] 정통신학의 상호 내재적 표현을 충실히 따르고 있다.

다음 인용문은 정통적 삼위일체에 대한 에드워즈의 입장을 잘 요약하고 있다.

"그러므로 다음과 같이 표현할 수 있을 것이다: 성자는 하나님이 스스로에 대한 관념을 가지심, 또는 하나님의 이해에 의해 낳아지신 하나님이다. 성령은 무한한 사랑과 기쁨 가운데서 쏟아 부어진 또는 숨 쉬어진 신적인 본질이시다. 또 다른 말로 표현하자면, 성자는 하나님의 자기 자신에 대한 관념이고, 성령은 하나님의 자기 자신에 대한 사랑과 기쁨이시다."[46]

---

41 Jonathan Edwards, "The Threefold Work of the Holy Ghost" 379.

42 Jonathan Edwards, "The Threefold Work of the Holy Ghost," 379.

43 이것을 부인하려는 포(Pauw)의 논의와는 달리 에드워즈는 하나님의 단순성(simplicity)을 분명히 강조한다. 위의 각주 11, 20을 보라.

44 Jonathan Edwards, "An Essay on the Trinity," 118. Cf. Edwards, "Treatise on Grace," 57.

45 Jonathan Edwards, "An Essay on the Trinity," 120.

46 Jonathan Edwards, *The Miscellanies, 1,* 468 (# 405).

그래서 에드워즈는 성부, 성자, 성령을 "하나님God, 하나님의 관념the idea of God, 그리고 하나님의 사랑the love of God"으로 표현하는 것이다.[47] 에드워즈의 삼위일체론을 오해하지 않으려면 여기에 나타난 표현들을 위의 설명에 비추어 읽어야 할 것이다.

2. 경륜적 삼위일체의 관계성

이와 같이 본질적으로 동등한 삼위가 한 본질을 가지셨음을 [그러므로 우리 하나님이 삼위일체 하나님이심을] 강조하는 에드워즈는 삼위일체 하나님께서 이 세상에 그 자신을 계시하고 경륜하시는 과정 가운데 나타나는 경륜적 삼위일체를 잘 드러낸다.

이에 대한 논의에서 에드워즈의 큰 기여는 경륜 과정의 핵심이라 할 수 있는 하나님의 구속 사역에 삼위가 모두 관여하고 있음을 아주 분명히 드러낸 일이다. 창조 때에 삼위 모두가 일하셨던 것과 같이 에드워즈는 인류를 재창조하시는 일에도 삼위가 모두 같이 일하신다는 것을 매우 강조한다.[48] 구속 사역에 각 위격이 동등하게 참여하신다.[49] 물론 삼위 모두가 다 같은 일을 하시는 것은 아니다. 타락하여 하나님에게서 소외된 인간이 하나님께 받아들여지고 그분과의 교제를 회복하려면 중보자가 필요하다.[50] 이 중보자의 역할은 성부나 성령께서 담당하지 않는다. 인간을 구속하는 일에서 인간의 타락으로 손상을 입으신 성부께서 중보자가 되시거나 구속

---

47 Jonathan Edwards, *The Miscellanies, 1*, 392. 또한 Edwards, "A Discourse on the Trinity," 131-32; Edwards, "Treatise on Grace," in *The Works of Jonathan Edwards*, vol. 21: *Trinity, Grace, and Faith*, 191도 보라.

48 Jonathan Edwards, "The Threefold Work of the Holy Ghost," 378.

49 Cf. Jonathan Edwards, "Treatise on Grace," 66, 189.

50 Jonathan Edwards, *The Miscellanies (Entry Nos. 501–832)*, ed., Ava Chamberlain, *The Works of Jonathan Edwards*, vol. 18 (New Haven: Yale University Press, 2000), 419 (# 772). 이하에서 Edwards, *The Miscellanies 2*, 라고 표기하겠다.

된 사람들 안에 내주하며 그들을 거룩하게 하시는 성령께서 중보자가 되실 수 없기에 논리적으로 성자가 구속자가 되는 것이 자연스럽다는 것이다. 더 나아가 에드워즈는 내재적 삼위일체에서 성부와 성령 사이에 계시는 분이 성자이기에 그가 신적인 구속의 경륜에서 하나님과 사람 사이의 중보자가 되기에 적합하다고까지 표현한다.[51] 그러나 우리들을 구속하신 영광은 성부 성자, 성령에게 동등하게 속한다는 것을 에드워즈는 강조한다.[52] 성부께 그 영광이 돌려져야 하는 이유는 자신의 무한한 기쁨과 사랑의 대상이신 성자를 세상을 그토록 사랑하사 세상을 위해 내어 주셨기 때문이라고 한다. 또한 성령께도 그 영광이 돌려져야 하는 이유는 성령이 바로 우리에게 주어지는 구속의 유익인 하나님의 사랑이기 때문이라는 것이다.

성부는 "우리의 구속 사역에서 최초의 동자動者요 창시자라고 한다.[53] 구속의 성취와 구속의 대상을 기본적으로 성부께서 결정하셨다는 것이다.[54] 성부께서 구속자를 선택하여 인정하시고 그에게 구속의 일에 필요한 모든 것을 부여해주셨다. 성부께서 "그리스도를 선택하시고, 그에게 기름을 부으시고, 구속 사역을 하도록 그를 세우시고, 그를 세상에 보내신 것이다."[55] 성부는 이렇게 성자를 우리의 중보자로 주기로 했을 뿐 아니라, 구속

---

51 Jonathan Edwards, *The Miscellanies 2*, 419 (# 772).

52 Jonathan Edwards, *The Miscellanies 1*, 466 (# 402).

53 Jonathan Edwards, "Observations Concerning the Scripture (Economy of the Trinity and Covenant of Redemption)," in *Treatise on Grace and Other Posthumously Published*, 84. 또한 Edwards, *The Miscellanies (Entry Nos. 833-1152)*, ed., Amy Plantinga-Pauw, *The Works of Jonathan Edwards*, vol. 20 (New Haven: Yale University Press, 2002), 436 (# 1062). 이하 이로부터의 인용은 Edwards, *The Miscellanies 3*이라고 표하기로 한다.

54 Cf. Jonathan Edwards, *The Miscellanies 3*, 433 (# 1062); Edwards, "The Threefold Work of the Holy Ghost," 378. 물론 이 때에도 삼위가 같이 계획하셨고, 작정하신 분이 성부라고 말하는 것이 더 정통파적인 표현에 가까울 것이다.

55 Jonathan Edwards, "God Glorified in Man's Dependence," *Sermons and Discourses, 1730–1733*, 201. 인간은 구원에 있어서 삼위일체 하나님께 철저히 의존해야 한다는 것을 강력히 선

자가 드린 희생 제사를 받으시기도 했다. 그래서 중보자는 죽기까지 순종하심으로써 성부 하나님께 제사와 모든 만족을 드린 것이다. 이처럼 성부는 모든 구속 사역을 시작하고 마치신 분이기에 구속 사역의 알파와 오메가라고 불린다.[56] 그리고 이 구속 사역은 성부의 대표자인 성자에게 맡겨진 것이다.

성자는 본래 성부의 자연적이고 온전한 대표자이기에 구속사역에서도 자연스럽게 성부를 대표하는 자이다.[57] 신적 인격이신 성자께서 인간들을 위한 구속을 위해 인간성을 취하신 것이다. 그러므로 이 신적인 중보자는 구속을 위해 사시는 분 purchaser인 동시에 속전 price이신 것이다.[58] 성자의 희생 제사를 통해서 구속된 자들은 성부에게 선물을 받게 되는데, 이 성도들은 성자의 신부인 동시에 하나님의 딸들이라고 할 수 있다. 그리고 이 모든 성도들이 동일한 성령으로 말미암아 하나님과 교통하게 되는 것이다.[59]

이와 같이 하나님은 구속 사역에서 죄값을 치루고 구속하는 분인 동시에 그 치뤄진 죄값이기도 할 뿐만 아니라, 이 구속 사역을 통해 값 주고 사셔서 구속한 자들에게 수여되는 분이기도 하다. 에드워즈는 하나님 자신이 성도들에게 주어져서 향유되는 최고선이라는 것을 강조한다.[60] 이 때 에드워즈는 삼위일체 하나님을, 특히 성령을 염두에 두고 있다. 그래서 바로 성령이 그리스도께서 교회를 위해 사주신 기업이라고 말하는 것이다.[61]

언하는 이 칼뱅주의적 설교는 알미니안적 논의를 논박하는 강한 설교로 1730년 가을에 자신이 섬기던 노스햄톤 회중에게 전했던 메시지이고, 그 다음 해인 1731년 보스톤 목회자 모임에서 전한 것이기도 하다. Cf. Edwards, *Sermons and Dis- courses, 1730–1733*, 196-99 (Mark Valeri의 배경설명).

56 Jonathan Edwards, *The Miscellanies 1*, 466 (# 402).

57 Jonathan Edwards, *The Miscellanies 2*, 373 (# 742).

58 Jonathan Edwards, "God Glorified in Man's Dependence," 207: "God is both the purchaser and the price."

59 Jonathan Edwards, *The Miscellanies 2*, 110 (# 571).

60 Jonathan Edwards, "God Glorified in Man's Dependence," 208.

61 Jonathan Edwards, "Observations Concerning the Scripture (Economy of the

또는 구속된 자들에게 주어진 모든 것이 바로 "성령의 선물"을 구성한다고 한다.[62] 그와 동시에 에드워즈는 전통적인 표현에 따라 성령은 구속을 적용하시는 분이라는 것도 강조한다.[63] 그러므로 에드워즈에 따르면 성령은 성자께서 사주신 모든 선한 것인 동시에 그것을 우리에게 적용시키는 분이다. 구원을 적용하신다는 면에서 경륜상의 종속을 성령께서 기꺼이 받아들이는 이유는 "구원 사역 전체를 그리스도께서 그의 손으로 이루도록 하시기 위해서다."[64] 그러나 성령이 구속 사역에 참여하실 때 낮은 위격이 되는 것은 아니다. 에드워즈는 우리의 구속 사역에서 삼위 사역의 동등성을 매우 강조한다.[65]

에드워즈는 삼위께서 함께 이루시는 구속 사역을 바라보면서 성경에 근거하여 다음과 같이 말할 수 있었다: "모든 것이 성부로부터 말미암고, 모든 것이 성자로 인하여 이루어지고, 모든 것이 성령 안에 있다. 그러므로 구속 사역에서 하나님이 모든 것 가운데서 모든 것으로 나타나신다. 현존하시는 그분이 이 사역에서 알파와 오메가이고, 처음이요 나중이고, 모든 것이며 유일하신 분이며, 그 외에는 그 누구도 없다는 말이 적절하다."[66] 따라서 에드워드는 하나님을, 이제는 에이미 플란팅가-포의 책 제목으로 더 유명해진 "모든 것의 최고의 조화"the supreme harmony of all라고 표현하기도 한다.[67]

Trinity and Covenant of Redemption," 88). 또한 Jonathan Edwards, "God Glorified in Man's Dependence" 208-209; Edwards, "Treatise on Grace," 188; Jonathan Edwards, "An Humble Attempt to Promote Explicit Agreement and Visible Union of God's People in Extraordinary Prayer," in *The Works of Jonathan Edwards*, vol. 5: *Apocalyptic Writings*, ed., Stephen J. Stein (New Haven: Yale University Press, 1977), 341도 보라.

62 Jonathan Edwards, "God Glorified in Man's Dependence," 208.

63 Jonathan Edwards, "The Threefold Work of the Holy Ghost," 377.

64 Jonathan Edwards, "The Threefold Work of the Holy Ghost," 381.

65 Jonathan Edwards, *The Miscellanies 1*, 329 (# 182).

66 Jonathan Edwards, "God Glorified in Man's Dependence," 212.

67 Jonathan Edwards, *The Miscellanies 1*, # 402. Cf. Amy Plantinga-Pauw, " 'The

3. 내재적 삼위일체와 경륜적 삼위일체의 관계성

에드워즈의 표현에 비추어 보면 경륜적 삼위일체는 내재적 삼위일체를 역사의 과정 가운데서 드러낸 것이라고 할 수 있다. 그러므로 경륜적 삼위일체는 내재적 삼위일체에 상응하는 것이다.[68] 에드워즈는 말한다. "삼위일체의 위격들의 행위의 질서는 그들의 존재의 질서에 상응하는 것이 적절하다."[69] 단지 경륜에서는 본질적으로 동등하신 성자께서 성부에게 죽기까지 복종하시며, 성령은 성자께서 이루신 것을 적용하시는 경륜상의 순종을 드러내는 차이가 있을 뿐이다. 그러나 그것은 경륜에 부합한 모습이므로 기본적으로 내재적 삼위일체가 경륜의 과정에서 자신을 드러낸 것이라고 할 수 있다. 그러므로 필자가 정통주의 삼위일체론을 정리하면서 했던 말, 즉 "존재론적 삼위일체(내재적 삼위일체)는 경륜적 삼위일체의 존재 근거이고, 경륜적 삼위일체는 내재적 삼위일체의 인식 근거이다"라는 말은[70] 정통주의적 삼위일체론을 제시하는 에드워즈에게도 그대로 적용할 수 있다. 참으로 에드워즈는 그리스도의 계시와 성령의 오심과 드러내심에 근거해서 삼위일체를 잘 알게 되었다고 분명히 말한다: "〔삼위일체〕는 그리스도께서 그것을 계시하시기 전에는 상당히 감춰져 있었다."[71] 물

Supreme Harmony of All': Jonathan Edwards and the Trinity" (Ph. D. diss., Yale University, 1990)=*"The Supreme Harmony of All": The Trinitarian Theology of Jonathan Edwards* (Grand Rapids: Eerdmans, 2002).

68 이 점을 잘 논의하는 See Robert W. Caldwell, "The Holy Spirit as the Bond of Union in the Theology of Jonathan Edwards," R&R 12/3 (2003): 47-51; Sang Hyun Lee, in *The Works of Jonathan Edwards,* vol. 21, 31-34; 그리고 Cunnington, "A Critical Examination of Jonathan Edwards's Doctrine of the Trinity," 각주 74 부근.

69 Jonathan Edwards, *The Miscellanies 3,* 431 (#1062). 또한 # 1151도 보라.

70 이에 대한 논의로 Seung-Goo Lee, "The Relationship between the Ontological Trinity and the Economic Trinity," *Journal of Reformed Theology* 3 (2009): 90-107, 조금 더 확대된 논의로 "존재론적 삼위일체와 경륜적 삼위일체에 대한 개혁주의적 입장", 『개혁신학탐구』 (수원: 합신대학원출판부, 2012), 53-67을 보라.

71 Jonathan Edwards, *The Works of Jonathan Edwards,* vol. 5: *Apocalytic Writings,* ed.,

174 | 관계 속에 계신 삼위일체 하나님

론 그가 이것을 절대적 의미로, 즉 그리스도 이전에는 삼위일체에 대한 계시가 전혀 없었다는 의미로 말한 것은 아니다. 이는 경륜적 삼위일체를 통해서 우리가 존재론적 삼위일체를 잘 알게 되었다는 뜻이다.

III. 에드워즈의 삼위일체론은 어떤 의미에서 관계적 삼위일체론인가?

정통적 삼위일체론을 전제하고 그것을 설명하는 방식에서 에드워즈는 관계성 개념을 적용한다. 근본적으로 에드워즈는, 여러 해석자들이 소위 "관계적 존재론"relational ontology을 가지고 있다고 할 만큼 존재 자체를 관계적으로 이해한다.[72] 그는 이렇게 말한다: "다른 어떤 것과 상관없이 홀로 존재하는 것은 탁월할 수 없다. 그런 경우에는 그 어떤 관계도 결코 존재하지 않으며, 존재에의 동의도 필요치 않기 때문이다…복수성을 결여한 존재는 탁월함을 결코 가질 수 없다."[73] 그래서 다나허William Danaher 같은 사람은, 조금 지나치긴 하지만, 에드워즈가 인격을 개별화된 실체an individualistic entity로 보기보다는 "역동적이고 관계적 존재의 상태"a dynamic and relational state of being"로 보고 있다고 주장하기까지 한다.[74] 어쨌든 에드워즈는 하나님을 본질적으로 관계적인 존재로 생각하는 것이다.

Stephen J. Stein (New Haven: Yale University Press, 1977), 118.

[72] Cf. Russell Powell, "The Ecological Promise of Jonathan Edwards' Relational Ontology," *Jonathan Edwards Studies* 3/2 (2013): 214-220; 조현진, "18세기 뉴잉글랜드의 도덕철학 논쟁: 조나단 에드워즈의 도덕 신학을 중심으로", 『한국개혁신학회 37차 학술 심포지움』(서울 성경신학대학원대학교, 2014년 10월 11일), 207-220, 특히 215f. 을 보라; R. Venter, "Trinity and Beauty: The Theological Contribution of Jonathan Edwards,"*Nederduitse Gereformeerde Teologiese Tydskrif* 51/3 (2010): 185-192, 특히 188을 보라.

[73] Jonathan Edwards, "The Mind," 336f. 또한 같은 책의 362; The *Miscellanies* 1," 284 (#117) 도 보라.

[74] Danaher, *Trinitarian Ethics*, 33.

더 나아가, 에드워즈는 스스로 무한하고 온전하고 뛰어나신 하나님은 그 개념상 다른 것에서 행복하실 수 없고, 오직 "자기 자신을 즐기는 것에서 무한히 행복하시다"라고 즐겨 말한다.[75] 달리 말하면, 하나님의 행복은 자신의 뛰어난 본질과 완전성을 바라보며 무한히 즐기는 데서 주어진다는 것이다. 하나님은 항상 주체이면서 또한, 자신을 즐거워한다는 면에서 자기 자신의 객체이신데, 바로 이런 관계성 안에 이미 영원 전부터 성자가 있을 수밖에 없다는 것이다. 이와 같이 에드워즈는 영원한 관계성을 성부와 성자에게서 찾고 있다. 또한 성령도 성부와 성자의 상호 사랑의 관계성 가운데 있는 존재로 파악하고 있다. 여기서 성부의 성령에 대한 관계와 성자의 성령에 대한 관계가 나타난다. 플란팅가-포 Plantinga-Pauw는 에드워즈의 이와 같은 삼위일체에 대한 이해를 잘 반영하면서 삼위의 "서로에 대한 관계가 그들을 구성한다"고까지 말한다.[76]

또한 에드워즈는 영원 전부터 삼위일체로 존재하는 내재적 삼위일체와 경륜의 과정에 나타나는 경륜적 삼위일체의 관계도 성경과 정통주의 틀에 충실하게 제시하고 있다.

그리고 이 글은 삼위일체에 대한 연구라서 많이 다루진 않았지만 삼위일체 하나님과 구속된 사람들의 관계가 이 논의에도 전제되어 있다. 구속은 인간들 자신의 타락으로 말미암아 삼위일체 하나님으로부터 소외된 인간들을 다시 삼위일체 하나님과의 바른 관계로 회복시키는 것으로 제시되고 있다.[77] 그러므로 요나단 에드워즈에게도 다음과 같은 논의가 나타나 있다.

첫째, 이 세상에서 무엇보다 중요한 것은 바로 하나님과의 바른 관계라

---

75 Jonathan Edwards, "An Essay on the Trinity," 99.

76 Plantinga-Pauw, *Supreme Harmony of All*, 74.

77 에드워즈 사상의 하나님 중심적(theocentric) 특성에 대한 좋은 논의로 Michael J. McClymond, *Encounters with God: An Approach to the Theology of Jonathan Edwards* (Oxford: Oxford University Press, 1998)을 보라.

는 것이 그의 기본 논제이다. 그리스도인들은 원칙적으로 하나님과의 바른 관계를 맺게 된 사람들이고, 그 관계를 실질적으로 증진시켜가고 있는 사람들이다. 그리스도와의 신비한 연합*unio mistica cum Christo*이 삼위일체 하나님과의 바른 관계의 출발점이다. 그러므로 그리스도인의 삶은 성령에 의해 자신이 그리스도와 함께 죽고 살아나게 되었음을 인정하고 받아들이면서 시작한다. 따라서 그런 사람은 그리스도 밖에 있던 자신이 마땅히 죽어야만 하는 자이고, 물리적으로 죽어도 하나님 앞에서 행한 그 죄의 형벌을 다 받을 수 없어서 영원한 지옥 형벌을 받아 마땅한, 참으로 "아무것도 아닌 것보다 더 못한" 존재라고 인정한다.[78] 따라서 그리스도인은 예수 그리스도의 십자가와 부활의 놀라운 구속 사건에 대해 감사하고, 성령 안에서 자신이 그리스도와 함께 죽고 살아나서 참으로 고귀한 자가 된 것을 주님께 감사하면서 지속적으로 하나님과의 관계를 증진시켜가게 된다. 이 관계는 감사의 관계요 사랑의 관계이다. 그리하여 매 순간 하나님과의 관계 속에서 살기를 바라며 가능하면 한 순간도 그것을 잊지 않으려고 노력한다.

둘째, 이처럼 하나님과 바른 관계를 맺은 사람은 동료 인간들과도 바른 관계를 맺지 않을 수 없다. 하나님과의 바른 관계가 감사의 관계요 사랑의 관계이듯이, 모든 진정한 그리스도인의 관계도 감사의 관계요 사랑의 관계일 수밖에 없다. 우리는 주님께 큰 은혜를 받아서 마치 일만 달란트를 탕감 받은 사람과 같은데(마 18:23-27 참조), 주님이 우리가 다른 사람에게 한 것을 그분에게 한 것으로 여겨주신다면, 우리는 만나는 모든 사람들에게 다 사랑의 빚을 지고 있는 것으로 생각하고 감사하며 살아야 한다. 이것이 기독교적인 사랑의 관계의 시작이다. 그런즉 기독교적 사랑은 내가 시혜施惠, 즉 은혜를 베푸는 것과 같지 않다. 그저 감사하는 마음에서 자연

---

78 그의 원죄론을 보라.

스럽게 사랑의 마음이 생기고 그로부터 섬기는 삶을 살고자 하는 것이다.

셋째, 이런 그리스도인은 반드시 피조세계 전체와도 바른 관계를 맺을 수밖에 없다. 하나님께서 피조세계를 바르게 다스리라는 명령을 주셨는데, 우리가 그러지 못한 것에 대한 안타까움과 미안함을 느끼면서 피조세계를 보호하며 그 온전한 의미가 다 드러날 수 있도록 하는 일에 자신을 헌신하지 않을 수 없다. 우리 활동들의 상당 부분은 바로 이런 일이어야 한다. 그러므로 온 피조세계를 최대한 잘 보호하면서 그것을 하나님의 뜻대로 잘 다스리는 일에 힘쓰게 되어 있는 것이다.

그러므로 에즈워즈의 경우, 이와 같은 삼중적인 관계성〔내재적 삼위일체의 관계성, 내재적 삼위일체와 경륜적 삼위일체의 관계성, 삼위일체와 피조세계의 관계성〕이 그의 생각과 논의와 설교 곳곳에 나타나 있는 것이다. 삼위일체 자체가 삼중적인 관계로 이해되고 또 제시되고 있으며(성부와 성자의 관계, 성부와 성령의 관계, 성자의 성령의 관계), 영원 전부터 있는 하나님의 삼위일체적 존재 방식이 계시와 구속의 과정에 드러난 하나님의 삼위일체이심에 상응하는 모습으로 나타나고 있고, 구속된 인간들과 삼위일체 하나님의 관계, 즉 그 언약적인 관계성이 잘 드러나고 있는 것이다.[79]

IV. 결론

삼위일체를 건전하게 다루는 모든 사람들과 마찬가지로, 에드워즈 역시 자신의 심도 깊은 논의가 삼위일체의 신비를 해소했다고, 혹은 삼위일체를 다 설명했다고 생각하지 않았다. 삼위일체에 관한 논의를 마친 후 그는 이렇게 말한다: "나는 여전히 삼위일체는 모든 신적인 신비 가운데서

---

[79] 에드워즈 신학의 관계적 성격에 대한 좋은 지적과 논의로 Strobel, *Jonathan Edwards's Theology*, 7을 보라.

가장 심오한 최고의 신비라고 생각합니다. 내가 삼위일체에 대해 말한 것이나 파악한 것이 있음에도 불구하고 나는 삼위일체를 (온전히) 설명하려고 시도한 것은 아닙니다."[80] 또한 다른 곳에서는 "내가 삼위일체를 온전히 설명했다고 생각하지 않기를 바랍니다. 왜냐하면 삼위일체는 여전히 불가해한 신비, 모든 신비들 가운데 최고이며 가장 영광스러운 신비로 남아 있기 때문입니다"라고 말한다.[81] 그러므로 에드워즈의 논의 속에 문제를 일으킬 만한 소지가 발견된다 해도, 그가 근본적으로 삼위일체의 신비를 제거하지 않고, 겸손히 성경에 근거해서 삼위일체를 받아들이며, 그 성경적 계시에 근거하여 진정한 관계적 존재론을 발전시키고 있다는 점에서 에드워즈는 여전히 우리에게 좋은 모델이 되는 신학자요, 참으로 성경적인 "관계 신학"을 제시한 분이라고 할 수 있을 것이다.

그러므로 에드워즈의 삼위일체에 대한 논의 곳곳에는 이런 '관계적 이해'가 아주 분명하게 나타나고 있다. 에즈워즈는 다른 모든 정통주의자들과 같이, 특히 어거스틴과 같이, 성부, 성자, 성령이라는 것이 결국 '삼위의 관계성을 지칭하는 용어'라는 것을 아주 분명히 보여준다. 오늘날의 일부 관계론자들의 표현 방식보다 더 뛰어난 것은 에드워즈의 정통주의적인 관계적 삼위일체 이해가 성경 계시와 정통적 표현에 매우 충실하여 관계성을 분명히 드러내면서도 각 위격의 실체성을 손상시키지 않고, 또한 어떤 관계론자들처럼 인간 사회에 그대로 적용될 수 있을 만큼 과격한 사회적 삼위일체 이해로 나아가고 있지 않다는 점이다. 그러므로 에드워즈의

---

80 Jonathan Edwards, "The Threefold Work of the Holy Ghost," 381: "I think it is the highest and deepest of all divine mysteries still, not- withstanding anything that I have said or conceived about it. I don't intend to explain the Trinity." 또한 Edwards, "Discourse on the Trinity," 123도 보라.

81 Jonathan Edwards, *The Miscellanies 1*, 393 (# 308): 또한 Jonathan Edwards, "Discourse on the Trinity," 139를 보라.

정통주의적인 관계적 삼위일체론이야말로 문제를 일으키지 않는 방식의 관계론적 논의라고 할 수 있다.

　이제 남은 문제는 21세기 초에 사는 우리들이 18세기의 에드워즈가 드러내는 문제에 빠지지 않으면서 그가 제시한 성경적 관계신학을 어떻게 더 잘 드러내는가 하는 것이다. 우리가 에드워즈에 대해 논의할 때 그가 말하지 않은 내용과 동의하지 않을 생각을 갖다 붙여서 엉뚱한 결론을 도출하는 것은 오히려 에드워즈에 대한 반역에 해당한다. 그런 이상한 원용을 하지 않으면서 그의 생각을 더 성경적으로 만들어가는 것이 후대에 그와 같은 방향을 지향하는 사람들에게 주어진 과제라고 할 수 있을 것이다.

참고 문헌

1. 일차 문헌

Edwards, Jonathan. "An Essay on the Trinity." In *Treatise on Grace and Other Posthumously Published Writings*. (Ed.) Paul Helm. Cambridge, U.K.: James Clarke & Co., 1971.

_____. "An Humble Attempt to Promote Explicit Agreement and Visible Union of God's People in Extraordinary Prayer." In *The Works of Jonathan Edwards*. Vol. 5: *Apocalyptic Writings*. (Ed.) Stephen J. Stein. New Haven: Yale University Press, 1977.

_____. "The Mind." In *The Works of Jonathan Edwards*. Vol. 6: *Scientific and Philosophical Writings*. (Ed.) Wallace E. Anderson New Haven: Yale University Press, 1980.

_____. *The Works of Jonathan Edwards*. Vol. 9: *A History of the Work of Redemption*. (Ed.) John Frederick Wilson. New Haven: Yale University Press, 1989.

_____. "Christ, the Light of the World." In *The Works of Jonathan Edwards*. Vol. 10: *Sermons and Discourses, 1720-1723*. (Ed.) Wilson H. Kimnach. New Haven: Yale University Press, 1992.

_____. The Miscellanies. In *The Works of Jonathan Edwards*. Vol. 13. (Ed.) Thomas A. Schafer. New Haven: Yale University Press, 1994.

_____. "The Threefold Work of the Holy Ghost." In *The Works of Jonathan Edwards*. Vol. 14: Sermons and Discourses, 1723-1729. (Ed.) Kenneth P. Minkema. New Haven: Yale University Press, 1997.

_____. *The Works of Jonathan Edwards*. Vol. 5: *Apocalytic Writings*. (Ed.) Stephen J. Stein. New Haven: Yale University Press, 1977.

_____. "God Glorified in Man's Dependence." In *The Works of Jonathan Edwards*. Vol. 17: *Sermons and Discourses, 1730-1733*. (Ed.) Mark Valeri. . New Haven: Yale University Press, 1999.

_____. *The Miscellanies (Entry Nos. 501-832)*. In *The Works of Jonathan Edwards*. Vol. 18. (Ed.) Ava Chamberlain.　New Haven: Yale University Press, 2000.

_____. *The Miscellanies (Entry Nos. 833-1152)*. In *The Works of Jonathan Edwards*. Vol. 20. (Ed.) Amy Plantinga-Pauw. New Haven: Yale University Press, 2002.

_____. "The Work of the Ministry is in Saving Sinners." In *Jonathan Edwards, The Salvation of Souls*. (Ed.) Richard A Bailey and Gregory A. Wills. Wheaton: Crossway, 2002.

2. 이차 문헌

이상웅. 『조나단 에드워즈의 성령론』, 서울: 부흥과 개혁사, 2009.

이승구. "존재론적 삼위일체와 경륜적 삼위일체에 대한 개혁주의적 입장", 53-67. 『개혁신학탐구』, 수원: 합신대학원출판부, 2012.

____. "요나단 에드워즈의 정통적, 관계적 삼위일체 이해", 「신학정론」32/2(2014).

조현진. "18세기 뉴잉글랜드의 도덕철학 논쟁: 조나단 에드워즈의 도덕 신학을 중심으로", 「한국개혁신학회 37차 학술 심포지움」 서울성경신학대학원대학교(2014.10.11).

Brand, David C. *Profile of the Last Puritan*. Atlanta, GA: Scholar's Press, 1991.

Caldwell, Robert W. "The Holy Spirit as the Bond of Union in the Theology of Jonathan Edwards." R&R 12/3 (2003).

Holmes, Stephen R. *God of Grace & God of Glory: An Account of the Theology of Jonathan Edwards*. Grand Rapids: Eerdmans, 2000.

Lee, Seung-Goo. "The Relationship between the Ontological Trinity and the

Economic Trinity." *Journal of Reformed Theology* 3 (2009).

Marsden, George M. *Jonathan Edwards: A Life*. New Haven: Yale University Press, 2003.

_____. *A Short Life of Jonathan Edwards*. New Haven: Yale University Press, 2008.

McClymond, Michael J. *Encounters with God: An Approach to the Theology of Jonathan Edwards*. Oxford: Oxford University Press, 1998.

Morris, William Sparkes. "The Young Jonathan Edwards: A Reconstruction." Ph. D. dissertation, The University of Chicago, 1955. Published as *The Young Edwards: A Reconstruction*. Eugene: Wipf & Stock Publishers, 2005.

Murray, Ian H. *Jonathan Edwards: A New Biography*. Edinburgh: Banner of Truth Trust, 1987. 윤상문, 전광규 옮김. 『조나단 에드워즈』, 서울: 이레서원, 2006.

Nichols, Stephen J. "Jonathan Edwards: His Life and Legacy." In *A God-Entranced Vision of All Things: The Legacy of Jonathan Edwards*. (Eds.) John Piper and Justin Taylor. Wheaton, ILL: Crossway, 2004.

Plantinga-Pauw, Amy "'The Supreme Harmony of All': Jonathan Edwards and the Trinity." Ph. D. diss., Yale University, 1990 = "*The Supreme Harmony of All*": *The Trinitarian Theology of Jonathan Edwards*. Grand Rapids: Eerdmans, 2002.

Powell, Russell. "The Ecological Promise of Jonathan Edwards' Relational Ontology." *Jonathan Edwards Studies* 3/2 (2013).

Smith, John E. "Jonathan Edwards: His Life and Times." In his *Jonathan Edwards: Puritan, Preacher, Philosopher*. London: Geoffrey Chapman and Notre Dame. Indiana: University of Notre Dame, 1992.

Studebaker, Steven M. and Robert W. Caldwell, III. *The Trinitarian Theology of Jonathan Edwards: Text, Context and Application*. Farnham: Ashgate, 2012.

Venter, R. "Trinity and Beauty: The Theological Contribution of Jonathan Edwards." *Nederduitse Gereformeerde Teologiese Tydskrif* 51/3 (2010).

칼 바르트의 계시론에 근거한
관계적 삼위일체론

※ 황덕형[1] ※

I. 문제제기: 삼위일체론의 역설적 상황과
바르트에 대한 몰트만의 비판

I-1 삼위일체론을 이해하기 위한 철학적 전제로서의 인격 개념

현대적 인격 개념[2]의 관점에서 하나님을 인격적 존재로 고백할 경우에
는 아주 어려운 문제가 생긴다. 현대적 인격 개념은 한 주체로서 한 분 하
나님을 말할 때는 어울리지만 한 분 하나님 안에 세 위격을 내포하는 삼위
일체의 사태에는 어울리지 않기 때문이다.[3] 교회의 역사에서 드러나듯이

---

1   서울신학대학교와 연세대 연합신학대학원을 졸업하고 독일 보쿰대학교(Ruhr-Universitaet,
Bochum)에서 신학박사학위(Dr. theol.)를 받았다. 현재 서울신학대학교 교수로 재직하면서 군
목, 한국조직신학회 총무, 현 한국칼바르트학회 부회장, 오순절신학회 부회장, 개혁신학회 총무이사
를 맡고 있다. 저서로는 『삼자적 임재』, 『현대신학과 성결』, 『하나님의 타자성』(2000), 『성결교의학』
(2014)이 있다.

2   Anthony Elliot(ed.), *Identity: Critical Concepts in Sociology* (London: Routledge,
2015) Vol I. 인격에 대한 다양한 현대적 논의가 존재한다.

3   캐서린 모리 라쿠나, 『우리를 위한 하나님: 삼위일체와 그리스도인의 삶』, 이세형역 (서울: 대한
기독교서회, 2008), 354이하. 계몽주의는 인격을 자기의식으로 정의하고 있다. 이 정의는 다시 다양
한 형태들로 나타난다. 사유의 주체로서의 자아는 데카르트 철학의 중심적 출발점을 형성하고 있고,
존 로크의 자의식 개념은 라이프니쯔의 스스로 현존하며 스스로를 인식하는 지속적인 자기-인식이
라는 개념과 일치한다. 이러한 사유의 특징은 칸트에게서 수렴되는데, 그는 자신의 행위를 책임지는

실제로 인격에 대한 그 어떤 정의도 아직 삼위일체 되신 하나님의 고유한 인격을 제대로 표현하지 못하는 한계를 갖고 있다. 그것은 우리의 언어가 가진 한계 때문인데, 삼위일체론의 내적 사태에서 삼위의 위격은 세 하나님, 독립적으로 존재하는 세 신적 존재들을 예상하게 하며 우리들이 그로부터 숫자 셋을 생각하는 것은 지극히 당연한 일처럼 보이기 때문이다. 반면, 구속사의 통일성을 표현하기 위해 세 분의 내적 관계 안에서 존재하는 인격적 통일성을 가진 한 분 하나님을 말해야 한다는 것은 실로 인간의 언어의 지평을 넘어서기 때문이다. 이러한 이유로 삼위일체 신학은 그 삼위의 특성들과 함께 한 분 하나님의 통일된 인격을 표현하기 위해 다양한 시도들을 하고 있다. 실제로 우리의 신학적 선조들도 현대적 인격의 개념으로는 도저히 감당할 수 없다는 것을 알고 삼위의 인격을 관계의 관점에서 설명하고자 노력하기도 했다.[4]

바르트는 역사적 연구를 통하여 프로소폰(προσωπον, 라틴어로는 persona이며 그 의미는 인격)는 터툴리안에서 시작되었으며 먼저 아버지, 아들, 그리고 성령 하나님, 세 분 하나님의 실체로서의 존재성을 나타내기 위한 개념으로 사용되었다고 지적한다. 그런데 라틴어 persona는 당시 동방에서는 또한 마스크를 의미하기도 했고, 그것은 사벨리안적 이단의 의미를 함축하는 것처럼 오해받을 가능성이 있었다. 따라서 그리스 신학자들은 이 persona를 προσωπον(인격)이라는 개념 대신에 υποστασις(실

자기-의식적 도덕적 주체로서의 자아 주체론을 말하고 있다. 라쿠나는 이러한 주체론들이 형이상학적인 궁극적 실체로 이해되었던 하나님의 존재를 절대적 주체의 개념으로 변화시킨 것을 지적한다 (355). 이러한 근대적 개념의 구조 하에서는 삼위일체론의 자리가 불분명해질 수밖에 없다. 쉴라이에르마허는 이런 차원에서 하나님은 절대적 타자로서 우리들이 의존해야 할 단 하나의 절대적 주체라고 생각한다. 하나님과 피조물의 관계는 하나님 내의 구분이나 관계를 수반하지 않아도 된다고 생각한 것이다. 그에 따르면 심지어 삼위일체론은 오히려 그리스도교 신앙을 해치는 것이다.

4   Karl Barth, *Kirchliche Dogmatik*, I/1, 375. 특히 375-378까지 계속되는 각주 참조. 참고. Thomas von Aquin, Summa Theologia(이하 ST),/Thomas Gilby ed., (New York: McGraw-Hill Book Company, 1963), I. p.42 이하.

체)로 번역하였는데, 이 때문에 서방에서는 이 υποστασις가 substantia (실체), natura (본성), essentia (본질)와 유사한 의미로 받아들여졌고 그 결과 자연히 세 개의 실체를 의미하는 삼신론적 개념으로 오해될 수 있었던 것이다. 이러한 오해를 피하기 위해 서방에서는 하나님의 인격 개념이 persona로 굳어진 반면 동방에서는 υποστασις로 고정되어 전승되었다. 이 두 개의 전통이 어거스틴에게서 통합될 때 그는 자신의 삼위일체론에서 인격persona이라는 개념을 다루는 것은 피할 수 없는 필연necessitas/consuetudeo loquendi이라고 말함으로써 인간의 개념들이 하나님의 인격을 해명하는 데 해석학적 어려움을 안고 있음을 명백히 했다.[5] 어거스틴은 하나님의 삼위성이 본유적으로 구성된 것이라면 그 삼위성으로부터 한 분 하나님의 인격을 이해하는 것은 정말 어려운 일이라고 지적했던 것이다. 이 모든 어려움에도 불구하고 굳이 성부, 성자, 성령의 숫자 셋을 말한다는 것은 하나님의 본질이 하나가 아니라는 것을 의미할 뿐이라고 했다. 거의 같은 결론을 안셀름도 내리고 있다.[6] 바르트는 이러한 연구를 통하여 삼위일체의 삼위성은 숫자 셋을 의미하는 것이 아님을 분명하게 보여준다. 그러나 서구의 역사에 심대한 영향을 남긴 것은 보에티우스의 인격 이해였다. 특히 보에티우스가 제시한 인격의 정의—"personas est naturae rationabilis individea substantia"—는 토마스 아퀴나스에게도 전달되었고, 이 개념이 삼위일체 하나님의 인격 이해에 그대로 적용될 때는 본질과 실체인 개체의 복수성을 말하게 되고 자칫하면 기독교의 삼위일체론이 삼신론으로 변질될 위험성을 가지고 있었다. 그래서 토마스는 비록 보에티우스의 인격 개념을 사용하지만 신에게 사용될 때와 인간에게 사용될 때

---

5   St. Augustinus, *De trinitate.* V.9, VII. 4

6   특히 Anselmuns, *Monol.* 38 "licet enim possim dicere trinitatem propter patrem et Filium et utriusque Spiritum, qui sunt tres, non tamen possum proferre uno nomine propter quid tres."

는 서로 유사성이 있을 뿐이지 본질적으로 일치한다고 주장하지 않았으며, 실제로 삼위일체론 안의 삼위성을 논할 때는 인격 개념의 설명이 아니라 관계 개념의 설명을 통하여 신학적인 의미에 도달하고자 하였다. 칼뱅도 어거스틴과 안셀름에 의거하여 보에티우스가 정리한 인격 개념의 정합성 여부에 대해 신학적 물음을 던질 수밖에 없었다. 19세기 이후 이 인격 개념은 더욱이 "자의식"의 문제로 변질되었고, 이처럼 자의식의 차원을 담은 인격 개념이 삼위성을 해명하는 면에서 매우 난감한 처지에 빠졌음을 바르트가 보여준다. 하나님의 인격 개념은 이제 보이티우스의 인격 개념을 전제로 서로 다른 세 개의 인격적 자아 주체성들 사이의 상호 의존적nebeneinander, miteinander, 관계적인 관점에서 이해되기 시작하였다. 그 결과 그것은 분명히 삼신론의 위험에 빠지게 되었고, 따라서 쉴라이에르마허나 스트라우스가 제시한 반反삼위일체적 결론은 필연적이었다는 것이 바르트의 견해다.

그래서 이제 삼위성으로 표현된 각 인격들 사이의 관계가 삼위일체적 하나님의 인격을 이해하기 위한 핵심 주제로 등장하는 것이다. 하지만 유감스럽게도 이 관계에 대한 토론 역시 인간 언어의 한계를 뛰어넘는 속 시원한 답변을 주지는 못한다. 이 관계의 개념을 철학적으로 어떻게 이해하는가에 따라 삼위일체 되신 하나님의 인격을 설명할 수 있다는 것은 아직 입증되지 않은 주장이다. 삼위일체의 계시의 문제가 관계 개념의 철학적 의미를 밝힘으로써 과연 해명될 수 있을까? 신학적 의미가 아직 충분히 설정되지 않은 철학적 해명이 하나님을 이해하게 만들 수 있을까? 삼위의 인격, 곧 성부, 성자, 성령의 고유한 인격은 다른 인격들과의 관계에서 생겨난 것으로서 각 인격적 주체들에게 외적으로 주어진 그만의 고유한 존재의 특성을 의미할 수 있는가 하면 (그러므로 기질로서의 관계이론은 신의 본성에 이르지 못하지만 여전히 신에 대하여 말하게 함), 아리스토텔레스의 존재 범주에 의존한 라틴계열의 신학자들은 이 관계가 본질적으로 아버지, 아들, 성령의 각 개체의 본성에 속한 '고유한 관계'로서 공동적 특성을 형성한다고 말한다.[7] 이러한 해명은 사실 단지 스토아적 혹은 아리스토텔레스적 관계 개념의 이해의 깊이를 다시 한 번 보여줄 뿐이다. 이러한 철학적 해명들이 과연 얼마나 하나님의 구원역사에 등장한 본래의 경륜사를 나타낼 수 있을지는 미지수이다. 우리는 어떤 철학적 개념을 형성함으로써 삼위일체 하나님을 이해할 수 있으리라는 기대를 버려야 할 것이다. 삼위일체를 이해하기 위한 가장 기본적인 시발점은 몇몇 개념의 철학적 해명에 있는 것이 아니라 경륜사를 통해 드러난 하나님의 자기계시에 대한 정확한 이해일 것이다.[8] 이 작업은 과연 이 경륜사의 하나님 이해가 소위 내재적 삼위일체로 표현되어 온 본질적 하나님과 구분되는, 인간의 역사 속에 주어진 이차적이며 열등한 형태의 하나님 지식인지, 아니면 그 경륜사를 증거하는 내적 증거가 하나님의 자기계시를 통해 이루어진 본

---

7   캐서린 모리 라쿠나, 『우리를 위한 하나님: 삼위일체와 그리스도인의 삶』, 97 이하. 스토아 철학에서는 관계가 존재를 이해하기 위한 또 다른 (즉 관계로서의) 고유한 본질적 범주에 속하는 반면(즉, 관계란 본성적 존재 이해에 속한 본성의 다른 측면이다), 아리스토텔레스에 의하면 관계는 우연적 성질에 속한 것이지만, 한 특별한 개체에 본질적으로 속하면서도 그 개체를 구성하는 본질적 측면(아버지란 단어가 성립되려면 반드시 (비록 우연적이지만) 아들을 포함하고 있어야 한다)을 규명하는 역할을 한다.

8   E. Jüngel, *Gottes Sein ist im Werden* (Tübingen:J.C.B. Mohr, 1966). 융엘의 이 대표적인 저작은 경륜사의 삼위일체를 하이데거의 존재이해와 연관시켜 하나님의 존재를 이해하고자 한 문제작이다. 분명한 것은 바르트의 저작을 경륜사적 특성에 의거하여 이해하고자 하는 경향이다; Christoph Schwöbel, "Introduction: The Renaissance of Trinitarian Theology: Reasons, Problems and Tasks", in *Trinitarian Theology Today*, Christoph Schwöbel(editor) (Edindurgh: T & T Clark Ltd, 1995), 1-30; 또한 같은 저자, "Christology and Trinitarian Thought", in *Trinitarian Theology Today*, 113-146, 이와 더불어 Ingolf U. Dalferth, "The Eschatological Roots of the Doctrine of the Trinity", 147-170. 쉬뵈벨은 자신의 두 번째 논문에서는 소위 역사적 예수 연구로 인하여 벌어진 삼위일체 신학의 위기상황에 대해 탐색하고 전통적인 그리스도론과 삼위일체론 사이의 관계를 논한다. 달페이트가 주장한 것처럼, 실제로 삼위일체 신학의 르네상스는 오직 종말론적 신의식에서 가능한 것이고 그것을 가능하게 한 것은 그리스도론이다. 따라서 삼위일체론은 실제로 종말론적으로 정의된 그리스도론에서 야기된 것이다. 중요한 것은 이 책의 집필에 참여한 거의 모든 저자들이 경륜사의 중요성을 얘기하고 있다는 점이다.

질적 하나님의 존재에 대한 이해인지를 판단하는 것을 포함한다. 그리고 이 경륜사와 내재적 삼위일체, 이 둘 사이의 관계성이 어떻게 형성되는지를 아는 것도 중요한 문제라고 할 수 있다. 우리들은 현재 내재적 삼위일체와 경륜적 삼위일체 사이의 일치성을 주장하는 새로운 시대에 살고 있으며, 그로부터 더 나아가 삼위와 일체성 간의 관계를 표현해야 할 하나님과 하나님 사이의 문제로 진입한 상황이다. 그런데 과연 경륜사를 통하여 확립된 하나님의 자기계시에 대한 이해가 하나님의 내적 영역 안에서 발생하고 있는 이 역동적인 관계, 즉 하나님과 하나님 사이의 관계의 문제에 대하여 어떠한 해명을 제시하는지가 핵심 과제인 것이다. 이러한 현대적 시도의 근저에 바르트의 계시 신학적 특성이 있음은 굳이 말할 필요가 없다.[9] 필자가 여기에서 주장하는 바는 그의 계시론적 삼위일체는 군주적 단일성을 주장한다는 일부 우려에도 불구하고 실상은 삼위일체 하나님의 관계적 특성의 계시적 가능성을 가장 만족스럽게 보여주고 있다는 것이다.

I-2 몰트만의 바르트 비판에 대한 우려와 실제

몰트만은 기독교 역사에서 삼위일체 하나님에 대한 교의는 기독교 초기 경륜사가 형성되던 시대 이외에는 더 이상 발전하지 못했고 그 대신 '최고 실체로서의 하나님' 개념이나 '절대 주체로서의 하나님' 개념 등이 교회사의 대부분을 점유하고 있다고 비판적으로 평가한다.[10] 그리고는 절

---

9   Stanley J. Grenz, *Rediscovering Truine God* (Minneapolis: Fortress Press, 2004) 34이하; Thomas F. Torrance, *The Christian doctrine of God: One Being Three Persons*, (Edinburgh: T&T Clark, 1996); 특히 테드 피터스, 『삼위일체 하나님』 이세형 역 (서울: 컨콜디아사, 2007)
10   J. 몰트만, 『삼위일체와 하나님의 나라』 김균진 역 (서울: 대한 기독교서회, 1982) 14. 23이하, 25이하. 몰트만의 비판은 사실 고대 교회 이후에 있었던 일부 삼위일체론 연구를 건너뛴 것이다. 여기에서 특히 그는 바르트와 더불어 시작된 새로운 삼위일체론 신학의 재발견을 폄하하고 있다. J. 몰트만, 『삼위일체와 하나님의 역사』 이신건 역 (서울: 대한기독교서회, 1998), 129이하. 이에 따르면

대 주체나 최고 실체를 배경으로 하는 전통적인 삼위일체론은 단 하나의 신적 실체 안에서 일체를 이루는 세 인격의 표상에 의존해 있다고 지적한다.[11] 이와 더불어 몰트만은 자신의 삼위일체론을 정당화하기 위해 근대의 주체의 발견이라는 새로운 형이상학적 실체 이해를 극복해야 할 대상으로 파악한다.[12] 몰트만에 따르면 전통적 삼위일체론과 근대의 형이상학적 전통 사이에는 하나의 연관관계가 형성되어 있다. 특히 '한 분 하나님에 대하여'De Deo uno, '삼위일체 되신 하나님에 대하여'De Deo trino라는 전통적 방식의 하나님 이해는 신성의 본질에 대한 오해를 강화시켰다고 한다. 즉 "신성의 본질에 대한 자연신학적 정의는 계시신학의 감옥"[13]이 되었고, 그것은 삼위일체 하나님을 제대로 이해하지 못하고 "삼위의 하나님을 한 하나님으로 환원시켜 버리는"[14] 철학적 습관을 용인하고 말았다는 것이다. 19세기 이후의 발전을 생각하면 절대 주체로서 인정되는 근대의 하나님 개념이 실제로는 세 분 하나님의 관계가 아니라 한 분 '하나님의 자기관계와 자기 중재'라는 개념으로 전개[15]되었다는 것이 몰트만 비판의 핵심이다.

이러한 비판은 매우 정당하다. 그런데 우리가 여기에서 다루어야 할 몰트만의 주장에는 중대한 오해가 전제되어 있다. 몰트만이 그릇된 신론을 형성한 대표적인 인물이 바르트라고 말하는 점이다. 하지만 정작 몰트만

몰트만은 절대주체는 정치적 의도와 연관이 있다. 아리우스나 성령주의자들의 주된 관심은 군주론적 일신론에 있었다는 것이다.

11 J. 몰트만, 『삼위일체와 하나님의 나라』, 30.

12 위의 책, 25이하.

13 위의 책, 30.

14 위의 책, 30. 특히 헤겔 이후 기독교의 삼위일체는 절대 주체라는 보편적 개념으로 표현되고 '한 주체, 세 존재양식'으로 변화되면서 절대자의 자기전달만이 문제가 되어 그러한 관점에서 삼위일체론적 인격의 개념이 포기되었다는 것이다.

15 위의 책, 31.

의 정당한 비판을 가능하게 한 삼위일체론의 부흥은 바르트로부터 왔다는 사실을 기억해야 한다. 그렇기에 우리가 여기에서 몰트만의 바르트 비판을 철저히 다루는 것이 중요하다. 왜냐하면 이 몰트만의 비판과 그 비판에 대한 평가가 있어야만 몰트만과 사회적 삼위일체에 대한 정당한 이해가 가능하기 때문이다.[16] 첫째, 몰트만에 의하면 바르트 신학은 잘못된 전제를 가지고 있다. 즉, 절대 주체의 사고를 갖고 있다는 것이다. 그리고 이를 증명하기 위해 도르너의 존재양식 개념이 바르트에게 건너왔다는 사실을 지적한다. 그러나 몰트만의 주장대로 도르너의 존재양식 개념과 바르트가 연관되어 있다 할지라도 바르트의 주장과 도르너는 상당한 차이가 있음은 간과할 수 없는 사실이다.[17] 둘째, "신약성서는 세계를 향하여 개방된 아버지와 아들과 성령의 사귐의 관계를 선포함으로써 하나님에 대하여"[18] 말한다는 그의 주장은 사실 성서를 계시의 관점에서 볼 때에만 가능하다. 즉, 경륜사를 내적 삼위일체의 문으로 만드는 작업이 전제되어야 한다. 그리고 그 작업을 바르트의 계시론이 한 것이다. 따라서 그의 바르트에 대한 비판은 실제로 몰트만이 매우 허약한 해석학적 근거를 갖고 있음을 보여준다. 한편으로는 바르트를 인정하지만 다른 한편으로는 바르트의 해석이 잘못된 전제를 가지고 있다고 말하면서 스스로 자신의 해석학적 기반을 공격하기 때문이다.[19] 그리고 그가 제시한 관계론적 성서해석은 실

---

16 이와 관련해서 우리는 몰트만의 삼위일체론이 실은 바르트적 계시의 삼위일체론에 근거해 있으며 또한 그것에 의하여 보완되어야 하는 가설을 갖고 있음을 알아야 한다.

17 도르너는 하나님의 존재를 자유 안에서 사랑하는 존재로 이해한다. 이는 바르트의 신(神)존재 이해와 유사한 점이라고 할 수 있다. 하지만 실제로 바르트는 도르너에 대하여 매우 비판적인 입장을 취하고 있는 것으로 알려져 있다. 그것도 바르트가 도르너가 설정한 철학과 신학 사이의 관계성을 비판했다는 것은 많은 것을 시사한다. 참고. 이상은, "신학적 윤리와 철학적 윤리의 관계에 대한 바르트의 입장; 윤리학 강의(Ethik, 1928) 서론을 중심으로", 2012 한국 칼바르트 학회 제1차 정기학술발표회(2013.3.10., 장신대학교).

18 J. 몰트만, 『삼위일체와 하나님의 나라』, 86.

19 위의 책, 84. 그는 바르트의 대답, 즉 성서가 하나님 말씀에 대한 증언이라는 것을 받아들여야 한

제로 그가 제시한 삼위일체적 관계성을 특별히 반영하지 않는다. 다만 그의 주장이 덧붙여진 것임을 보여줄 뿐이다. 마지막으로, 바르트가 성령을 개별적인 인격으로 다루지 못하고 단지 아버지와 아들의 개방의 능력으로만 이해하고 있다고 하면서[20] 그의 삼위일체론을 실패작으로 평가하는 점이다. 하지만 이러한 바르트의 성령론 평가가 과연 정당한 것인지 여부는 좀 더 신중하게 접근해야 한다. 비록 바르트가 일차적으로 성령을 계시의 인식과 연관시켜 논하지만 성령께서 성부와 성자와 구분된 전혀 다른 하나님 자신이심을 부정한 적이 없다.[21] 필자가 이 서론적 고찰을 마감하면서 지적해야 할 점은 몰트만의 고유한 사고방식이 바르트의 삼위일체론의 본질적 주장, "곧 예수 그리스도 안의 역사적 사건들이 하나님의 본질적 삶을 형성한다"는 주장을 따르고 있음을 보여줄 뿐이라는 것이다.[22]

II 삼위일체 교리의 표현으로서
'한 실체 안의 세 인격'의 의미와 역사적 발전

소위 관계적 삼위일체론의 주장은 그 기원을 카파도키아 시대에서 찾을 수 있을 것이다. 하지만 그들이 말한 삼위의 상호관계가 오늘날 우리가 관계적 삼위일체라고 부르는 것과 완전히 일치하는지는 좀 더 신중하

다면서도 실제로는 바르트가 비판했던 바를 그대로 받아들이고 있다. 즉 "하나님은 파괴될 수 없는 단일성 가운데 계시자와 계시와 계시의 능력"이라고 한다. 그리고 "교회의 삼위일체론은 주님 되신 하나님의 자기계시에 대한 올바른 해석이다"라고 말한다. 그러면서도 몰트만은 삼위일체가 과연 해석에 불과한 것이냐고 묻고 있다.

20 위의 책, 176. 그래서 바르트의 삼위일체론이 실은 이위일체론이라고 말한다. J. 몰트만, 『삼위일체와 하나님의 역사』 128이하.

21 Karl Barth, *Kirchliche Dogmatik* I/1 (Zürich: Theologischer Verlag Zürich, 1987), 481이하.

22 테드 피터스, 『삼위일체 하나님』, 이세형 역 (서울: 컨콜디아사, 2007). 경륜적 삼위일체가 종국에는 내재적 삼위일체의 존재형태의 기본이 되어야 한다는 것을 논증한 논문, 황돈형, "삼위일체론의 인격 개념에 대한 이해와 전망"을 참고하라. 황돈형, 『바르트와 포스트모던』 (서울: 한들출판사, 2004), 77이하.

게 검토해야 한다. 그리고 이를 보다 정확하게 이해하기 위해 우리는 삼위 간의 상호관계를 더 깊이 신학적으로 표현하고자 창안했던 교회의 핵심표어, "한 실체와 세 인격(Una Substantia, tres Personae ; 그리스 교부들의 표현은 mia ousia, treis hypostases)"의 내용을 좀 더 자세하게 연구할 필요가 있다. 린하르트에 의하면, hypostasis와 ousia라는 개념에 대해 3-4세기 신학자들조차 정확한 정의를 내리기보다는 단지 필요한 만큼의 상호 비교를 통해서 그 의미를 추구하려 하였고,[23] 이미 바실 스튜더 Basil Studer가 말한 것처럼 'One Ousia in Three Hypostaseis'라는 형식은 흔하거나 이미 잘 알려진 것이 아니었다고 한다. 이 교리적 표현의 역사를 살펴보면 다음과 같은 것을 발견하게 된다. 먼저 ousia와 hypostasis는 거의 동의어로 쓰였다는 점이다. 4세기 그리스 문화에서 실체를 가리키는 단어들인 ousia(ουσια), hypostais(υποστασις), uepakis(υπαρξις). ειναι, υφιστασθαι, υπαρχειν 등은 각각 동사의 형태로 사용되었다. 확실히 4세기 무렵까지는 이 세 개의 단어들이 동의어로 쓰였던 것을 알 수 있다.[24] 하나의 증거를 들자면, 사르디카 공의회에 참여한 서방교회들이 한 hypostais라고 쓰기도 했다는 점이다. 50년 뒤에야 제롬이나 살라미스의 에피파니우스도 이 두 단어를 동의어라고 말하고 있다. 또한 우리가 알아야 할 중요한 점은 동일본질이 지닌 의미의 변천이다. 호모오시우스 (homoousios : 동일본질/아버지와 아들의 동일본질)[25]라는 단어가 아타나시

---

23 Joseph T. Lienhard, sj, "Ousia and Hypostasis: The Cappadocian Settlement and the Theology of 'One Hypostasis'", in *The Trinity: An Interdisciplinary Symposium on the Trinity, Stephen* T. Davis et al. (Oxford: Oxford University Press, 1999), 103.

24 캐서린 모리 라쿠나, 『우리를 위한 하나님: 삼위일체와 그리스도인의 삶』 66이하; 또한 Basil, Ltters, XXXVIII: 1-3, NPNF, 2d Series, VIII: 137 이하 참고.

25 M. J, Erickson, *God in Three Persons* (Grand Rapids: Michigan, 1995), 82; J. Pelikan, *Christian Traditions, Vol. 1: The Emergence of the Catholic Tradition (100-600)* (Chicago University Press: Chicago) 203이하. 호모오시우스는 아타나시우스보다 호시우스가 황제를 설득

우스 때는 주요 단어도, 매우 중요한 역할을 하는 단어도 아니었다. 357년 시르미움에서 열린 비정통적인 회합에서 이 '호모오시우스'가 다루어지는데, 당시 이 단어를 사용했던 본래의 의도는 동일본질이 기독교의 삼위일체를 표현하는 단어로서는 적절하지 않기 때문에(이는 세 분 하나님 사이의 본질적 동일성을 비판하는 것을 의미한다) 그것의 사용을 금지하고자 했던 것이다. 이처럼 이단적 성격의 시르미움 회의에 비해 정통주의자들은 오히려 호모오스우스를 강조했던 적이 있지만 여전히 앙키라 회의(359)에서조차 hypostasis와 ousia는 동의어로 사용되고 있었다.[26]

그런데 이러한 상황이 바뀌기 시작한 것은 마리우스 빅토리우스[Marius Victorinus]부터이다.[27] 그는 360여 년경 어떤 그리스 신학자들은 "한 ousia로부터 세 hypostais"라는 공식을 사용한다고 소개하면서 그 역동성을 염두에 두기 시작했다. 그리고 362년에 열린 엘렉산드리아 회의에서 가이사라의 바실이 ousia와 hypostasis를 구분하는 첫 번째 신학적 작업을 수행하게 된 것이다.[28] 그리고 새로운 형태의 구분은 오이노미우스[Eunomius of Cyzius]때문인데, 오이노미우스가 αγεννησια(즉, 비출생)이 아버지의 본질이라며 이는 성자에게 적용될 수 없기 때문에(성자는 태어남의 존재양태를 가짐) 성자는 신이 될 수 없다고 주장했던 것이 발단이 되었다. 이에 반해 바실은 아버지와 아들 사이에는 차이가 있음을 받아들여야 하고, 그렇기에 각자 신적 실체 안에서의 고유한 특성을 인정해야 한다고 주장하기 시작

한 결과로 니케아신경 안에 자리 잡게 되었다

26 Joseph T. Lienhard, sj, "Ousia and Hypostasis: The Cappadocian Settlement and the Theology of 'One Hypostasis'", 앞의 책, 104.

27 Joseph T. Lienhard, sj, "Ousia and Hypostasis: The Cappadocian Settlement and the Theology of 'One Hypostasis'", 앞의 책 104. 참고. Marius Victorinus, *Adversus Arium* 2,4; 3,4.

28 Joseph T. Lienhard, sj, "Ousia and Hypostasis: The Cappadocian Settlement and the Theology of 'One Hypostasis'", 앞의 책, 105; Basil, *Contra Eunomium* 2, 28.

한다. 그 결과 비출생이라는 고유한 신적 본질의 특성은 오로지 아버지에게만 적용되는 아버지의 고유성이라고 말하면서, 다른 두 신성들, 곧 아들과 성령에게 이 비출생의 고유한 특성이 적용될 수 없다는 것이 기독교 신앙과 일치한다고 주장한 것이다.[29] 그리고 결국 373년에 에우스타티오 Eustathius of Sebaste에게 보낸 편지에서 hypostasis와 ousia가 구분된다고 주장했다. 이와 동시에 바실은 사벨리우스주의에 대항하여 사벨리우스주의자들이 hypostasis와 ousia를 같은 의미로 사용하는 것은 잘못이라고 말한다. 또한 신新아리우스파는 바실이 성자가 그의 본성hypostasis 안에서 아버지와 존재론적으로 하나라고 주장했다고 비난하지만(ομοουσιος κατα την υποστασιν), 정작 바실은 아버지와 아들과 성령의 한 hypostasis을 말하면서 prosopon 사이의 구분을 가르치지 않는다면 정말 사벨리우스주의에 빠지고 만 것이라고 대답한다.[30] ousia는 아버지와 아들과 성령의 hypostasis에 대하여 공통된 본질이지만, 아버지와 아들 그리고 성령은 각각 자신의 고유한 hypostasis를 가진 것으로 인정해야 한다는 것이 바실의 주장이다. 그리고 아버지와 아들의 관계는 동일본질의 관계이며, 아버지와 아들 그리고 성령은 또한 똑같이 각각 자신의 고유한 실체hypostasis를 가지고 있다고 주장했다. 니지아누스의 그레고리 Gregory von Nazianus와 니사의 그레고리 Gregory von Nyssa는 이 통찰을 더욱 확장시켜 "한 본성과 세 실체 one nature and three hypostases: Gregory von Nazianus"라고 하든지 "hypostasis가 개별자들에게 정당한 것to idios legomenon이라면 ousia는 공통적이며 모든 것을 포괄하는 것을 의미한다고 주장했고, 그 결과 오늘날 '한 본질의 세

---

29 캐서린 모리 라쿠나, 『우리를 위한 하나님: 삼위일체와 그리스도인의 삶』.

30 Joseph T. Lienhard, sj, "Ousia and Hypostasis: The Cappadocian Settlement and the Theology of 'One Hypostasis'", 앞의 책, 105.

인격'이라는 전형적인 삼위일체론적 이해가 가능하게 된 것이다.[31]

지금까지의 설명으로 분명해진 점은 다음과 같다. 1) 소위 세 위격에 대한 다양한 견해는 성서의 증언을 직접 반영한 결과라기보다 당시 이단으로 등장했던 아리우스파와 사벨리우스파의 오류를 막으면서 예수 그리스도를 하나님으로 인정하는 경륜사적 하나님 존재의 이해를 전개하는 과정에서 발생한 것임을 알 수 있다. 2) '한 본질과 세 실체'라는 견해조차 사실은 카파도키아 신학자들도 그리 흔히 사용하던 것이 아니었다는 사실이다. 삼위일체의 일치성과 삼위성을 표현하기 위해 매우 다양한 개념들이 제시되었다는 것이 고대 교회 역사의 증언이다. 3) 교회전통을 살펴볼 때 삼위의 사회성보다는 삼위의 일치성에 대한 논의가 더 뿌리 깊은 주제로 남아 있다. 4) 삼위일체적 진술, 하나님은 세 분이시며 또 한 분이시라는 것은 신비의 경륜을 나타내는 것으로 받아들여야 한다. 즉 부정신학적 특성이 가미되어 있었다. 5) 삼위를 나타내는 용어인 hypostasis 자체도 두 가지 형태의 어근을 갖고 있으므로, 즉 근원적 실체라는 의미와 현실적 개체적 실체라는 의미도 갖고 있으므로 이로부터 어느 특정한 형이상학적 의미만을 주장할 수는 없다.[32] 6) 하지만 매우 중요한 것은 그 상호성이 관계성이든, 아니면 사회성이든 간에 위격의 일차적 중요성은 신앙적 진리를 수호하는 데서 찾을 수 있다는 점이다.

---

31 Joseph T. Lienhard, sj, "Ousia and Hypostasis: The Cappadocian Settlement and the Theology of 'One Hypostasis', 앞의 책, 105-107. 이에 상대하는 이단적 움직임으로는 Eunomius가 있었고, 좀 애매하지만 초대교회에서 상당한 영향력을 끼쳤던 Marcellus의 Miahypostatic theology도 이 사태와 연관해서 주요한 단초를 제공한다.

32 Joseph T. Lienhard, sj, "Ousia and Hypostasis: The Cappadocian Settlement and the Theology of 'One Hypostasis', 앞의 책, 105-107. 120-121.

III 바르트의 삼위일체론: 계시론적 관계의 삼위일체론

III-1 바르트 삼위일체론의 전경: 경륜사와 계시론의 통합으로서의 삼위일체

바르트의 삼위일체론을 단일군주론의 형이상학적 전통이나 의식철학적 전통에서 보려는 것은 과연 정당한가? 우리는 서론에서 바르트에 대한 몰트만의 비판을 검토했다. 그 가운데 다른 모든 질문들의 토대가 되는 핵심적인 의문은 바르트의 기본 구조가 과연 독일 관념론의 영향 때문에 있을 수 있는가 하는 것이다. 많은 사람들은 '하나님이 자신을 주$\pm$로 계시하신다'라는 바르트의 문장에 전제된 것처럼 보이는 정신의 능동성을 신학적 계시 개념에 적용하고 있다고 바르트를 비판한다. 하나님의 자기전달이 모든 것의 핵심이 되고 그 전달은 근본적으로 피이테나 헤겔과 같은 입장에서 주어진 것이라고 말하는 것이다. 우리는 이 비판과 질문을 보다 근원적으로 이해하기 위해 먼저 그의 삼위일체론이 차지하고 있는 위치부터 생각해보아야 한다. 그는 삼위일체를 신학의 서론부에 두었다. 이는 몰트만이 비판하듯이 바르트의 이 명제는 철학적 전통에서 온 것이 아니라 성서의 이해로부터 왔음을 보여준다. 신학적 언어의 근거와 인식의 가능성을 찾는 성서적 계시 개념의 확증에서 삼위일체론을 다루고 있는 것이다. 바르트가 그렇게 하는 이유는 소위 경륜사적 삼위일체와 내재적 삼위일체를 구분한 오랜 전통을 거슬러 다시 원초적인 교회 공동체의 신앙적 현실로 돌아가기 위해서, 즉 삼위일체론의 심오한 본래적 성격을 다시 회복시키기 위해서다. 실제로 많은 신학자들이 지적하는 것처럼, 카파도키아의 신학은 경륜적 삼위일체와 내재적 삼위일체를 구분지어 다룸으로써 삼위일체라는 새로운 기독교적 신^{神}개념을 교리적으로 정립할 수 있었지만, 동시에 삼위일체 신학이 다른 모든 신학적 현실로부터 유리되어 결국 고사될 수 있는 위기를 가져온 것도 사실이었다.[33] 그런데 바르트는 이제 그 오래된 굴레를 벗어날 수 있는 계기를 마련하고자 하였고, 그 시도는 매우 성공적이었다. 이러한 그의 노력이 빛을 발하게 된 것은 무엇보다도 그의 신학적 계시 이론 때문이었다. 그의 계시 이론은 스스로 밝히듯이, 성서가 제시하는 메시지의 현실을 그대로 우리의 존재 이해의 근거로 삼을 수 있음을 보여준 새로운 것이었다. 현상학의 무전제의 사유가 주장하는 대로 존재와 존재의 의미를 그 시원적 지평에서 발생론적으로 새롭게 발견하는 것을 바르트는 이 성서적 계시 이론 속에서 찾고 있으며, 그것을 귀납적으로 내부 분석명제처럼 이해함으로써 삼위일체론과 연관시킬 수 있었던 것이다.[34] 비록 그가 말하지는 않지만 바르트의 이러한 계시 개념의 이해는 그 계시가 이미 스스로 우리 안에 실현되어 있으며 또한 지금도 일어나고 있고 앞으로도 일어날 것이라는 발생론적 특성을 자신 안에 간직하고 있음을 분명히 한다. 신학적으로 말하자면 이는 종말론적 사건인 것이다.[35] 이는 아마도 언어학적 견지에서 보면 이미 발설된 그 언어적 진술의 사건이 성취되고 있음을 보여주는 화용론적 언어 이해 illutionary와 일치하고 있음을 보여주는 것이며[36] 해석학적 관점에서 보면 전형적인 존재-발생의 타자론

---

33 카파도키아 신학자들의 공헌과 그들의 한계점에 대한 여러 학자들의 지적은 이 점에서 일치하고 있다. 실제로 최근에 제시된 "경륜적 삼위일체가 내재적 삼위일체이고 내재적 삼위일체가 경륜적 삼위일체"라는 새로운 신학적 해석은 이러한 상황을 반영하고 있다. 이를테면 가장 대표적으로 Karl Rahner, *Trinity* (New York: Herder & Herder, 1970), 21를 들 수 있고, 같은 논조를 가진 테드 피터스, 『삼위일체 하나님』, 20도 들 수 있다.

34 M. J, Erickson, *God in Three Persons*, 115이하.

35 삼위일체를 존재론적 지평에서 보려는 거의 모든 새로운 해석들은 종말론적 시간의 특수성을 예고하고 있다: 참고. Robert Jenson, "The Truine God", in *Christian Dogmatics* by Carl Braaten et. al (Philadelphia: Fortress Press, 1984)155이하; 또한 Carl Braaten, *The Future of God* (New York: Harper & Row, 1969); J. 몰트만, 『삼위일체와 하나님의 나라』, 161. 그리고 이러한 해석들은 모두 바르트의 견해와 유사하다.

36 J. L. Austin, *How to do Things with Words?* (New York; A Galaxy Book, 1965). 어스틴은 locutionary-illocutionary-perlocutionary로 구분하면서 언어가 가진 화용론적 이해를 전개

적 계기로 파악될 것이다. 그리고 신학적으로 볼 때, 모든 것의 기원을 경륜사적 계시의 현실성에서 찾고 있는 파격 그 자체라고 할 수 있다. 이 경륜사적 계시는 몰트만이 지적하듯이 바르트가 후대에 들어서야 하나님과 인간 사이의 계약적 관계의 관점을 빌어서 해명하는 것이 아니라 아주 처음부터 역사적 그리스도를 향한 모든 경륜적 발전을 충실하게 따름으로써 이루어졌던 것이다. 계약은 이미 미래의 종말을 향하면서 또한 종말로부터 다가오는 것이었다.[37] 그의 성서적 계시 이해는 철저하게 지금 주어진 하나님의 약속의 미래로부터 이해될 수 있는 것이었고, 그렇게 미래중심의 패러다임을 통하여 새로운 역사의 미래를 그리스도 안에서 볼 수 있었다. 또한 해석학적 입장에서 그의 계시 이해를 살피자면, 그것은 모든 것을 새롭게 형성하면서 나타내는 존재 발생론적 진술인 것이다. 또한 그것이 갖고 있는 명증성과 확실성은 성령께서 그것을 완성시킨다는 의미에서 종말론적이며 성령론적 계시 개념이라고 할 수 있다. 바르트는 이를 존재유비에 대비하여 신앙의 유비사건으로 설명하고 있다. 이러한 언어적 이해를 바탕으로 볼 때 바르트의 계시 개념과 삼위일체론은 하나님이 가져오신 새로운 구원의 현실을 이해하도록 하려는 신학적 해석학의 완성이라고 할 수 있다. 그것은 바르트가 몰트만이 보기보다 훨씬 더 성서적인 패러다임을 신학의 인식론적이며 존재론적 기반으로 삼고 있다는 사실을 증명해준다.

하고 있다. 사실 이러한 바르트의 언어론은 기호론적 전승보다는 영미의 화용론적 언어 이해속에서 등장하는 언어와 실재의 관계에 상응한다고 할 수 있다. 이와 더불어 John R. Searle, *Speech-Acts: An Essay in the Philosophy of Language* (Cambridge: Cambridge University press, 1969)를 보라.

37 Karl Barth, *Kirchliche Dogmatik* III/1; II/1 etc (Zürich: Theologischer Verlag Zürich, 1987),

a) 자기 반복의 계시로 확인된 하나님의 자기동일성: 삼위일체

바르트에 의하면 계시에 대한 질문은 계시의 주체에 대한 질문, 곧 하나님에 대한 질문으로 이해되어야 한다.[38] 하나님이 자신을 계시하시는 것에서 그 계시의 가능성을 찾기 때문이다. 하나님이 계시의 주체이기 때문에 계시에 대한 탐구는 사실 그 주체에 대한 탐구와 연관되어 있다고 바르트는 말하면서, 이를 세분하여 다음과 같이 구분하고 있다. 첫째, 자신을 계시하시는 하나님은 누구인가? 둘째, 하나님이 자신을 계시하시는 일은 어떻게 일어나는가? 셋째, 거기에서 어떤 효과를 거둘 수 있는가?[39] 바르트는 이 세 가지 질문이 따로 구분되지 않고 하나로 연결된 질문이라는 것을 강조한다. 하나님의 자기계시는 바르트에 의하면 두 가지 측면을 갖고 있다. 먼저 바르트는 계시와 관련된 신적 측면과 더불어 그 계시가 인간들 안에서 체험되는 객관적인 사건이라는 의미에서 계시의 인간학적 측면을 인정한다. 계시는 하나님과 연관되어 있는 동시에 인간과도 연관되어 있다는 것이다. 이처럼 신적 지평과 인간적 지평이 공동으로 관계하고 있는 공동성은 쉴라이에르마허를 비롯하여 다른 해석학적 관심을 더 우선적으로 생각하는 신학자들처럼 또 다시 어떤 추상적이며 해석학적인 원리로 환원되어서는 안 된다는 생각이 바르트를 지배하고 있다. 그러므로 바르트는 이 해석학적 공동성을 자기를 계시하는 계시자, 그의 계시사건, 그리고 그 계시의 구체적 인간적 체험 안에서 드러나는 계시 존재라는 삼중적 연속성에서 일어난 단일성의 사건에서 찾고자 한다.[40] 이 단일성이란 다름 아니라 그 계시 사건을 일으키는 하나님의 영원한 단일성을 의미한다.

---

38 Karl Barth, *Kirchliche Dogmatik* I/1 311이하
39 Karl Barth, *Kirchliche Dogmatik* I/1, 311.
40 Karl Barth, *Kirchliche Dogmatik* I/1, 315.

이는 매우 중요한 의미가 있는데, 계시의 존재 사건이 다름 아닌 하나님의 자기계시 사건으로 형성된다는 의미이다. 이제 하나님의 계시사건과 하나님의 계시를 포함하여 이 세계의 모든 의미를 해명하는 가장 원초적 존재 사건의 해답을 위한 본래적 지평이 해석학 이전의 생성-관계로서 주어지고, 그렇게 계시의 양 측면에 대한 질문과 더불어 이 계시의 주체와 그 계시됨 그리고 계시의 효과에 관한 세 가지 형태의 질문에 대한 구체적이며 궁극적인 대답에서 명료화된다고 본 것이다. 그리고 이 모든 노력이 삼위일체론으로 귀결된다고 바르트는 말한다.[41] 우리가 성서에서 자신을 계시한 하나님에 대한 정확한 해명을 추구하면 결국에는 삼위일체의 이해에 이르게 된다고 말하는 것이다. 이런 면에서 바르트의 삼위일체론은 철저하게 계시론적 삼위일체론이라고 말할 수 있다.[42] 바르트에 의하면 우리가 성서에서 만나는 하나님은 자신을 계시하는 계시자이고 동시에 그 계시의 일어남을 가능하게 하고 그 지평 자체를 열어주는 계시-사건이며, 마지막으로 우리와 더불어 하나가 되어 우리 안에서 다시 자신의 본체를 찾으시는 자기 밖의-하나님으로서 하나님의 영원한 자기동일성의 반복된 사건인 것이다.

---

41 Karl Barth, *Kirchliche Dogmatik* I/1, 314.

42 참고. 캐서린 모리 라쿠나, 『우리를 위한 하나님: 삼위일체와 그리스도인의 삶』, 이세형역 (서울: 대한기독교서회, 2008), 310이하, 특히 330이하. 그리고 이를 삼위일체론 안에서 하나의 공통의 문제로 풀어가려고 한다. 이러한 태도는 사실 삼위일체론이 경륜사로부터 구분되어 내재적 삼위일체라는 존재론적 개념 위주의 사유체계로 변모함으로써 실제로 삼위일체론이 적용되어 실제적인 효과를 나타내지 못하고 그냥 추상적인 이론적 지식으로만 남아 있다고 주장하는 라쿠나의 주장을 그녀보다 앞서 지적하는 것이며, 그 가톨릭 신학자보다 바르트가 더 정확하게 내용을 이해하고 있음을 보여주는 것이다. 그렇다면 실제로 그런 신학이 주어져 있는가? 과연 바르트는 그의 신학적 틀 속에서 신학 전반의 체계에 구성적 원리로 작용할 수 있는 신학적 발전을 성취하였는가? 만일 바르트가 이러한 특성을 제시할 수 있었다면, 그것은 그의 삼위일체론이 사회적 삼위일체냐, 혹은 주체론에 의지한 의식철학의 잔재를 갖고 있는 삼위일체냐의 문제가 아니라, 더 근원적으로 이 문제에 접근해야 한다는 것을 보여준다. 이를테면, 사회적 삼위일체론은 성서적인 것이 아닐 수 있다.

b) 하나님의 자기 계시의 종말론적 성격: 하나님의 경륜사적 타자성 지향

바르트는 이 내용을 채우기 위해 뒤에서부터 거꾸로 답변을 구해야 한다고 말한다. 먼저 하나님이 무엇을 어떻게 우리에게 일하셨는지를 보여준 뒤에야 그분이 어떻게 무엇을 행하셨는지를 알 수 있고, 마지막으로 하나님이 누구신지를 알게 된다는 것이다. 그렇다고 해서 또 바르트가 이렇게 계시를 받아들이는 인간 편에서 찾을 수 있는 계시의 하나님과 그 인간의 수용을 넘어서는 그리고 그 수용을 가능하게 하는 하나님을 구분하지 않겠다는 것은 물론 아니다.[43] 바르트는 인간이 경험하는 하나님과 그 경험 너머에 계신 하나님을 분명하게 구분하고 있다. 단지 바르트가 여기에서 추구하는 방식은 자기 자신 안에 계신 하나님을 본래 자신의 고유한 영역 속에 남아 계신, 알려지지 않은 그 무엇과 같은 무명의 신성처럼 대해서는 안 된다는 사실을 지적하는 것이다. 그 대신 바르트는 인간들이 경험하는 하나님과 관련하여, 하나님이 자신을 나타내신 그 계시가 인간들에게는 소위 내재적 하나님의 실체를 의미한다고 말하는 것이다.[44] 바르트의 이러한 어법은 분명 바르트가 말하고자 하는 바와 상충되는 것임을 알 수 있다. 바르트는 실제로 이 둘 사이의 관계, 내재적 하나님과 외부에서 우리가 경험하는 하나님 사이의 관계를 단절로 보지 않고, 그렇다고 해서 하나의 혼동으로 보지도 않는다. 그는 이 둘 사이의 관계를 완전한 일치관계로 설명하지 않지만 그렇다고 해서 불일치하는 이중적인 관계로 보지도 않는다. 이 둘은 하나이면서도 방향이 다르다는 것을 의미한다. 그래서 바르트는 동일한 본질의 한 하나님이 다른 방식으로, 그리고 다른 지평에서 이루어진 또 한 번의 자기 반복이라고 말할 수 있다는 것이다. 왜냐하면 계시란 바르트에 의하면, 하나님의 본질에 상충되는 어떤 마이너스적 요

---

43 Karl Barth, *Kirchliche Dogmatik* I/1, 314.

44 Karl Barth, *Kirchliche Dogmatik* I/1, 315; 참고 E. Juengel. *Gottes Sein ist im Werden*

소가 아닐 뿐만 아니라 반대로 하나님께서 자신을 우리에게 허락하신 완전하고 온전한 자기 자신에 대한 정확한 자기-기술이기 때문이다.[45] 이 하나님은 자기 자신일 뿐 아니라 자신을 나타내신 자기 계시[sein Sich-Offenbaren]인 것이다. 더 나아가, 그분은 단지 그 자신만이 아니라 인간을 만드신 바로 그 자신이다. 이러한 하나님의 존재 해명이 삼위일체적 관계로 형성된다는 것은, 앞에서 지적한 것처럼 우리에게 자신을 계시하시는 하나님은 계시자-계시사건-계시됨의 삼중적 차이 속에 존재하는 동일하신 한 분 하나님의 자기 반복의 운동[46]이며, 이 하나님의 절대적인 자기계시의 행동은 차이와 다름을 전제로 한 타자론적 유비적 관계로 형성된다. 계시자-계시사건-계시됨은 어떤 추상적인 논리 전개나 동어반복의 폐쇄적인 내적 순환을 의미하는 것이 아니라, 밖으로 나가서 자기 바깥의 타자성을 지향하고 타자성의 원천으로서 자신이 드러나는 그런 사건을 의미한다. 최초의 존재-사건은 타자의 발견이며, 이 타자의 발견은 하나님의 자기계시 속에서 종말론적으로 성취되는 것이다. 그래서 바르트는 이 계시사건을 삼위일체의 뿌리로 해석한 성서의 경륜사를 통해서 그것을 이해하고자 하는 것이다.[47]

---

45 Karl Barth, *Kirchliche Dogmatik* I/1, 315. "Die Frage Wer ist der sich offenbarende Gott?" findet jedesmal auch in dem, was…zu hören bekommen, ihre uneingeschränkt vollständige Antwort." 바르트는 여기에서 제한 없이 온전하고 완벽한 답변을 얻는다고 말한다.

46 Karl Barth, *Kirchliche Dogmatik* I/1, 324. "Der, den die christliche Kirche Gott nennt und als Gott verkündigt, also der Gott, der sich nach dem Zeugnis der Schrift offenbart hat, ist *in unzerstörter Einheit derselbe, aber auch in unzerstörter Verschiedenheit dreimal anders derselbe.*"

47 Karl Barth, *Kirchliche Dogmatik* I/1, 324. 혹은 교회의 삼위일체 교의학의 언어를 빌리자면, 성부, 성자, 그리고 성령 하나님은 성서적 계시사건의 이해 속에서 그것들의 본질적 단일성 가운데 한 분 하나님이시며, 그리고 성서적 계시의 증언 속에 계신 한 분 하나님은 성부, 성자, 성령의 인격들의 다양성 가운데 존재하시는 분이다.

c) 경륜사적 계시의 해석학적 완성: 삼위일체론의 해석학

바르트는 삼위일체론을 경륜사와 연결하기 위해 우리의 신앙으로 확인되는 계시의 해석학을 하나님의 존재와 연관시켜 해결하고자 한다. 그렇기에 바르트는 자신의 삼위일체론이 신학적 방법론의 원리로서 맨 처음에 나온다는 점을 명백하게 한다. 그 뒤에 이어지는 그의 모든 설명, 즉 삼위일체론의 근원적 뿌리에 대한 논의에서 바르트는 계시의 근거가 계시 그 자체이며 하나님의 말씀의 현실적 실재가 바로 계시의 직접적인 뿌리라는 점을 강조한다. 이를 통하여 그는 계시의 궁극적 표현을 다음 한 문장으로 이해하고자 한다. "하나님은 자신을 주로 계시하셨다"Gott offenbart sich als der Herr[48]는 것이다. 바르트는 이 문장을 성서의 모든 계시의 진술들을 분석한 완벽한 분석명제로서 이해하고자 한다. 여기에서 바르트가 두드러지게 강조하는 바는 내용과 형식의 분리라는 소위 일반적인 진리 인식 안에서 찾을 수 있는 이중성을 계시-이해에서는 발견할 수 없다는 것이다. 하나님의 계시 사건은 그 자체가 완전한 하나님의 행위로서 우리에게 온전한 하나님의 자기 계시로 드러나는 것이기에, 모든 인식의 궁극적 가능성의 원인과 그 인식의 실제적 결과가 동일한 관점에서 이해되고 있다는 것이다. 그리고 이는 내용과 형식의 이중성만이 아니라 계시 이해의 보편성과 구체성의 이중성 역시 극복하는 특성을 가지고 있다는 점을 바르트는 분명히 한다. 하나님이 자신을 계시한다는 것은 자기의 행동으로 그 계시의 인식론적, 존재론적 근거를 마련해줄 뿐만 아니라, 우리가 그 궁극적인 가능성의 원천으로부터 동시에 그 행위의 결과가 도달하는 종말론적 완성을 이해할 수 있다는 것을 의미한다. 바르트는 이를 하나님이 항상 자기 안에서 새로움을 가져오시는 그분의 자유로운 행동으로 이해한다. 그래서 계

---

48 Karl Barth, *Kirchliche Dogmatik* I/1, 323.

시는 하나님의 자기충족성Selbstgenugsamkeit과 직접성Unmittelbarkeit으로 이해되는 동시에 주되심Herrschaft Gottes의 원형적 사건으로 이해되기도 하는 것이다.[49] 그것은 우리를 하나님 자신의 대화 상대로서, 대상자로서 구상하고 이를 현실화시키는 영원한 하나님의 자유이기도 하다고 말한다. 하나님이 이렇게 우리와 더불어 그 하나님의 자유 안에서 대화적 동시자Mitunssein가 되셨다는 그 사건이 바로 계시의 출현, 계시 사건의 등장이라고 말하는 것이다.[50] 바르트의 이러한 계시 사건의 해명은 계시를 이해하려면 그 인식의 시원성 뿐만 아니라 그 시원성에서 밝혀지는 하나님의 타자성을 보다 원초적 가능성으로 이해할 수 있게 하는 현상학적 특성을 가지고 있으며, 더욱이 이제 이 타자성의 원초적 계기가 우리의 삶과 역사 속에서 해석학적 특성으로 표현될 수 있는 존재와 인식의 연속적 계기를 가능하게 한다는 것을 보여준다. 하나님은 모든 계시의 근원이면서 그 계시의 실행이고 우리와 더불어 그 계시의 종말론적 완성으로 나타난다는 것이다. 그 하나님의 전능하신 자유 안에 우리는 동시적 타자로 참여하면서 그분과는 구분되고, 구분되면서 다시 하나님의 세계 안으로 이끌려 들어간 은총의 대상이라는 점이 그 특징이다. 놀라운 것은 이렇게 이해된 계시 사건의 현상학적 그리고 해석학적 특성을 삼위일체적으로 표현하고 있으며, 삼위일체 안에서 그 사건의 원형적 근거를 확실하게 수렴하고 있다는 것이 바르트의 특징이다.

　여기에다 바르트는 놀라운 해석을 덧붙이고 있다. 삼위일체론이 바로 이 계시 사건의 분석적 명제와 단순히 일치할 수는 없다는 것이다. 이는 삼위일체가 바로 이 계시-사건의 분석적 명제를 다시 한 번 해석학적으로

49　Karl Barth, *Kirchliche Dogmatik* I/1, 324.

50　Karl Barth, *Kirchliche Dogmatik* I/1, 324.

분석한 메타적 언어이기 때문이라고 한다.[51] 그리고 비록 성서적 계시이
해가 즉각적으로 그리고 직접적으로 삼위일체론과 일치하는 것은 아니지
만, 그럼에도 불구하고 동시에 제한된 의미에서 그 계시사건의 올바른 해
석이라는 측면에서 삼위일체론은 그 계시사건의 올바르고 적합한 이해라
고 할 수 있다.[52] 그러면서 바르트는 계시가 하나님의 자기계시라면 그 계
시를 분석적으로 이해한 기독교적 계시 개념(하나님은 자신을 주로 계시하신
다!)은 삼위일체론의 뿌리이며 정당한 해석이라고 할 수 있다고 한다.[53] 그
런 의미에서 성서적 계시 사건과 그에 의하여 형성된 성서적 계시 개념이
야말로 삼위일체가 아닌 삼위일체론의 뿌리die Wurzel der Trinitätslehre라고 말
한다. 바르트는 이제 이 계시의 해석학적 측면을 좀 더 교리사적으로 접근
하여 결국에는 삼위일체론의 관점에서 이해하도록 하기 위해서 소위 삼위

---

51 Karl Barth, *Kirchliche Dogmatik* I/1, 325.

52 Karl Barth, *Kirchliche Dogmatik* I/1, 327.

53 Karl Barth, *Kirchliche Dogmatik* I/1, 332-352 여기에서 바르트는 자신의 계시 개념을 보다
더 세분해서 계시 개념 속에 들어 있는 다양한 부분들을 철저하게 이해하고자 하며, 이를 통하여 하나
님의 존재가 바로 우리에게 계시되신 그 하나님이시라는 것을 설명하고자 한다. 계시란 그 본질상 인
간에게 은폐되신 하나님이 우리들에게 드러나게 된 하나님의 자기 드러남이라고 말하면서 다음과 같
이 설명한다. 첫째, 자기 드러남(selbstenthuellung): 하나님의 이중적 존재하심은 하나님이 우리와
함께 하시기로 하신 임마누엘 하나님의 새로움의 지평이며, 예수 그리스도의 계시 안에서 확인된 성
자 하나님의 신성은 바로 하나님의 자기계시 사건을 의미한다(338). 둘째로 그 본성상 은폐되신 하나
님(seinem Wesen nach dem Menschen unenthuellbaren Gottes); 하나님의 현존이란 언제나
현재존재하시고자 하는 하나님의 자기결정(Gottes Entscheidung)이다. 그것은 하나님이 우리에게
나타나시고자 하는 모든 형태를 하나님이 수용하고 사용하시는 것을 표현하는 것이다. 하나님 아버
지는 하나님이 성자 안에서 그 형태를 입을 때 그 형태를 입지 않은 하나님이시며, 그 아들 안에서 자
신의 신성의 능력으로 신성의 원천으로서 드러나신 분이다(342). 세 번째로, 인간들에게 분여된 하나
님의 자기 드러남(die Menschen zuteil werdende Selbstenthuellung); 계시는 역사적으로 일어
나서 하나님과 인간 사이의 실효적 관계로 형성, 발생되고 구체적인 인간에게 제시된 구체적인 관계
를 의미한다. 즉 하나님의 자기중개와 연관된 것이다. 그래서 이제 계시란 드러남-은폐됨-전달됨의
삼중적 운동(형태-자유-역사성; 부활절-수난절-오순절; 아들됨-아버지됨-성령) 안에 있는 개념이다
(351이하). 결론적으로 말하면 삼위일체론은, 바르트에 의하면, 성서적 계시 개념, 즉 예수 그리스도
께서 주님이시라는 인식이 명료화된 것이다.

일체의 흔적론^{vestigium trinitatis}[54]을 다룬다. 바르트에 따르면, 이 '삼위일체 흔적론'은 매우 부자연스러울 수 있는 것으로서 "하나님의 계시를 제외하고 그 계시 바깥에, 즉 이 세계에 있을 수 있는 하나님의 창조로부터 생겨난 구조가 삼위 일체적 하나님 개념의 구조와 어느 정도 유사성을 가질 수 있음을 지적하는 이론, 곧 피조물의 실재가 있을 수 있다는 것을 주장하는 이론이다.[55] 바르트는 여기에서 삼위일체 흔적론이 기독교의 올바른 계시 이해로 성장하지 못하는 이유는 다름 아니라 그것이 삼위일체적 계시를 정당하게 취급하지 못하고 있기 때문이라고 말한다.[56] 즉 정당한 계시이론은 삼위일체 사건에 대한 성서적 해석으로부터 발전하고, 거기에서 성취된 계시 사건으로부터 삼위일체적 하나님을 이해하게 되는 것이 진정한 삼위일체의 흔적이 되리라고 말하는 것이다.

III-3 바르트의 삼위일체 해석(1); 삼위일체의 내적 통일성의 원인으로서의
경륜사의 구성적 삼위성

a) 바르트 신학의 방법론적 전제로서의 현상학적 타자 이해:
언어의 징발로서의 신앙유비

지금까지 우리가 살펴본 대로 바르트의 삼위일체론은 기본적으로 하나님의 자기계시라는 성서적 계시 개념으로부터 나온 하나님 이해를 의미한다. 그리고 이 계시 개념을 이해하려면 우리는 칸트가 말하는 이성의 인식론적 지평뿐만이 아니라 20세기 해석학의 다양한 전제들까지 넘어서야 한다. 즉, 바르트의 계시 개념은 소위 주체중심의 철학과 그로부터 나온 의

---

54 Karl Barth, *Kirchliche Dogmatik* I/1, 352-367.

55 Karl Barth, *Kirchliche Dogmatik* I/1, 353.

56 Karl Barth, *Kirchliche Dogmatik* I/1, 364. 하나님의 계시는 해석되어야지 결코 다른 언어로부터 예증(illustriert)되어서는 안 된다는 바르트의 주장은 정당한 계시 이해와 올바른 삼위일체론이 하나로 엮여 있다는 것을 강력하게 역설한다.

식철학의 한계를 넘어서고 있다. 그러므로 바르트를 군주론적 관점이나 19세기 독일관념론에서 자라난 주체 이해에서 이해하려는 것은 처음부터 잘못된 접근이다. 예컨대, 몰트만과 판넨베르크의 바르트 비판은 초점을 잃은 것이다. 오히려 바르트가 주체와 실존이라는 19세기와 20세기 철학적 조류를 넘어서 21세기에도 아직 다 이해하지 못한 새로운 종말론적 타자론의 관점에서 신학을 전개하고 있다는 것은 이미 다양한 논문을 통하여 밝혀진 바이다. 바르트는 모든 것들을 한 구체적인 시원성에서 해명하지만 고정 관념이 아니라 존재 발생론적 특성을 갖고 있는 종말론적 패러다임을 갖고 있다. 즉, 모든 것을 새롭게 생성시키는 하나님의 창조적인 운동으로부터 이해하는 것이다. 그리고 그 창조적인 운동은 하나님의 말씀의 현실체이다. 이 말씀의 현실체를 찾아가는 노력 역시 탈존적 구성행위와 유사한 점을 갖고 있으면서도 동시에 타자중심적 종말론의 시각으로 나타난다. 즉, 인간의 관점이 아니라 하나님의 전체적인 관점에서 이 세계를 구성하는 새로운 형태의 창조적 구성과 연관되어 있다고 말할 수 있다. 이는 결국 존재 유비라는 내적 유사성에 근거한 행위가 아니라 타자론적 구별과 차이 속에서 드러나는 하나님의 새로움이 외적 유사성을 부과하는 그런 종말론적 역사로서 이해되는 것이다. 비非토대주의와 유사하면서도 그것을 넘어서서 새로운 형태의 토대주의를 내포하는 동적인 존재 이해가 대표적인 특징이다. 언어와 관련해서도 기호학적 특성이 강하게 드러나면서 언어내적 구조와 그 발생의 변증법에서 차이와 구분의 연속적인 발생 속에서 의미의 실체를 찾으려는 그런 초현대적 해석학과 유사하지만, 그 언어의 기호학적 특성과 언어학적 반성에서 잡을 수 없는 객관성, 즉 언어의 외곽에 존재하는 것으로 파악되는 현실에 대한 상식적 견해를 담을 수 있는 하나님의 말씀의 창조성이 덧붙여지는 그런 해석학적 이념에서만 바르트를 이해할 수 있다. 물론 이러한 해명들이 성령의 사역이 이루어지는 선교의 현장을 쫓아가고자 하는 인간의 신앙적 결단의 필요성을 기술한 것임은 말할 것도 없다. 즉 바르트가 그의 삼위일체론을 해명하기 위해서 **먼저 계시론을 구성하는 내적 원인들을 현상학적으로 분석하면서 그것에 종말론적 현실성을 덧붙이는 것은 바로 그 계시의 현장에 어울리는 계시 의 현상이 스스로 드러나게 하기 위한 언어적 *징발*인 것이다.** 그는 어떤 철학적 이념에 의거하여 계시를 보고 그 원초적 계시를 철학적 이념의 한 실례로 논증하고자 하는 예증illustrieren을 거부한다. 그는 이 원초적 계시로부터 기존의 철학적 이해와 개념들이 징발되어 그 계시 현상의 이해를 위해 사용되어야 하고 또 변용되어야 한다고 믿는 것이다. 그리고 신학자는 그렇게 할 수 있는 자유를 가지고 있다. 그것은 하나님에게 자신의 피조물들로 하여금 자신의 계시를 드러내게 할 수 있는 자유가 있기 때문이라고 한다. 즉, 철저하게 하나님의 자유에 근거하여 그 자유와는 다르지만 어떤 한계 안에서 존재하는 인간 자유의 유사성을 말하는 것이다. 그렇기에 바르트는 자신의 유비론을 말하면서 "유비란 사물의 내적 유사성에 근거한 유사한 것들 사이의 관계를 표현하는 것이 아니라 유사하지 않은 것들의 상응관계"[57]를 표현한다고 말할 수 있었던 것이다.

b) 해석학적 공명으로서의 하나님의 삼위일체성 Drei-Einigkeit 이해

그렇다면 이러한 해석학적 전제와 그의 유비이해를 감안하면 삼위일체 하나님은 무엇을 의미하는가? 그리고 어떻게 말해야 하는가? 바르트가 제시한 물음을 문자 그대로 받아들인다면, 위에서 제시한 해석학적 혁신이 제대로 드러나지 않을 뿐만 아니라 오히려 다른 신학자들의 비판처럼 독일 관념론적 주체이론에 의거하여 삼위일체론을 펼치고 있다고 오

---

57 Karl Barth, *Kirchliche Dogmatik*, III/1, 334.

해받을 만한 소지가 분명히 있다. 우선 그의 질문을 살펴보자. 그는 "삼위일체론에 대한 질문은 교회가 성서적 계시론의 해석으로서 계시의 주체를 묻는 물음"과 연관되어 있다고 한다.[58] 그리고 바르트는 **"하나님은 한 분**Einer**"이라는 가장 기본적인 통찰이 계시와 삼위일체론을 연결시키는 고리라고 말한다.**[59] 즉, 삼위일체론은 구약과 신약에서 인간에게 자기의 의지를 갖고 행동하시는 그 하나님을 지적하는 것임을 다시 한 번 분명하게 말하는 것이다. 그러면서 바르트는 마태복음 28장 19절에 나오는, 세례의 원형으로 알려진 성부, 성자, 성령의 언급을 구분되는 세 개의 다른 신적 실체라고 이해하면 안 된다고 분명히 말한다. 오히려 이는 주되신 하나님을 증언하는 것으로서 하나님의 본질인 신성deitas, divinitas, 혹은 ousia, essentia, natura, substantia으로 불리기도 한다고 말한다. 하나님의 본질은 하나님이 자신을 드러내는 가운데 알려지는 하나님의 신성이다. 그리고 이 신성은 소위 인격들의 삼중성을 통하여 그리고 그 안에서 형성된다고 말한다. 이 삼중성은 본질의 삼중성을 의미하는 것이 아니다. 또한 하나님의 삼위일체성은 신성들의 다수성을 의미한다는 의미에서weder im Sinn einer Vielheit von Gottheiten 그 개별적인 다수성에서 형성되는, 따라서 수적인 그리고 부분적인 요소들 사이에 형성되는 삼중적 관계noch im Sinn des Bestehens einer Vielheit von Individuen bzw. von Teilen innerhalb der einen Gottheit로서의 삼중적인 신성을 말하는 것도 아니라고 한다.[60] 다른 말로 하면, 이 삼위일체성이란 한 하나님이 아버지, 아들 그리고 성령의 이름으로 성취되는 것, 세 번의 반복적 활동 가운데 형성되는 것, 그리고 그렇게 역사하시는 한 분 하나님이심을 의미한다. 세 번 다르게, 그러나 그 세 번의 활동 속에서 형성된 한 분 하나님이

---

58 Karl Barth, *Kirchliche Dogmatik*, I/1, 367.
59 Karl Barth, *Kirchliche Dogmatik*, I/1, 368.
60 Karl Barth, *Kirchliche Dogmatik*, I/1, 369.

심을 의미하는 것이다. 세 번 이루어진 신적 계시의 공명적 사건이 바로 한 분 하나님의 존재라는 것이다. 이것은 하나님이 세 분이라는 삼신론도 아니고, 한 분 하나님이 세 번 다르게 나타났다고 말하는 양태론과도 분명히 다르다. 양태론은 드러나지 않은 한 무명의 신성이 때로 아버지, 아들 그리고 성령으로 나타나는 것을 의미하는 것인 반면에, 지금 바르트가 말하는 것은 여기에 계시된 하나님의 자기이해로서의 삼위일체성의 사건은 우리에게 알려지지 않은 하나님의 내재적 영역 안에서 그에 상응하는 삼위적 구성 요소를 가지신 한 분 하나님으로 알려진다는 것을 지적하기 때문이다. 이것은 타자론에 기반을 둔 해석학적 존재발생의 사건이 하나님의 타자적인 존재이해로 나타나고, 이것이 바로 삼위일체론에서 나타나는 하나님이심을 보여준다.[61] 그는 이와 같은 하나님의 본질을 하나님의 인격성 Persönlichkeit Gottes 으로 부른다. 그리고 이 신적 인격성을 통해서 삼위일체론은 현대적 자연주의나 범신론을 경계하는 가운데 하나님의 타자적 신성을 강조하는 것이라고 설명한다. 그렇다면 전통적인 삼위일체론이 말하는 "인격" person 은 지금 여기에서 논의하는 인격성 Persönlichkeit 과 어떤 관계가 있는가? 여기에서 바르트는 일차적으로 이 인격의 개념이 과거에 쓰일 때와 오늘날 쓰일 때 그 이해의 기본전제가 달라진 것을 염두에 두면서, 과거의 삼위일체론의 인격 개념이 표현하려 했던 본래의 목적은 단순히 자연주의나 범신론을 반대하기 위해서라기보다는 근본적으로 하나님의 주되심을 드러내기 위한 것이었다고 말한다. 즉 세 번의 반복에서 주어진 한

---

61 Karl Barth, *Kirchliche Dogmatik*, I/1, 369. 그는 각주에서 Fulgentius와 Conc. Tolet. IX을 의지하여 지적하기를 소위 하나님의 삼위일체론적 신성을 구성하는 세 번의 반복을 이해하기 위해서 그 반복 행위가 어떤 신적 실체나 신성과 같은 전체의 일부나 한 종(種)이나 류(類)의 개별적 실체를 말하는 aliud-aliud-aliud의 표현으로 받아들여지지 않았고, 오히려 철저하게 하나님의 자기 반복적이지만 타자적이며 구분이 있는 존재의 생기 사건인 alius-alius-alius로 받아들여진 것을 말한다.

신적 자아einer göttliche Ich를 드러내기 위함이라고 말한다.[62] 그러므로 소위 동일본질Wesensgleichheit/Consubstantialitas/homoousia은 이렇게 계시에 등장한 신적 인격성의 사건을 의미한다고 할 수 있다. 동일본질에 대한 올바른 이해는 그러므로 삼위일체가 신성의 참된 단일성을 표현하는 것이고, 이것이야 말로 반反삼위일체론자들의 모든 오류를 바로잡는 것이라고 바르트는 단 언한다. 즉, 기독교적 유일신론으로 표현된 것이 기독교적 삼위일체론이 라는 것이다.

III-3 바르트의 삼위일체 해석(2); 구원의 현실을 형성하는 본질적, 사회적 삼위일체로서의 바르트의 삼위성 해석

a) 자기계시의 인격성: 타자를 향한 개방성으로서의 자기 반복

바르트는 또한 그 하나님의 인격성의 단일성 안에 존재하는 삼중성 도 똑같이 중요하다고 강조한다. 그러면서 정당한 삼위일체론적 삼중성 을 "repetito aeternitatis in aeternitate"의 신학적 해명으로 보고자 한 다. 즉 하나님은 외로운 분이 아니며, 자신만의 본질 안에 갇힌 고독한 분 이 아니라는 것이다. 이러한 바르트의 논점은, 우리는 하나님의 본질을 전 혀 알 수 없고 단지 그의 활동을 통해 전해진 일종의 energia로서 계시된 하나님만을 다룰 수 있을 뿐이라는 카파도키아 신학자들의 전제 역시 계 시신학적인 입장에서 비판적으로 검토하는 것이다.[63] 그는 실제로 경륜을 통하여, 경륜 안에서, 그리고 그 경륜으로서 전달된 하나님의 본질을 정당 한 기독교적 삼위일체론의 본질로 이해할 따름이다. 이와 더불어 바르트 가 이 삼위일체론의 삼중성 이해를 가장 시급한 과제로 뽑은 이유는 바로

---

62 Karl Barth, *Kirchliche Dogmatik*, I/1, 370. 카파도키아 신학자들은 철학적 부정신학적 의미 를 받아들이고 있으나, 바르트가 이를 비판하는 것에서도 이 새로운 특성이 나타난다.

63 Karl Barth, *Kirchliche Dogmatik*, II/1. 바르트의 이러한 전제는 신의 인식의 진정성에 대한 질문에서도 다시 확인된다.

그리스도 때문이다. 그는 우리에게 알려지지 않은 무명의 삼중성과 그것을 바탕으로 한 무명의 하나님을 추구하는 것이 기독교 신학의 과제가 아니라고 처음부터 천명한다. 이는 이전에 전개되었던 삼위일체론의 단일성과 일체성의 논의를 보완하는 것이 되어야 한다는 뜻이다. 즉, 삼위일체론의 단일성을 주장했던 논의의 방식, 즉 세 번 다른 반복 속에 등장하는 한 하나님의 인격성으로서의 신성은 과연 경륜사에 등장한 구속사적 이해로 표현되는 삼중성, 곧 아버지와 아들과 성령의 경험을 담을 수 있는 그릇인가 하는 점이다. 바르트는 그러한 작업을 완성하기 위해 이제 삼중성에 대한 논의를 시작한다. 그 삼중성의 논의를 통하여 실제로 성서에서 알려진 하나님의 본질인 그의 주되심을 나타내려고 한다. 이 또한 단순한 주되심이 아니라 구속사적 경륜 안에서 인간과 계약을 맺으며 자기를 드러내는 영원한 하나님의 본질을 삼위일체적인 신성으로 표현하고자 함이다. 과연 이 경륜사적 계시 이해가 내재적 삼위일체의 신적 본성을 온전하게 드러낸 것인지의 문제가 이제는 역사적인 지평 속에 드러난 계시의 문제로 이해되기 시작하는 것이다.

그러므로 먼저 바르트는 삼위일체론에서 등장한 일체성은 수적 개념이 아니라고 말한다.[64] 그리고 이렇게 계시된 단일성은 그 본질 안에 차이와 구분과 질서를 내포하고 있다고 본다. 이런 의미에서 바르트는 이 구분과 차이를 원래의 의미 그대로 나타내기 위해 인격Personen이라는 개념 대신에 존재방식Seinsweise이라는 개념을 쓰길 원한다고 말한다.[65] 바르트 자신이 고백한 것처럼 이제 삼위일체론에서 가장 어려운 과업 앞에 서게 된다. 인격이라는 단어 대신에 존재방식이라는 단어를 선택했기 때문이다.

---

64 Karl Barth, *Kirchliche Dogmatik*, I/1, 373. 토마스 아퀴나스나 페트루스 롬바르두스에서 볼 수 있는 것처럼 숫자 1은 다수성의 부정이며 주체(subjectus)를 나타내는 개념인 것이다.

65 Karl Barth, *Kirchliche Dogmatik*, I/1, 374.

이 때문에 바르트는 일부 사람들에게서 양태론자로 오해를 받아왔다. 그 렇다면 그런 오해를 충분히 예상할 수 있음에도 불구하고 이 새로운 개념, 즉 존재의 양태 Seins Modi를 고집한 이유는 무엇인가? 그것은 사벨리우스의 양태론적 구조와 달리 소위 하나님의 내재적 삼위일체를 경륜사로부터 이 해하고자 하는 노력의 산물이다. 경륜사와 내재적 삼위일체 사이에는 유 비가 존재하며, 그 유비적 특성에 비추어 성부, 성자, 성령의 구조적 특성 이 내재적 삼위일체 안에서 존재적 특성을 지니면서도 한 분 하나님의 구 성적 요소로서도 나타나야 하기 때문이다. 바르트에 따르면, 역사에서 알 려진 하나님의 자기이해로서의 삼위일체론적 계시 사건은 우리에게 숨겨 져 있는 내재적 삼위일체 안에서 그 경륜사에 상응하는 삼위적 구성 요소 를 가지신 한 분 하나님을 말하고자 하기 때문이다. 이런 이유로 바르트는 인격의 개념이 고대에서부터 현대에 이르기까지 다양한 방식으로 이해될 수 있지만 실제로 그 어떤 시대에도 그 개념의 정확한 의미를 제시하지 못 했다는 사실을 상기시킨다.[66] 그리고는 비록 인격의 개념을 사용하지는 않 았지만 하나님을 이해하기 위해서 다음과 같은 존재로 하나님을 묘사하고 있다. 그분은 비인격적인 통치권을 의미하지 않는다. 즉, 단순한 권능이 아니다. 그는 절대정신으로서의 주가 아니라 인격으로서의 주님이시다. 하나님은 아버지로서 자기 아들 예수를 보내시고 우리 안에서 자신을 계 시하는 성령 하나님이다. 자신 안에서 스스로 즉자적이며 대자적으로 존 재하는 자아이며 자신만의 의지와 사유의 능력을 가진 분이라고 말한다. 그는 아버지, 아들, 성령으로서의 하나님이라고 말하는 것이다. 그리고 이 를 올바른 삼위일체론의 진술이라고 말할 수 있는 것은 이 삼위성의 존재 방식 때문이라고 한다. "아버지, 아들, 성령은 각각의 방식으로 각각의 순

---

66 Karl Barth, *Kirchliche Dogmatik*, I/1, 375.

간에 하나님이시다." 이 문장이 말하는 계시의 특별한 순간은 아버지와 아들과 성령이 아버지, 아들, 성령 너머에 숨어 있는 미지의 신적 본질에 참여함으로써 성취되는 것이 아니라, 반대로 그 계시가 드러내는 본래적 상황을 올바로 성서적으로 이해하여 하나님 개념을 올바로 이해하게 될 때에 성취되는 것이기 때문이다.[67] 이는 하나님의 본성을 기본적으로 경륜적으로 이해하면서, 더 나아가 그 내부 본질의 상호성에서 성취된 공동의 역사를 하나님의 경륜적 계시 존재의 사건으로 보는 것이다. "하나님이 그 세 번의 존재 방식, 즉 아버지, 아들 그리고 성령으로서 한 분이라는 것은 한 하나님이 한 주님으로서 하나의 방식만이 아니라 아버지, 아들 그리고 성령의 구분된 세 방식으로서 한 분이자 한 인격적인 주님이라는 것을 의미한다."[68] 바르트는 사실상 하나님의 삼위일체성이 드러내려고 한 사회성과 그 본질적 구성요소를 철저하게 계시의 사건에서 존재론적으로 이해하면서도 동시에 해석학적으로 이해해야 하는 본래적 요구를 성취했다고 할 수 있다.

b) 기독교적 관계 개념의 설정으로서의 계시의 삼위일체

바르트는 특히 존재방식이라는 개념을 통하여 자신의 삼위일체론이 단순히 실체론적이며 자아론적 주체이론에 근거한 것이 아니라 기독교적인 관계 개념을 통하여 형성되었다는 것을 보여준다. 그렇게 함으로써 바르트는 철저한 기독교적 사회성의 이념을 하나님의 개념으로부터 이끌어 낼 수 있었던 것이다. 사실 몰트만을 비롯하여 사회적 삼위일체를 주장하는 여러 사람들이 바르트를 비판하지만, 그들은 오히려 철학적으로 이해한 어떤 생태학이나 21세기의 탈존적 타자철학, 그리고 심층심리학에서 비롯된 탈존적 자아개념과 공동체 이론에 근거한 사회적 공동체로서의 자아

---

67 Karl Barth, *Kirchliche Dogmatik*, I/1, 379.
68 Karl Barth, Kirchliche *Dogmatik*, I/1, 379.

이해, 더 나아가 인간의 정신이 가진 탈아적 구조로부터, 그리고 메시야적 역사 개념에서 비롯된 발전적 신이해로부터 사회성의 이념을 구하고 그것을 삼위일체론에 적용하려는 측면이 있는 것이 사실이다.[69] 그러다 보니 그들은 실제로 많은 경우에 하나님의 삼위일체가 드러낸 그리스도 중심의 종말론적 계시 사태를 이해하지 못하고 기독교의 삼위일체론을 다른 공동체 철학의 한 예증으로 환원시키는 일이 일어났던 것이다. 하지만 바르트는 앞에서 지적한 것처럼 계시론적 측면에서 이 문제에 접근하고 있다. 위에서 드러났듯이, 바르트는 단순히 어떤 사회적 관계를 전제로 하여 하나님의 내부를 추측하는 것이 아니라, 철저하게 그리스도론적 계시 사건의 이해를 통하여 그 계시 사건을 현상학적으로 분석함으로써 다른 해석학이 도달하지 못하는 가장 심오한 신적 근원에 대한 신학적 진술을 가능하게 만든 것이다. 바르트는 존재 개념과 종말론 개념 그리고 기독교적 하나님 개념을 성서적 계시의 사태로부터 철저하게 분석하여 그 본질의 완성을 구현하는 현상학적 이해와 유사한 결론에 이르게 된다. 물론 그의 계시 이해는 오히려 해석학을 넘어서는 타자성의 근원을 가지고 있으며 이러한 타자성은 회복된 사회성의 개념을 가지고 오는 것이다. 다른 여러 형태의 관계론적 진술이나 메시야론에 의거한 진보적 성질의 환원주의는 바르트의 이 계시신학이 지닌 깊이에 도달할 수 없다는 것이 명백해졌다. 바르트의 계시론적 삼위일체론에서 드러난 삼위일체의 삼위성은 철학적 세계에서 구현되는 가능성으로서의 사회성이 아니라 그 본질 속에 구원론적 지

---

69 참고: Sarah Coakley, " 'person' in the 'Social' Doctrine of the Trinity: A Critique of Current Analytic Discussion", in *The Trinity: An Interdisciplinary Synposium on the Trinity,* Stephen T. Davis외 2인 편 (Oxford: Oxford University Press, 1999), 123-144. 코아크레이는 모든 사회적 삼위일체론을 옹호하는 신학자들이 사용하는 인격 개념이 실제로는 현대적 의미로 오용되어 있고, 그들이 말하는 신학적 대상, 즉 하나님에 대하여 다른 철학적, 인간학적 개념과 충분히 구분해서 접근하지 못하고 있다고 비판한다. 그런가 하면 인격을 관계론적으로 이해하려는 측면에서 접근하면서 진정으로 신학적 대상이 무엇인지 모를 만큼 불분명해졌다고 지적한다.

평을 포함한 내적 사회성을 현실화하고 있다. 바르트는 하나님의 존재방식의 다양성, alius-alius-alius의 길을 성서적 계시 개념에 따라 이해하기 위해 삼위의 존재방식이라는 개념을 계시사태의 중심에 놓고자 하였으며, 그렇게 함으로써 삼위일체의 계시 안에 드러난 참된 사회성의 현실을 볼수 있다고 주장한다. 이는 세 신적 존재방식의 상이한 사건적 형성 stattfinden은 그 삼위의 본질적인 관계들로부터 이해될 수 있다는 것이다. 더욱이 그 삼위의 내적 본질에 속한 발생론적 상호관계genetische Beziehung로부터 이해하게 된다고 말한다. 아버지, 아들 그리고 성령은 그 삼위들의 본질과 존엄에는 차이가 없고, 그 상호간의 구분과 차별이 있는 근원적 관계들의 차이in ungleichen Ursprungs-Verhaeltnissen zueinander 속에서 신성의 높고 낮음이 없이 서로서로 구분되면서 발생하는 것이다.[70] 이러한 설명을 통해 바르트는 진정한 삼위의 사회적 관계성을 구성할 수 있다는 것을 보여준다. 그것은 삼위 안에 이미 전제되어 있는 어떤 내적 존재론적 삼위성의 이념이 아니라 계시로부터 형성되고 실현되면서 우리에게 그 구원의 의미를 확증시켜주는 구성적, 종말론적, 발생론적, 타자론적인 사회성의 관계가 이렇게 구현되는 것이다. 타자성에 기반을 둔 진정한 사회성의 개념이 삼위 하나님의 계시적 행동에서 실현되면서 우리에게 드러난 것이다. 그렇기에 바르트는 이제 이 가능성을 버릴 경우, 즉 성서적 계시 개념으로부터 하나님의 내용적 다양성(삼위성)의 존재방식을 추구하지 못할 경우에도 우리는 적어도 세 존재방식의 형식적 특성들을 말할 수 있다고 주장한다. 그것은 경륜사적 계시 개념이 우리에게 적어도 그렇게 하도록, 그 삼위성, 즉 아버지, 아들 성령의 삼위의 세 가지 다른 존재방식을 말하도록 요청한다는 것이다.[71] 이것이 바르트의 특징이다. 즉, 바르트는 하나님의 다양한 존재방

---

70 Karl Barth, *Kirchliche Dogmatik*, I/1, 382.
71 Karl Barth, *Kirchliche Dogmatik*, I/1, 383.

식을, 계시를 떠나 이미 가정된 어떤 내적 사회성의 관계로부터 도출하고자 하지 않는다. 그는 철저하게 계시 개념으로부터, 그 계시의 현장으로부터 이것들을 이끌어 낼 뿐이다. 그러므로 바르트를 사회성에 약한 주체론의 신학자라고 비판하는 것은 옳지 않다. 성서적 하나님의 이름인 아버지, 아들 그리고 성령은 결국 우리로 하여금 아버지 됨은 근원적 낳음Erzeugen으로, 아들 됨은 근원적 태어남Erzeugtsein으로 그리고 그 양자의 공동성으로서 성령은 일어나게 함Herverbringung으로 파악하게 한다.[72] 이러한 설명은 삼위성이 토마스의 말대로라면, 신적 본성 안에 있는 실체적 현실로서의 관계성[73]을 의미하는 것이어야 하고, 현대적으로 말하면 이 삼위성 안에 있는 관계성이야말로 신적인 한 특별한 인격(바르트의 표현을 빌자면 존재방식)을 그 인격으로 만드는 고유한 것[74]이라고 재해석한 것이다. "왜 아버지와 아들과 성령의 계시적 삼위성의 개념이 이렇게 추상적인 어떤 관계이론으로 변모해야 하는가?"라고 바르트가 의문을 제기하면서 그 관계에 대한 해석을 더 근원적으로 계시론적 연관관계에서 이해하고자 하는 것을 알 수 있다. 즉 추상적인 관계이론이 아니라 구체적인 계시로서 "repetitio aeternitatis in aeternitate"를 신앙적 언어로 설명하는 작업인 것이다. 그런 삼위성의 개념에서 우리는 paternitas, filiatio, processio라는 삼위의 개념이 가진 공동성, 즉 참된 사회성을 확보할 수 있으며, 그렇게 하는 한 삼위일체의 삼위성을 이해하려면 존재방식의 개념이 인격 개념보다 더 신학적으로 적합하지만 결코 완전한 개념이라고 할 수는 없다.

---

72 Karl Barth, *Kirchliche Dogmatik*, I/1, 383. 여기에서 이제 계시 사태로부터 하나님의 삼위성이 보다 해석학적으로 이해되기 시작하는데, 먼저 하나님의 은폐성(Verhüllung)과 하나님의 드러남(Enthüllung), 그리고 하나님의 자기전달(Selbstmitteilung)이라는 삼중적 계시 사태의 해석이 존재하고, 이는 다시 계시자, 계시, 계시존재의 특성이 진실한 사회성을 형성하는 계기라고 주장한다.

73 Thomas von Aquin, *Summa Theologia*, I, q.30. art 1.c.

74 J. Braun, *Handelexikon d, karh. Dogm. ,1926, 228*이하: *Karl Barth, Kirchliche Dogmatik*, I/1, 386에서 재인용.

바르트는 자신의 삼위일체론 해설의 마지막 부분에 소위 perichor-se ^{circumincessio}을 덧붙이고 있다.[75] 하나님의 본성은 하나이고, 삼위가 내적으로 갖는 상이한 근원적 관계성은 구별이나 상호간의 떨어짐이 아니라 공동체성 속에 존재하는 차이로서 각각의 존재방식이 다른 존재방식에 일정한 방식으로 참여하는 것을 의미한다. 존재방식은 각각 자기 동일적이며 동시에 자신의 근원적 관계이기에 다른 존재방식에 대한 온전하고 완전한 참여를 가능하게 한다고 바르트는 말한다.[76] 그런데 바르트는 이 상호참여의 이론을 단순한 철학적, 상호 침투적인 동시성의 개념으로 설명하는 게 아니라 즉시 구속사에서 일어난 계시 사태 속으로 이끌어 들인다. 이와 마찬가지로 바르트는 점유의 이론[77] 역시 추상적인 철학의 내용으로 그치지 않고 즉각적으로 경륜사적 계시 개념 안에서 발견되는 하나님의 행동을 소위 하나님의 내적 본질에 상응하는 것으로 바꾸어 놓는다. 바깥을 향한 하나님의 행동을 내부의 삼위성의 내적 관계에 상응하여 구현된 것으로 봄으로써 이제 계시론과 삼위일체론이 하나의 고리로 연결되어 있음이 분명해지고, 그것을 배경으로 하나의 온전한 사회성이 등장하게 된다. 즉 하나님이 창조주, 화해주 그리고 구속주로서의 자신의 본질을 자신의 외부인 이 세계 속으로 소통시키는 것이다. 하나님은 이 소통이며 이러한 소통의 근거가 되는 삼위일체적 사회성의 근원이다. 그리고 이러한 삼위일체론과 사회성의 본질적 이해관계는 '삼위일체의 흔적'처럼 세속 세

---

75 Karl Barth, Kirchliche Dogmatik, I/1, 390; 이러한 바르트의 삼위일체론이 가진 존재론적 의미를 유비와 연관해서 설명한 것으로는 Peter S. Oh, *Karl Barth's Trinitarian Theology* (New York: T&T Clark, 2006)이 있다.

76 Karl Barth, *Kirchliche Dogmatik*, I/1, 390.

77 Karl Barth, *Kirchliche Dogmatik*, I/1, 395. 이로써 성금요일-부활절-오순절의 시간이 하나님의 삼위성의 내적 상호관계 안에서 동시적 존재로서만이 아니라 연속적으로 그러나 고유한 시간 안의 존재 이해로서 등장하는 것이다. 한 하나님의 연속적 존재 이해는 이렇게 분절되어 설명될 수 있고, 이것은 사회성의 근거가 된다.

계의 내부에 있는 것이 아니라 하나님의 창조적 행위 안에, 하나님의 구속적 계시 행위 안에서 설립되고 새롭게 등장하는 발생론적 유비인 것이다.[78] 바르트의 이러한 소통이론과 유비이론은 지지울라스의 공동체로서의 존재 이해[79]를 계시 사태로서 해석하는 더 우월한 철학적, 신학적 결정이라고 할 수 있다. 한편 라쿠나는 자신의 삼위일체론 해석을 위해 바르트에 대하여 좀 더 신중한 입장을 취하지만 결국은 바르트가 여전히 주체성의 신학자라는 의심을 버리지 못한다.[80] 그러면서 바르트가 계시의 분석적 명제로서 삼위일체론을 대입하는 것(계시자-계시-계시존재)을 단지 형식적 구조일 뿐이라고 평가 절하한다. 비록 그녀는 바르트의 삼위일체론이 양태론적 혐의를 피할 수 있다고 하지만[81] 라틴신학과 절대주체로서의 하나님 개념이 종합적으로 사유된 것이라고 평가한다. 그래서 결과적으로 바르트는 하나님의 존재를 단일-인격적이지만 하나님의 본질을 셋으로 분할하는 최고의 주체라고 보았다는 것이다. 이에 반하여 앞에서 언급한 지지울라스의 선조인 그리스 신학은 위격을 영원히 인격적 공동체성에서 보았다고 말한다. 그러나 이러한 라쿠나의 평가는 그녀가 우리의 기대와 달리 철학적으로 빈곤하다는 점을 보여준다. 실제로 바르트가 제시한

---

78 Karl Barth, *Kirchliche Dogmatik*, I/1, 393.

79 John Zizioulas, 『친교로서의 존재』/ 이세형.정애성 역 (서울: 삼원서원, 2012) 지지울라스는 바르트가 이글의 각주 39)에서 설명하였듯이 본체 개념대신 인격 개념을 그대로 사용하였다는 점에서 새로운 해석을 도출해낸다. 즉 카파도키아의 교부들이 hypostasis를 해석할 때 본질(ousia) 대신에 인격(person)과 동일시했다는 점이다. 그리고 인격이란 자기 스스로를 극복하고 모든 경계를 돌파하면서 황홀한 연합의 운동을 일으키는 것이라는 전제가 있다. 문제는 이러한 인격 개념이 스스로 경계를 돌파하면서 존재황홀의 연합을 일으킨다는 전제가 과연 성서의 구속사적 개념으로부터 나온 분석적 개념인가 하는 점이다. 바르트가 철저하게 계시 개념의 분석에서부터 사회성과 근원적 관계성의 언어를 획득하고 있다면, 지지울라스는 실제로 단지 인격개념의 비신학적 전제로부터 그것을 빌려쓰고 있을 뿐인 것이다.

80 캐서린 모리 라쿠나, 『우리를 위한 하나님: 삼위일체와 그리스도인의 삶』, 119, 더 자세히 보려면 361이하.

81 캐서린 모리 라쿠나, 『우리를 위한 하나님: 삼위일체와 그리스도인의 삶』, 357.

것은 지지울라스나 라쿠나가 꽤 길게 제시하는 다양한 철학과 신학적 해석의 가능성[82]보다 훨씬 철저하게 신학적이기 때문이다.

IV 사회적 삼위일체론의 신학적 배경으로서의 바르트의 계시론적 삼위일체

우리는 근본적으로 어려운 결정을 해야 할 시점에 도달했다. 신학이 스스로 자신을 해체하는 길을 선택하지 않는 한 하나님에 대한 모든 신비는 보존되어야 하고 그 신비가 또한 우리의 기독교성을 훼손해서는 안 될 것이다. 삼위일체 하나님의 일체성과 삼위성을 이해하는 작업이 과거 카파도키아 신학자들을 토대로 하여 삼위일체의 사회성 혹은 관계성의 설명으로 등장하고 있는 것이 현실이다. 그러나 우리가 이러한 삼위일체 하나님을 제대로 이해하기 위해서는 스스로 이 세계에 의존하는 것이 아니라 이세계를 극복하고 이 세계를 새롭게 형성할 수 있는 창조적 해석능력이 필요하다는 것이 분명해졌다. 우리는 이런 관점에서 성서의 계시질서의 이해를 통하여 더 분명하고도 완전한 실제 세계와 신앙적 현실을 추구할 수 있어야 한다. 그것은 몰트만이나 바르트가 행한 것처럼 삼위일체론이 신론만을 위한 것으로서 다른 여타의 논리들과는 구분되어 있는 한 교의학의 특성에서 멈추는 것이 아니라 모든 신학적 관점들, 창조론이나 인간론 그리고 그리스도론이나 구원론 등 모든 교의학의 구성적 원리로서 등장해

---

82 캐서린 모리 라쿠나, 『우리를 위한 하나님: 삼위일체와 그리스도인의 삶』, 특히 제8장 연합 안에 있는 위격들에서 그녀는 대안으로 John Macmurray의 인격주의 철학, 지지울라스, 신학적 페미니즘, 신적 페리코레시스의 대표자로서의 나지안주스의 그레고리, 가톨릭과 정교회의 도덕신학자 Margaret Farley 등을 연구하면서 결국 인격은 본질적으로 상호 인격적이며 상호 주체적이고, 인격은 본성의 탈존이며 신화된 인간의 자유는 자기소유와 타자지향 사이에 균형을 이룬 자유이고 지수 개념이며 연합 안의 관계성이 구원의 의미를 보여주는 것이라고 단언한다. 하지만 이것들은 근본적으로 계시 개념에 의한 신학적 견해가 아니라 그 개인들의 추상적 이해에 불과하다.

야 하는 것임을 또한 알 수 있다. 삼위일체에 대한 정확한 이해가 있을 때에만 그 교리가 우리의 삶 전체를 포괄하는 심오한 진리라는 점을 밝힐 수 있을 것이다. 이런 면에서 우리는 바르트의 계시 중심의 삼위일체론이 소위 관계적 삼위일체가 주장하는 그 기본, 곧 우리가 하나님을 정확하게 알 수 있는 신(神)인식의 생성적 근원에 근거를 제공하는 것이라고 말할 수 있을 것이다. 오직 바르트의 타자적 신앙 해석학과 계시 개념에 대한 그의 분석을 통하여 우리는 실제로 삼위일체론의 목표에 접근할 수 있는 동력을 얻는 것이다. 바르트가 철저하게 경륜사적이며 종말론적인 계시 개념을 해석학적 논증의 기초로 삼고 있다는 것은 따라서 그를 절대 주체적 삼위일체론의 신봉자라는 오해에서 벗어나게 한다. 바르트야말로 하나님이 우리에게 타자적으로 다가오셔서 우리를 구원하심으로써 우리와 더불어 심오한 관계를 맺으시는 분이라는 것을 잘 표현한 신학자이다. 이러한 그의 사유는 실제로 유명론적 관계 개념을 실재론적 관계 개념으로 변화시키는 참된 사회성의 원천인 것이다.

참고 문헌

Austin, J. L., *How to do things with Words?*, New York : A Galaxy Book, 1965.

Barth, Karl, *Kirchliche Dogmatik* I/1–IV/3, Zürich : Theologischer Verlag Zürich, 1987.

Coakley, Sarah, " 'person' in the 'Social' Doctrine of the Trinity : A Critique of Current Analytic Discussion", in *The Trinity: An Interdisciplinary Synposium on the Trinity*, Stephen T. Davis et al., Oxford : Oxford University Press, 1999.

Erickson, M. J, *God in Three Persons*, Grand Rapids : Michigan, 1995.

Grenz,Stanley J., *Rediscovering Truine God*, Minneapolis : Fortress Press, 2004.

Jenson, Robert, "The Truine God" in *Christian Dogmatics*, Carl Braaten et al,

Philladelphia: Fortress Press, 1984.

Jüngel, E., *Gottes Sein ist im Werden*, Tübingen; J.C.B. Mohr, 1966.

LaCugna, Catherine M./ 캐서린 모리 라쿠나, 『우리를 위한 하나님: 삼위일체와 그리스 도인의 삶』, 이세영 역, 서울: 대한기독교서회, 2008.

Lienhard, Joseph T. sj, "Ousia and Hypostasis: The Cappadocian Settlement and the Theology of 'One Hypostasis'", in *The Trinity: An Interdisciplinary Symposium on the Trinity*, Stephen T. Davis et al., Oxford: Oxford University Press, 1999.

Moltmann, J. / J. 몰트만, 『삼위일체와 하나님의 나라』, 김균진 역, 서울: 대한 기독교서 회, 1982.

Moltmann, J. / J. 몰트만, 『삼위일체와 하나님의 역사』, 이신건 역, 서울: 대한기독교서회, 1998.

Pelikan, J. *Christian Traditions Vol. 1: The Emergence of the Catholic Tradition (100-600)* ,Chicago University Press: Chicago.

Peter S. Oh, Karl Barth's Trinitarian Theology, New York: T&T Clark, 2006.

Peters, Ted / 테드 피터스, 『삼위일체 하나님』, 이세형 역, 서울: 컨콜디아사, 2007.

Schwöbel, Christoph, "Introduction: The Renaissance of Trinitarian Theology: Reasons, Problems and Tasks", in *Trinitarian Theology Today*, Christoph Schwöbel(ed.), Edindurgh: T & T Clark Ltd, 1995.

Rahner, Karl, *Trinity*, New York: Herder & Herder, 1970.

Torrance, Thomas F., *The Christian the doctrine of God, One Being Three Persons*, Edinburgh: T&T Clark, 1996.

Thomas von Aquin, *Summa Theologia*, Thomas Gilby(ed.), New York: McGraw-Hill Book Company, 1963.

Zizioulas, John / 존 지지울라스, 『친교로서의 존재』, 이세형. 정애성 역, 서울: 삼원서원, 2012

황돈형, 『바르트와 포스트모던』, 서울: 한들출판사, 2004

위르겐 몰트만의
삼위일체론에 대한 신학적 성찰
– 페리코레시스적 · 관계적 삼위일체론의 관점에서 –

※ 곽혜원 ※

I. 몰트만의 삼위일체론 논의를 시작하며

1. 삼위일체론이 왜곡된 서방교회 신학계의 정황

우리는 위르겐 몰트만의 삼위일체론에 관해 논의를 시작하면서 하나님
에 대한 살아있는 신앙고백인 삼위일체론이 철학적 사변으로 왜곡되어 버
린 1,500년 서방교회의 신학역사를 살펴볼 필요가 있다. 삼위일체 하나님
신앙은 터툴리아누스로부터 출발하는 서방교회의 삼위일체론과 오리게네
스로부터 출발하는 동방교회의 삼위일체론으로 전개되었다. 이러한 삼위
일체 논의는 동방교회의 아타나시우스와 카파도키아의 세 교부들(카이사
리아의 대 바질, 나지안주스의 그레고리, 닛사의 그레고리)에 의해 동 · 서방교
회 전체 기독교 전통의 가장 정통적 신앙고백이자 기독교 2,000년 역사에
서 가장 중요한 신조로 손꼽히는 '니케아–콘스탄티노플 신조'(381)로 천
명되었다. 이후 5세기 초에 이르러 서방교회에서는 아우구스티누스의 삼
위일체론이 하나님에 대한 정통교회의 가장 권위있는 해석으로 확고히 자
리 잡았다. 그러나 아우구스티누스의 삼위일체론은 서방교회의 삼위일체

론 역사에서 중요한 공헌을 했지만,[1] 니케아-콘스탄티노플 신조를 제대로 계승하지 못했기 때문에 올바른 삼위일체론 형성에 긍정적 기여를 하지 못한 것으로 평가받고 있다.[2]

아우구스티누스의 절대적 영향을 받은 중세 서방교회의 삼위일체론은 점차 사변적인 경향을 띄기 시작했다. 특히 토마스 아퀴나스의 삼위일체론은 하나님을 설명할 때 철학적 개념을 과도하게 차용함으로써 추상적 방향으로 발전했으며, 또한 하나님께서 성부·성자·성령 세 위격의 관계성 안에 존재한다는 성서의 증언을 도외시함으로 말미암아 하나님의 구원사로부터 거의 단절되었다. 무엇보다도 심각한 문제는 중세 후기 스콜라 신학 안에서 삼위일체론이 해명될 수 없는 신비한 수학과도 같은 난해한 교리가 되어 버려 그리스도인의 삶과는 무관한 철학적 사변으로 전락한 점이다. 그러다가 16세기 종교개혁이 일어나면서 종교개혁자 칼뱅은 삼위일체론적으로 신학을 체계화하는 새로운 전기를 마련했다. 그는 '삼위일체론적 신학자'라고 불릴 정도로 삼위일체론을 그의 신학적 사유의 중심에 설정했으며 삼위일체론적으로 신학을 체계화했다. 이러한 칼뱅의 삼위일체론적 신학은 17세기 청교도 운동에 지대한 영향을 미친 결과 웨스트민스터 신앙고백(1647)은 삼위일체론에 큰 관심을 보였고, 청교도적 언약신학은 삼위일체론을 구심점으로 삼아 보다 정교해졌다.

그러나 17세기 유럽의 개신교 정통주의 신학자들은 다시금 종교개혁 이전으로 되돌아가 토마스 아퀴나스와 유사한 신학방법으로 하나님을 설명하는 어리석음을 범했다. 정통 기독교의 초자연적 성격을 비판하면서 등장한 18세기 유럽의 계몽주의 사상이 세력을 확장하면서 삼위일체론은 좀 더 큰

---

1 아우구스티누스의 삼위일체론에 관해서는 다음 책을 참고하라. 곽혜원, 『삼위일체론 전통과 실천적 삶』(서울: 대한기독교서회, 2009), 85-92.

2 위의 책, 16f.

난항에 빠지게 되었다. 계몽주의는 기독교의 전통교리를 이성의 이름으로 거부했는데, 특히 삼위일체론을 미신적 신화의 산물로 간주하여 집중적으로 공격했다. 계몽주의와 낭만주의 사조에 영향을 받아 태동한 19세기 자유주의 신학은 삼위일체 하나님에 대해 무관심으로 일관했다. 19세기 서구 유럽 신학계는 전반적으로 자유주의와 합리주의에 함몰된 가운데 삼위일체론을 기독교 신앙의 본질과는 관계없는 부수적 교리로 간주했다. 이러한 경향은 20세기에 들어와 삼위일체론에 대한 재논의가 이루어지기까지 수세기 동안 서방교회 신학계를 지배했는데, 이러한 상황 속에서 위르겐 몰트만J. Moltmann이 등장하여 20세기 후반 이후 '삼위일체론의 르네상스'를 일으키게 되었다.

2. 몰트만의 생애와 그의 삼위일체론이 최근 신학계에 끼친 공헌

여기서는 위르겐 몰트만의 생애와 그의 삼위일체론이 최근 신학계에 끼친 공헌에 관해 살펴보고자 한다. 1926년 독일 함부르크의 한 교육자 가정에서 출생한 몰트만은 1943년 제2차 세계대전에 공군 소년병으로 참전했는데, 바로 자신 곁에 있던 동급생이 폭탄에 맞아 처참하게 산화하는 것을 목도하게 되었다. 그때 생전 처음으로 하나님을 향해 "하나님! 당신은 어디에 계십니까?"라고 부르짖었고, 그날 이후 "왜 나는 다른 사람들처럼 죽지 않고 살아남았는가?"라는 질문을 끊임없이 제기하게 되었다. 이후 3년 동안 포로생활을 하면서 이 질문에 대한 해답을 발견할 수 있었는데, 특히 마가복음 15장 34절을 통해 예수의 죽음의 부르짖음을 들으면서 죽기까지 고난당하신 예수께서 자신의 처절한 심정을 이해하고 계시다는 깊은 확신을 품게 되었다. 이처럼 몰트만은 절망적인 삶의 끝자락에서 예수를 만나 회심하고 그의 인생을 뒤바꿔놓은 기적적인 대전환을 경험했다. 당시 포로로서의 실존적 경험, 곧 고난과 희망이 지속적인 영향을 주고받는 가운데 양자가 서로를 강화한다는 사실도 깨닫게 되었다.

　포로수용소에서 신학을 공부하기로 결심한 몰트만은 영국 군대의 감시와 YMCA의 보호를 받으며 신학수업을 시작했는데, 1948년 독일로 돌아와 괴팅엔 대학에서 신학공부를 이어갔다. 1952년 신학박사 학위를 받은 후 그는 히틀러의 나치 정권에 동조했던 세력과는 일체 관계를 맺지 않는 가운데 정치비판적 · 교회비판적 입장을 견지했던 디트리히 본회퍼와 '고백교회'의 전통을 따랐다. 1963년 '세계교회협의회'WCC의 '신앙과 직제 위원회'의 일원으로 에큐메니칼 운동에 참여한 이래 개신교와 가톨릭, 동방교회와 서방교회, 기독교와 유대교 사이의 활발한 대화에 기여하기도 했다. 이듬 해 몰트만은 기독교 신학이 그의 가장 본래적 주제인 '희망'을 잃어버렸음을 통탄하던 중 『희망의 신학』*Theologie der Hoffnung*을 저술하면서 세계적 신학자로 발돋움하게 되었다. 1967년 튀빙엔 대학 조직신학 교수로 부임하여 1997년에 정년퇴임한 그는 세계적 석학들 가운데 특히 다작으로 유명하다. 『희망의 신학』을 필두로 몰트만의 대부분의 저서는 기독교 신학사에 커다란 족적을 남겼는데, 현재까지 30권이 넘는 단독 저서가 출판되어 여러 언어로 번역되었으며 다수의 편저 · 공저가 있다.

　현재 튀빙엔 대학의 명예교수로서 칼 바르트 이후 현대 신학계에 가장 큰 영향력을 끼치고 있는 몰트만은 종교개혁의 유산을 계승하면서도, 현대세계가 봉착한 정치적 · 경제적 · 사회적 · 문화적으로 첨예한 문제들을 직시하면서 기독교의 교리 전체를 재정립한 신학자로 평가받고 있다. 특별히 그는 왜곡된 삼위일체론이 만연한 서방교회 신학계에서 올바른 의미의 삼위일체론을 복원시킨 위대한 신학적 공헌을 한 것으로 유명하다. 몰트만은 불후의 명저 『십자가에 달리신 하나님』*Der gekreuzigte Gott*, 1972을 필두로 『삼위일체와 하나님의 나라』*Trinität und Reich Gottes*, 1980를 출판하면서 그동안 진전이 없었던 삼위일체론 연구에 획기적 전기를 마련했다. 이후 그는

『삼위일체와 하나님의 역사』*In der Geschichte des dreieinigen Gottes, 1991*를 출간하여 삼위일체론에 대한 논의를 보다 풍성하게 전개하면서 자신의 삼위일체론을 완성했다. 몰트만은 체계적인 삼위일체론을 전개하기보다는 삼위일체론을 그의 신학 전반에 걸쳐 중요한 신학적 전제 내지 기반으로 삼았다고 말할 수 있다.

몰트만은 올바른 삼위일체론을 정립하기 위한 선결과제로 기독교 2,000년 역사에서 삼위일체론의 확립을 끊임없이 저해해온 서방교회의 일신론적 전통을 혹독히 비판한다. 이는 일신론적 하나님 이해가 하나님 안에 서로 연합하여 함께 구원사역을 이루어 가시는, 명백히 서로 구별되는 성부·성자·성령 하나님의 세 위격이 존재한다는 성서의 증언을 도외시하기 때문이다. 특별히 몰트만이 일신론적 하나님 이해를 비판하는 또 다른 중요한 이유는, 기독교 역사상 일신론이 절대 군주제의 권위주의적이고 위계질서적인 구조를 고착화시키는 데 악용돼 왔기 때문이다.[3] 더욱이 일신론은 거의 예외 없이 정치적으로 악용되어 기독교를 세속화시키도록 부추겼다. 삼위일체론을 정립하고자 고군분투했던 초대 교부들이 일신론을 강력히 거부했던 이유는, 명령과 복종의 절대적 지배체제를 형성하는 일신론이 정치적으로 악용되었던 당시의 상황과 결코 무관하지 않을 것이다. 그러므로 몰트만은 기독교 신학의 주된 위험이 다신론보다, 오히려 일신론에 있다고 본다.[4]

이러한 일신론에 대한 비판적 관점에 서서 몰트만은 초대 교회의 대표

---

3   일신론은 특히 삼위일체론이 형성되는 초대 기독교 당시 로마 제국이 지배하는 상황 속에서 '한 하나님·한 황제·한 제국·한 교회'라는 단일군주론적 지배체제를 구축하는 데 결정적으로 기여했다. 즉 일신론은 불평등하고 억압적인 단일군주론적 지배체제를 지탱하는 종교적 근거가 되었던 것이다.

4   윤철호, 『삼위일체 하나님과 세계』(서울: 장로회신학대출판부, 2011), 89.

적 이단인 종속론[5]과 사벨양태론[6]을 비판함은 물론, 서방교회 삼위일체론의 초석을 놓은 터툴리아누스의 삼위일체 도식[7]도 영지주의적 상징과 신新플라톤주의적 상징을 사용하여 하나님을 양태론적으로 묘사했다는 점을 들어 비판한다.[8] 또한 그는 서방교회 삼위일체론의 체계(특히 심리적 삼위일체론)를 형성한 아우구스티누스의 삼위일체론을 일신론의 변종이요 잘못된 삼위일체론이라고 말하면서, 그것이 '하나님의 형상'imago Dei을 인간의 영혼으로 축소시키고 여성을 배제한 채 남성만을 '하나님의 형상'으로 인식한 것을 혹독히 비판한다. 몰트만은 이 아우구스티누스의 삼위일체론이 이후 서방교회의 삼위일체론 전반에 절대적 영향력을 행사함으로써, 종교개혁자 칼뱅도 아우구스티누스-중세기적 전통을 반복했음을 매우 유감스럽게 생각한다.[9] 그뿐만 아니라 몰트만은 칼 바르트의 삼위일체론을 '삼위일체론적 단일군주론'으로, 칼 라너의 삼위일체론을 '관념론적 단일군주론' 혹은 '관념론적 양태론'으로 규정한다.[10]

몰트만은 삼위일체론에 대한 재논의를 시작하면서 서방교회가 하나님의 일체성一體性에서 출발하여 성부·성자·성령 세 위격의 구별, 곧 삼위성

5　종속론은 오직 성부만을 가장 높은 실체, 모든 존재자의 최고의 원인으로 이해함으로써 성자와 성령을 성부에게 종속된 피조물로 간주한다. 즉 성부만이 출생하지 않은 존재인 데 반해, 성자는 창조되지는 않았지만 성부로부터 영원히 출생하기 때문에 성부에게 종속된다는 것이다. 이러한 종속론은 성자를 성부에게 종속시키듯이, 성령을 성자에게 종속시키는 종속론적 경향을 보임으로써 성자와 성령을 성부와 동등한 본질로 생각하지 않는다.

6　양태론은 성부·성자·성령을 한 분 하나님이 역사하시는 세 가지 양식으로 이해한다. 즉 하나님은 오직 한 분으로서, 성부의 양태 속에서는 창조자로, 성자의 양태 속에서는 구원자로, 성령의 양태 속에서는 생명을 주시는 자로 나타난다는 것이다. 이러한 양태론은 세 위격을 한 분 하나님의 활동양식으로 격하시킴으로써 사실상 삼위일체론이 아닌 일신론을 견지한다.

7　1. "una substantia - tres personae"(하나의 실체 - 세 역할), 2. "distincti, non divisi; discreti, non separati"(구분되어 있으나 나누어져 있지 않고, 구별되어 있으나 분리되어 있지 않음).

8　J. 몰트만/김균진 옮김, 『삼위일체와 하나님의 나라』(서울: 대한기독교서회, 1982), 162-169.

9　J. 몰트만/이신건 옮김, 『삼위일체와 하나님의 역사』(서울: 대한기독교서회, 1998), 135f.

10　J. 몰트만, 『삼위일체와 하나님의 나라』, 171-183.

三位性에 이른 데 반해, 동방정교회의 전통이 하나님의 삼위성에서 출발하여 하나님의 일체성을 설명한 사실에 주목하게 되었다. 즉 그는 서방교회의 삼위일체론과 달리, 동방정교회의 삼위일체론이 하나님께서 성부·성자·성령의 서로 구별되는 세 위격으로 존재하신다는 사실을 전제한 다음 이 세 위격의 일체성을 해명한다는 사실을 통해 많은 영감을 받았다. 특히 몰트만의 관심을 사로잡은 것은, 동방정교회 삼위일체론이 관계성 혹은 상호성의 범주를 사용하여 하나님을 이해함으로써 하나님을 성부·성자·성령 세 위격의 관계성 안에 존재하시며, 더 나아가 인간과 이 세계와 관계를 맺으시는 분으로 인식한다는 점이다. 몰트만은 이러한 동방정교회의 삼위일체론이 서방교회의 삼위일체론보다 더 성서적이라고 확신한다.

동방정교회의 삼위일체론에서 중요한 통찰을 발견한 몰트만의 삼위일체론이 기존 서방교회의 삼위일체론과 구별되는 점은, 몰트만이 삼위 하나님이 수적으로 한 분이 되는 것이 삼위일체가 아니라, 세 위격이 페리코레시스적 관계성 속에서 친교와 연합을 이루는 것을 삼위일체라고 주장하는 점이다: "삼위일체 하나님의 통일성은 아버지와 아들과 성령의 연합에 있는 것이지 세 위격의 수적인 단일성에 있지 않다. 이는 세 위격의 친교에 있는 것이지 단 하나의 실체의 단일성에 있지 않다;"[11] "'성부와 성자와 성령'이 영원한 사랑을 통해 서로 결합돼 있다면, 그들의 하나됨(일체)은 그들의 일치성에 있다. 그들은 서로를 향한 희생을 통해 그들의 독특한 신적 친교를 형성한다."[12] 몰트만은 서방교회 전반의 삼위일체론을 따라 삼위일체 하나님의 일체성을 신적 실체 substance 나 신적 주체 subjekt 안에서 이해하지 않고, 오히려 동방정교회의 삼위일체론에 의거하여 성부와 성자와 성령 하나님 세 위격의 영원한 페리코레시스(περιχώρησις) 안에서, 세 위

---

11 위의 책, 121.

12 J. 몰트만/김균진 옮김, 『신학의 방법과 형식』(서울: 대한기독교서회, 2001), 330.

격의 상호관계 안에 있는 친교와 연합 속에서 발견한다.[13]

하나님의 삼위일체를 세 위격의 페리코레시스적 관계성 안에서, 친교와 연합 속에서 발견한 몰트만은 아우구스티누스 이래로 서방교회의 삼위일체론을 지배해 온 심리적 삼위일체론[14]을 경원시하는 가운데 동방정교회의 사회적 삼위일체론을 지향한다. 이를 통해 몰트만은 사회적 삼위일체론이 20세기 후반 이후 삼위일체 논의에서 중요한 위치를 차지하도록 동기부여했다. 현재 사회적 삼위일체론은 삼위일체 논의에서 대단히 중요한 위치를 차지하고 있는데, 이는 개신교 신학에만 국한된 것이 아니라 로마가톨릭 신학과 동방정교회 신학에도 해당된다. 이러한 사회적 삼위일체론의 영향으로 인해 오늘날 많은 신학자들은 그동안 망각되었던 삼위일체론 전통을 그리스도인의 실제적 삶의 영역에, 더 나아가 정치·경제·사회적, 생태학적 제반 문제를 해결하기 위한 중요한 신학적·실천적 원리로 적용할 수 있다고 확신한다. 그러므로 사회적 삼위일체론에 대한 새로운 관심과 그 의미에 대한 탐구야말로 20세기 후반 이후 최근 신학계에서 가장 중요한 신학 조류의 하나라고 말할 수 있다.

몰트만은 기존 서방교회의 일신론적 삼위일체론을 비판하고 이에 대한 대안을 제시함으로써 20세기 후반 이후 삼위일체론 논의에 있어서 결정적으로 중요한 통찰을 제공하게 되었다. 또한 그는 가장 난해한 교리로 간주되어 왔던 삼위일체론을 이해 가능한 교리로 만듦으로써 오늘날 세계 신학계의 삼위일체론 연구에 새로운 중흥의 계기를 마련했다. 그는 전통적 삼위일체론이 가진 한계를 넘어서 이를 새롭게 재해석함으로써 오늘날 신학계에서 '삼위일체론의 르네상스'를 일으키는 데 일익을 담당했다. 삼위

---

13 J. 몰트만, 『삼위일체와 하나님의 역사』, 10.
14 아우구스티누스에게서 유래하는 심리적 삼위일체론은 인간의 영혼 혹은 심리를 유비(analogia)로 삼위 하나님 사이의 내적 상호관계, 하나님의 일체성과 삼위성의 관계를 설명하는 삼위일체론이다.

일체론의 르네상스는 현대 신학의 흐름을 근원적으로 바꿔놓았으며 분명코 20세기 신학의 새로운 장을 열었다. 무엇보다도 몰트만의 삼위일체론이 오늘날에 이르기까지 중요하게 논의되는 것은, 그것이 단순히 신학사조에 있어서 새로운 유행을 창출했기 때문만은 아니다. 오히려 그것은 성서와 전통과 신조에 근거하는 동시에 그리스도인으로 하여금 실천적 삶에로 이끌며, 한 걸음 더 나아가 기독교 진리와 현대사회의 연결점을 마련함으로써 사회를 변화시키는 역동적 원리로 적용될 수 있기 때문이다.

이러한 문제의식에서 출발하는 본고는 삼위일체론이 정체상태에 있던 서방교회 신학계에서 삼위일체론을 새롭게 중흥시킴으로 현대 신학의 흐름을 근원적으로 바꾸어놓은 역사적 공헌을 한 위르겐 몰트만의 삼위일체 하나님에 대한 논의를 살펴보고자 하는데, 특별히 페리코레시스(상호 내재)의 관계성의 범주를 사용하여 하나님을 이해하는 페리코레시스적·관계적 삼위일체론의 관점에서 논함으로써 관계와 소통이 절실히 요청되는 오늘의 시대상황에 응답하고자 한다.

II. 몰트만의 관계적 삼위일체론의 출발점: 예수 그리스도의 십자가 사건

몰트만에게 있어서 성서에 계시된 하나님은 유대교의 유일신^{唯一神}으로 제한되지 않으며, 고대 헬라 철학이 제시하는 제일 원인으로서의 부동일자^{不動一者}와는 더더욱 무관하다. 헬라 철학과 기독교 신앙이 결합되어 형성된 전통적 유신론^{有神論}[15]의 하나님, 곧 절대적으로 완전하고 무한하며 고통과는 무관한 하나님, 최고의 실체이자 절대적 주체[16]로서의 하나님 역

---

15 참고. 전통적 유신론에 관해 곽혜원, 『삼위일체론 전통과 실천적 삶』, 122f.
16 참고. 위의 책, 120f. ; J. 몰트만, 『삼위일체와 하나님의 나라』, 25ff.

시 성서의 하나님이 아니다. 사실 전통적 유신론에서의 형이상학적 신神이해는 성서적 하나님 이해와 유사한 내용을 많이 지니고 있기 때문에 서구 신학계에서 성서적 하나님 이해와 별 다른 구분 없이 동일시됨으로써 기독교 신관에 대한 올바른 이해를 방해했다. 유대교의 유일신 개념, 헬라 철학 및 전통적 유신론의 형이상학적 신개념을 거부하면서 몰트만은 이것들이 성서가 증언하는 하나님에 대한 치명적 왜곡이라고 비판한다. 그러므로 그는 삼위일체론에 대한 새로운 연구가 철학적 · 신학적 전통, 특히 하나님을 최고의 실체이자 절대적 주체로 규정한 서구 유신론의 전통과 비판적으로 대결할 때에만 가능하다고 힘주어 말한다.[17]

이제 몰트만은 성서가 계시하는 하나님, 특히 피조물과 관계를 맺으시는 하나님에 대한 올바른 이해에 도달하기 위해 예수 그리스도의 십자가 사건에 전적으로 집중한다. 이는 그가 그리스도의 십자가에 직면할 때에야 비로소 하나님에 대한 올바른 신앙을 가질 수 있다고 확신하기 때문이다. 즉 우리는 하나님이 어떤 분이신지 가장 확실하게 드러내는 장소인 그리스도의 십자가에서 하나님에 대해 말할 때에야 비로소 하나님의 계시에 가장 충실할 수 있다는 것이다. 이것은 하나님에 대한 모든 진술이 십자가 사건에 비추어 검토되어야 함을 의미한다.[18] 그러므로 몰트만은 기독교 신학이 정체성을 상실하지 않으려면, 우리가 하나님의 존재를 고통과 죽어감, 종국적으로는 예수의 죽음 가운데서 생각해야 한다고 역설한다. 바로 이러한 맥락에서 몰트만은 "십자가가 모든 것을 검증한다"Crux pro omnia ;[19] "십자가에 달린 그리스도 안에 참 하나님 인식과 신학이 있다"In Christo crucifixo est cognitio Dei et vera theologia라는 종교개혁자 마틴 루터의 유명한 명제

---

17 J. 몰트만, 『삼위일체와 하나님의 나라』, 32.
18 J. 몰트만/김균진 옮김, 『십자가에 달리신 하나님』(서울: 한국신학연구소, 1979 16쇄), 287f., 294.
19 M. Luther, W. A. V. 179, 21.

에 전적으로 공감한다. 그리스도의 십자가에서 하나님을 이해하는 몰트만은 이 십자가를 기독교 신앙과 신학 전체의 중심점에 세운다.

이러한 확신에 의거하여 몰트만은 기독교가 올바른 삼위일체론을 전개하려면 종전의 삼위일체 신학의 출발점이 바뀌어야 한다고 힘주어 말한다. 즉 그는 삼위일체론의 출발점이 종전처럼 '한 분 하나님'의 초월적실체 내지 절대적 주체 개념이 아니라, 그리스도의 십자가에서 구체적으로 계시된 성부·성자·성령 삼위일체 하나님의 사건으로 바뀌어야 한다고 주장한다. 기독교적 신이해로서의 삼위일체론 역시 다른 모든 기독교교리와 동일하게 철저히 그리스도의 십자가 사건에 정초해야 한다는 것이다: "십자가는 삼위일체와 미래의 하나님 나라를 포함하는 모든 신학적주제의 출발점이다."[20] 그리스도의 십자가에 대한 집중은 몰트만으로 하여금 삼위일체론을 재구성하도록 만들었다고 말할 수 있다. 왜냐하면 몰트만은 골고다에서 그리스도와 그 자신이 '아바'[abba]라고 불렀던 성부 사이에서 일어났던 일을 오로지 삼위일체적으로만 파악할 수 있었기 때문이다.[21] 그러므로 몰트만은 그리스도의 십자가 사건이 성부·성자·성령의 삼위일체적 관계 속에서 파악되어야 한다고 주장한다. 거꾸로 말해, 그리스도의 삼위일체적 존재와 사역은 십자가의 고난과 죽음에서 파악되어야한다는 것이다.

그리스도의 십자가 사건에서 계시된 하나님은 결코 천상에 홀로 존재하는 단독자 하나님이 아니라, 인류를 위시한 모든 피조물을 구속하기 위해 함께 연합하여 동역하시는 성부·성자·성령의 삼위일체 하나님, 곧 관계성 속에서 친교와 연합을 이루시는 하나님이다. 이러한 맥락에서 몰트만은 다음과 같이 선언한다: "삼위일체론의 장소는⋯예수의 십자가이다.

---

20 윤철호, 『삼위일체 하나님과 세계』, 451.
21 J. 몰트만, 『삼위일체와 하나님의 역사』, 85; 『십자가에 달리신 하나님』, 288.

…삼위일체론의 내용적 원리는 그리스도의 십자가이다. 십자가 인식의 형식적 원리는 삼위일체론이다"; "십자가는 삼위일체론의 실질적 원리이고, 삼위일체론은 십자가 신학의 형식적 원리이다."[22] 따라서 그리스도의 십자가에서 우리는 하나님이 어떤 분이신지, 하나님이 우리에게 무엇을 하고자 하시는지에 대해 가장 명확하게 파악할 수 있다. 즉 하나님은 유일한 창조자이기 이전에, 초월적 실체나 절대적 주체이기 이전에 십자가 사건 속에 계시된 삼위일체 하나님이다. 그러므로 그리스도의 십자가는 하나님의 삼위일체를 올바르게 인식할 수 있는 출발점이요 삼위일체의 진정한 흔적이라고 말할 수 있다.

몰트만은 특히 『십자가에 달리신 하나님』에서 그리스도의 십자가 사건을 통해 계시된 하나님께서 고통을 당할 수 있는 분이라고 확신함으로써, 헬라 철학과 기독교 신앙이 결합되어 형성된 전통적 유신론의 형이상학적 신이해는 물론 전통신학이 견지해 왔던 '무감정의 공식'apathieaxiom[23]을 부정한다. 그동안 기독교 신학의 역사에서 그리스도의 고난과 죽음은 그 자신만의 고난과 죽음으로 이해되는 경향이 지배적이었다. 만일 그것이 성부와 연관된다면 성부의 고난과 죽음을 말하는 '성부수난설'patripassianism이라는 비판을 받게 되기 때문이다. 성부수난설의 위험을 피하기 위해 전통신학은 예수의 고난과 죽음을 성부와 관련시키는 것을 기피했으며, 하나님을 '무감정의 신'deus apatheticus으로 이해하는 경향이 있었다. 전통신학의 이러한 경향은 초대 기독교가 고대 헬라 사상의 영향을 받아 만든 하나님 상像, 곧

---

22 J. 몰트만, 『십자가에 달리신 하나님』, 343f.
23 유대교 전통과 헬라 문화가 공존하는 시대에 살아가던 초대 교부들 중 일군의 학자들은 기독교를 변증하기 위해 헬라 철학을 활용하여 기독교에서 믿는 하나님의 존재를 증명하고 하나님의 본질을 표현했다. 이를 통해 신앙과 예배의 대상으로서의 하나님은 철학적으로 개념화되었고 유신론이 태동하게 되었는데, 바로 '무감정의 공식'은 유신론의 신이해의 근간을 이루는 것이다. 이에 따르면, 모든 만물의 근원자가 되는 신은 절대적으로 완전하고 전능하며 영원불멸하며 형언할 수 없으며 이름도 없으며 불변하며 고난과 고통을 당할 수 없는 존재, 곧 '무감정의 신'이라는 것이다.

고난과 고통을 당할 수 없는 존재(무감정의 신)이라는 사실에 기인한다.

이러한 상황 속에서 몰트만은 하나님이 결코 형이상학적인 '무감정의 신'이 아니라 모든 것을 함께 느끼고 함께 나누는 '공감의 신'^{deus} ^{sympatheticus}이라고 역설한다.[24] 즉 그는 성서가 증언하는 하나님, 그리스도의 십자가에 계시된 하나님이 피조물과 함께 고난을 당할 수 있는 하나님, 그러나 그리스도의 부활을 통해 모든 고난을 극복하시는 하나님이라고 주장한다: "하나님은 우리와 함께 고난당하시며, 우리로부터 고난당하시며, 우리를 위해 고난당하신다. 하나님에 대한 이 경험이 삼위일체 하나님을 계시한다."[25] 몰트만에 의하면, 성령 안에서 성부와 성자가 서로 나누어질 수 없이 하나되심을 이루기 때문에, 성자의 고난과 죽음은 그 자신만의 고난과 죽음이 아니라, 그가 아버지라고 불렀던 성부도 참여된 고난과 죽음이다.[26] 즉 성부와의 하나 된 관계는 성자의 십자가의 고난과 죽음 속에서도 성령을 통해 계속 유지되었다는 것이다. 그러므로 몰트만은 성자의 고난과 죽음이 성부 자신도 함께 당한 사건이라고 확신한다.

여기서 몰트만은 특히 '사랑의 영'이신 성령 하나님의 사역에 주목한다.[27] 즉 성부는 '성령을 통해' 성자의 존재에 참여하시고 그의 죽음의 고통에 함께 동참하셨지만, 이와 동시에 '성령을 통해' 성자의 존재로부터 구별되셨다.[28] 이로써 성부는 성자와 '공통의 의지'^{Willensgemeinschaft} 속에서 죽음의 고통을 함께 겪으셨지만, 현실적으로 죽음을 당한 것은 성자이고, 성부는 성자의 죽음의 고통에 함께 동참하셨던 것이다.[29] 이와 같이 몰트

---

24 위의 책, 384-402.

25 J. 몰트만, 『삼위일체와 하나님의 나라』, 17.

26 J. 몰트만, 『십자가에 달리신 하나님』, 285, 347.

27 위의 책, 350f.

28 김균진, 『헤겔 철학과 현대 신학』 (서울: 대한기독교출판사, 1980), 273f.

29 J. 몰트만, 『십자가에 달리신 하나님』, 348f.

만은 그리스도의 십자가 사건을 삼위일체적으로 이해하여 하나님의 고난을 적절하게 설명함으로써 성부수난설의 오류를 피하면서도, 서구 신학계를 심각한 아포리^{aporie}에 빠뜨렸던 '신 죽음의 신학'^{死神神學}을 극복할 수 있었다. 그러므로 몰트만은 고난당할 수 있는 하나님에 대해 말함으로써 기독교의 하나님 개념에 혼선을 야기했던 철학적 신개념인 무감정의 공식을 극복하고 성서의 하나님을 올바르게 인식하는 데 역사적 공헌을 했다.

몰트만에 따르면, 하나님께서 고난당할 수 있는 분이라는 것은, 하나님께서 모든 피조 세계의 고난의 역사에 적극적으로 동참하셔서 함께 관계를 맺으시고 고난당하는 분이라는 사실을 의미한다. 십자가를 통해 자기 자신을 고난의 하나님으로 계시하신 하나님은 이제 모든 피조물의 불의와 폭압으로 인한 고난의 현장에 찾아오시는 하나님, 모든 억울한 피해자 속에서 함께 고통당하면서 그들의 고통을 하나님 자신의 고통으로 받아들이고 그들과 관계를 맺는 분으로 자신을 계시하신다. 하나님은 불의와 폭압으로 인한 인류의 고난의 현장 속에 함께 계시면서 고난을 당하시며, 또한 인간의 무자비한 착취와 억압으로 파괴당하는 피조물의 고난의 현장에도 현존하면서 고난을 당하신다. 그러므로 고난당하는 피조물은 고독하게 홀로 버려지지 않고, 피조물의 고난을 받아들이고 이에 동참하시는 하나님과 함께 있게 된다. 피조물의 고난에 동참하면서 피조물과 끊임없이 관계를 맺으시는 하나님에 대해 몰트만은 다음과 같이 기술한다: "하나님의 가장 깊은 계시의 순간에는 언제나 고난이 동반된다.⋯하나님은 우리와 함께 고난당하신다-하나님은 우리로 인하여 고난당하신다-하나님은 우리를 위하여 고난당하신다."[30]

몰트만은 인류를 위시한 모든 피조물의 고난 속에 임재하면서 피조물과 지속적으로 관계를 맺으시는 하나님의 현존을 나타내기 위해 '쉐히

---

30 J. 몰트만, 『삼위일체와 하나님의 나라』, 17.

나'schechina[31]에 대해 말한다.[32] 이를 통해 그는 그리스도의 십자가 사건 속에서 성부와 성자의 고난에 참여하신 성령의 사역을 다시금 강조하면서 고난당하는 모든 피조물의 고난의 현장에 함께 하시는 '하나님의 영'에 대해 말한다. 이 '하나님의 영' 안에서 고난으로 점철된 이 세계의 역사와 하나님의 역사는 상호 결합됨으로써, "우리의 진정한 고난은 그의 고난이기도" 하고, "우리의 슬픔은 그의 슬픔이기도" 하며, "우리의 고통은 그의 사랑의 고통이기도" 하다.[33] 그러므로 피조물의 고난을 그의 삼위일체적 삶 안으로 받아들이고 함께 고난당하시는 하나님, 그리스도의 십자가를 통해 이 땅의 모든 고통을 스스로 짊어지신 하나님은 이제 그리스도를 부활시키신 부활의 능력으로 고난을 극복하신다. 더 나아가 하나님은 삼위일체의 영원한 기쁨 속에서 고난을 영광으로 변화시킴으로써 고난의 역사를 완성하신다.[34] 그렇다면 지금 이 땅에 존재하는 모든 고통은 함께 고난당하시는 하나님 안에서 극복되고, 모든 고난당하는 피조물은 하나님 안에서 그 눈물이 씻김을 받게 될 것이다.[35] 종국적으로 하나님은 그리스도 안에서 이 땅의 모든 죄악과 불의, 고통과 죽음이 극복될 '하나님 나라'(계 21:3-4; 참고. 사 25:8)로 우리를 인도하실 것이다.

III. 몰트만의 관계적 삼위일체론의 신비: 페리코레시스

몰트만은 『십자가에 달리신 하나님』에서 십자가상에서의 예수 그리스도의 죽음에 주목하여 삼위일체론을 전개한 반면, 『삼위일체와 하나님의

---

31 '쉐히나'란 피조물 가운데 하나님의 내주하심, 현존하심을 나타내는 히브리적 개념이다.
32 참고. J. 몰트만, 『십자가에 달리신 하나님』, 394ff.
33 J. 몰트만, 『삼위일체와 하나님의 역사』, 77f.
34 J. 몰트만, 『삼위일체와 하나님의 나라』, 50.
35 박만, 『현대 삼위일체론 연구』(서울: 대한기독교서회, 2007), 236f.

나라』에서는 성서에 나타난 그리스도의 전 생애와 종말론적 미래의 지평에 이르기까지 확장하여 전개한다. 이에 그는 『삼위일체와 하나님의 나라』에서 앞의 저서에서 논한 삼위일체론과는 다른 각도에서, 곧 '삼위일체의 신비'라는 제목으로 내재적 삼위일체론을 전개한다. 특별히 몰트만은 성령의 역할에 주목하는 가운데 하나님의 세 위격이 상호 간에 내주하면서 하나되심을 이루는 페리코레시스적(상호 내재적 · 순환론적) · 관계론적 삼위일체론을 전개한다. 이는 몰트만이 세계 에큐메니칼 운동에 참여한 것을 계기로 받게 된 동방정교회의 영향으로서, 그는 동방정교회 신학자들과의 대화를 통해 삼위일체론에 관한 중요한 통찰을 배울 수 있었다.[36] 동방정교회는 카파도키아 세 교부들의 영향으로 삼위일체 하나님을 항상 사회적으로 이해해 왔는데, 특히 닛사의 그레고리 Gregory of Nyssa는 삼위일체를 베드로, 야고보, 요한 혹은 아담, 하와, 셋의 유비로 설명하면서 하나님의 위격의 개별성과 삼위의 사회성을 동시에 강조했다.[37]

사회적 삼위일체론을 지향하는 몰트만은 요한복음에 제시된 성부와 성자와 성령 하나님께서 이루시는 독특한 친교와 연합에 주목한다. 요한복음이 가리키듯이, 성부와 성자와 성령, 삼위일체 하나님의 세 위격은 영원한 사랑의 친교 속에서 서로 안에 내주하신다: "내가 아버지 안에 거하고, 아버지께서 내 안에 계심을 믿으라"(14:11); "내가 아버지 안에…있는 것을 너희가 알리라"(14:20); "아버지께서 내 안에, 내가 아버지 안에 있는 것 같이…"(17:21). 즉 성부는 성자와 성령 안에 내주하시고, 성자는 성부

---

36 몰트만이 삼위일체론을 정립하면서 참고한 현대 동방정교회 인물은 러시아 사상가 니콜라이 베르쟈예프(N. Berdjajew)와 신학자 블라디미르 로스키(V. Lossky)로 알려져 있다. 로스키는 관계성에 입각하여 삼위일체론을 전개한 20세기 동방정교회 신학자로서 몰트만 이외에 서구의 다른 신학자들에게도 많은 영향을 끼쳤다. 현대 동방정교회의 가장 대표적 신학자 중 한사람인 존 지지울라스(J. D. Zizioulas)는 로스키의 삼위일체 신학을 계승하는 가운데 현대 삼위일체론의 논의에서 중요한 역할을 담당함으로써 서방신학 전반에 걸쳐 '삼위일체론의 르네상스'를 촉발시키는 데 크게 기여했다.

37 Gregory of Nyssa, *Quod non sint tres Dii*(5: 331).

와 성령 안에 내주하시며, 성령은 성부와 성자 안에 내주하신다. 하나님의 세 위격은 서로 함께, 서로를 위해, 서로 안에서 너무나 친밀하게 내주하시기 때문에 완전한 하나되심을 이루신다. 이에 성부는 성자와 성령의 삶에 완전히 참여하시고, 성자는 성부와 성령의 삶에, 성령은 성부와 성자의 삶에 전적으로 참여하신다. 그러므로 하나님의 각 위격은 다른 위격과 분리되거나 독립되어 개별자로 존재하지 않고, 상호 의존의 관계 속에서 공동의 삶을 영위하신다.

몰트만은 요한복음에 나타난 하나님의 세 위격의 친교와 연합을 가장 잘 표현한 개념으로 '페리코레시스'(περιχώρησις)를 제시한다. 그는 자신의 삼위일체론을 전개하면서 성부와 성자와 성령 상호 간의 내주와 함께 이를 통해 나타난 영원한 사랑의 친교와 연합을 페리코레시스 개념으로 표현한다. 이러한 페리코레시스적·관계적 삶에 대해 그는 다음과 같이 설명한다: "니케아 신앙고백이 말하듯이, 하나님의 인격은 서로 함께 존재하고 '다함께 서로 경배되며 존중된다'. 이들은 자신의 위격적 독특성을 제외하고는 모든 것을 공유한다. 하나님의 위격은 서로를 위해 존재한다. 성부는 성자를 위해 존재하고, 성자는 성부를 위해 존재하며, 성령은 성부와 성자를 위해 존재한다. 이들은 서로를 위해 완전한 대리 역할을 수행한다. 그러므로 이들은 결국 서로 안에서 존재하기도 한다. 플로렌스 공회의는 다음과 같이 말하였다: '이 일치 때문에 성부는 전적으로 성자 안에 있고 전적으로 성령 안에 있다. 성자는 전적으로 성부 안에 있고 전적으로 성령 안에 있다.…성령은 전적으로 성부 안에 있고 전적으로 성자 안에 있다.' 이들은 상호 간에 너무나 서로를 침투하기 때문에 서로 안에서 존재하고 서로 번갈아 가며 내주한다."[38]

---

38 J. 몰트만, 『삼위일체와 하나님의 역사』, 16f.

페리코레시스를 통해 몰트만은 하나님의 세 위격이 서로 구분되어 있으나, 결코 분리되지 않는 가운데 서로 다른 위격에 참여하여 그들의 삶 속에 침투하고 하나의 순환운동을 형성한다는 사실을 나타내고자 한다. 몰트만에 의하면, 세 위격 하나님이 하나가 되는 것이 삼위일체가 아니라, 세 위격 하나님이 페리코레시스적 삶 속에서 친교와 연합을 이루는 것이 삼위일체이다. 이로써 몰트만은 서방교회 전반의 삼위일체론과 달리, 삼위일체 하나님의 일체성을 동일한 신적 실체나 신적 주체 안에서 이해하지 않고, 성부와 성자와 성령의 영원한 페리코레시스적 관계성 안에서 이해한다.[39] 이처럼 우리가 하나님의 본성을 세 위격 하나님의 영원한 상호 내주로, 영원한 사랑의 친교와 연합으로 이해하게 되면 하나님의 삼위일체성을 보다 수월하게 파악할 수 있으므로, 페리코레시스는 몰트만의 삼위일체론을 해명할 수 있는 신비라고 말할 수 있다.

본래 페리코레시스의 어원은 'perichoreo'(περιχώρεω: 둘러싸여 있다/상호 얽혀 있다)인데, 파트리샤 윌슨-카스트너[P. Wilson-Kastner]는 성부와 성자와 성령께서 이루시는 페리코레시스의 의미를 잘 전달하기 위해 이를 'perichoreusis'(περιχορεύω: 원을 그리며 춤추다)로 묘사하면서 세 위격이 완전한 순환운동 안에서 서로 결합돼 있음을 강조한다. 사실 'perichoreo'와 'perichoreusis'는 서로 다른 개념이지만, 원무圓舞는 페리코레시스를 이해하도록 돕는 중요한 비유로 보인다. 왜냐하면 페리코레시스의 우리말 번역, 곧 상호내주, 상호순환, 상호침투는 단어 자체의 생소함으로 인해 올바른 의미전달에 제약이 있기 때문이다. 그런데 여러 사람이 함께 어울려 춤을 추는 원무를 상상하면, 성부와 성자와 성령의 친교와 연합을 쉽게 이해할 수 있다는 것이다.[40] 이를 통해 우리는 하나님을 자

---

39 J. 몰트만, 『삼위일체와 하나님의 나라』, 121.
40 J. 몰트만, 『삼위일체와 하나님의 역사』, 263f.

신 안에 폐쇄되어 있지 않고 피조세계를 향해 스스로를 개방하실 뿐만 아니라, 만유 위에 계시면서 동시에 스스로 만유 안으로 들어가 만유와 더불어 춤을 추시는 삼위일체 하나님, 세 위격이 서로 안으로 들어가 서로 안에 거하면서 함께 원무를 추시는 하나님이라는 좋은 비유를 발견할 수 있다.

몰트만은 우리가 이 페리코레시스 개념을 사용하여 하나님의 본질을 이해할 때, 삼신론의 위험은 물론 일신론(특히 양태론)의 위험을 극복할 수 있다고 힘주어 말한다. 이는 페리코레시스가 삼위성과 일체성을 결합시키면서도 삼위성을 일체성으로 환원시키거나, 일체성을 삼위성으로 환원시키지 않기 때문이다.[41] 또한 몰트만은 페리코레시스를 통해 서로의 관계에 의한 결합을 도모함으로써 모든 종속론도 피할 수 있다고 말한다. 사실 전통적으로 기독교 신학은 성부의 우위성을 전제하는 가운데 양태론적 혹은 종속론적 입장을 견지해 왔다. 서방교회의 양태론적 경향의 삼위일체론은 성자와 성령을 하나님의 이름 아래 언급하면서도 하나님과 성부를 동일시했다. 동방정교회 역시 성부와 성자와 성령의 구별을 강조하고 그들의 일체를 말하면서도 근원에 있어서 성부의 우위성을 암암리에 강조했다. 그러나 성부와 성자와 성령 사이를 사랑과 자유와 평등의 원무로 이해하는 페리코레시스는 세 위격 가운데 어느 한 편의 절대적 우위나 종속을 말하지 않고도 세 위격의 일체성을 표현할 수 있다.[42] 이러한 페리코레시스 속에서는 지배와 명령의 수직적 상하관계가 아닌 대화와 평등의 수평적 관계가 등장한다.

이제 몰트만은 사랑의 친교와 연합의 상호관계를 맺으시는 삼위일체 하나님을 통해 우리가 다음과 같은 가르침을 받을 수 있다고 주장한다. 즉

41 위의 책, 263f.;『삼위일체와 하나님의 나라』, 211;『신학의 방법과 형식』, 342f.
42 J. 몰트만,『삼위일체와 하나님의 나라』, 212.

삼위일체 하나님의 친교와 연합은 모든 존재가 지배와 억압 없이 서로 존중하고 서로 인정하는 자유롭고 창조적인 친교와 연합을 위한 모체가 된다는 것이다.[43] 이는 삼위일체 하나님의 친교와 연합은 자신 안에서만 만족하는 폐쇄된 것이 아니라, 요한복음 17장 21절이 말하듯이 우리를 향해 열려 있고 우리를 초대하는 친교와 연합이기 때문이다.[44] 따라서 하나님의 형상대로 지음받은 인간이 이 세상에서 이루는 모든 관계는 삼위일체적 페리코레시스의 상호 내주와 관계성을 반영해야 한다. 이를 통해 지금까지 상호 대립되는 것으로 여겨졌던 모든 것, 곧 정신과 물질, 영혼과 육체, 인간과 자연, 지배자와 피지배자, 남성과 여성 등이 하나님 안에서 하나가 된다. 이 모든 존재는 각자의 독특성으로 인해 서로 구별되지만 결코 분리되지는 않는다. 이들은 하나님의 무한한 사랑의 영 안에서 하나로 결합되어 상호 간에 관계를 맺으므로, 서로 영향을 주고받고 서로 의존하는 가운데 함께 삶을 나누어야 할 것이다. 이와 같이 하늘과 땅은 하나님의 영광으로 충만하게 되어, 하나님은 세계 안에 거하시고 세계는 하나님 안에 거하게 될 것이다.[45]

IV. 몰트만의 삼위일체 논의를 마무리하면서

1. 몰트만의 삼위일체론에 대한 평가

여기서는 최근 신학계에서 삼위일체론에 대한 재조명의 중심점에 서 있는 몰트만의 삼위일체론의 공헌점과 문제점을 정리하고자 하는데, 먼저 몰트만의 삼위일체론이 신학계에 기여한 점을 제시하면 다음과 같다:

---

43 J. 몰트만, 『삼위일체와 하나님의 역사』, 17.

44 위의 책, 263.

45 J. 몰트만/김균진 옮김, 『창조 안에 계신 하나님』(서울: 한국신학연구소, 1987), 31f.

1. 몰트만의 삼위일체론은 종전의 전통적 삼위일체론처럼 철학적 사변, 곧 '한 분 하나님'의 초월적 실체 내지 절대적 주체 개념이 아니라, 성서에 나타난 하나님의 구원역사, 구체적으로 말해 예수 그리스도의 십자가 사건에서 출발한다. 이를 통해 몰트만은 그리스도의 십자가를 모든 기독교 신앙과 신학의 규범으로 상정함으로써 서방교회에 기독교의 정체성을 각인시키고 철저히 기독교화 되도록 동기 부여했다. 아울러 몰트만의 삼위일체론은 그리스도의 십자가에 계시되신 고난당하는 하나님을 기독교의 삼위일체 하나님에 대한 이해의 출발점으로 삼음으로써 오랜 세월 서방 신학계에서 기독교의 하나님 개념에 혼선을 야기했던 철학적 신개념인 무감정의 공식을 극복하고 성서의 하나님을 올바르게 인식하게 하는 데 결정적 공헌을 했다.

2. 몰트만의 삼위일체론은 신학적 사변에 머문 서방교회의 전반적 현실 속에서 그리스도인의 삶과 교회의 삶, 더 나아가 정치·경제·사회 등에서의 삶에 역동적 의미를 제시했다. 사실 전통적 삼위일체론은 중요한 교리로 인정되기는 했지만 교리적 선언에 그쳐서 대다수 그리스도인의 삶에서 중요한 역할을 하지 못했을 뿐만 아니라, 심지어 헬라 철학의 영향을 받은 비성서적 교리로 치부되기도 했다. 이러한 문제상황을 극복하기 위해 몰트만은 정치·경제·사회 전반에 영향을 미치는 삼위일체론의 역동적이고 실천적인 가르침을 제시함으로써 화석화된 전통교리에 생명력을 불어넣는 촉매제로서의 신학을 시도했다. 이러한 몰트만의 역동적·실천적 성향의 삼위일체론은 20세기 후반 신학계에 대단히 중요한 영향을 끼쳤다.[46]

3. 몰트만의 삼위일체론은 서방교회 전반의 삼위일체론의 한계를 인식하면서 유대교와 동방정교회 신학을 염두에 둔 기독교 전체 신학의 검토

---

46 참고. 곽혜원, 『삼위일체론 전통과 실천적 삶』, 185-195.

를 통해 삼위일체론을 정립했다. 몰트만은 개신교 전통과 가톨릭 전통, 정교회 전통, 곧 동·서방교회 전체의 전통을 비판적으로 검토하는 가운데 신학을 전개하고자 노력했는데, 특히 가장 중요한 신론에 있어서 삼위일체론을 중심으로 교회일치(에큐메니칼)의 신학을 전개한 것이 몰트만의 삼위일체론의 의의라고 말할 수 있다. 이로써 그는 서방교회와 동방정교회의 대화를 원만히 이끌어내기 위해 제3의 길을 모색했는데, 이러한 대화의 모색을 위한 신학적 접근은 그동안 교류가 단절되었던 동·서방교회의 정황에서 볼 때 상당히 의미있는 공헌이라고 할 수 있다.

4. 몰트만의 삼위일체론은 아우구스티누스 이래 서방교회에 절대적 영향력을 행사해온 심리적 삼위일체론을 혹독히 비판하는 가운데 하나님의 세 위격의 독특한 친교와 상호 내주에 관심을 기울이는 사회적 삼위일체론을 지향했다. 몰트만의 사회적 삼위일체론은 성부와 성자와 성령께서 깊은 사랑의 페리코레시스를 통해 상호 내주하시고 서로 함께 관계를 맺으시면서 하나되심을 이루는 하나님의 삶을 표현했다. 이로써 사회적 삼위일체론이 20세기 후반 이후 삼위일체론 논의에서 중요한 위치를 차지하도록 동기를 부여하는 데 결정적으로 기여했다.

5. 특별히 몰트만의 삼위일체론은 세 위격 하나님의 페리코레시스적 관계성을 강조함으로써 관계적 삼위일체론에 대한 논의를 활성화시키는 데 중요한 역할을 담당했다. 사실 지금까지 몰트만의 삼위일체론은 주로 사회적 삼위일체론으로 알려져 왔고 몰트만 자신이 그의 삼위일체론을 관계적 삼위일체론이라고 직접적으로 언급하지는 않았지만,[47] 그가 표상하는 위격(인격)이 페리코레시스적 관계성·공동체성 안에 있는 인격 개념이라

---

[47] 이러한 주장이 나오는 것은, 지금까지 몰트만이 체계적인 삼위일체론을 전개하기보다 삼위일체론을 그의 신학 전반에 걸쳐 신학적 전제 내지 기반으로 삼았기 때문이다. 이것은 몰트만이 전개한 삼위일체론에 관해 많은 해석과 유추를 제공하기도 한다.

는 사실이 명료해지면서 관계적 성향을 지닌 몰트만의 삼위일체론이 많은 공명을 얻고 있다. 이러한 관계적 삼위일체론은 사회적 삼위일체론과 함께 21세기 시대상황의 요청에 부응하므로 향후 삼위일체론 논의에 있어서 결정적으로 중요한 역할을 할 것으로 기대를 모으고 있다.

그러나 몰트만의 삼위일체론이 여러 공헌을 했음에도 불구하고 일련의 신학자들은 몰트만의 삼위일체론을 비판하는데, 특별히 삼신론적三神論的이라는 비판을 받고 있다.[48] 이러한 비판에 대해 몰트만은 그의 삼위일체론에 대한 오해에서 비롯된 비판이라고 주장하면서 하나님이 결코 삼신이 아님을 분명히 밝힌다: "세 인격으로 일컬어지는 하나님은 결코 삼신이 아니다."[49] 삼신론이란 오직 철저히 개체화되고 고립된 '개별자'Individuum 개념을 세 위격에 적용할 때에만 가능한데, 몰트만에게 있어서 '인격'Person은 결코 개체화되고 고립된 '개별자' 개념이 아닌, 처음부터 페리코레시스적 관계성 안에 있는 '인격' 개념이기 때문이다.[50] 즉 몰트만은 하나님의 세 위격이 서로 독립되어 독자성을 지니고 있지만, 아주 밀접하게 서로 결합되어 있으며 서로 의존한다고 생각한다. 특히 그는 삼위일체론이 정립될 당시 고대세계에서 'persona'가 전체 가운데서 어떤 역할을 담당하는 존재로 이해되었기 때

---

48 카스퍼(W. Kasper)는 몰트만의 삼위일체론이 삼신론적이라고 평가한다: W. Kasper, *Der Gott Jesu Christi*, Mainz, 1983 (*God of Jesus Christ*, trans. by M. J. O'Connell, London: SCM Press, 1983), 379; 판넨베르크(W. Pannenberg)는 몰트만의 삼위일체론을 삼신론적이라고까지 생각하지는 않으나, 세 위격 사이의 페리코레시스적 연합만으로는 그들의 일체성을 확보하는 데 충분치 않다고 지적한다: W. Pannenberg, *Systematische Theologie*, Vol. I (Göttingen: Vandenhoeck u. Ruprecht, 1988), 341f.; 토랜스(A. J. Torrance)와 그레스하케(G. Greshake) 역시 몰트만의 삼위일체론이 삼신론적 경향으로 상당히 기울어져 있다고 강하게 비판하고 있다: A. J. Torrance, "persons in communion", *Calvin Theological Journal* 34(1999), 257; G. Greshake, *Der dreieine Gott. Eine trinitarische Theologie* (Freiburg: Herder, 1997), 168ff.
49 J. 몰트만/곽혜원 옮김, 『하나님의 이름은 정의이다』(서울: 21세기 교회와 신학포럼, 2011), 220.
50 J. 몰트만, 『삼위일체와 하나님의 나라』 208; 『신학의 방법과 형식』 352f.

문에 개체적이 아닌 관계적·공동체적 의미를 내포하고 있음을 강조한다.

이를 통해 몰트만은 자신의 삼위일체론이 결코 삼신론일 수 없다는 사실을 역설하고자 한다. 사실 그는 인격의 개념이 고대세계에서 상호 관계성 속에서만 의미를 지녔던 것과 달리, 관계로부터 단절되어 고립된 개인의 주체성과 독립성을 강조하는 현대세계 속에서 성부·성자·성령의 삼위에 인격이란 단어를 적용하기를 주저하기도 했었다.[51] 이러한 위험 부담에도 불구하고 그가 인격이란 단어를 삼위일체 하나님을 설명하는 용어로 채택한 이유는, 우리가 하나님을 인격적 존재로 경험할 뿐만 아니라 이 하나님의 인격성을 결코 포기할 수 없기 때문이다. 그러므로 우리는 하나님의 인격성을 포기할 것이 아니라, 이를 성서적으로 잘 해석하고 적용하는 것이 중요하다.

여기서 우리는 몰트만이 삼신론자라는 비판과 관련하여 한 가지 짚고 넘어갈 부분이 있다. 이는 곧 삼위일체론이 고대 교회에서 일신론적 이단과의 대립 속에서 형성된 교리라는 사실이다. 또한 삼위일체론에 있어서 서방교회에 비해 상대적으로 높은 정통성을 지닌 동방정교회의 정통적 신학의 교부들 역시 그들의 반대자들에 의해 끊임없이 삼신론자라는 비판을 받았다는 사실이다. 특히 카파도키아 세 교부들을 비롯한 동방정교회의 교부들은 일신론적 이단에 의해 삼신론자라는 비난을 끊임없이 받았다. 무엇보다도 우리는 동·서방교회가 공히 고백하는 세계 교회의 가장 중요한 정통

---

51 여기서 우리는 삼위일체론에 사용된 용어들이 인간의 이성과 지식을 뛰어넘는 삼위일체 하나님의 신비를 온전히 담아낼 수 없다는 사실을 인정할 수밖에 없다. 불완전한 우리는 불완전한 언어를 통해 하나님이 어떤 분이신지에 대해 말할 수는 있지만, 하나님의 본성에 대해 제대로 표현하는 것은 거의 불가능하다는 사실을 직시해야 한다. 하나님은 인간의 언어와 이성을 훨씬 넘어서는 영원한 신비이기 때문이다. 그러므로 하나님을 설명하는 인간의 모든 표현은 항상 한계에 직면할 수밖에 없으며, 종국에는 하나님의 깊은 신비 앞에 침묵할 수밖에 없다. 바로 이러한 맥락에서 몰트만은 삼위일체론이 신학자들에게 부과된 가장 고상하면서도 가장 겸손하게 만드는 임무라고 토로한 바 있다. 곽혜원, 『삼위일체론 전통과 실천적 삶』, 60f.

신조인 '니케아-콘스탄티노플 신조'(381)가 성부·성자·성령 세 위격에 대한 개별적인 신앙고백을 하고 있다는 사실을 깊이 유념해야 할 것이다.

사실 니케아-콘스탄티노플 신조의 관점에서 본다면, 몰트만의 삼위일체론은 정통성을 입증받을 수 있지만, 터툴리아누스와 아우구스티누스의 삼위일체론은 심각한 문제점을 지니고 있다.[52] 몰트만의 삼위일체론이 오늘날 우리에게 삼신론적 경향을 띠는 것처럼 보이는 이유는, 터툴리아누스와 아우구스티누스를 거쳐 발전된 서방교회의 삼위일체론이 일신론적 형태의 삼위일체론이고, 이 서방교회의 전통에 우리가 깊이 접맥돼 있기 때문이다. 동·서방교회가 공유하는 유일한 정통신조인 니케아-콘스탄티노플 신조와 성서에 계시된 삼위 하나님에 대한 신앙의 관점에서 볼 때, 몰트만의 삼위일체론은 니케아-콘스탄티노플 신조를 만들었던 카파도키아 교부들의 삼위일체론에 근거를 두는 가운데 보다 깊게는 성서, 특히 예수 그리스도의 구원역사에 뿌리를 두고 있는 매우 훌륭한 삼위일체론이라고 말할 수 있다.

2. 페리코레시스적·관계적 삼위일체론이 주는 가르침

삼위일체론에 관한 논의를 마무리하면서 우리는 21세기 시대상황 속에서 삼위일체론이 주는 의미에 관해 생각해 볼 필요가 있다. 지금 우리가 살아가는 이 시대는 가히 '디스토피아'dystopia. 유토피아의 반대어 시대가 도래했다는 우려를 자아낼 만큼 무수히 많은 문제를 안고 있다.[53] 인류 문

---

52 김명용, "몰트만의 삼위일체론", 「장신논단」 제19집(2001.1), 129.
53 인류역사상 가장 풍요로운 물질문명 속에서도 나날이 심화되어가는 사회 양극화, 양극화의 그늘 속에서 엄청난 부를 누리는 소수의 부유층·특권계층과 고도의 경제성장의 결실을 누리지 못하고 주변화 되어가는 다수의 빈곤·소외계층 사이의 갈등과 분열, 최근 전 세계를 공황상태에 빠트린 글로벌 경제위기와 맞물려 심각하게 노정된 자원경쟁과 식량위기, 보복의 악순환의 행태를 보이는 가운데 21세기 세계평화를 심각하게 위협하는 문명·종교 간 충돌과 반목, 생존의 문제이자 세계 종말의 문제로까지 거론되고 있는 생태계 위기, 생명에 대한 사랑 및 존엄성의 상실, 무엇보다도 기성 고등종교들의 역할 상실로 말미암은 영성과 가치관의 위기 등 이루 다 헤아릴 수 없을 지경이다.

명이 처한 이 문제상황에 직면하여 21세기의 기독교는 앞으로 어떤 방향으로 나아가야 하는가? 21세기에 새롭게 요청되는 기독교 신앙과 신학의 패러다임은 어떠해야 하는가? 이 질문에 대해 21세기 기독교는 인류가 당면한 현실적 문제를 극복하기 위한 대안을 제시함으로써 예수 그리스도의 말씀과 사역의 핵심인 '하나님 나라'를 이 땅에 구현하기 위한 실천적 노력을 적극적으로 기울일 것을 요청받고 있다고 답변할 수 있다. 그리스도인의 실천적 삶과 관련하여, 더 나아가 21세기에 요청되는 기독교 신앙과 신학의 새로운 패러다임 구축과 관련하여 우리는 기독교 2,000년 역사에 있어서 결코 포기할 수 없는 유산인 삼위일체론을 주목해야 한다.

기독교 신앙과 신학의 총괄인 삼위일체론은 인간과 사회, 자연, 세계에 대한 기독교의 이해와 실천에 있어서 매우 귀중한 통찰을 제시함으로써 그리스도인의 사고와 행동에 변화를 촉구할 수 있는 교리이다. 이에 그리스도인의 실천적 삶이 매우 절실히 요청되는 오늘의 상황 속에서 그리스도인의 삶에 근본적 변화를 가져올 수 있는 실제적 교리로서의 삼위일체론의 중요성은 더욱 강하게 부각되고 있다. 더욱이 대륙과 대륙, 민족과 민족, 국가와 국가, 종교와 종교, 계층과 계층, 세대와 세대 그리고 남성과 여성 등 상호 다른 존재 사이에 관계와 소통이 나날이 중요시되는 21세기 시대상황 속에서 성부·성자·성령 세 위격 하나님께서 상호 간에 사랑의 친교와 영원한 자유, 평등한 관계 속에서 일체를 이루고 계심을 가르치는 삼위일체론은 21세기 기독교의 새로운 패러다임을 구축하는 데 지대한 역할을 담당할 수 있다.

무엇보다도 우리는 페리코레시스적·관계적 삼위일체론이 우리에게 주는 관계적·공동체적 삶에 대한 가르침에 주목해야 한다. 성부·성자·성령 세 위격 하나님은 다른 위격과 끊임없이 관계를 맺는 친교의 존재, 곧 관계적·공동체적 존재이다.[54] 즉 하나님의 세 위격은 서로 안에 내주하면서 모든 것을 함께 나누고 서로의 삶에 전적으로 참여하며 모든 일을 함께 행하신다. 이에 성부가 계신 곳에는 성자와 성령이 함께 거하고, 성자가 계신 곳에는 성부와 성령이 함께 거하며, 성령이 계신 곳에는 성부와 성자가 함께 거하신다. 또한 성부가 하시는 일에 성자와 성령이 함께 참여하고, 성자가 하시는 일에 성부와 성령이 함께 참여하며, 성령이 하시는 일에 성부와 성자가 함께 참여하신다. 이러한 삼위일체 하나님 안에 있는 상호 내주·참여의 관계성은 각 위격이 다른 위격과 분리되어 개별자로 존재하지 않고, 상호 의존의 관계 속에서 삶을 영위하심을 잘 보여준다.[55] 세 위격이 서로 내주하면서 관계적 삶을 영위하시는 하나님은 피조물과의 친교를 원하기 때문에 그들을 창조하셨다.

상호 내주하는 관계성 안에 계신 하나님과 함께 우리는 세상 속에서 세상 사람과 더불어 살아가셨던 예수의 관계적·공동체적 삶을 깊이 성찰할 필요가 있다.[56] 예수께서는 때때로 사람을 피해 한적한 곳으로 가서 하나님께 간절히 기도하고 하나님과 긴밀한 교제를 나누셨지만(마 14:23; 막 1:35; 눅 5:16, 6:12), 결코 자신이 살아가는 세상의 현실을 도피하여 폐쇄적으로 살아간 종교인이 아니었다. 오히려 그는 한평생 세상 사람과 더불어 성읍에서 함께 살아가면서 하나님 나라를 선포하고 회개를 촉구하셨던, '철저히 관계적인 존재'였다.[57] 그는 세상의 현실 속에서 현실의 문제와 대면하여 현실과 더불어 살아가셨고 세상 사람을 끝까지 사랑하셨다

---

54 최승태, "성만찬적 교회론: 교회의 공동체성 회복을 위하여", 『현대 신학자들의 동향』(한국조직신학논총 제8집), 한국조직신학회 엮음, 268; 이문균, 『신앙과 삶 속에서 삼위일체 하나님 알아보기』(서울: 한국장로교출판사, 2005), 51.

55 정성욱, 『삶 속에 적용하는 삼위일체 신학』(서울: 홍성사, 2007), 115.

56 참고, 김영선, 『관계신학: 관계의 관점에서 본 하나님·인간·세계 이해』(서울: 대한기독교서회, 2012), 266f.

57 김균진, 『역사의 예수와 하나님의 나라』(서울: 연세대출판부, 1994), 159f., 166f.

(요 13:1). 예수께서는 세상 사람들과 많은 시간을 보내셨기 때문에 그들의 삶의 문제들을 잘 알고 계셨으며, 대부분의 경우 이 현실의 구체적 문제들에 직접적으로 개입하여 친히 해결해 주셨다. 그러므로 한국 교회와 성도들은 세상을 떠나지 않으시고 철저히 세상 안에서 하나님 나라를 선포하셨던 예수를 본받아 결코 세상을 도피하지 말고, 세상 한가운데서 세상 사람들과 더불어 관계적·공동체적 삶을 살아가야 할 것이다.

예수께서 세상 속에서 세상 사람과 더불어 관계적·공동체적 삶을 살아가셨던 것처럼, 성령께서도 이 세상 속에서 활동하시는 관계적·공동체적 존재이다. 사실 기독교 2,000년 전통에서 성령은 개인적이고 내면적인 영성의 범주와 제도화된 교회의 영역 안에서 활동하는 분으로 인식돼 왔기 때문에, 이 사회와 역사, 자연과 세계는 성령의 활동과 무관할 뿐만 아니라 기독교 신앙과 상관없는 영역으로 간주되었다. 이로 말미암아 성령은 세계와 무관한 초월적 존재로 인식된 반면, 세계는 성령과 관계없는 영역으로 상정되었다. 이러한 상황은 한국 개신교 안에서 더욱 심화된 결과 한국 개신교는 성령을 이 사회와 역사, 자연과 세계와 관계하는 분으로, 세상의 고난당하는 피조물 안에서, 파괴되어져 가는 생태계 안에서 역사하시는 분으로 생각하는 것을 잘못된 사상으로 간주하는 경향이 있다. 그러므로 한국 교회와 성도들은 성령께서 단지 제도화된 교회의 그리스도인 안에서만 활동하는 분이 아닌, 이 사회와 역사, 자연과 세계 속에서 활동하시는 관계적·공동체적 존재임을 깊이 유념하여 이 사회와 역사, 자연과 세계 안에서 중요한 사명을 감당해야 할 것이다.

삼위일체 하나님 자체 안에서, 또한 하나님과 피조물 사이에서 이루어지는 상호 내주하는 관계성은 우리 자신의 삶이 타자他者의 삶에 긴밀하게 의존되어 있음을 가르쳐 준다. 사실 관계적·공동체적 하나님의 형상대로 창조된 인간도 본래 관계적·공동체적 존재이다. 각 성도 안에 성령을 통해 삼위일체 하나님께서 내주하시기 때문에, 성령 안에서 성도와 성도는 서로 내주하는 삶을 살아야 하는 관계적 · 공동체적 존재이다. 이 사실은 개인의 독립성과 자율성을 과도하게 강조하는 오늘의 시대상황 속에서 시사하는 바가 매우 크다. 이 시대의 위기의 중요한 원인 중 하나는 극단적 개인주의 및 이기주의로 인한 공동체의 상실이다. 일반적으로 현대인들은 타인에 무관심한 채 자신의 개인적 안위만을 추구하며 살아가는 경향이 강한데, 이는 삼위일체 하나님에 이반되는 삶의 방식이다. 서로가 서로를 존중하고 긴밀한 상호 관계성 속에서 함께 더불어 살아가는 삶이 삼위일체 하나님의 창조질서와 존재방식에 상응하는 바람직한 삶이라고 말할 수 있다.[58]

특별히 상호 간의 관계와 소통이 그 어느 때보다 절실히 요청되는 21세기 시대상황 속에서 우리는 관계적 · 공동체적 삶에 대해 깊이 성찰할 필요가 있다. 예수께서는 십자가를 통해 하나님과 인간 사이는 물론 인간들 사이의 막힌 담을 허무셨지만(엡 2:14; 참고. 갈 3:28), 우리는 스스로 헛된 담을 쌓아 올리며 하나님이 베푸신 소통의 은총을 거절하고 있다. 사실 현대 문명은 디지털 기술의 발전에 힘입어 '유비쿼터스'ubiquitous라는 새로운 유토피아를 건설했지만, 교통과 통신의 발달로 그 어느 때보다 더 가까워진 지구촌이 겪고 있는 고통의 근본 원인은 아이러니하게도 소통의 단절이다. 소통 단절의 형태는 시대와 지역에 따라 차이가 있지만, 대륙과 대륙, 인종과 인종, 민족과 민족, 종교와 종교, 계층과 계층, 세대와 세대 그리고 남성과 여성 사이의 소통 단절은 세계 도처에서 갈등과 폭력으로 표출되고 있다.[59] 국내적으로 볼 때, 한국 개신교는 한국 사회와의 관계적 · 공동

---

58 정성욱,『삶 속에 적용하는 삼위일체 신학』 115f.

59 현재규, "삼위일체론의 역사에 비추어 본 삼위일체 하나님의 '열린' 친교" (장로회신학대대학원 박사학위논문, 2007), 2.

체적 삶을 거부한 채 나날이 게토화됨으로 인해 사회적 지탄을 받고 있는 실정이다. 이러한 상황 속에서 한국 개신교는 삼위일체 하나님 안에서, 하나님과 피조물 사이에서 이루어지는 상호 내주하는 관계적·공동체적 삶으로부터 많은 가르침을 받아야 할 것이다.

참고 문헌

곽혜원. 『삼위일체론 전통과 실천적 삶』, 서울: 대한기독교서회, 2009.
_____. "삼위일체론과 그리스도인의 실천", 「한국기독교신학논총」제68집(2010).
_____. 『현대세계의 위기와 하나님의 나라』, 서울: 한들출판사, 2008.
김균진. 『기독교 조직신학』 제I권, 서울: 연세대출판부, 1984.
_____. 『역사의 예수와 하나님의 나라』, 서울: 연세대출판부, 1994.
_____. 『하나님은 어디에 계신가』, 서울: 대한기독교서회, 1990.
_____. 『헤겔 철학과 현대 신학』, 서울: 대한기독교출판사, 1980.
김명용. "니케아-콘스탄티노플 신조와 바른 삼위일체론", 「교회와 신앙」 통권95호 (2001.10).
_____. "몰트만의 삼위일체론", 「장신논단」 제19집(2001.1).
김석환. 『교부들의 삼위일체론』, 서울: 기독교문서선교회, 2001.
김영선. 『관계신학: 관계의 관점에서 본 하나님·인간·세계 이해』, 서울: 대한기독교서회, 2012.
_____. 『예수와 삼위일체 하나님』, 서울: 기독교문서선교회, 1996.
박 만. 『현대 삼위일체론 연구』, 서울: 대한기독교서회, 2007.
윤철호. 『삼위일체 하나님과 세계』, 서울: 장로회신학대출판부, 2011.
역사신학연구회 엮음, 『삼위일체론의 역사』, 서울: 대한기독교서회, 2008.
이문균. 『신앙과 삶 속에서 삼위일체 하나님 알아보기』, 서울: 한국장로교출판사, 2005.
정성욱. 『삶 속에 적용하는 삼위일체 신학』, 서울: 홍성사, 2007.
최승태. "성만찬적 교회론: 교회의 공동체성 회복을 위하여", 「한국조직신학논총」 제8집.
현재규. "삼위일체론의 역사에 비추어 본 삼위일체 하나님의 '열린' 친교", 장로회신학대 대학원 박사학위논문, 2007.

Boff, L./레오나르도 보프/이세형 옮김. 『삼위일체와 사회』, 서울: 대한기독교서회, 2011.

Greshake, G., *Der dreieine Gott. Eine trinitarische Theologie* (Freiburg: Herder, 1997.

Kasper, W., *Der Gott Jesu Christi*, Mainz, 1983, *God of Jesus Christ*, trans. by M. J. O'Connell, London: SCM Press, 1983.

LaCugna, C. M./이세형 옮김. 『우리를 위한 하나님』, 서울: 대한기독교서회, 2008.

Moltmann, J./J. 몰트만/김균진 옮김. 『삼위일체와 하나님의 나라』, 서울: 대한기독교서회, 1982.

_____/이신건 옮김. 『삼위일체와 하나님의 역사』, 서울: 대한기독교서회, 1998.

_____/김균진 옮김. 『생명의 영』, 서울: 대한기독교서회, 1992.

_____/김균진 옮김. 『신학의 방법과 형식』, 서울: 대한기독교서회, 2001.

_____/김균진 옮김. 『십자가에 달리신 하나님』, 서울: 한국신학연구소, 1979 16쇄.

_____/김균진 옮김. 『창조 안에 계신 하나님』, 서울: 한국신학연구소, 1987.

_____/곽혜원 옮김. 『하나님의 이름은 정의이다』, 서울: 21세기교회와신학포럼, 2011.

Olson, R. & Hall, Ch. A./로저 올슨, 크리스토퍼 홀/이세형 옮김. 『삼위일체』, 서울: 대한기독교서회, 2004.

Pannenberg, W./판넨베르크/김영선 · 정용섭 · 조현철 공역. 『판넨베르크의 조직신학』 제1권, 서울: 은성출판사, 2003.

Torrance, A. J., "persons in communion", *Calvin Theological Journal* 34 (1999).

Volf, M./미로슬라브 볼프/황은영 옮김. 『삼위일체와 교회』, 서울: 새물결플러스, 2012.

Wilson-Kastner, P., *Faith, Feminism and the Christi*, Philadelphia: Westminster Press, 1983.

Zizioulas, J. D./존 지지울라스/이세형 · 정애성 공역. 『친교로서의 존재』, 서울: 삼원서원, 2012.

■
■

Triune
God
in
Relation

볼프하르트 판넨베르크의
삼위일체론

I. 서론

볼프하르트 판넨베르크^{Wolfhart Pannenberg}는 1928년 독일의 슈테틴에서 출생했다. 2차 세계 대전 후 그는 베를린 대학에서 신학공부를 시작했으며, 그 후 괴팅엔 대학과 바젤 대학에서도 수학했다. 1953년 하이델베르크 대학에서 슈링크^{Edmund Schlink} 지도하에 "둔스 스코투스^{John Duns Scotus}의 예정론"(1954년 출간)으로 박사학위를 받았고 1955년 교수자격을 취득했다. 1958년 부퍼탈 대학, 1961년 마인쯔 대학, 1967년부터 1994년 은퇴할 때까지는 뮌헨 대학에서 조직신학 교수로 재직했다. 그는 바젤에서 칼 바르트에 관해 공부하면서 바르트의 하나님 말씀의 신학을 칼뱅과 루터의 종교개혁 신학을 후기 칸트주의적으로 다시 가져온 것으로 여겼다. 그러나 여기서 판넨베르크는 자연 신학에 대한 바르트의 비판이 너무 과격하다고 평가했다. 그는 중세에 대하여 연구하면서 창조를 통한 하나님의 일반적

---

[1] 연세대학교와 동대학원을 졸업(MA)하고 독일 에어랑겐 대학(Erlangen Universität)에서 조직신학 박사학위(Dr. Theol.)를 받았다. 연세대학교 연합신학대학원 겸임교수를 역임했으며, 현재 〈천국의 작은 공동체〉 대표이다.

볼프하르트 판넨베르크의 삼위일체론 | 255

계시에 오히려 더 깊은 감명을 받았다. 그는 우선 역사 속에서 이러한 생각을 펼쳐나갔으며 이러한 연구를 위해 그는 신헤겔주의 철학을 사용하였다. 그러나 후에는 그의 연구가 종교와 과학의 영역에까지 확대되어갔다.

신학과 더불어 과학을 포괄하며 접점을 형성하려고 했던 판넨베르크의 신학적 역동성은 삼위일체론에 있어서도 중요한 자리를 차지하고 있다. 특히 삼위일체론을 단순히 성부, 성자, 성령의 세 위격간의 관계로부터 시작하지 않고 역사에 기반을 두고 설명하려는 시도는 신학에서 매우 중요한 의미가 있다. 하나님의 역사인 세계와 신적 본질이 가지는 단일성을 중심으로 이해하는 판넨베르크의 해석은 하나님 왕국의 구조를 파악하는 데 중요한 기반을 형성한다.

사람들은 삼위일체론이라는 주제를 처음 대하게 될 때 일반적으로는 어색함과 모호함을 느끼게 된다. 그 이유는 삼위일체론이 마치 1+1+1=1이라고 주장하는 논리적 오류처럼 느껴지기 때문이다. 이러한 상황 속에서 삼위일체론이 우리의 삶의 현실 속에서 접점을 형성하기는 쉽지 않다는 선입견을 사람들이 품게 된다. 이러한 현실 가운데 판넨베르크의 삼위일체론은 성부, 성자, 성령의 내적인 관계만이 아니라 그것이 이루어지는 역사와 현실과의 관계, 나아가 인간들의 삶과의 관계성을 이해할 수 있는 기초를 제공하고 있는 것이다. 이 글에서는 판넨베르크가 고민했던 삼위일체론의 관계적 자리와 그 해결의 방향성을 살펴보게 될 것이다.

II. 삼위일체 담론의 자리

수많은 신학적 담론들은 그 논의의 시발점에 분명한 '삶의 자리'Sitz im Leben들을 가지고 있다. 이러한 삶의 자리들은 그러한 논의를 시작할 수밖에 없도록 만드는 '절박함'이 서려 있다. 따라서 후대에 이루어지는 동일한 주제에 대한 신학적 담론도 이러한 불가피성notwendigkeit이 없다면 그 논의는 추상적인 abstrakt 것이 되고 만다. '추상적'이라는 단어는 라틴어 'ab-strahere'로부터 왔다. 이 말은 '~에서 떼어내다' 또는 '어디로부터 분리되어'라는 의미를 갖고 있다.[2] 그래서 추상적인 논의는 사람들에게 '삶의 자리로부터 분리되어진', '역사로부터 분리되어진', '적용할 수 있는 아무런 접점을 가지지 못하는' 쓸데없는 잡담과 같이 여겨지게 되는 것이다.

나아가, 이러한 '추상적'인 담론은 그 내용을 '신화'mythos로 만든다. '신화'를 의미하는 헬라어 μῦθος는 동사 μύω에서 파생되었다. 이 동사는 '눈을 감다' 혹은 때론 '입을 닫다'라는 의미로 사용된다. 신화라는 단어는 사람들로 하여금 세계의 의미 있는 것들에서 눈을 돌리게 하고, 그것에 대해 관심을 가지지 못하게 만든다는 뜻을 담고 있다.[3]

삼위일체에 관한 담론도 그 발전에는 분명한 '삶의 자리'가 있었다. '신과의 관계성'에서 '그렇게 말하지 않을 수 없음', 그리고 '그렇게 살 수밖에 없음'에서 시작된 것이 삼위일체에 관한 담론이었다. 그러나 이러한 '담론의 자리'는 시대의 흐름 속에서 왜곡되고 세속적인 공격 앞에서 그 생명력을 잃어가고 있는 중이다:

우선 기독교의 신에 대한 강조 자체가 다양성을 강조하는 현 시대에 별로 설

---

2   이와 반대되는 구체적(konkret)이란 단어는 'con-crescere'에서 유래하며 '하나로 자라다'라는 뜻을 갖고 있다. 여기서 '하나로 자라난 것(konkrete)'은 두 가지 근원에서 함께 자라나는 것을 의미할 수 있다. 그 중 하나는 개념으로 채워진 어떤 것, 다른 하나는 상황 속에서 나타나는 특정적인 것이다. 이것은 고대의 표현을 빌리면 형식(form)과 질료(materie)라고 할 수 있다. 형식은 구체적인 것이 인식될 수 있도록 형태화되는 것이고, 질료는 '여기-그리고 그렇게 있음'(hier-und sosein)으로서 형식의 변화에도 변하지 않고 지속되는 것이다: Christofer Frey, *Einführung in die Philosophie* (Bochum: Verlag Hartmut Spenner, 1999), 21.

3   루돌프 불트만이 강조했던 비신화화(demythologization) 또한 이러한 관점에서 성서의 역사화를 시도하였던 것으로 평가할 수 있다. 다음 책들을 참고하라: Rudolf Bultmann, *Jesus Christ and mythology (Englewood Cliffs, New Jersey: Prentice Hall, 1958),* Rudolf Bultmann, *Neues Testament und Mythologie: das Problem der Entmythologisierung der neutestamentlichen Verkündigung* (München: Chr. Kaiser, 1985), Werner Zager, ed., *Mensch und Mythos: im Gespräch mit Rudolf Bultmann* (Neukirchen-Vluyn: Neukirchener Verlagsgesellschaft, 2010).

득력이 없다고 판단한 교회가 '실용적인 접근'으로 '우회'하고 있는 현상이 그 것이다. "회개하라 천국(신의 다스림)이 가까이 왔다!"라는 '선포'보다는 "교회 다니면 복 받아요. 모든 일이 잘 되요!"라고 '선전'하기에 급급한 교회는 삼위 일체론에 관해 심각하게 생각할 필요가 없는 것이다. 이러한 단순한 생각이 오히려 기독교에 대한 다원주의적인 세속화의 공격을 강화시키고 있다:

"내가 곧 길이요 진리요 생명이니 나로 말미암지 않고는 아버지께로 올 자가 없느니라"(요 14:6).

"다른 이로써는 구원을 받을 수 없나니 천하 사람 중에 구원을 받을 만한 다른 이름을 우리에게 주신 일이 없음이라"(행 4:12).

이러한 성서구절들을 지적하면서 비기독교인들은 기독교야말로 다른 종교를 인정하지 않는 배타적인 종교라고 비판한다. 교회는 그러한 비판을 피하고 싶어 한다. 그럴수록 다원론자들이 기독교에 대한 비판의 강도를 더 높이는 것이 현실이다. 다원론자 로즈메리 래드포드 루더Rosemary Radford Ruether는 기독교를 '허무맹랑한 종교적 쇼비니즘chauvinism: 맹목적·광신적·호전적 국수주의'이라고 비판했다.[4] 또한 유대교 랍비 슈물리 보티치Schmuley Boteach는 다음과 같이 기독교를 비난한다.

"나는 이 신앙이 저 신앙보다 우월하다고 말하는 종교는 절대로 반대한다. 영적으로 인종 차별을 하는 것이 아닌가. 그것은 우리가 너희보다 하나님과 더

---

4 John Hick and Paul F. Knitter, eds., *The Myth of Christian Uniqueness: toward a pluralistic theology of religions* (Maryknoll, NY: Orbis Books, 1987), 141.

가깝다는 뜻이므로, 바로 거기서 증오가 싹튼다."[5]

그는 기독교의 배타성을 겨냥하면서 그것을 '영적 독재'로 표현하고, 이것이 다른 이들을 향한 증오와 폭력으로 이어질 수 있다고 강조한다.[6] 한때 빌리 그레이엄의 설교 동역자이자 절실한 친구였던 찰스 템플턴 Charles Templeton[7] 조차도 기독교를 배격하면서 다음과 같이 말한다.

"그리스도인은 작은 소수에 지나지 않는다. 지구상에는 대략 5명 중 4명 꼴로 기독교가 아닌 다른 종교의 신을 믿는다. 이 땅에 살고 있는 50억 이상의 사람들이 300가지가 넘는 신을 받들고 섬기고 있다. 정령 숭배자나 부족 종교까지 합한다면 그 수는 3천 가지를 넘어설 것이다. 그런데도 그리스도인들만이 옳다고 믿어야 하는가?"[8]

기독교의 신에 대한 이런 무차별 공격이 있음에도 불구하고, 기독교인들은 기독교의 신에 대해 논의하고 변증하며, 삼위일체론에 관해 고민하고 영적 전쟁터의 한가운데 접점을 형성하려고 시도하는 일을 절박한 과업으로 여기지 않는다. 이것은 삼위일체에 관한 담론 자체의 자리가 소멸되고 만다.

그리고 삼위일체에 관한 담론의 자리를 위협하는 또 다른 요인은 '삼위일체에 관한 신화적 담론'이다. 삼위일체에 관해 말하고 토론은 하지만, 그러한 삼위일체에 관한 논의가 논자論者들 사이에서, 논자들의 논의를 듣

---

5   2014년 11월 3일 접속, 해당 사이트: http://cnn.com/Transcripts/0001/12/lkl.00.html.
6   리 스트로벨/윤종석 옮김, 『특종! 믿음사건』(서울: 두란노, 2001), 164.
7   그의 주된 저서는 *Farewell to God: My Reasons for Rejecting the Christian Faith* (Toronto: Mcclelland & Stewart, 1996)이다.
8   위의 책, 27.

는 청중들 사이에서, 또한 논자와 청중들 사이에서 그것이 '현상적'으로만 존재한다는 뜻이다. 다시 말하면, 논자들의 삶이나 청중들의 삶에 삼위일체에 관한 담론이 담길 그릇, 삶의 자리가 없다는 뜻이다. 삶의 절박함 없이 전개되는 목적 없는 삼위일체 논의는 그 어떤 세속적인 공격보다도 더 강력하게 기독교의 본질을 흔들고 있다. 교회 공동체의 삶 가운데 이루어지는 예배, 설교, 기도, 찬양, 헌금, 봉사, 선교, 교육 등과 관련하여 삼위일체론이 별로 절박하지 않고 담론의 일관성이 없을 때는 삼위일체론의 자리가 사라지고 만다.

이러한 상황에서 삼위일체에 관한 담론이 또 하나의 신화가 되지 않게 하려면 우선 삼위일체론이 발생하게 된 당시의 구조를 살펴보는 것이 중요하다. 그리고 이러한 본래적인 삼위일체론의 '삶의 자리'를, 판넨베르크의 삼위일체론을 통하여 현대 기독교의 신학과 삶 가운데 '절박한 접점'을 형성하도록 하는 것은 삼위일체론이 한갓 이론으로 머물지 않고 이 땅의 현실 속에 '관계의 생명력'을 가지게 되는 것과 연결된다.

III. 삼위일체 담론의 시작

"우리가 경험하게 되는 대상과 관계성들은 어디로부터 오는 것인가?"라는 질문은, 드러나는 현상schein과 그것의 본질sein을 구분하며 양자의 지속적 통합을 목적으로 삼았던 헬라철학자들이 강조한 것이다.[9] '어디로부터 왔는지에 관한 질문'Woher-Frage에 대한 대답은 ἀρχή라는 단어로 제시되었다. ἀρχή는 '시작', '근원', '원인' 등으로 번역할 수 있다.

---

9   이에 관해서는 다음 책을 참조하라: W. Schadewaldt, *Die anfänge der Philosophie bei den Griechen* (Frankfurt am Main: Suhrkamp, 1978); T. H. G. Gadamer, *Der Anfang der Philosophie* (Stuttgart: Reclam, Philipp, jun. Gmbh, Verlag, 1996); C. -F. Geyer, *Die Vorsokratiker zur Einführung* (Hamburg: Junius Verlag, 1994).

우리가 삼위일체론의 ἀρχή를 말한다는 것은 삼위일체론이 생겨난 '시작', '근원', '원인'에 주목하겠다는 의미이다. 헬라철학자들에게 ἀρχή에 대한 물음은 전통과 관습, 종교와 정치 지배세력이 만든 틀, 즉 모든 대상과 관계성, 나아가 '진리'에 대해 만들었던 사고의 틀에서 벗어나려는 몸부림의 시작이었다. 따라서 삼위일체론의 ἀρχή 또한 삼위일체론이 형성되기 이전의 전통과 관습, 종교와 정치 지배세력이 보유했던 기존의 틀을 깨는 것과 관련이 있다.

삼위일체론의 시발점은 "예수는 누구였던가?"라는 질문에서 비롯된다. 물론 이 질문은 "예수는 지금 우리에게 누구인가?"라는 질문과 "예수는 앞으로 우리에게 누구라야 하는가?"라는 질문과 연결되어야 한다. 만약 그렇지 않다면 "예수는 누구였던가?"라는 질문은 '신화적 질문'일 뿐이다. 현실에 대한 존재론적 고민과 미래의 삶의 방향성과 관련한 '절박함'이 담겨 있지 않은 그러한 질문은 삶의 지평 속에 존재하지 않는 '신화적 질문'일 뿐이다. 이러한 '신화적 질문'에 대해서는 어떠한 답을 내놓아도 '비신화적 대답'이 될 수 없다. 여기서 우리는 예수의 두 가지 질문에 마주치게 된다:

"사람들이 인자를 누구라 하느냐?"(마 16:13)

"너희는 나를 누구라 하느냐?"(마 16:15)

첫 번째 질문에 제자들이 "사람들이 주는 그리스도시요 살아 계신 하나님의 아들이라고 말합니다"라고 대답했다고 가정해보자. 그런데 만약 이 대답이 제자들의 삶과 상관이 없었다면, 이 대답은 정답인 것처럼 보이지만 제자들에게는 아무런 영향을 미치지 못하는 '신화적 정보'일 뿐이다.

마찬가지로, 두 번째 질문에 제자들이 모두 "저에게 주는 그리스도시요 살아 계신 하나님의 아들이십니다"라고 대답했다고 가정해보자. 그런데 만약 이 대답이 제자들의 삶과 연관된 것이 아니라 다수의 사람들이 준 정보와 교육에 따른 것이라면, 그것 또한 '신화적 대답'에 불과하다. 요컨대, 여기서 제자는 겉으로는 제자이지만 본질적으로는 신과 관계가 없고, 단순한 정보와만 관계가 있는 존재일 뿐이다.

복음서에 제시된 "예수는 그리스도이다"라는 내용은 단순한 정보가 아니라 초대 공동체의 삶의 고백이었다. 삼위일체론은 이러한 삶의 자리를 통해 기독교의 기초를 이루며 신학 자체로서의 의미를 지니게 되었다. 수많은 초대 기독교 신자들은 인간 예수를 단순한 인간이 아닌 신으로 고백했기 때문에 순교의 길을 가야만 했다. "예수가 누구냐?"라는 단순한 질문은 생명을 걸고 존재론적으로 대답해야 하는 것이었다. 따라서 복음서의 내용들은 단순한 '신화적 정보'가 아니었으며 초대 기독교 공동체가 삶으로 살아내었던 '비신화적' 그리스도의 자취인 것이다. '기독교 교리'로 보이는 삼위일체론은 사실상 단순한 교리가 아니라 그것을 자신의 삶 속에서 지키기 위해서 생명을 내어놓아야만 했던 진리 자체였다는 말이다. 이것이 삼위일체론의 ἀρχή인 것이다.

따라서 우리가 만약 삼위일체론을 말한다면 그것은 결코 '신화적 정보'가 아니라, 신과의 관계로 인해 그리스도의 삶을 살아낸 존재론적 삶의 고백이어야만 한다. 이러한 ἀρχή가 없이 삼위일체론을 말하는 것은 의미가 없다. 이러한 관점에서 판넨베르크는 예수의 등장에서 이미 시작된 것으로 선포되는 임박한 통치의 주체인 하나님이 '아버지'로 불리고 있다는 사실에 집중한다.[10]

---

10 판넨베르크/김영선 옮김, 『판넨베르크의 조직신학』 1권 (서울: 은성출판사, 2003), 329.

여기서의 아버지는 모든 피조물들을 돌보는 '아버지'인 것이다. 이 하나님은 인간의 삶에서 분리된 저 세상에 존재하는 피상적인 존재가 아니라, 햇빛과 비를 선한 사람들에게와 마찬가지로 악한 사람들에게도 허락하시는 존재이다(마 5:44f.). 하나님은 예수가 가르친 원수 사랑(마 5:44f.)의 모범이며, 자기에게로 돌이키며(눅 15:7, 10, 11ff.) 용서를 빌고(눅 11:4) 타인을 용서하는(마 11:25; 마6:14f.; 18:23-35) 자들을 용서할 준비가 되어 있는 분이시다.[11] 삼위일체론은 예수가 하나님 아버지와 맺은 친밀한 관계로부터 시작된 것이다.[12] 또한 우리가 삼위일체론을 말한다는 것은 이러한 예수가 하나님 아버지와 맺는 관계에서 신에 대해 맺는 우리의 관계를 말하는 것이다.

IV. 삼위일체론의 구조

신론에 대한 논의는 하나님의 삼위성과 단일성 사이의 관계에 대한 질문에서 시작된다. 이러한 관점에서 삼위일체론은 강조점에 따라 두 가지 범주로 나눠질 수 있다: 하나는 삼위의 "활동영역"Wirkungsbereich에 따른 구분이고, 다른 하나는 성부와 성자와 성령 사이의 "내적 관계"innere Beziehung를 중심으로 한 구분이다.

1. 성부, 성자, 성령의 활동영역에 따른 구분

1.1 하나인 하나님

판넨베르크에 의하면, 성부와 성자와 성령의 활동영역과 관련하여 신적 존재의 단일성die Einheit des göttlichen Wesens, 즉 '하나인 하나님'이 어거스

---

11 위와 동일.
12 위의 책, 330.

틴에 의해 모든 삼위일체적 차이점보다 강조된다. 그에 따라 삼위의 존재적 차이는 차단된다. 그 결과 하나님에게 있어서 삼위의 차이는 인간들이 파악할 수 없는 하나의 '비밀'geheimnis이 되어버리고 만다.[13] 결국 피조물이 인식할 수 있는 하나님의 활동은 삼위로서의 하나님이 아니라 단일한 하나님으로서 행하는 활동뿐이다. 삼위는 어거스틴에게 있어서 존재론적 구별이 다루어질 수 있는 실체의 다양성을 말하는 것이 아니었다. 따라서 어거스틴은 '신성이 의인화된'hypostasen 것으로 표현되는 위격의 구별성을 비판하였다.[14] 따라서 어거스틴은 신적 존재의 단일성으로부터 삼위의 구분을 이끌어 내려고 시도하지는 않았다.[15] 여기서 하나님은 삼위의 다양성을 지닌 존재가 아닌 한 영ein Geist으로서 나타나게 된다.[16] 어거스틴에 따르면 인간들은 그러한 형태로만 신을 인식할 수 있을 뿐이다.

여기서 성부, 성자, 성령의 관계는 전적으로 세계 창조 이전에 이루어진 삼위의 관계성 측면에서 이해되는 근원적이며 본래적인 관계이다. 그래서 어거스틴에 따르면, 이러한 관계에서 삼위의 차이를 말하는 것은 인간의 인식 가능성의 범위를 넘어서는 것이다. 판넨베르크에게 있어서는 한 분 하나님의 개념으로부터 삼위일체의 구별성을 도출하려는 것은 삼위일체론 자체를 반대하는 것으로 여겨진다.

이러한 어거스틴의 삼위일체는 판넨베르크에게 단지 부정적인 것만이 아니었다. 오히려 이는 판넨베르크가 하나님의 단일성을 역사의 지평 속에서 나타나는 내적 관계의 통일성으로 가져오게 되는 이유가 되었다. 삼위일체론이 창조 이전으로부터 시작하여 성부, 성자, 성령의 내적 관계에

---

13 Wolfhart Pannenberg, *Systematische Theologie I* (Göttingen: Vandenhoeck & Ruprecht, 1988), 308.
14 위의 책, 309.
15 위와 동일.
16 위의 책, 311.

집중하는 내재적 삼위일체 Immanente Trinität와 역사의 지평 속에서 삼위를 다루는 구속사적 삼위일체 Ökonomische Trinität로 분리되지 않고 군주국Monarchie 속에서 삼위일체의 구별성이 통합될 수 있는 가능성이 열리게 된 것이다.

1.2 세 가지 존재 양태

넨베르크의 평가에 따르면 삼위일체론과 관련하여 삼위의 개념을 활동 영역의 범주로 구분하는 대표적인 신학자 중 하나가 칼 바르트다. 그에 따르면 칼 바르트는 성부, 성자, 성령의 개념을 계시offenbarung로부터 이끌어 내었다고 평가된다. 그 근거로 판넨베르크는 칼 바르트가 『교회 교의학』에서 서술한 "하나님은 스스로를 주±로 계시하신다Gott offenbart sich als der Herr"[17]라는 문장을 제시하고 있다. 그에 따르면, 여기서 계시의 주체subjekt, 대상objekt, 술어prädikat에 대한 문법적 이해를 통해 스스로 계시하는 하나님이 세 가지 "존재양태"seinsweisen를 취한 것을 알게 되었다는 것이다.[18] 여기서 성부는 계시하시는 주체, 성자는 계시 자체, 성령은 현재 이루어지는 계시를 의미한다. 따라서 성부, 성자, 성령은 각자의 고유한 활동영역을 지니고 있는 것으로 생각된다. 이러한 존재양태는 역사 내의 구속사적 삼위일체론과 연관이 있다. 그러나 물론 판넨베르크에 의하면, 이러한 구분된 활동영역도 결국 하나님의 통일된 주체성 속에서는 어떤 여지도 확보할 수 없다.

판넨베르크에 따르면, 칼 바르트의 삼위일체론은 '하나님의 주체성' subjektivität으로부터 이해하는 삼위일체론이다. 여기서 말하는 하나님의 주체성이란 하나님의 자아의식에 근거를 둔 하나님의 자기 관계selbstverhältnis를 일컫는다.[19] 칼 바르트는 어거스틴이 이해하는 영으로서의 하나님이라

---

17 Karl Barth, *Die Kirchliche Dogmatik* I/1 (Zürich: Theologischer Verlag, 1986), 323.
18 Wolfhart Pannenberg, *Systematische Theologie I* (1988), 330.
19 위의 책, 331.

는 개념에서 도출되는 삼위일체론에서 벗어나, 예수 그리스도에게서 나타 난 하나님의 계시를 중심으로 삼위일체론을 이해하려고 하였던 것이다. 그러나 실제로는 성부, 성자, 성령으로서의 하나님이 역사 속에서 나타난 계시의 사실성에서 삼위일체 하나님의 개념을 발전시킨 것이 아니라 오히 려 자기계시selbstoffenbarung라는 계시의 형식적인 개념에서 출발했던 것이 다.[20] 판넨베르크에 의하면 이러한 형식적 개념은 계시의 주체와 대상 자 체 그리고 계시 자체를 하나의 순간에 포함시킨다.[21]

계시하는 자와 계시 자체와 지금 계시가 이루어지고 있는 것을 구분한 다는 것은 문법적인 것일 뿐 실제로는 구분할 수 없다는 것이다. 계시의 주체와 계시의 대상이 동일하다면 결국 계시의 주체는 하나일 뿐이다. 즉 다수의 위격은 하나인 하나님에게는 존재하지 않게 되는 것이다. 결국 하 나인 하나님의 주체성[22]과 구별되는 '존재양태'가 존재하는 것은 사실상 불가능하게 된다.[23]

판넨베르크는 칼 바르트가 성부, 성자, 성령의 신성을 변호하기 위해 성서적인 증거들을 다루고 있어도, 그의 삼위일체론에서는 하나님의 자기 계시 개념이 나타내고 있는 존재양태들에 관한 설명조차도 영원한 하나님 존재만을 말하는 것일 뿐이라고 비판한다.[24] 결국 하나님의 개념을 역사적 계시의 사실에서 가져오지 않고 언어적 계시 구조에서 가져온 바르트의 삼위일체론은 판넨베르크로 하여금 역사적 진행과정에서 나타나는 실재 적인 삼위에 집중하게 만드는 계기가 되었다.

---

20 위의 책, 322.
21 위의 책, 322; Barth, *Die Kirchliche Dogmatik I/1* (1986), 332ff.와 312ff.
22 하나님의 계시에서의 주체성은 헤겔의 절대정신의 자기인식(das Selbstbewusstsein des absoluten Geistes)과도 연결된다고 판넨베르크는 판단한다: Wolfhard Pannenberg, *Systematische Theologie I* (1988), 331.
23 위의 책, 322.
24 위의 책, 323.

2. 성부, 성자, 성령의 내적 관계에 따른 구분

2.1 내재적 삼위일체론과 구속사적 삼위일체론

성부, 성자, 성령의 상호 내적 관계와 관련해서는 내재적 삼위일체론과 구속사적 삼위일체론을 논할 수 있다. 내재적 삼위일체론이 영원한 하나님 존재의 삼위간의 관계를 세계창조 이전과 세계창조를 통해 강조하는 것과 대조적으로 구속사적 삼위일체론은 예수 그리스도에게 나타난 하나님의 계시에서 출발한다. 물론 내재적 삼위일체와 구속사적인 삼위일체는 양 극단적으로 구분될 수 없다. 이와 관련하여 칼 라너Karl Rahner는 삼위일체론의 근거가 단지 예수 그리스도 안에 나타난 하나님의 계시에만 있는 것은 아니라고 주장한다. 이렇게 계시로부터 나오는 것은 다시금 하나님의 영원한 본질 속의 삼중성으로 되돌아가기 위한 것임을 강조한다. 그러므로 오히려 삼위일체론의 완성은 영원한 하나님의 본질에서 나타나는 삼중성을 다시금 역사적 계시와 연결시켜야 가능하다고 생각한다. 왜냐하면 계시를 하나님의 신성 자체로 여길 수는 없기 때문이다.[25]

여기서 판넨베르크는 라너의 이해의 한계를 지적하면서 자신의 삼위일체론을 받쳐주는 또 하나의 근거를 형성하게 된다. 그의 비판은 내재적 삼위일체론에서 창조는 삼위의 상호 관계 속에서 서로 연결되어 있고 또한 삼위에 각각 그 역할이 나누어진다. 그러나 성부는 성자와 성령을 통해서만 행동하는 데 비해 성자와 성령의 위격은 직접 행동한다는 주장은 삼위일체론에서 심각한 오류를 범하게 된다. 왜냐하면 그 결과 성부는 성자와 성령과는 달리 항상 이 세상에 대하여 초월자로 머물게 되기 때문이다.[26] 물론 이러한 초월성에도 불구하고 성부는 성자와 성령을 통해서 구속사에

---

25 Karl Rahner, "Bemerkungen zum dogmatischen Traktat 'De Trinitate,'" *Schriften zur Theologie IV* (Einsiedeln: Benziger Verlag, 1960), 103-133, 특히 115f.

26 Wolfhart Pannenberg, *Systematische Theologie I* (1988), 357.

연결된다. 왜냐하면 성부는 세계의 창조를 통해서와 같이 성자와 성령을 세상에서 활동하도록 보냄으로써 세상의 역사 흐름에 자신을 연관시키기 때문이다.[27] 판넨베르크에 따르면 세계와 세계 역사를 향한 성자와 성령의 구속사적인 의미와 관련하여 소위 삼위간의 상호 종속성die wechselseitige Abhängigkeit이 생겨나게 된다.[28] 이와 같이 내재적 삼위일체론과 구속사적 삼위일체론은 이러한 상호 종속성을 성부, 성자, 성령의 내적 관계의 내용으로 본다.

2.2 삼위의 관계성으로 이뤄진 군주국 Monarchie

앞에서 다루었던 다양한 삼위일체에 관한 논의들은 단순히 판넨베르크의 비판의 대상이 아니라 판넨베르크의 삼위일체론을 형성하는 데 중요한 근거와 기초를 제공하였다. 판넨베르크가 말하는 "군주국"Monarchie은 각각의 삼위일체론이 지닌 한계를 극복하고 장점을 극대화하려는 '또 하나의 선택'이다. 물론 모든 선택은 '기회비용'을 지불해야 한다. 왜냐하면 각각의 삼위일체론이 지닌 장점은 그 자체의 한계성과 밀접한 연관이 있기 때문이다. 좀 더 분명히 말하자면, 하나의 삼위일체론이 지닌 한계성은 장점을 극대화하기 위한 필수적인 요소일 수 있다는 뜻이다.

일단 판넨베르크가 말하는 군주국은 내적 관계의 영역으로 분류할 수 있다. 왜냐하면 그는 이러한 군주국을 성부, 성자, 성령 삼위가 함께한 공동사역의 결과로 보기 때문이다. 위격을 활동 영역으로 구분할 수 있는 것은 아니라는 말이다. 일반적으로 '군주국'이라는 말 자체는 사람들로 하여금 폭력적인 전제군주를 떠올리게 할 수도 있다. 물론 판넨베르크가 '군주국'이라는 말을 쓸 때에는 이러한 부정적인 전제정치 구조를 말하려고 한 것은 결코 아니다. 그가 말하려는 군주국은 일방적인 지배와 강요된 복종

---

27 위와 동일.

28 위와 동일.

의 구조를 연상하게 되는 전제국가로서의 군주국이 아니다. 오히려, 통일된 움직임과 긴밀한 관계성으로 인해 상호 지배와 자발적 복종이 이루어지는 진정한 하나님의 나라를 표현하기 위해 군주국이라는 단어를 사용하는 것이다. 판넨베르크에게 있어서 이러한 군주국은 성부, 성자, 성령의 활동을 위한 전제 조건은 아니다. 오히려 군주국은 삼위의 통일성을 보증하는 공인^{소인, siegel}이다.[29]

판넨베르크에 따르면, 성자의 사역을 통해 성부의 왕국, 곧 그의 군주국은 창조에 있어서도 그 가치와 영향력을 지니게 된다. 그리고 성부의 대리자인 성자에게 영광을 돌리며, 그로 인하여 성부에게도 영광을 돌리는 성령의 사역을 통해서 성부의 왕국은 완성되어진다. 이와 같이 성자와 성령은 그들의 사역을 통하여 아버지의 군주국에 봉사하며 군주국이 실현되도록 만든다. 여기서 성부는 성자 없이 자신의 왕국, 자신의 군주국을 소유할 수 있는 것이 아니라 오히려 성자와 성령을 통해서만 소유할 수 있다. 이러한 내용은 단지 계시의 사건^{offenbarungsgeschehen}에만 유효한 것이 아니라, 예수가 아버지와 맺는 역사적 관계를 근거로 삼위일체 하나님의 내적 삶^{das innere Leben}에도 동일하게 적용될 수 있다.[30] 다시 말하면, 이러한 내용이 구속사적 삼위일체와 내재적 삼위일체에 동일하게 적용되어져야 하는 것이다.[31]

군주국이라는 명칭의 보편적인 특징 때문에 성부가 최상의 존재이고

---

29 위의 책, 353.

30 위의 책, 352.

31 이와 관련해서 위르겐 몰트만은 '본질적 영역'과 '관계적 영역'을 말하고 있다(*Trinität und Reich Gottes* (München: Chr. Kaiser, 1980), 200). 본질적 영역은 성자를 낳고 성령을 산출함을 통해 더이상 소급할 수 없는 신성의 원천으로서의 성부의 왕국으로부터 유래하는 '삼위일체의 본질'(179f.)이다. 그리고 관계적 영역은 위격들의 관계가 '삼위일체의 삶'에서 드러나게 되는 위격 상호간의 상대성으로부터 유래하는 또 다른 '삼위일체의 본질'이다(187ff., 191f.). 물론 이 둘은 나누어질 수 없는 것이다. 몰트만에게 있어서 삼위의 "위격적 결합(einigkeit)"에서 단일성이 지켜지는 것은 "위격들이 스스로 자신들의 차이점을 그들의 단일성처럼 구성하기 때문이다"(192)라고 강조하고 있다.

성자와 성령이 그 아래에 위치하는 것과 같은 구조를 생각하기 쉽지만, 성부의 군주국에서 성자는 존재론적 열등inferiotät이라는 의미에서 아버지에게 종속되는 것이 아니라 그 자신이 스스로 아버지에게 복종하는 것이다. 이를 통하여 성자 자신이 영원히 성부의 군주국이 존재하는 자리가 되며, 또한 그 속에서 성령을 통하여 아버지와 하나가 되는 것이다.[32] 예수의 선포와 행동에서 자신의 고유한 인격을 아버지로서의 하나님으로부터 구별하는 것은 동시에 자신이 아버지와 밀접하게 연결되어 있음을 말하는 것이다. 이러한 '관계성'이 없이는 군주국이 존재할 수 없다. 특히 판넨베르크에게 있어서 이러한 성부의 군주국은 삼위일체론을 이루기 위해 '그렇게 되어져야 하는 것'이 아니라, 역사의 흐름 가운데 자연히 '그렇게 드러나게 된' 결과물일 뿐이다. 결국 성부의 군주국은 '삼위가 함께 활동한 결과'라는 말이다. 판넨베르크에게 이러한 군주국을 이루는 성부와 성자의 관계는 삼위일체론의 출발점이기도 하다.[33]

그런데 이러한 성자와 아버지 하나님의 연계성은 삼위인 성령에 관해 이야기할 때만 언급할 수 있다고 판넨베르크는 강조한다.[34] 그 이유는 이전의 예언자들과 창조에서와 같이 예수의 존재와 활동 안에 하나님이 현존하는 방식이 바로 성령이기 때문이라고 설명한다. 성령은 아버지와 예수의 관계를 중재한다. 이러한 성령은 단지 성부와 성자의 관계만 중재하는 것은 아니다. 성령은 같은 방식으로 신자들과 하나님의 관계에서도 동일한 역할을 한다.

판넨베르크에 따르면, 성령은 신자들에게 주어지고, 성령을 통하여 신자들은 예수가 아버지와 맺는 아들로서의 관계에 참여하게 된다. 성령을

---

32 Wolfhart Pannenberg, *Systematische Theologie I* (1988), 353.

33 판넨베르크, 『판넨베르크의 조직신학』 1권(2003), 374.

34 위의 책, 339.

통하여 신자들은 하나님의 존재에 참여하며 관계를 가질 수 있게 된다. 성령을 통해서만, 하나님 자신을 통해서만 신자들은 하나님과 관계를 맺을 수 있는 것이다. 예수가 지닌 성부의 아들로서의 자격은 이미 성령의 활동을 통하여 그 기초가 세워졌다고 판넨베르크는 평가한다.[35]

여기서 우리는 성부가 자신의 군주국에서 하나인 하나님이라는 사실을 기억해야 한다. 왜냐하면 신약성서에서 '하나님'이라는 단어는 예외 없이 성부를 위해 사용되지 삼위일체 하나님을 위해 사용되지는 않기 때문이다. 그렇다고 하여 하나인 하나님에 대한 교리가 삼위 속에 나타난 신적 존재의 통일성에 대한 교리가 아니라 성부에게만 관련된 신론일 수 있다는 말은 결코 아니다. 왜냐하면 성부는 성자와 성령을 통하여 유일한 신으로 인식되기 때문이다.[36] 세계 창조가 신적인 로고스에 의해 이루어졌다면, 로고스는 이미 그의 성육신 이전에 모든 피조물에게 영향을 주고 있었으며, 하나님을 성부로 인식하는 시발점은 인간에게 활동하는 성자의 사역을 통해 이루어진다고 판넨베르크는 평가하고 있다. 결국 이러한 관점에서 성자의 성육신이야말로 인간 창조의 완성인 것이다. 성자의 성육신이 없었다면 인간이 성부를 인식할 수 있는 길이 없으며, 인간 창조는 피조물인 인간이 신을 창조주로 인식함 없이는 완성될 수 없기 때문이다. 이러한 관점에서 본다면 성부와 그의 군주국에 대한 성자의 관계는 단지 나사렛 예수의 역사만이 아닌 구속사 전체를 포함하고 있다.[37]

---

35 위의 책, 339-340.

36 Wolfhart Pannenberg, *Systematische Theologie I* (1988), 354.

37 위의 책, 355. 성부에 대한 인식이 성자의 사역을 통해 이루어진다는 사실은 다음의 성서 구절들에 나타난다. "내 아버지께서 모든 것을 내게 주셨으니 아버지 외에는 아들을 아는 자가 없고 아들과 또 아들의 소원대로 계시를 받는 자 외에는 아버지를 아는 자가 없느니라"(마 11:27, 비교: 눅 10:22); "이에 그들이 묻되 네 아버지가 어디 있느냐 예수께서 대답하시되 너희는 나를 알지 못하고 내 아버지도 알지 못하는도다 나를 알았더라면 내 아버지도 알았으리라"(요 8:19); "나와 아버지는 하나이니라 하신대"(요 10:30); "예수께서 이르시되 내가 곧 길이요 진리요 생명이니 나로 말미암지 않고는 아버

이상의 삼위일체론의 내용을 수학적인 개념으로 설명하면 다음과 같다.

첫째, 어거스틴의 삼위일체론은 하나의 점으로 나타낼 수 있다. 왜냐하면 사람들은 하나님을 성부, 성자, 성령간의 관계가 아니라 단지 하나의 영으로서만 인식할 수 있기 때문이다.

둘째, 칼 바르트에게서 나타나는 세 가지 하나님의 존재 양태는 하나의 일직선으로 표현할 수 있다. 이 선은 세 개의 점을 순차적으로 가지고 있다. 처음에 있는 점은 성부, 그 다음에는 성자, 그 뒤에는 성령이 역사의 선상에 있는 모습이다. 물론 이러한 선이 삼차원의 공간에 위치한다면 바라보는 각도에 따라 하나의 점으로 인식될 수도 있다. 다시 말하면, 계시의 주체인 성부만을 바라보게 되는 것이다.

셋째, 내재적 삼위일체론과 구속사적 삼위일체론은 삼각형으로 나타낼 수 있다. 이 삼각형에서 세 꼭지점은 성부와 성자와 성령을 의미하고 또한 각 꼭지점을 연결하는 선은 성부, 성자, 성령 사이의 관계를 나타낸다. 그러나 여기에 창조이전의 시간과 세계 역사를 모두 포함하는 공간은 존재하지 않는다.

마지막으로, 판넨베르크의 군주론적 삼위일체론은 하나의 투명한 정사면체로 표현할 수 있다. 정사면체의 네 면들은 성부, 성자, 성령 그리고 창조를 포함하는 역사 또는 인간들을 나타낸다. 한 면을 통해서 사람들은 반드시 다른 세 면을 볼 수밖에 없다. 예를 들어, 성부를 통해서 사람들은 성자와 성령 그리고 역사를 인식할 수밖에 없는 것이다. 만약 어느 한 면이 없다면 전체 정사면체는 무너지고 만다. 따라서 군주론적 삼위일체론의 과제는 모든 면을 다함께 고려하며 펼치는 것이다. 보는 각도에 따라 단지 두 면만 볼 수 있을 때라도 나머지 면들은 선으로나 적어도 점으로 있게

지께로 올 자가 없느니라. 너희가 나를 알았더라면 내 아버지도 알았으리로다. 이제부터는 너희가 그를 알았고 또 보았느니라"(요 14:6-7); "예수께서 이르시되 빌립아 내가 이렇게 오래 너희와 함께 있으되 네가 나를 알지 못하느냐 나를 본 자는 아버지를 보았거늘 어찌하여 아버지를 보이라 하느냐"(요 14:9); "그 날에는 내가 아버지 안에, 너희가 내 안에, 내가 너희 안에 있는 것을 너희가 알리라"(요 14:20).

된다. 여기서 성부, 성자, 성령, 역사의 관계뿐만 아니라 상호간의 구별은 삼위일체 하나님의 활동의 결과로서 항상 존재하게 된다. 이를 그림으로 나타내면 다음과 같다:

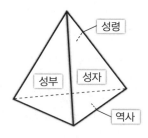

V. 군주국에 대한 평가 및 사회적, 교회적 적용 가능성

판넨베르크는 삼위일체에 대한 중요한 논문이 많아도 개신교 신학이 해결불가능성을 벗어나지 못하는 이유가 삼위일체에 관한 이론들이 역사적 계시의 사실에 그 근거를 두지 못하고 있기 때문이라고 평가한다.[38] 그는 성부, 성자, 성령의 신성에 관한 성서적 진술들로부터 하나님의 영원한 본질 속 하나님의 삼위일체적 구분에 대한 이해로 나아가는 것은 많은 결점이 있고 사변적으로 흐를 수밖에 없다는 점을 강조한다. 이러한 관점에서 판넨베르크는 단순한 신적인 본질의 개념, 하나님의 영, 하나님의 사랑 등의 개념에서 삼위일체론을 도출하려는 것을 심각한 문제로 여긴다.[39] 그 이유는 영이나 사랑과 같은 하나님의 본질 개념으로부터 삼위일체의 위격들이 가진 다양성으로 나아가는 다양한 접근은 양태론modalismus과 종속론subordinatioanismus의 위험성을 내포하고 있고 삼위일체 교리의 강조점에서

---

38 판넨베르크, 『판넨베르크의 조직신학』 1권 (2003), 374.

39 위의 책, 375.

빗나간 것이기 때문이다.[40] 이 평가에 따르면 역사적 계시에 근거를 둔 판넨베르크의 삼위일체론은 양태론과 종속론의 위험을 피할 수 있는 것으로 보인다. 판넨베르크의 삼위일체론이 신의 본질에 대한 사변적 논의에서 벗어나 역사의 공간 속에 드러난 신의 관계성으로 시선을 돌렸다는 사실은 매우 중요하다.

또한 분리된 것으로 여겨지는 내재적 삼위일체와 구속사적 삼위일체의 구조가 판넨베르크의 군주국 속에서 하나로 연결된다. 판넨베르크의 군주국이 한편으로는 내적 관계에 한정된 것으로 오해될 수도 있지만, 사실상 이러한 내적관계가 구속사적인 역사의 과정 속에서 활동영역과 더불어 지속적으로 변화하기 때문에 두 구조의 통합이 가능해진다. 하나님에 대한 사상은 신적인 본질에 있어서 현재만을 의미하는 것이 아니라 역사적 과정 속에서 하나님의 실재가 드러나게 되고 역사의 완성을 통하여 신의 실재가 확정될 수 있는 것이기 때문이다.[41] 삼위일체 하나님의 영원한 신성은 역사 속에서 자신에 관한 최종적인 진실의 증명을 향해 나아가고 있는 것이다.[42] 하나님의 왕국이 형성되는 종말론적 미래에 이르면 영원한 삼위일체 하나님의 관계성이 드러날 것이다. 지금도 삼위일체 하나님의 활동영역과 내적 관계는 역사적 지평 속에서 완성된 것이 아니라 완성의 가능성으로 나아가고 있다. 이는 삼위일체 하나님의 관계성 자체가 미완이라는 말은 결코 아니다. 단지 그러한 관계성이 삼위일체론이라고 불리는 인간의 언명 속에 완전히 파악되거나 표현될 수 없다는 말이다. 따라서 판넨베르크의 삼위일체론은 인간에 의해 신성의 관계성이 완전히 파악된 것처

---

40 Wolfhart Pannenberg, *Systematische Theologie I* (1988), 311. W. Kasper도 이 두 가지 경향을 다 거부하고 있다: *Der Gott Jesu Christi* (Mainz: Verlag Herder, 1982), 326.

41 판넨베르크, 『판넨베르크의 조직신학』1권 (2003), 425.

42 위의 책, 426.

럼 표현하는 것을 제한시킨다. 그가 종말론적인 완성 이전에 이루어지는 삼위일체론의 표현들이 지닌 한계성을 명확히 한 점은 신학적인 서술들이 가져야 할 본질적인 역사적 개방 구조를 명시한 것으로서 매우 중요하다.

판넨베르크에 따르면 이 땅의 사회와 교회의 역사와 현실은 신성이 드러나는 공간이다. 이러한 관점에서 우리는 판넨베르크의 군주국을 사회적, 교회적으로 적용할 수 있는 가능성을 발견하게 된다. 물론 그러한 공간들은 인간들에 의해 왜곡되어지고 변형되어져 왔다. 그러한 왜곡과 변형으로 인해 신성을 바르게 파악할 수 없는 현상이 생기게 되었다. 그 결과 때로는 '신의 죽음'이 거론되었을 정도이다. 또한 역사의 흐름 속에서 절대군주와 황제로 불렸던 독재자들로 말미암아 전쟁과 파괴의 소용돌이가 세계를 휩쓸고 지나가기도 했다. 자본주의의 흐름 속에 적자생존의 진화론적 가치관이 '너'와 '나'의 관계성을 파괴하고 있는 것 또한 이 땅의 사회적, 교회적 현실이다. 신에 대한 관계도 신을 이용하려는 실용적, 성공지향적인 가치관으로 인해 왜곡되고 있다. 이러한 현실 가운데 자발적인 상호복종과 서로 함께 존재하지 않으면 무너질 수밖에 없는 판넨베르크의 삼위일체 군주국의 구조는 경쟁이 아니라 서로에 대한 배려, 일시적인 관계가 아니라 역사의 흐름 속에 지속적으로 함께하는 상호 관계성, 개인의 이기적인 욕심을 충족시키는 인간의 나라가 아닌 피조물들이 함께 신의 뜻을 이루어가는 종말론적인 신의 나라를 지향할 수 있는 하나의 단초가 될 수 있다.

VI. 나가는 말: 비신화화된 삼위일체론의 접점

서론에서 우리는 삼위일체에 관한 담론이 '신화적'으로 흐를 때의 위험성을 살펴보았다. 또한 삼위일체론이 담길 '삶의 자리'에 대한 '절박함'을 다루었다. 판넨베르크는 성부의 군주국에서 삼위일체 하나님은 예수가 선포한 하늘에 계신 아버지이며, 그의 통치권이 가까이 왔으며, 예수의 활동에서 이미 시작되었다고 강조한다. 다시 말하면, 예수의 등장으로 성부가 결코 소멸되지 않는다는 뜻이다. 오히려 판넨베르크는 예수의 등장에서 그리고 그를 믿는 믿음 안에서 성부의 통치권은 시작된다고 보았다. 이러한 사역을 통해 드러난 예수는 바로 성자인 것이다. 이 때문에 그를 통해 그리고 그를 성자로 영화롭게 하는 성령의 활동을 통하여 성부의 왕국은 이미 현존하는 실재라고 판넨베르크는 강조한다.[43]

그러나 이러한 판넨베르크의 견해에 따르면, 성부의 군주국은 어떤 존재가 성자를 믿고 성부에게 자발적으로 복종하는 성자의 삶을 살아가지 않는다면, 결국 그 존재는 성부를 알지 못하는 것이다. 또한 그에게는 창조도 존재하지 않는 '신화'로 변질되고, 성부에게 복종하는 피조물로서의 인간으로 존재할 수도 없기에 결국 성부의 군주국은 그 통치권을 시작할 수도 없게 된다. 판넨베르크는 역사의 흐름 속에서 성자를 통하여 이루어졌던 성부의 군주국을 제시했다. 그러나 그러한 군주국의 역사가 저절로 이루어지지 않는다는 사실은 역사 속에서 너무나 자명하게 드러난다. 이러한 성부의 군주국을 위해 이 땅에서 성자가 행한 선포는 다음과 같은 내용으로 시작되었다:

이때부터 예수께서 비로소 전파하여 이르시되
"회개하라 천국이 가까이 왔느니라" 하시더라(마 4:17).

스스로 군주국의 시민인 것처럼 생각하던 이스라엘 백성들에게 성자는 그들이 아직 천국에 합당한 존재가 아니라고 선포하고 있는 것이다. '아브라함의 자손'이라고, '신의 백성'이라고, '천국을 이미 소유한 사람들'이라고 당당하게

---

43 Wolfhart Pannenberg, *Systematische Theologie I* (1988), 353-354.

외치는 그들에게(요 8:33) 성자는 그들 삶의 근거를 적나라하게 노출시킨다:

"너희는 너희 아비 마귀에게서 났으니 너희 아비의 욕심대로 너희도 행하고
자 하느니라"(요 8:44).

현대 사회는 무한 경쟁 속에서 적자생존의 구조를 너무나 당연하고 정당
한 것으로 받아들이며 그 뿌리에 진화론적 기초가 있음을 인식조차 하지 못
하도록 사람들을 내몰고 있다. 따라서 창조주 하나님은 그들 속에서 영향력
과 지배력을 상실해가고 있다. 그들 속에서 성부의 군주국이 파괴되고 있다.
통치권이 소멸되고 있다. 그들은 신의 죽음을 공공연하게 떠들고 있다. 이러
한 세속화의 흐름 가운데 교회 공동체도 성부의 군주국을 입으로는 말하고
있지만, 교회 공동체의 삶을 보면 성부에게 복종하며 십자가의 죽음을 받아
들이셨던 성자의 삶 대신에 돈, 명예, 권력에 편승해서 피조물인 인간과 조
직을 신 앞에서 높이며 복종하는 구조를 재생산하고 있는 것이 현실이다.

반복적으로 이루어지는 예배, 설교, 기도, 찬양, 헌금, 봉사, 선교, 교육
등에서도 하나님에게 전적으로 복종하는 구조보다는 사사로운 목적을 위
해 신을 이용하게 만드는 구조가 강화되고 있는 것 또한 현실이다. 이는
인간을 만족시키기 위한 마케팅 전략 개발로 이어진다. 또한 이러한 흐름
이 샤먼을 중심으로 삼는 종교로 변질시킬 위험성도 있다. 신에게 복종하
는 것이 아니라 신과 인간을 연결해준다는 샤먼에게 복종함으로써 개개인
이 원하는 것을 이루려는 샤머니즘으로 변질될 수 있다는 말이다.

삼위일체에 대한 담론이 기독교 내에서 절박한 사안이 아니라 오히려
거추장스러운 것으로 여겨지는 현실, 그것을 담아낼 그릇, 교회 공동체의
삶의 자리가 사라져가고 있는 현실은 복종해야 할 대상이 신에서 인간으
로 변질되고 있음을 보여주는 반증이다. 성부의 군주국은 역사의 흐름 가

운데 성자의 삶을 살아내는 사람들에 의해 '본질적'으로 그들에게 이루어지는 것이다.[44] '추상적'인 삼위일체론이 아니라, 우리들의 삶 가운데 '접점'을 가지고 신의 강력한 통치권이 임하도록 하기 위한 '구체적' 삼위일체론으로 절박하게 다시 나아가는 날이 속히 오기를 소망한다.

참고 문헌

리 스트로벨/윤종석 옮김, 『특종! 믿음사건』. 서울: 두란노, 2001.

Barth, Karl. *Die Kirchliche Dogmatik I/1*. Zürich: Theologischer Verlag, 1986.

Bultmann, Rudolf. *Jesus Christ and mythology*. Englewood Cliffs, New Jersey: Prentice Hall, 1958.

_____. *Neues Testament und Mythologie: das Problem der Entmythologisierung der neutestamentlichen Verkündigung*. München: Chr. Kaiser, 1985.

Frey, Christofer. *Einführung in die Philosophie*. Bochum: Verlag Hartmut Spenner, 1999.

Gadamer, T. H. G. *Der Anfang der Philosophie*. Stuttgart: Reclam, Philipp, jun. Gmbh, Verlag, 1996.

Geyer, C. F. *Die Vorsokratiker zur Einführung*. Hamburg: Junius Verlag, 1994.

Hick, John. and F. Knitter, Paul. eds. *The Myth of Christian Uniqueness: toward a pluralistic theology of religions*. Maryknoll, NY: Orbis Books, 1987.

Kasper, W. *Der Gott Jesu Christi*. Mainz: Verlag Herder, 1982.

Moltmann, Jürgen. *Trinität und Reich Gottes*. München: Chr. Kaiser, 1980.

Pannenberg, Wolfhart/판넨베르크/김영선 옮김. 『판넨베르크의 조직신학』 1권. 서울: 은성출판사, 2003.

Pannenberg, Wolfhart. *Systematische Theologie I* . Göttingen: Vandenhoeck & Ruprecht, 1988.

---

44 다음의 성서 구절들에서 이러한 내용을 살펴볼 수 있다. "너희가 열매를 많이 맺으면 내 아버지께서 영광을 받으실 것이요…"(요 15:8); "나의 계명을 지키는 자라야 나를 사랑하는 자니 나를 사랑하는 자는 내 아버지께 사랑을 받을 것이요 나도 그를 사랑하여 그에게 나를 나타내리라"(요 14:21).

Rahner, Karl. "Bemerkungen zum dogmatischen Traktat 'De Trinitate,'" *Schriften zur Theologie IV*. Einsiedeln: Benziger Verlag, 1960.

Schadewaldt, W. *Die anfänge der Philosophie bei den Griechen*. Frankfurt am Main: Suhrkamp, 1978.

Templeton, Charles. *Farewell to God: My Reasons for Rejecting the Christian Faith*. Toronto: Mcclelland & Stewart, 1996.

Zager, Werner. ed. *Mensch und Mythos: im Gespr?ch mit Rudolf Bultmann*. Neukirchen-Vluyn: Neukirchener Verlagsgesellschaft, 2010.

홈페이지 자료 http://cnn.com/Transcripts/0001/12/lkl.00.html.

■
■

Triune
God
in
Relation

레오나르도 보프의
관계적 삼위일체론

■ 김영선[1] ■

❧

I. 들어가는 말

삼위일체론은 현대에 이르러 전성기를 맞고 있다. 삼위일체론은 고대
교회에서 중요한 신학적 주제로 자리를 잡았으나 이후 거의 관심을 받지
못하다가 20세기에 이르러 새롭게 조명되었다. 그동안 교회는 고대의 삼
위일체론을 그대로 답습하는 데 그쳤다. 왜냐하면 삼위일체 교리는 이미
니케아 신조와 아우구스티누스의 저술 속에서 정리된 교리로 생각했기 때
문이다. 그러나 현대에 이르러 칼 바르트와 위르겐 몰트만과 같은 신학자
들을 통해 삼위일체론이 새롭게 조명되었다. 레오나르도 보프^{Leonardo Boff}
도 이들의 삼위일체론의 기조 위에 해방신학의 관점에서 자신의 삼위일체

1   목원대학교와 감리교신학대학교에서 신학을 공부했으며, 영국 런던대학교(University of
London)에서 조직신학을 전공하여 신학석사(Th.M.)와 철학박사(Ph.D.) 학위를 받았다. 협성대
학교 신학대학 교수로 재직하면서 신학대학장, 한국조직신학회 회장, 한국개혁신학회 회장을 역임
하고, 현재 웨슬리신학연구소 소장으로 활동하고 있다. 저서로는 『예수와 삼위일체 하나님』(1996),
『생명과 죽음』(2002), 『존 웨슬리와 감리교신학』(2002), 『사진으로 따라가는 존 웨슬리』(2006), 『참
된 교회』(2011), 『관계신학』(2012), 『경건주의 이해』(2013), 『조직신학 이해』(2014) 등이 있으며, 역
서로는 『기독교신학입문』(1998), 『현대 웨슬리 신학』(공역, 1998), 『존 웨슬리』 상,중,하(공역, 1997-
1999), 『기독교 구성신학』(공역, 2000), 『판넨베르크의 조직신학』(공역, 2003), 『존 웨슬리 설교 선집』
(2005), 『성 삼위일체 공동체』(공역, 2011), 『예수를 깊이 생각하라』(공역, 2013) 등이 있다.

론을 정립하려고 시도하였다. 보프는 라틴 아메리카의 특수한 상황 속에서 억압받고 착취당하는 이들의 해방[2]을 위해 헌신한 브라질의 신학자이다. 그는 페루의 구스타보 구티에레즈와 함께 라틴 아메리카의 해방신학을 주도하여 전 세계 기독교 사회운동가에게 절대적인 영향과 영감을 주었다.

오늘날의 삼위일체론은 추상적이고 사변적인 교리로 머물러 있지 않고 현대 사회의 관계성에 대한 새로운 대안을 제시하는 교리로 발전하고 있다. 현대에 이르러 신학자들은 관계성에 관심을 가지게 되었고, 이에 대한 신학적 근거를 삼위일체에서 발견했다. 본 논문은 보프의 삼위일체론을 관계적 관점에서 고찰하여, 관계적 삼위일체론의 속성과 본질이 무엇인지 그리고 관계적 삼위일체의 적용과 실천은 어떻게 가능한지를 제시하는 데 목적이 있다. 이를 위하여, 첫째로 보프의 생애와 그의 신학세계, 그의 삼위일체론의 위치와 방향을 논하고, 둘째로 삼위일체 하나님의 관계적 속성과 관계적 삼위일체론의 본질을 고찰하고, 셋째로 관계적 삼위일체의 적용과 실천을 위한 자리로 창조세계, 인간, 사회, 교회, 공동체에 대해 논하고자 한다. 그리고 결론적으로 보프의 관계적 삼위일체론이 그리스도인의 삶의 원리와 동력으로 작용할 수 있다는 평가를 내리고자 한다.

II. 보프의 생애와 그의 신학세계

보프는 1938년 12월 14일 브라질의 산타 카타리나주 콘코르디아에서 태어났다. 1959년 21세의 나이에 프란치스코회에 입회하였고 1964년 26세의 나이에 가톨릭 사제가 되었다. 브라질의 꾸리띠아 대학과 페트로폴

---

2 해방이라는 주제는 1960년대 초에 라틴 아메리카 특히 브라질에서 민중들의 비참한 삶과 불의한 사회구조의 맥락에서 등장했다. 거기서 드러나는 문제는 '종속' 대 '해방'이었다. 종속은 압제 체제를 고발하는 것이고, 해방은 묶인 사람들에게 자유를 가져다주는 행동을 뜻하는 것이다.

리스 대학에서 철학과 신학을 공부한 후, 1970년 32세의 나이에 독일 뮌헨대학에서 보나벤투라 크로펜부르크Bonaventura Kloppenburg와 조세프 라칭거Joseph Razinger의 지도 아래 교회론을 연구하여 신학박사 학위를 받았다. 그의 박사 학위 논문은 고통 받는 자들의 해방의 여정에서 교회는 어떤 면에서 거룩하고 신성한 표지가 될 수 있는지에 대한 연구였다.

공부를 마치고 귀국한 그는 브라질 국민의 대다수가 빈곤과 정치적 소외로 고통 받고 있는 현실을 경험하며 페루의 구스타보 구티에레즈, 우루과이의 후안 루이스 세군도 등과 함께 남미 해방신학 운동에 적극적으로 참여하였다. 그는 페트로폴리스에 있는 프란치스코 신학교에서 조직신학과 에큐메니칼 신학을 가르치면서 가난한 민중과 소외 계층 편에 서서 교회와 사회구조에 대해 비판하였다. 이런 비판적 견해는 그가 속한 가톨릭 교회 안에서 논란을 불러일으켰다.

보프는 1970년부터 1985년까지 1904년에 창간된 브라질에서 가장 오래된 문화지, '소리'Vozes의 편집인으로 일했다. 그리고 1984년에 『교회, 카리스마와 권력』Church: Charism and Power이라는 책을 출판하였다. 이 책을 통해 정치권력과 결탁한 교회권력을 비판하고 가난한 이들로부터 새롭게 탄생하는 교회를 지지하였다. 보프는 이 책의 출판으로 인해 교황청으로 소환되어 교황청 신앙교리회의 심문을 받았다. 1984년 당시, 보프를 청문회에서 심문했던 사람은 독일 출신 사제로 이후 베네딕토 16세로 교황이 된 라칭거 추기경이었다. 라칭거는 보프를 상대로 청문회를 하면서 해방신학의 마르크스주의적 경향과 정치성을 내포한 혁명의 위험을 경계하였다.

당시 교황청은 해방신학과 중남미교회가 기존 교회질서를 어지럽히고 있다고 생각했다. 그래서 교황 요한 바오로 2세는 사제들이 해방신학에 관여하는 것을 비난하였다. 교황은 그리스도를 정치적 인물 또는 혁명가로 생각하는 것은 교회의 교리에 부합하지 않는 것으로 보았다. 그리고 라틴 아메리카 교회가 급진 세력에 의해 조종될 것을 우려하여 해방신학 운동을 억제하고자 하였다. 이런 이유로 교황은 신앙교리회에 해방신학을 연구하도록 지시했다. 신앙교리회는 연구를 통해 두 가지 점에서 해방신학을 압박하였다. 하나는 해방신학이 마르크스주의적이라 계급투쟁을 조장한다는 것이었다. 구원이 정치적인 입장을 통해서만 쟁취될 수 있다는 해방신학의 주장은 가톨릭 교리와 배치되는 것이었다. 다른 하나는 해방신학이 교황청의 권위, 전통, 제도를 무너뜨린다는 것이었다. 당시 라칭거 추기경은 교회가 가난한 자들을 위한 선교 사명을 감당해야 한다는 점에서는 보프와 의견을 같이했으나, 구원에 대한 이해와 그 구원을 이루는 방법에 대해서는 견해 차이를 보였다.

보프는 1985년 교황청으로부터 1년 동안 저술 금지와 함구령의 조치를 받았다. 그는 "나의 신학을 가지고 혼자 있기보다는 교회(가난한 이들과 밑바닥 공동체들의 교회)와 함께 있겠다"[3]라고 말하며 몸을 낮추었으나 그의 진실은 수용되지 않았다. 그 조치 때문에 보프는 '브라질 교회 평론'REB=Revista Eclesiástica Brasileira을 편집하는 일은 물론 종교적 사목도 접어야 했다. 교황청이 국제적인 압박을 받아 그 결정을 1986년에 철회하자 그는 예전의 일들을 다시 할 수 있게 되었다. 그러나 1992년 교황청으로부터 또 다른 형벌적인 조치를 받았다. 이로 인해 그는 리오데자네이루에서 개최되는 유엔환경개발회의에 참석할 수 없게 되었다. 이를 계기로 그는 1992년 6월 28일 사제직을 사임하고 소속 수도회인 프란치스코회를 탈퇴하기에 이르렀다. 결국 교황청의 반反해방신학 전략이 보프의 사제직 사임과 프란치스코회 탈퇴를 초래한 것이다. 교황청은 경고, 심문, 검열, 재판, 제한조치 등 온갖 방법을 동원해 보프의 신학 작업을 집요하게 감시하

---

3 "교회 스스로 해방돼야 한다", 한겨레신문(제1309호), 1992년 8월 9일(일요일), 9.

고 그에게 압박을 가했기 때문이었다.

　보프는 세상과 교회의 해방에 희망을 거는 사람들이 교회권력에 염증을 느끼고 교회제도로부터 이탈할 위험이 있다고 보았다. 보프에게 가톨릭교회의 가장 심각한 영적 위기는 교회권력과 관계가 있었다. 그는 로마 가톨릭 교회 안에서 두 가지 기본 세력이 강하게 대립하고 있다고 지적했다. 하나는 규율의 힘이다. 이는 교회권력을 가진 자들이 교회를 지배하는 것을 말한다. 다른 하나는 내적인 힘을 믿는 것이다. 이것은 교회가 끊임없이 해방될 필요가 있다는 점에서 출발하여 역사 속에서 활동하시는 성령의 생명력을 믿는 것이다. 보프는 둘째 범주에 속해 있다.

　보프는 그동안 가난한 백성들과 함께했던 여정을 계속 걷기 위해 사제직을 포기했다. 그는 1992년 6월 28일 사제직을 버리고 평신도가 될 때 전 세계 교우들에게 보내는 편지를 썼다. 그 편지에서 "나는…사제직을 버리되 교회는 버리지 않습니다." "나는 신도들의 보편 사제직에 계속 머뭅니다." "내가 나가는 목적은…자유를 지키기 위함이요 끝내는 몹시 어려워지고 만 나의 일을 계속하기 위함입니다"라고 그의 심정을 드러냈다. 그 편지에서 그는 1970년대부터 사회 불의와 억눌린 자들의 외침을 생명의 하나님과 관련지어 설명하고자 애써왔다는 것과, 여자를 차별하고 평신도를 멸시하는, 성직자들을 중심으로 지나치게 중앙집권화 된 교회 권력구조와 행동방식이 극복되어야만 교회가 억눌린 자들의 해방에 참여할 수 있다는 것을 천명했다. 또한 삼위일체론에서 오류인 것이 교회론에서 진리일 수 없다고 하고, 위계 hierarchy는 삼위일체의 가르침이 아니며 삼위일체의 본성은 고독이 아니라 친교라고 말한다. 교회 내의 위계는 단지 섬김과 책임을 위한 것일 뿐이라고 했다.[4]

4　한겨레신문, 1992년 8월 9일(일요일), 9.

사제직을 사임한 후 1993년부터 보프는 리오데자네이루 주립대학에서 윤리학, 종교철학, 생태학 등을 가르치면서 남미의 해방신학자들과 함께 새로운 상황에서의 해방신학의 미래를 탐색하고 있다. 보프는 생애 대부분을 신학, 윤리, 철학 등을 가르치는 학문적 삶으로 보냈다. 그는 현재 리오데자이네루의 페트로폴리스에 있는 생태지역 자르딤 아라라스에 살면서 브라질은 물론 세계의 여러 대학에서 강의하고 있다. 신학, 영성, 철학, 신비주의 등의 분야에서 60권 이상의 책을 출판했고 그 대부분은 주요 언어들로 번역되었다.[5] 보프는 그의 저술을 통해 남미의 해방신학이 우리 삶의 자리에서 필요한 목소리를 내고 있다는 것을 보여준다.

보프에게 중요한 것은 자본주의냐 사회주의냐가 아니라 사회변혁에 헌신하도록 우리를 부르신 하나님의 말씀에 순종하는 일이다. 결국 우리에게 가장 중요한 것은 그리스도인으로서 어떻게 행동하느냐 하는 문제이다. 보프는 약자와 압제 받는 자, 소외된 자, 그리고 인간의 권리를 위해

---

5 영어로 번역된 그의 저서들은 다음과 같다. *Jesus Christ Liberator : a critical Christology for our time(1972); Liberating Grace(1976); Ecclesiogenesis : the base communities reinvent the church(1977); The Maternal Face of God : the feminine and its religious expressions*(1979); *Salvation and Liberation*(1979) ; *Saint Francis : a model for human liberation(1981); Church: Charism and Power : liberation theology and the institutional church(1984); Liberation Theology : from dialogue to confrontation(1985); Introducing Liberation Theology(1985); Trinity and Society*(1986); *Faith on the edge : religion and marginalized existence(1989); Ecology & Liberation : a new paradigm*(1993); *Cry of the Earth, Cry of the Poor(1996); Passion of Christ, Passion of the World : the facts, their interpretation, and their meaning yesterday and today(1977); The Lord's Prayer : the prayer of integral liberation*(1979); *Way of the Cross - Way of Justice*(1978); *New Evangelization : good news to the poor*(1990); *Holy Trinity, Perfect Community*(2000). 한국어로 번역된 책들은 다음과 같다. 『주의 기도』(다산글방, 2000); 『생태신학』(가톨릭출판사, 1996); 『해방하는 복음』(분도출판사, 1990); 『성사란 무엇인가』(분도출판사, 2003); 『교회의 권력과 은총: 해방신학과 제도적 교회』(성요셉출판사, 1986); 『새롭게 탄생하는 교회』(성요셉출판사, 1987); 『하나님은 선교사보다 먼저 오신다』(분도출판사); 『해방자 예수그리스도』(분도출판사, 1993); 『해방하는 은총』(한국신학연구소, 1988); 『삼위일체와 사회』(대한기독교서회, 2011); 『성 삼위일체 공동체』(크리스찬 헤럴드, 2011). 『십자가의 길, 정의의 길』(종로서적, 1986); 『정 그리고 힘』(분도출판사,1987); 『생태학과 신학』(종로서적, 1989); 『해방신학 입문』(한마당, 1987) 등.

일한 공로로 브라질을 비롯한 세계 여러 곳에서 다양한 상들을 받았다. 특히 2001년 12월 8일에는 스웨덴의 스톡홀름에서 제2의 노벨상이라 불리는 "바른 생활상"Right Livelihood Award을 받은 바 있다.

해방신학 운동은 제2차 바티칸공의회와 1968년 콜롬비아에서 개최된 메델린회의 이후 라틴 아메리카에서 시작된 신학 운동이다.[6] 이 운동은 부분적으로 라틴 아메리카의 민중이 억압당하고 식민지적 삶의 구조에 빠지게 되자 가톨릭교회의 일부가 보인 반응이었다. 1968년 메델린회의에 참석했던 주교들은 가난한 자의 권리를 인정하고, 제3세계의 희생 대가로 산업화된 국가들이 점점 더 부유해지고 있다는 성명서를 발표했다.[7] 라틴 아메리카의 민중들은 5백여 년에 걸친 가혹한 식민지 착취를 경험했고, 독립 후에도 군사 독재와 엄청난 빈부격차와 빈곤 속에서 살아가고 있었다. 비참한 민중의 현실이 남미 지역의 양심적인 신학자와 사제들로 하여금 현실 속에서의 구원, 즉 비인간적인 삶의 상황으로 몰아가는 불의한 사회구조의 개혁 또는 혁명을 동반한 해방신학을 꿈꾸게 했던 것이다.

해방신학 운동의 기본서는 페루의 신학자이자 사제인 구스타보 구티에레즈의 『해방신학』Teología de la liberación이다. 해방신학 운동은 구티에레즈와 보프를 비롯하여 엘살바도르의 대주교 오스까 로메로,[8] 브라질의 휴고 아스만, 멕시코의 호세 미란다, 우루과이의 후안 루이스 세군도, 엘살바도르의 존 소브리노 등에 의해 주도되었다. 이 운동은 목회사역이 부유한 엘리트에

---

6 해방신학에 영향을 준 신학자로는 미국의 진보신학자인 하비 콕스가 있다. 그는 『세속도시』에서 교회와 세상을 단절시키는 이분법을 부정하고 교회의 사회참여를 독려하였다. 하비 콕스 외에 독일 신학자 디트리히 본회퍼도 해방 신학에 영향을 주었다고 할 수 있다.

7 라틴아메리카 주교단 협의회, 사무국/김수복·성염 옮김, 『메델린 문헌』(서울: 분도출판사, 1989), 37-41.

8 엘살바도르 가톨릭 교회의 주교이자 해방 신학자인 오스카 로메로는 "구원은 죽어서 피안의 세계에 가는 것이 아니라 억압에서 해방시키는 것"이라고 주장하였다. 그는 자신의 이념을 실천하다가 엘살바도르 군사 정권의 미움을 받아서 1980년 3월 24일 순교했다.

대항하는 가난한 자의 정치적 투쟁을 포함한다고 주장했기 때문에 해방신학자들이 마르크스주의 추종자 또는 폭력적인 사회혁명의 주창자라는 비판을 받기도 하였다.

해방신학은 20세기 그리스도교 신학사상 가운데 가장 획기적인 하나의 사건이라 할 수 있다. 보프는 해방신학의 정당성을 확신시키고 그 주장을 실천하도록 한 대표적 인물이다. 보프의 주된 관심은 제3세계에 만연된 비참한 삶의 현실 속에서 그리스도인이 된다는 것이 무엇인지를 묻고 그 물음에 답하는 것이다.[9] 그는 한편으로는 사회 운동에, 다른 한편으로는 학문에 정진하면서 해방신학의 전도사로 활동하고 있다. 보프는 해방신학에 근거해 지하 정치 투쟁에 투신한 중앙아메리카의 해방신학 운동가들과는 달리, 교회의 대중 조직과 연계하여 저술과 교육 등을 통해 공개적인 개혁 활동을 추구해 온 남미 해방신학 운동을 대표하는 인물이다.

III. 보프의 삼위일체론의 위치와 방향

기독교 신앙에서 하나님은 언제나 삼위일체와 관련이 있다. 왜냐하면 삼위일체 없는 하나님은 존재할 수 없기 때문이다.[10] 초대 기독교인들은 그리스도의 말씀과 사역 및 성령의 현현을 목격하면서 성부 하나님이 아들과 성령을 보냈고, 세 위격이 연합과 상호소통 안에서 한 분이신 하나님이었음을 깨달았다. 삼위일체 교리는 초대 기독교 공동체의 하나님 만남 경험에 대한 인식과 해석을 거쳐 탄생되었다. 최초의 기독교 공동체는 하나님을 아버지와 아들과 성령으로 경험했고, 그들은 이 경험을 사유하고 하

---

9   이에 관해서는 보프, 『해방신학 입문』(서울: 한마당, 1987)을 보라.
10   삼위일체라는 단어는 150년경 이단자 데오도투스가 처음 사용했고 이후 터툴리아누스(d. 220)가 사용하였다.

나님을 "세 인격 안의 한 분 하나님One God in three Persons, 한 본성과 세 위격들one nature and three hypostases, 세 명의 사랑하는 이들과 단 하나의 사랑three Lovers and a single love, 세 주체와 단일한 실체three Subjects and a single substance, 세 개별자와 하나의 연합three Uniques and one communion"11으로 이해하였다.

삼위일체론의 핵심 문제는 어떻게 하나님의 세 위격이 한 분 하나님이 되는가 하는 것이다. 보프는 삼위일체론 논의에 대한 세 가지 접근 방식을 분석한다.12 첫째, 세 위격의 개별성을 말하지만 모든 신성의 근거와 기원이 되는 아버지로부터 시작하는 동방정교회의 방식이다. 이 방식은 아들과 성령이 성부에게 종속되는 종속론subordinationism, 아리우스주의 이단설에 빠질 수 있는 위험이 있다.13 둘째, 세 위격의 개별성보다 신성의 단일 본질에서 시작하는 라틴교회의 방식이다. 이 방식은 성부가 그 자신을 말씀the Word에 투영하여 성자를 출생시킨다. 그리고 성부와 성자는 동일한 원리 또는 운동으로서 성령을 발현한다. 이 방식은 권력중심의 지배관계, 즉 신의 계보를 만들어 낼 위험과 하나님의 참 본성이 세 가지 양태로 나타난다는 양태론modalism, 사벨리우스 이단설의 위험에 빠질 수 있다.14 셋째, 현대인의 방식으로 세 위격 사이의 '관계'에 관심을 갖고 삼위일체 논의를 전개하는 것이다. 이 방식은 태초부터 하나님은 아버지, 아들, 성령이었으며, 이 세 위격은 태초부터 서로 깊이 연결되어 있고 매우 친밀하고 강한 사랑의 연대로 엮인 한 하나님으로 존재한다는 것이다. 세 위격 사이에 관계relation가 존재한다는 것이다. 성부는 성자와의 관계 속에서 아버지됨paternity을 지니

---

11 레오나르도 보프 저/이세형 옮김, 『삼위일체와 사회』(서울: 대한기독교서회, 2011), 18.

12 레오나르도 보프 저 /김영선 · 김옥주 공역, 『성삼위일체 공동체』(서울: 크리스천 헤럴드, 2011), 58-62.

13 종속론에 대해 자세히 알려면 김영선, 『조직신학 이해』(서울: KMC, 2014), 136을 보라.

14 레오나르도 보프, 『삼위일체와 사회』, 21; 양태론에 대해 자세히 알려면 김영선, 『조직신학 이해』(서울:KMC, 2014), 134-135를 보라.

고, 성자는 성부와의 관계 속에서 아들됨[filiation]을 지니며, 성령과의 관계에서 성부와 성자는 함께 능동적인 발현[procession]을 가진다.[15] 이 방식은 삼신론으로 보일 위험이 있다.[16]

보프는 여기서 삼위일체를 이해하는 데 있어서 잘못된 오류들(종속론,[17] 양태론,[18] 삼신론)을 지적한다. 이러한 오류들은 진리에 대한 편협한 해석 때문에 나온 것이기 때문에 우리가 진리를 숙고할 때 매우 주의를 기울여야 한다고 말한다.[19] 이에 더하여 보프는 단일신론에서 볼 수 있는 위험들도 지적한다. 첫째, 단일신론은 가부장제를 불러왔다고 지적한다. 단일신론의 하나님은 가족과 사회의 영역에서 절대 권력의 표상으로 비쳐진다는 것이다. 둘째, 독재자, 군주, 종교 지도자의 경우처럼 권력이 한 사람에게 집중되는 이념적 토대가 될 수 있다는 것이다. 보프에 따르면, 단일신론은 피라미드형 교회 모델을 만들어냈고, 또한 진정한 의미의 형제자매 공동체로서의 교회를 기대할 수 없게 하였다. 그는 단일신론적인 하나님 이해가 초래한 난국을 극복하기 위해 하나님의 세 위격이 갖는 통합적 연합에 관심을 품고 아버지, 아들, 성령의 삼위일체로 시작되는 대안을 제시하고자 한다.

보프는 세 가지 중요한 질문을 제기하며 삼위일체론을 탐구한다. 첫째,

15　레오나르도 보프, 『성삼위일체 공동체』, 58-62.

16　삼신론에 대해 자세히 알려면 김영선, 『조직신학 이해』(서울: KMC, 2014), 138-139를 보라.

17　삼위일체론은 하룻밤 사이에 생겨난 것이 아니라 이단들과의 논쟁 속에서 용어를 정리하면서 이루어진 것이다. 260년에 안디옥의 주교가 된 사모사토스의 바울(Paul of Samosathos)과 336년 알렉산드리아에서 사망한 아리우스(Arius)는 아버지가 유일한 하나님이고 아들과 성령은 종속적인 위치의 피조물이라고 생각하였다. 니케아 공의회(325)는 종속론을 정죄하고, 예수 그리스도는 아버지와 동일본질(homoousios)임을 선언하였다.

18　2세기의 노이투스(Noetus)와 프락세아스(Praxeas), 3세기의 사벨리우스(Sabellius)는 하나님은 역사를 통해 스스로를 세 양태로 나타낸다고 보았다. 한 분이신 하나님은 우리 가운데 아버지와 아들과 성령이라는 세 방식으로 거한다는 것이다. 이 같은 해석은 유대교의 유일론에 머물기 때문에 하나님의 일치와 하나됨을 강력하게 주장하지만 삼위일체, 즉 세 위격들 사이의 연합의 일치는 주장하지 못한다. 레오나르도 보프 저, 『삼위일체와 사회』, 78-79.

19　레오나르도 보프, 『성삼위일체 공동체』, 63-64.

세 위격의 하나님이 어떻게 한 분이신 유일한 하나님을 구성하는가? 둘째, 아버지와 아들과 성령의 위격은 우리의 삶에 어떤 의미를 줄 수 있는가? 셋째, 어떤 유형의 인간과 사회가 하나님의 계획과 일치하는가?[20] 보프는 이에 대한 답변을 그의 관계적 삼위일체론을 통해 전개한다. 삼위일체를 관계론적으로 보려는 시도는 카파도키아 교부들 이전까지는 존재하지 않았다. 이레네우스는 삼위일체가 지닌 구원의 차원을 강조하였고,[21] 오리게네스는 삼위일체를 영원한 소통의 역동성으로 보았고, 터툴리아누스는 아버지와 아들과 성령 안에 동일한 실체의 일치가 존재하며, 동일한 실체로부터 파생되는 아버지와 아들과 성령의 다양한 위격들이 존재한다는 삼위일체의 기본 토대를 놓았지만 세 위격들의 관계에 대해서는 설명하지 않았다.[22] 카파도키아 교부들은 터툴리아누스가 간과했던 하나님의 세 위격들 사이의 관계에 대해 성찰하였다. 이들은 하나님의 본성의 일치를 출발점으로 삼지 않고 하나님의 세 위격을 출발점으로 삼았다. 이후 아우구스티누스는 절대적인 의미에서 하나님은 아버지가 아니라 아버지와 아들과 성령, 곧 삼위일체라고 주장했고, 위격들은 서로 관계하는 주체들이며 관계가 위격들의 본질에 부합한다고 보았다. 토마스 아퀴나스도 하나님의 위격들을 자존적 관계들subsistent relationships로 정의하였다. 최근에 이르러 관계적 개념으로 삼위일체론을 이해하려는 시도가 '사회적 삼위일체론자'들 사이에 두드러지게 나타나고 있다.[23]

사회적 삼위일체론은 20세기 말에 등장한 신학운동으로서 보프를 비롯

---

20 레오나르도 보프, 『삼위일체와 사회』, 31.

21 J. N. D. Kelly, *Early Christian Doctrines* (New York: Harper & Row, 1978), 170-174.

22 김영선, 『조직신학 이해』(서울: KMC, 2014), 119-120.

23 이에 관한 연구와 주요저서들에 대해서는 박만, 『현대 삼위일체론 연구』(서울: 대한기독교서회, 2003), 142-211을 보라.

하여 레오나르도 호치슨,[24] 쥐르겐 몰트만,[25] 캐서린 라쿠나,[26] 존 지지울라스[27]에 의해 주도되었다. 이들은 카파도기아의 세 교부들의 삼위일체론적 착상인 친교적 존재 being as communion 개념을 재발견하면서 사회적 삼위일체론을 정립하게 되었다. 사회적 삼위일체는 하나님을 세 위격이 연합하여 이룬 하나의 사회 society 또는 하나의 가족 family 으로 이해하는 것이다. 사회적 삼위일체론은 하나님의 존재를 디아코니아적인 특성을 지닌 페리코레시스적 존재로 보는 장점이 있다.[28]

현대 신학에서 가장 큰 영향력을 끼친 칼 바르트는 그의 하나님 말씀의 신학을 삼위일체의 구조 속에서 풀어나갔다. 칼 라너 역시 "경륜적 삼위일체가 내재적 삼위일체이고 내재적 삼위일체가 경륜적 삼위일체"[29]라고 선언하여 기존의 삼위일체론에 논쟁을 불러일으켰다. 몰트만은 바르트와 라너를 넘어 하나님의 나라라는 종말론적 비전의 측면에서 삼위일체를 전개

---

24 호치슨은 다음 책 Leonardo Hodgson, *The Doctrine of the Trinity* (New York: Charles Scribner's Sons, 1944)를 통해 사회적 삼위일체 개념을 추구하였다.

25 몰트만은 다음 책 Jürgen Moltmann, *The Trinity and the Kingdom of God: the Doctrine of God*, trans. Margaret Kohl (London: SCM, 1981)에서 신의 단일성에서 출발하여 삼위일체를 논하는 바르트와 라너의 삼위일체 신학을 비판하며, 인격성(personhood), 관계성(relationality), 통교적 연합(perichoretic union))의 개념 분석을 통하여 삼위 하나님의 하나됨을 주장한다.

26 라쿠나는 다음 책 C. M. LaCugna, *God for Us: The Trinity and Christian Life* (New York: Harper, 1991)을 통해서 삼위일체에 대한 성찰은 실제적인 삶과 관계가 있어야 하며, 구원 역사와 관계없는 삼위일체는 우리의 생명과 신앙에 아무런 열매를 맺지 못한다고 한다.

27 지지울라스는 다음 책 J. D. Zizioulas, *Being as Communion: Studies in Personhood and the Church* (Crestwood N Y.: St. Valdmir's Press, 1997)을 통해 사회적 삼위일체론 논의에 크게 공헌하였다.

28 그러나 사회적 삼위일체론의 약점을 지적하는 이들이 있다. 이들에 의하면 사회적 삼위일체론은 하나의 사회적 프로그램 혹은 이데올로기를 위한 도구로 이용될 수 있다고 한다. 하나님의 존재가 동등한 세 위격의 연합인 것처럼 사회와 국가도 동등한 개인들의 연합을 이루어야 한다. 그래서 남녀 간의 평등, 노사 간의 평등, 정치적 평등, 경제적 분배라는 이데올로기의 선전을 위한 동력으로 사회적 삼위일체론을 이용할 수 있다는 것이다. 이런 주장은 수용하기가 어려워 보인다. 왜냐하면 사회적 삼위일체는 세 위격의 연합을 강조하면서도 상호 동등성이나 평등보다는 상호간의 복종과 섬김을 강조하고 있기 때문이다.

29 K. Rahner, *The Trinity* (New York: Herder and Herder, 1970), 22.

하였다.[30] 라쿠나도 사변적 하나님에 대한 논의를 거부하고 그리스도인의 구원과 삶에 대한 논의로서 삼위일체를 다루었다.[31] 지지울라스도 하나님의 인격성을 강조하고 하나님의 존재는 "공동체적 사건"이라는 논의에 기여하였다.[32] 보프는 삼위일체의 원리가 현대사회의 억압과 종속, 지배의 타락한 구조를 비판하는 모델로 제시되어야 한다고 주장하였고, 삼위일체를 사회적 변혁과 연관시켜 삼위의 평등성을 불평등한 위계질서를 변혁시킬 근거로 삼고자 하였다.

IV. 삼위일체의 관계적 속성

1. 포용성: 일치와 다양성

삼위일체 하나님은 일치와 다양성을 포용하고 또 포함하는 속성을 지니고 있다. 왜냐하면 삼위일체 하나님은 세 위격들 간의 포용과 포함의 속성 없이는 존재할 수 없기 때문이다. 보프에 의하면, 하나님의 삼위일체는 다양성 안의 일치에 대한 진리를 제공한다. 왜냐하면 성부, 성자, 성령의 위격은 각자 다른 위격들 안에, 다른 위격들과 함께, 다른 위격들을 통해, 다른 위격들을 위하해 연합을 이루고, 그 연합을 통해 다양성 안의 일치를 이루기 때문이다.

요한복음 10장 30절에서 예수는 "아버지와 나는 하나"[hen]라고 하였다. 여기서 주목할 바는 '하나'라는 것은 수적으로 '하나'[heis]라는 의미가 아니

---

30 J. Moltmann, *The Trinity and the Kingdom of God: the Doctrine of God*, trans. Margaret Kohl (London: SCM, 1981)을 보라.

31 C. M. LaCugna, *God for Us: The Trinity and Christian Life* (New York: Harper, 1991)을 보라.

32 J. D. Zizioulas, *Being as Communion: Studies in Personhood and the Church* (Crestwood, N.Y.: St. Valdmir's Press, 1997), 17.

라 '우리가 함께 있다'는 것을 의미한다는 점이다.[33] 삼위일체 하나님 안에는 어떤 숫자도, 어떤 수적인 개념도 존재하지 않는다. 성서는 결코 하나님 안에 있는 어떤 숫자를 말하지 않는다. 다만 유일무이한 특성 uniqueness을 말할 뿐이다. 하나님은 성부, 성자, 성령으로 불리는 '독특한 분'이다.[34] 보프는 세 위격은 각각 자신만의 고유한 특성을 가지고 있으며 이들 세 위격은 영원한 사귐 속에 존재한다고 말한다. 세 위격의 고유한 특성은 상호 간의 대립과 갈등을 불러일으키는 속성이 아니라 오히려 서로 관계를 맺게 하는 속성이다.

세 위격 사이의 사랑, 연합, 각 위격의 생명의 순환, 그리고 서로를 향한 포기가 너무나 절대적이어서 그들은 하나님의 통일성을 형성한다. 그래서 보프는 다마스커스의 성 요한의 말을 빌려 삼위일체는 세 개의 태양과 같으며, 이들은 한 빛을 발하는 방식으로 서로 안에 존재한다고 말했다.[35] 세 개의 태양 그러나 하나의 빛, 이와 같은 것이 삼위일체이다. 하나님이 삼위일체라는 것은 하나님은 홀로 됨을 피하고 분리를 극복하며 배제를 넘어선다는 것을 의미한다. 삼위일체는 분리되고 배제된 것을 연합시키기 때문에 포용성, 일치와 다양성의 속성을 지니고 있다.

2. 상호침투와 연합의 일치

보프는 그의 삼위일체론을 "태초에 연합이 있었다"라는 말로 시작한다. 이것은 태초부터 한 분의 고독함이 아니라 하나님의 세 위격들의 연합이 있었다는 의미다. 즉 하나님은 아버지, 아들, 성령의 연합으로 존재한

---

33 몰트만도 이렇게 인식한다. 몰트만에 따르면 세 위격의 연합은 수적인 의미의 일치를 말하는 것이 아니라 그들의 교제에서 발견된다. J. Moltmann, *History and the Triune God: Contributions to Trinitarian Theology*, trans. John Bowden(New York: Crossroad, 1992), 59.

34 레오나르도 보프, 『성삼위일체 공동체』, 23.

35 위의 책, 103.

다는 것이다. 보프는 연합은 삼위일체의 속성에 해당한다고 말한다. "하나님은 상호간에 연합해 있는 성부, 성자, 성령이다. 이들은 영원부터 함께 공존하며, 서로에게 있어 그 누구도 전후에 있거나 우열하지 않다. 각 위격은 다른 위격들을 감싸고 모두는 서로에게 침투하며 그 안에 거주한다. 이것이 삼위일체 연합의 실재이다."[36] 성부 하나님은 결코 성자 하나님과 성령 하나님 없이 존재하지 않는다. 성자 역시 성부와 성령 없이 존재하지 않으며, 성령 역시 성부와 성자 없이 존재하지 않는다. 보프의 표현에 따르면, 이는 마치 램프 안에 있는 세 개의 전구가 한 빛을 만드는 것과 같이 성부, 성자, 성령은 항상 서로 일치되어 있다.[37] 하나님은 세 개별자들의 연합이다. 삼위일체 연합은 기독교의 하나님을 가장 적절하게 표현하는 공식이다. 왜냐하면 삼위일체 연합은 삼위일체의 본래적 속성이기 때문이다. 그래서 예수는 "아버지와 나는 하나이다"(요 10:30), "아버지가 내 안에 내가 아버지 안에 있다"(요 10:38, 14:11)라고 말씀하신 것이다.

"하나님을 삼위일체로 이해하지 않을 때에는, 완고한 단일신론이 정치적으로는 전체주의, 종교에서는 권위주의, 사회에서는 가부장주의, 그리고 가정에서는 남성우월주의를 유도하고 또 정당화시킬 위험이 있다."[38] 보프는 성부, 성자, 성령의 삼위 가운데 어느 한쪽으로 기울어질 때 나타나는 위험을 지적한다. "아들과의 연합이나 성령의 내성화를 배제한 채 아버지만을 지나치게 관심하는 기독교에서는…하나님의 형상이 억압자나 심판자의 모습으로 나타날 수 있다." 그리고 "아버지 및 성령과의 하나됨을 언급하지 않은 채 아들에게만 초점을 맞춘 기독교에서는 지도자와 목회자들의 권위주의가 등장할 수 있다." 또한 "아버지와 아들과의 연결을

---

36 위의 책, 20.
37 위의 책, 19.
38 위의 책, 26.

언급하지 않고 성령이 중심이 된 기독교에서는 무정부주의와 이웃에 대한 무관심이 나타날 수 있다."[39]

상호침투적인 연합은 위격들로부터 온 것이 아니라 위격들과 동시에 존재했기 때문에 양자는 동일한 기원을 갖고 있다. 위격 각각은 모든 것을 다른 두 위격으로부터 받으며, 동시에 모든 것을 다른 두 위격에게 준다. 따라서 삼위의 일치는 상호침투와 연합의 일치라고 말할 수 있다.

3. 페리코레시스

페리코레시스perichoresis는 삼위일체 안에 있는 연합과 일치의 원리를 표현해준다. 보프는 페리코레시스의 개념이 삼위일체 사유의 '구조적 축'이 된다고 생각한다. 6세기 이후 신학은 헬라어 '페리코레시스'라는 용어로 하나님의 위격들의 연합을 표현하였다.[40] 페리코레시스는 각각의 위격은 다른 두 위격을 포함하며 다른 두 위격으로 침투하고 침투당하는 것, 한 위격은 다른 두 위격 안에 살고 다른 두 위격은 한 위격 안에 사는 것을 의미한다.

보프는 전통적인 용어를 사용하여 하나님의 삼위일체적 균형을 확보한다. "아버지는 성령의 품 안에서 아들을 '낳고'begets, 아버지는 아들과 더불어 성령을 '내쉬며'breathes out,[41] 성령은 아들을 통해 아버지를 계시하고, 아들은 성령 안에서 아버지를 사랑하며, 아들과 성령은 아버지 안에서 서로를 바라본다."[42] 여기서 주목 할 점은 세 위격들이 처음부터 연합했다는 것이다. 즉, 세 위격들이 독자적으로 존재하다가 나중에 연합과 상호내재

---

39 레오나르도 보프, 『삼위일체와 사회』, 36.

40 페리코레시스는 상호침투(perichoresis)로 번역되는데, 라틴어로는 상호순환(circumincessio) 또는 상호내재(circuminsessio)란 단어로 옮겨진다.

41 성부의 성자와 성령에 대한 '낳음'과 '내쉼'이란 표현은 신성의 기원과 계층을 설명하는 것이 아니라 세 위격간의 사귐(균형)을 설명하기 위한 것이다.

42 레오나르도 보프, 『삼위일체와 사회』, 24.

의 관계를 갖게 된 것이 아니라는 말이다. 세 위격들은 본래 떨어져 존재한 적이 없었다. 따라서 여기서 삼신론tritheism은 철저히 배격된다.

보프는 삼위일체 하나님의 연합의 특성을 분석적 관점과 철학적 관점에서 묘사한다. 분석적 관점에서는 연합의 특성으로 '상호성', '친밀감', '공동체성'을 말한다. 그에 의하면, 연합은 서로 관계하는 두 존재의 상호성을 전제하고, 마음과 관심의 일치를 이끌어내는 친밀감을 포함하며, 연합의 관계는 함께 살아가며, 모든 존재의 개체성을 존중하고, 인격적 관계를 맺는 공동체를 이룬다. 철학적 관점에서는 연합의 특성으로 '개방성-안의-존재'Being-in-openness, '초월-안의-존재'Being-in-transcendence, '우리-존재'를 거론한다. 첫째, 개방적 존재만이 타자와 연합하고, 관계를 맺고, 공동체를 이룰 수 있다. 개방성이 없다면 수용이나 수여가 있을 수 없다. 하나님의 위격들은 본래 다른 위격들에게 개방적이며 다른 위격들과 함께 존재하고 서로를 위해 하나가 된다. 둘째, 초월-안의-존재라는 것은 어떤 존재가 효과적으로 자신을 뛰어넘어 타자와 연합하여 역사를 함께 만들고 상호의존 관계를 만드는 것을 의미한다. 셋째, 연합의 역동성은 우리-존재를 만들어 낸다. '나'는 결코 홀로 존재하지 않고 여럿에 둘러싸여 존재한다. 나는 여럿에 의해 침투되기 때문에 나의 뿌리는 타자 속으로 흘러 들어간다. 그러므로 인간은 타자에 의해 침투되고 타자에게 침투하는 것을 허용함으로써 타자와 연합하며 타자와 더불어 살아가는 우리-존재를 구성하는 것이다.[43]

존 맥머레이John Macmurray의 인격주의 철학은 보프의 삼위일체론에 많은 통찰을 제공했다. 맥머레이는 인격들의 일치는 모든 타자를 자아라고 생각하는 너와 나의 공동체 안에 있다고 주장한다.[44] 맥머레이가 주장하는

---

43 레오나르도 보프, 『삼위일체와 사회』, 189-191.
44 J. Macmurray, *Persons in Relation* (New York: Harper & Brothers, 1961), 27-29.

공동체는 사랑에 기초해 세워진 관계를 전제로 한다. "공동체는 평등성과 자유에 기초하여 형성된다."[45] 맥머레이는 자아로서의 인격person-as-selfhood 이나 존재 자체being-in-itself 혹은 독자적 존재being-by-itself로서의 인격을 거부하고 타자와의 관계 안에 있는 존재로서의 인격person as being-in-relation-to-another을 말한다.

이미 살펴본 바와 같이, 삼위일체 하나님의 연합은 밖을 향해 열려 있어 모든 피조물, 특히 인간을 그 연합의 자리로 초대한다. "하나님은 혼자가 아니라 가족으로 계신다."[46] 그래서 예수는 "아버지여, 아버지께서 내 안에, 내가 아버지 안에 있는 것 같이 그들도 다 하나가 되어 우리 안에 있게 하사 그들도 다 하나가 되게 하소서"(요 17:21)라고 기도했던 것이다.

4. 신비성

보프는 삼위일체 하나님에 대한 논의에서 이성과 이해의 시각에서만이 아니라 송영의 시각에서도 삼위일체 하나님을 살피고자 한다. 그는 "삼위일체는 고요한 경배를 요구한다"면서 다음과 같이 그 의미를 설명한다. "삼위일체적 연합의 신비 앞에서 우리는 침묵해야 한다. 그러나 우리는 처음부터 침묵해서는 안 된다. 처음부터 침묵하는 것은 편견과 부적절함에 빠질 수 있다. 따라서 우리는 삼위일체적 연합의 신비를 가능한 한 적절하게 말하고자 시도한 후에야 침묵할 수 있다. 최후의 순간에 침묵하는 것이 정말로 가치 있고 거룩한 행위이기 때문이다."[47]

삼위일체 하나님의 진리는 이미 계시되었음에도 불구하고 인간에게 여전히 신비로 남아 있다. 왜냐하면 신비가 삼위일체의 본질을 이루고 있기

---

45 J. Macmurray, *Persons in Relation*, 158.

46 레오나르도 보프, 『성삼위일체 공동체』, 22.

47 레오나르도 보프, 『삼위일체와 사회』, 27.

때문이다. 다양한 위격들의 연합과 일치는 너무도 철저하기에 우리가 할 일은 찬양과 경배와 감사뿐이다. 보프는 삼위일체의 진리는 인간의 이해를 뛰어넘는 진리이며, 하나님의 소통을 통해서만 보증되는 진리이고, 소통이 되더라도 분명하게 인식될 수 없는 진리라고 본다. 삼위일체가 신비인 이유는 구분된 세 위격들이 단일한 하나님을 구성한다는 삼위일체가 이성의 이해를 뛰어넘기 때문이다.[48]

삼위일체 하나님은 우리에게 계시되기 때문에 내재적 삼위일체와 경륜적 삼위일체는 상관관계를 갖게 된다. 우리의 역사 속에 나타난 것은 본래 삼위일체 하나님이다. 그러나 신비로서의 삼위일체는 드러난 삼위일체 그 이상이다. 따라서 보프는 내재적 삼위일체 자체가 반드시 경륜적 삼위일체라고 말할 수는 없다고 생각한다. 왜냐하면 내재적 삼위일체는 인간에게 계시된 삼위일체(경륜적 삼위일체) 그 이상이기 때문이다.[49]

신학은 삼위일체 연합의 신비에 대해 형식적 성찰을 할 뿐이다. 신비로서의 삼위일체 하나님은 언제나 이해를 뛰어넘는 신비로 남는다. 보프의 말대로, "인간의 이성으로 하나님의 본질을 파악하는 길은 경외감을 품고 침묵하는 길 밖에 없다."[50] 왜냐하면 아버지, 아들, 성령 모두가 신비이기 때문이다.

---

48 위의 책, 149-150, 227-228, 234-235를 보라.
49 레오나르도 보프, 『삼위일체와 사회』, 305-306. 바르트와 에버하르트 융엘, 슈넨베르크, 콩가르, 카스퍼와 같은 신학자들은 보프와 같은 입장을 견지한다. 이들은 내재적 삼위일체의 우선성을 강조하고, 내재적 삼위일체와 경륜적 삼위일체 사이에는 완전한 존재론적 일치가 아니라 부분적 일치만 있다고 본다. 그러나 이 신학자들과는 달리 판넨베르크, 몰트만, 캐서린 라쿠나, 테드 피터스와 같은 신학자들은 내재적 삼위일체를 경륜적 삼위일체의 종말론적 완성으로 이해하려고 한다. 이에 관한 연구서를 보려면 박만, 『현대 삼위일체론 연구』(서울: 대한기독교서회, 2003), 55-84를 보라.
50 위의 책, 308.

V. 관계적 삼위일체의 본질

1. 관계적 존재로서의 세 위격

삼위일체에서 위격들은 언제나 관계적 relative이다.[51] 삼위일체에서 아버지, 아들, 성령의 세 위격이 항상 관계를 맺고 있다는 사실이 성립되지 않으면, 우리는 삼신론의 오류에 빠질 수 있다는 것이 보프의 통찰이다.[52]

하나님의 본질은 관계 안에서 실현된다. 아버지, 아들, 성령의 세 위격은 소통을 통해서만 실존하신다. 아버지는 아들에게 자신을 소통하고, 아들도 자신을 아버지에게 소통한다. 이 상호간의 사랑과 아들에 대한 아버지의 선물이 성령이다. 이 성령은 아버지와 아들로부터 나온다. 아버지는 아들 없이 존재하지 않고, 아들은 아버지 없이 존재하지 않는다. 또한 성령은 아버지 없이, 그리고 아들 없이 존재하지 않는다. 이 삼위의 하나님은 서로에 대한 서로의 소통을 통해서 그 존재를 실현하신다.[53] 아버지는 아들과 관계를 맺고 아들은 아버지와 관계를 맺으며 성령은 아버지와 아들과 관계를 맺는다. 아들은 아버지로부터 발현하고, 성령은 아버지와 아들로부터 발현한다는 사실은 세 위격들 사이에 관계가 존재한다는 것을 의미한다.

삼위일체의 구조 안에서 우리는 하나님의 관계성을 보게 된다.[54] 우리가 삼위일체 하나님을 믿는다는 것은 세 위격 간에 친밀한 관계(사랑의 교류)가 있다고 고백하는 것이다. 하나님의 세 위격, 성부, 성자, 성령은 관계적 존재라고 할 수 있다. 왜냐하면 세 위격은 관계를 통해 존재하고, 각

---

51 J. O'Donnell, *The Mystery of the Triune God* (London: Sheed & Ward, 1988), 100-111.
52 레오나르도 보프 저, 『성삼위일체 공동체』, 89.
53 레오나르도 보프 저/황종렬 옮김, 『해방자 예수 그리스도』(서울: 분도출판사, 1993), 331.
54 "관계 개념은 바실리우스와 나지안주스의 그레고리에게서 처음 나타나고 이후 캔터베리의 안셀무스를 통해 체계적으로 나타나게 되었다." 보프, 『삼위일체와 사회』, 141.

각의 위격은 다른 두 위격과의 관계에서 결정되기 때문이다. 그런 까닭에 보프는 "위격들은 관계로 정의된다"[55]고 말했다.

보프는 세 위격의 관계를 '인과율'의 차원보다는 '계시'의 차원에서 이해하고자 한다. 예컨대, 위격들은 서로를 서로에게 계시한다. 아들은 아버지의 온전하고도 완전한 계시이다. 아들은 아버지의 말씀(로고스)이다. 아들이 아버지의 말씀이라는 말은 아버지께서 아들 안에서 스스로를 계시한다는 의미이다. 말씀은 아버지로부터 왔지만 아버지와는 구분된다. 말씀을 통해 보이지 않는 아버지의 신비가 계시된다. 아버지는 아들과 더불어 성령을 내쉰다. 성령은 아버지에 의해 아들에게 임한다. 그러므로 아들은 아버지로부터 나고 또한 성령으로부터 난다. 세 고유한 위격들은 아버지의 속성을 공유한다. 따라서 세 위격의 관계는 '생산'의 관계에 속하기보다는 상호 계시의 관계에 속한다.[56]

보프는 위격을 세 가지 존재 양식들three modes of being로 대치한 바르트의 방식[57]과 위격을 자존의 세 양식들subsistence of three modes로 대치한 라너의 방식[58]은 삼위일체의 본질을 이해하는 데 불충분하다고 본다. 왜냐하면 그들의 주장은 하나님의 통일성을 보여주지만 위격들의 삼위일체와 그들 사이에 존재하는 역동적 관계성을 다루지 않고 있기 때문이라고 한다.[59]

2. 세 위격의 동시성

삼위일체 하나님 안에서 세 위격은 모두 동등하고 동시적이다. 그 어느 위격도 다른 위격들보다 선재하거나 우월하지 않다. 보프는 우리가 위격

---

55 레오나르도 보프, 『삼위일체와 사회』, 125.
56 레오나르도 보프 저, 『삼위일체와 사회』, 266-267.
57 이에 관해서는 이종성, 『삼위일체론』, 627을 보라.
58 K. Rahner, *The Trinity* (New York: Herder and Herder, 1970), 57, 103, 109f.
59 레오나르도 보프, 『성삼위일체 공동체』, 89-91.

들 사이의 앞뒤를 아버지, 아들, 성령의 순서로 말할지라도, 삼위는 영원 전부터 함께 동시적으로 존재하고 상호 동등하다는 사실을 주지시키며,[60] 삼위의 동등성과 동시성은 관계적 존재로서의 위격의 필수 요소가 된다고 주장한다.[61]

우리는 예수가 아버지와 동일본질이라고 믿는다. 예수는 창조된 것이 아니라 만세 전부터 아버지 안에서 자존한다. 어떻게 성부가 아들보다 선재하지 않으면서 성자를 출생하였는지는 신비로 남아 있다. 왜냐하면 아버지와 아들은 상호 동등하며 서로 영원히 공존하기 때문이다. 아버지와 아들은 동일한 본질 안에 존재한다. 아들은 아버지의 영원한 아들이다. 아버지는 아버지 됨을 제외하고는 그가 가진 모든 것을 아들에게 주었다. 아들은 아버지로부터 성령을 발현하는 능력을 받았다. 아버지와 아들은 함께 성령의 출현emergence을 가능케 만든다. 아버지로부터 출생한 아들은 그 자신 위에 거하고 그와 함께 항상 결합된 성령을 동시적으로 받는다. 이렇게 표현하면 성령은 논리적으로 세 번째로 출현하고, 아버지와 아들에게 종속되어 있는 듯이 보인다. 그러나 삼위일체 안에는 종속성이 없다. 왜냐하면 삼위들은 상호 영원하고 상호 무한하며 상호 동등하기 때문이다. 그들에게는 '전후'나 '상하'가 적용될 수 없다. 그들은 항상 동시적이고 함께 온다.[62]

3. 삼위일체의 삼중적 계시 관계

성부와 성자에 대한 성령의 관계에 대해 신약성서는 두 가지 정보를 제공한다. 즉 예수가 아버지로부터 성령을 보냈다는 것과 성령이 아버지로

---

60 위의 책, 123.
61 위의 책, 97.
62 위의 책, 130-132.

부터 왔다는 사실이다(요 15: 26). 이에 대하여 라틴교회는 성령은 단일한 원리로서 아버지와 아들(필리오케)로부터 나온다고 이해한 데 비해, 그리스 정교회는 성령은 아버지로부터 발현한다고 이해했다. 이러한 이해의 차이가 1054년에 교회가 동방 정교회와 로마 교회로 분열되게 하는 원인을 제공했다.

러시아 정교회 신학자 보리스 볼로토프는 삼위일체 안의 관계는 언제나 삼위일체적이라고 제언하였다. 즉, 필리오케는 스피리투케*spirituque*가 동반될 때 정당화될 수 있다는 것이다. 루터교 신학자 몰트만은 볼로토프에게 영감을 받아, 성령의 위격은 아버지로부터 발현하고, 성령의 개체적 차원은 아들로부터 온다고 말했다. 성령은 아버지로부터 그의 완전한 신적 본체divine existence를 받고 아들로부터는 관계적 품격prosopon을 받는다. 몰트만은 그리스 모델monopatrism과 라틴 모델Filioquism이 모두 인과율의 원리로부터 파생되었음을 인정하면서 삼위일체의 신비는 아버지, 아들, 성령의 관계로부터 시작되어야 한다고 주장한다. 이 점에서 보프는 몰트만과 의견을 같이 한다.[63]

보프는 세 위격의 상호침투로부터 발생하는 신학적 흐름은 필리오케 *Filioque*, 문자적으로 '또한 아들로부터'란 의미뿐 아니라 스피리투케*Spirituque*, 문자적으로 '또한 성령으로부터'라는 의미와 파트레케*Patreque*, 문자적으로 '또한 아버지로부터'라는 의미가 있다고 본다. 왜냐하면 삼위일체에서 모든 관계는 언제나 삼중적이기 때문이다.[64] 서로 영원하고, 서로 공존하며, 서로 동등한 세 위격들은 상호적으로 계시되고, 서로가 서로를 인식하고 서로 안에서 그리고 서로에 의하여 인식된다. 아버지는 성령 안에서 아들을 통해 계시된다. 아들은 성령의 능력으로 아버지를 계시한다. 성령은 아버지에게서 발현되고 아들 위에 머문

---

63 레오나르도 보프, 『삼위일체와 사회』, 294.
64 위의 책, 332, 340.

다. 세 위격의 이러한 관계는 항상 삼중적이다.[65]

보프는 성자와 성령은 성부의 두 손이라고 표현한다.[66] 성자는 성부의 온전한 표현이다. 그러나 성자는 성부의 연장이 아니다. 성자가 성부의 연장이라면 성자와 성부는 구별되지 않는다. 성자는 성자로서 성부와 구별되지만, 동일한 본성적 연합으로 성부와 연합한다. 성자는 독특성을 지니지만 하나님 안에서의 연합을 보여준다. 성자는 성육신을 통해 그 연합의 신비를 우리에게 보여준다. 성령은 성부의 또 다른 두 번째 손이다. 381년 콘스탄티노플 공의회는 성령을 '주님이시며 생명의 수여자'라고 선언하였다.[67] 성령을 생명의 수여자요 주님이라고 부르는 것은 성령이 하나님으로 불리는 아들 예수 그리스도와 동일 본성을 이루고 있다는 것을 의미한다. 우리는 이러한 삼위일체의 삼중적 계시 관계를 통하여 성부, 성자, 성령은 세 하나님이 아니라, 위격들의 연합 안에 있는 한 분 하나님을 인식하게 된다.

VI. 관계적 삼위일체의 적용과 실천

삼위일체론은 하나님의 삶이 하나님에게만 속한 게 아니라 우리가 지향해야 할 삶의 본질임을 말하려고 한다. 이런 의미에서 삼위일체 하나님

---

65 레오나르도 보프, 『성삼위일체 공동체』, 100; 바르트도 계시는 삼중적 의미를 지니고 있으나 그 내용은 분할되지 않고 통일을 이루는 것으로 보고 있다. K. Barth, *Church Dogmatics*, I /1 (Edinburgh: T & T Clark, 1975), 382.

66 레오나르도 보프, 『성삼위일체 공동체』, 37; 이레네우스도 아들과 성령을 하나님이 "창조사역을 수행할 때 그 일에 참여한 하나님의 두 손"으로 표현하였다. G. O'Collins, *The Tripersonal God: Understanding and Interpreting the Trinity* (New York: Paulist Press, 1999), 102.

67 성령에 대한 콘스탄티노플 공의회의 고백은 589년 제3차 톨레도 회의에서 필리오케(Filioque) 문제를 야기시켰다. 이후 라틴 신학자들의 '필리오케론'(*filioquism*)과 그리스 신학자들의 '단일아버지론'(monopartrism)은 최근까지 논쟁과 논의의 주제가 되고 있다.

의 삶은 우리의 삶이기도 하다.[68] 보프는 성부, 성자, 성령이 어떻게 한 하나님인지를 인식하는 것보다 더 중요한 것은 삼위일체의 본질인 연합을 실천하며 사는 것이라고 한다.[69] 전통적 삼위일체론은 그동안 우리의 실천적 삶과는 동떨어진 형이상학적 교리 체계로 이해되어 왔다. 보프는 실천적 의미가 결여된 전통적 삼위일체론에 대해 비판하는 한편, 우리의 삶에 적용 가능한 삼위일체론을 정립하였다. 오늘날 삼위일체론이 실천적 교리로 부각되는 것은 인간은 물론 인간 사회가 상호 밀접한 관계를 맺으며 살아야 한다는 사실 때문이다.[70] 또한 삼위일체론을 통해 나와는 다른 존재에 대한 존중과 수용의 자세, 사귐의 관계와 공동체의 삶을 배울 수 있기 때문이다. 이런 삼위일체론의 실천적 적용은 현대인들의 삶에 새로운 패러다임을 제공한다. 보프는 삼위일체론의 적용과 실천의 자리를 찾기 위해 창조세계, 인간, 사회, 교회, 공동체를 탐구한다.

1. 삼위일체의 성례전으로서의 창조세계

관계적 삼위일체는 참된 인간, 참된 사회, 참된 교회, 참된 공동체의 모형을 제공해 준다. 그 기초는 모든 창조세계가 삼위일체의 성례전이라는 데에 있다. 보프에게 하나님이 창조한 세계는 "하나님의 세 위격의 연합을 보여주는 삼위일체의 몸"[71]이다. 창조세계는 삼위일체가 역사에 참여하는 기반이며 삼위일체의 영광이 나타날 수 있는 무대이다.[72] 따라서 창조세계에 삼위일체의 흔적들이 존재한다는 것이다. 그러나 보프는 창조세계가

---

68 C. M. LaCugna, *God for Us: The Trinity and Christian Life* (New York: Harper, 1991), 228.

69 레오나르도 보프, 『성삼위일체 공동체』, 51.

70 실천적 교리로서의 삼위일체론에 대한 논의는 곽미숙, 『삼위일체론 전통과 실천적 삶』(서울: 대한기독교서회, 2009), 171-219를 참고하라.

71 레오나르도 보프, 『삼위일체와 사회』, 326.

72 위의 책, 319, 321.

삼위일체에 의해 창조되고, 삼위일체를 반영하지만, 창조세계 자체가 삼위일체는 아니라는 점을 지적한다.[73]

창조세계는 연합을 위해 기획된 것이다. 보프는 창조세계에 투사된 삼위일체적인 관계를 다음과 같이 설명한다. 자연의 모든 것, 즉 "바람과 바위, 바위와 지구, 지구와 태양, 그리고 태양과 우주, 모두가 삼위일체의 연합 안에 흠뻑 적셔진다."[74] 보프가 지적한 바와 같이, 우리는 자연에 나타나는 모든 것들이 우주적 페리코레시스 안에서 상호작용하고 있음을 인식하며 산다. 물론 자연에 나타나는 삼위일체의 이미지들은 하나님의 삼위일체의 신비를 가리키기에는 너무나 부족하다는 것을 우리는 안다. 왜냐하면 세상의 어떤 이미지나 개념도 하나님의 삼위일체의 깊이를 완전하게 표현할 수 없기 때문이다. 창조세계는 삼위일체의 신비로 가득 차 있다. 보프는 삼위일체적 구조를 지닌 창조 세계 안에서 모든 것들이 서로 연합하고 찬양하고 사랑하며, 놀고 춤을 추는 삶을 기대한다.[75]

2. 삼위일체의 형상으로서의 인간

창조세계 안에 삼위일체의 흔적들이 존재하는 것처럼, 인간의 삶 속에도 삼위일체의 흔적들이 존재한다. 창세기는 인간이 하나님의 형상과 모양으로 창조되었다고 말한다(창 1:27). 이것은 인간에게 삼위일체의 흔적이 있다는 것을 의미하고, 인간은 본질상 관계적 존재임을 말하는 것이다. 인간이 삶을 영위한다는 것은 언제나 다른 사람들과 함께 사는 것을 의미한다. 보프에 의하면, 모든 인간 존재는 삼위일체 하나님의 임재의 증거가 표면화될 수 있는 가족 안에서 태어난다. 가족은 사랑과 연합 위에 세워진

---

73 위의 책, 314.

74 레오나르도 보프, 『성삼위일체 공동체』, 81.

75 위의 책, 170-171.

인간 공동체의 근원적 표현이다. 가정 안에서 우리는 삼위일체의 형상을 지닌다. 가정에서는 각자 자율성을 가지면서도 사랑과 같은 필연적 연대로 관계를 맺는다. 이러한 관계 속에는 생명의 한 연합이 있다. 가정의 통일성은 삼위일체의 통일성과 유사하다. 보프는 인간의 가정은 죄와 분열로 채색되어 왔지만, 융합과 온전한 사랑의 실천을 추구할 때는 언제나 역사 안에서 삼위일체 하나님의 표시가 되었다고 본다.[76]

보프에게 인간이 삼위일체의 형상과 모양을 띤다는 말은 언제나 타자와 열린 관계를 맺는 존재임을 의미한다. 이것은 인간이 공동체적 존재라는 것을 의미하기도 한다. 어떤 인간도 홀로 존재하지 않는다. 우리는 모든 사람들과 모든 존재들로 둘러싸여 있다. 우리는 삼위일체 하나님으로 인해 모두와 연합하고, 주고받으며, 서로의 차이를 존중하고, 모두에게 선을 행하는 관계, 즉 다함께 풍요로움과 나눔의 삶을 영위하고 소통하는 연합의 관계를 유지하도록 부름 받았다.[77] 따라서 보프의 관계적 삼위일체는 인간을 관계적 존재로서, 공동체적 존재로서 다양성 안에서 통일성을 이루는 삶, 사랑과 생명의 연대를 이루는 삶, 즉 삼위일체의 삶으로 인도한다.

3. 삼위일체의 형상으로서의 사회

우리는 사회 속에서 삼위일체의 흔적을 발견할 수 있다. 보프는 모든 인간 사회는 경제적 힘, 정치적 힘, 문화적 힘에 의해 세워지고 발전한다고 본다. 그리고 이 세 가지 힘은 서로 얽혀 함께 작용한다고 생각한다. 결국 정치와 문화가 경제 안에 있고, 다른 두 개가 또 다른 하나 안에 있다. 이것은 삼위일체를 말하는 것이다. 즉 세 위격은 구별되지만 그들은 늘 함께 임한다. 경제적 힘, 정치적 힘, 문화적 힘은 사회의 모든 차원에서 연합

---

[76] 레오나르도 보프 저, 『성삼위일체 공동체』, 72-74.

[77] 위의 책, 19.

을 드러내야 한다. 이러한 연합의 모형은 성부, 성자, 성령에 의해 형성된 삼위일체적인 연합에서 찾아볼 수 있다.[78]

보프는 아버지, 아들, 성령의 공동체를 더 좋은 사회를 만들고자 하는 사람들이 꿈꾸는 인간 공동체의 원형原型으로 제시한다.[79] 말하자면, 삼위일체를 최고의 사회로 보고 참여와 평등을 추구하는 사회의 모델로 삼고자 한다.[80] 삼위일체 연합으로부터 영감을 얻는 사회는 계급의 차이와 자기와 타인들의 지배를 인정하지 않는다. 삼위일체로부터 영감을 얻는 사회는 모든 면에서 참여와 연합에 기초해 사회 구조를 이루는 사회라고 할 수 있다.

보프의 관계적 삼위일체론은 개인과 제도 사이의 모든 관계를 평등한 방법으로, 또한 친밀한 유대감과 차이를 존중하는 마음자세를 귀하게 여기는 사회적 모형으로 우리를 인도한다. 자본주의와 사회주의가 지배적인 우리 사회제도에서 삼위일체는 가장 이상적인 공동체를 제시해 준다. 보프에 의하면, 자본주의는 다른 사람들과의 필연적인 유대감 없이 개인의 실적에 기초를 두기 때문에 많은 사람들과의 연합의 가능성을 배제시킨다. 사회주의는 가치 있게 평가된 것을 공유하지만 개인적인 차이를 고려하지 않는다. 삼위일체는 이러한 자본주의와 사회주의의 폐단을 넘어서는 사회적 모형을 제시해 준다.[81] 삼위일체는 하나님의 계획에 따른 사회가 어떠해야 하는지를 보여준다. 삼위일체 안에 존재하는 사회는 인간이 추구할 사회의 기반이다. 그런데 온갖 종류의 분열과 대립과 인간차별이 난무하는 오늘의 사회는 삼위일체가 보여주는 사회와는 거리가 멀다.

---

78 위의 책, 75-76.
79 레오나르도 보프 저, 『삼위일체와 사회』, 25.
80 위의 책, 175-176.
81 레오나르도 보프 저, 『성삼위일체 공동체』, 107-108.

4. 삼위일체의 상징으로서의 교회

보프는 삼위일체의 심오한 연합과 생명의 신비가 역사 안에서 가장 가시적으로 표현된 것은 교회라고 지적하였다. 일찍이 3세기의 위대한 신학자 터툴리아누스는 "성부, 성자, 성령이 있는 곳에 또한 삼위의 몸인 교회가 있다"고 하여 교회를 신적인 세 위격의 몸으로 보았다.[82] 신적인 세 위격과 같은 모습이 가장 극명하게 보이는 곳이 교회라야 한다.

삼위일체는 '사회로서의 교회'로부터 '연합으로서의 교회'로의 전환을 시사해 준다. 교회는 신자들과 지도자들 사이에 연합을 이룬 믿음의 공동체이다. 교회의 연합은 삼위일체의 연합을 표현하는 것이라야 한다. 삼위일체는 "위계질서보다는 연합을, 힘을 추구하기보다는 연합을, 피라미드보다는 원 모양을, 권위 앞에 무릎을 꿇게 하기보다는 사랑으로 포용하는 이상을 제시한다."[83] 이러한 삼위일체적 교회 모델은 '연합으로서의 교회'의 모습, 즉 모든 이가 서로 연합하고 함께 참여하는 교회의 모습을 보여 준다.

교회의 연합은 사도행전에 표현된 것처럼(행 2:44-45, 4:34-36) 물건을 함께 나눠 쓰고 삶을 공유하는 데까지 이른다. 교회는 본래 사랑의 공동체이다. 그러나 보프의 지적대로, 역사 속 한 제도로서의 교회는 소수에게만 권력이 집중된 서구문화 속에서 발전되어 왔다. 교회는 공동체와 사회지향적인 가치보다는 권위와 재산을 근본으로 삼는 군주권이 우위를 차지하는 환경에 토착화되었다. 따라서 교회 안의 지배적 사고방식이 하나님에 대한 진실한 삼위일체적인 의식보다는 비非삼위일체적a-trinitarian 또는 전前삼위일체적pre-trinitarian 단일신론에 더 가까웠다.

이런 상황에서 교회가 삼위일체의 상징으로 이해될 때에야, 교회에 만

---

82 위의 책, 77.
83 레오나르도 보프 저, 『삼위일체와 사회』, 222.

연되어 있는 성직권위주의clericalism와 권위주의authoritarianism가 극복될 수 있을 것으로 보프는 본다.[84] 교회가 삼위일체의 위대한 상징이 될 때, 교회의 분열과 성직자와 평신도의 권위적 구별이 없어지고, 교회는 하나님의 한 가족으로 서로 형제자매가 되는 공동체가 된다.[85] 형제자매가 서로 연합하여 공동체를 이루는 교회는 삼위일체 모델의 기초 위에 세워질 수 있다. 교회의 일치는 베드로와 그의 계승자들의 손에 넘겨진 권력이 아니라 삼위일체에 기초하여 이루어진다. 삼위일체의 연합에서 영감을 받은 교회는 성직의 권력과 가부장제와 남성중심의 차별을 없애고, 모든 교우가 함께 참여하고 연합하는 공동체를 만들어 간다.[86] 이런 교회에서는 가부장적 치리와 성직 권력이 전혀 작동할 수 없는 법이다.

5. 완벽한 공동체의 모형으로서의 삼위일체

오늘날 우리에게 가장 중요한 것은 삼위일체의 깊은 원리를 잃지 않는 일이다.[87] 삼위일체의 원리는 "타인을 위하여 자신을 자유롭게 내어주며, 상호의존하며, 삶을 나누는 공동체를 창조하는 신비한 사랑의 원리이다."[88] "하나님은 자신이 나누는 삼위일체적인 사랑의 삶 속에서 공동체가 창조되는 것을 목적으로 삼으신다."[89]

신적인 삼위에게 실제로 존재하는 것은 신적인 공동체이다. 그들은 영원 전부터 항상 함께 공존한다. 그들은 평등하고, 영원하고, 무한하며, 긍

---

84 레오나르도 보프 저, 『성삼위일체 공동체』, 5.

85 위의 책, 78.

86 레오나르도 보프 저, 『삼위일체와 사회』, 45-46.

87 이에 대하여는 C. M. LaCugna, "The Baptismal Formula, Feminist Objections, and Trinitarian Theology," *Journal of Ecumenical Studies 26* (Spring 1989), 235-250을 보라.

88 다니엘 미글리오리, 『조직신학입문』, 115-116.

89 E. Jüngel, *God as the Mystery of the World* (Grand Rapids: William B, Eerdmans, 1983), 384.

횰한 동시에 영원한 공동체를 이룬다.[90] 성부, 성자, 성령의 세 위격은 영원한 연합 안에서 생명과 사랑이 통합된 공동체를 형성한다.[91]

삼위일체 공동체는 모든 공동체를 위한 모형이 된다. 최근에 이르러 가정부터 시작해서 종교나 사회집단 등 여러 공동체들이 해체되고 있다. 양극화 현상도 두드러지게 나타난다. 이런 위기 속에서 교회는 외부적으로 이미지를 개선하고 오해를 푸는 것과 동시에 내부적으로 혁신적 체질 개선이 필요하다. 이를 위해 시급한 과제가 바로 공동체성의 회복과 강화이다. 공동체 개념은 관계적 삼위일체의 핵심 진리이다. 참된 공동체의 본질은 초대교회의 삼위일체적 삶 속에서 드러났다. 이를 우리의 역사 속에서 구현하려고 노력한 신학자들 가운데 하나가 보프이다. 그는 복음적 해방공동체를 포착하였고 이를 실천하려고 하였다. 가정 공동체부터 시작된 범지구적인 공동체 위기는 삼위일체론에 대한 이해가 부족한 데서 기인한다. 관계적 삼위일체는 공동체성을 잃어버린 교회와 사회, 나아가 국제사회와 생태계를 회복시키는 데 기여할 바가 참으로 많다. 따라서 오늘 한국교회의 위기는 삼위일체의 공동체성 회복으로 극복되어야 한다.

VII. 나가는 말

지금까지 살펴본 바와 같이, 보프는 일치와 다양성, 상호침투와 연합과 일치, 페레코레시스, 신비성을 삼위일체의 관계적 속성으로 파악하고, 세 위격의 관계성과 동시성, 그리고 세 위격의 삼중적 계시관계를 관계적 삼위일체론의 본질로 이해한다. 이러한 통찰은 창조세계를 삼위일체의 성례전으로서, 인간과 사회를 삼위일체의 형상으로서, 교회를 삼위일체의 상

---

90 레오나르도 보프, 『성삼위일체 공동체』, 92.

91 위의 책, 96.

징으로, 마지막으로 삼위일체를 완벽한 공동체의 모형으로서 제시하였다.

이런 논의를 통하여 보프는 삼위일체 하나님을 관계의 하나님, 공동체의 하나님, 해방의 하나님으로 소개한다. 보프가 이해한 하나님은 일치와 본성으로부터 위격을 내는 하나님이 아니라 위격이 연합을 이루어 일치를 이루시는 삼위일체 하나님이다. 보프는 기독교 전통에 속한 자료를 명확하게 읽고 적합한 해석을 시도하고, 라틴 아메리카의 상황과 연결하여 해방을 추구하는 삼위일체 신학을 정립하였다. 보프는 삼위의 하나님을 해방자의 차원에서 표현하고자 한다.[92] 보프의 관계적 삼위일체는 해방을 위한 원리와 동력으로 작용한다. 보프는 성부를 "파라오를 대적하여 억압당하는 사람들을 편드시는 살아계시는 하나님"[93]으로, 예수 그리스도를 우리를 해방시키기 위해 이 세상에 오신 하나님의 아들로,[94] 성령을 "억압당하는 사람들의 투쟁 속에 현존하시는 가난한 사람들의 아버지"[95]로 이해한다.

보프는 삼위일체론을 탐구할 때 삼신론과 양태론과 종속론은 삼위일체를 보존할 수 없고, 세 위격들의 일치와 동등성도 확보할 수 없다고 보고, 현대신학의 사회적 삼위일체론의 접근 방식에 따라 관계적 삼위일체론을 전개하였다. 왜냐하면 사회적 삼위일체론이 우주와 인간 사회에 소통하고 연합하며 하나가 될 수 있는 자리를 제공하기 때문이다.

보프의 관계적 삼위일체는 보다 나은 가정과 사회, 교회와 세상을 만드는 데 기여하고 있다. 보프에게 삼위일체는 우리 인간들이 꿈꾸며 실현해

---

92 성부는 존재론적 신비를 담고 있는 분이다. 성자는 해방의 중재자다. 성령은 해방 사역을 역동적으로 이루어 간다. 성령은 차이와 사귐을 창조하는 원리로서 사역한다. 임홍빈, 『현대의 삼위일체론』(서울: 생명의 씨앗, 2006), 205-214.

93 레오나르도 보프 저/김수복 옮김, 『해방신학입문』(서울: 한마당, 1987), 76.

94 위의 책, 79.

95 위의 책, 82.

야 할 사회(공동체)의 원동력이다. 보프는 삼위일체에 대한 잘못된 인식이 우리의 가정과 사회, 교회와 공동체를 권위적이고 지배적이며 비참여적인 구조를 정당화시킨다고 지적한다. 그는 진정한 삼위일체야말로 완벽한 공동체를 실현한다고 본다. 그는 삼위일체의 본질인 페리코레시스를 교회와 사회와 공동체의 구조로 세우고자 한다. 삼위의 상호 관계성은 보프로 하여금 하나님은 홀로 존재하는 분이 아니라 공동체로 존재하고 있는 분임을 규명하게 한다. 보프의 삼위일체 진리에 대한 이해는 압제와 착취, 고통과 억압, 권력과 계급의 지배로 얼룩진 사회에서 함께 나누고 누리는, 그래서 평등과 평화, 위로와 기쁨이 넘치는 사회로의 해방을 지향하게 한다.

보프는 그의 관계적 삼위일체론에서 인간과 자연이 평화롭게 공존할 수 있는 신학적 근거를 찾았다. 그리고 삼위일체의 삶이야말로 모든 인간이 동등한 가치와 존엄성과 권리를 가진 존재, 자유롭고 평등한 존재로 살아가도록 인도한다고 주장한다. 보프의 관계적 삼위일체론은 정의롭고 평등한 공동체 형성을 위한 실천적 프로그램을 우리에게 던져준다. 사회의 양극화 문제를 극복하고, 사회적 약자를 보호하고, 사회 경제적 정의를 실현하는데 한국 교회가 현실적으로 기여하려면 보프의 관계적 삼위일체론을 조명할 필요가 있다.

보프의 관계적 삼위일체론은 서양 근대사회의 인간중심주의가 촉발시킨 생태계의 위기를 극복하기 위한 자리를 제공한다. 또한 교회가 생태계를 보존하고 지키는 생명 보호 활동에 보다 적극적인 참여와 노력을 기울일 것을 촉구한다. 이것은 인간을 자연 '위에' 군림하는 존재로 보지 않고 자연 '안에', 자연과 '더불어' 사는 존재로 이해하게 한다. 보프의 관계적 삼위일체론은 권위주의적인 생각을 가진 사람들과 교회를 중앙집권적 체제로 보고자 하는 이들에게 경종을 울리고, 동등하고 평등하고 생명이 교류하는 교회와 사회가 도래하도록 그리스도인들이 앞장서야 한다는 메시지를 전하고 있다.

그렇다고 보프의 관계적 삼위일체론에 대한 비판이 없는 것은 아니다. 무엇보다도 보프의 삼위일체론은 종속론과 양태론의 위험에서는 자유로울지라도 삼신론의 위험으로부터 결코 자유롭지 못하다는 비판을 받고 있다. 연합의 일치에 근거하여 하나님의 통일성을 말하는 보프의 삼위일체론은 삼신론적 요소를 포함하고 있다는 것이다. 즉 보프가 말하는 삼위의 일체성은 존재론적 연합이 아니라 삼위의 의지에 의한 관계의 연합행위에 해당하기 때문에 결국 삼신론의 위험을 벗어나지 못하며, 페리코레시스적 연합만으로 삼위의 통일성을 확보하는 것은 충분하지 못하다는 지적이다. 그러나 우리에게 보프의 관계적 삼위일체론을 주의 깊게 보려는 의지가 있다면 보프에게서 삼신론의 위험을 떨쳐버릴 수 있을 것이다. 왜냐하면 세 위격은 각각 처음부터 다른 두 인격 안에 내주하고 있고, 그들은 각각 다른 인격들 안에 상호내재 또는 상호침투하고 있기 때문이다. 즉, 세 위격은 먼저 존재한 다음에 어느 순간 연합한 것이 아니라 처음부터 상호 내재함으로 연합되었기 때문이다. 세 신적 존재들이 먼저 존재한 다음 어느 시점에 연합의 관계를 맺었다면 그것은 삼신론일 수 있다 그러나 삼위 하나님의 연합은 처음부터 존재했기 때문에 삼위의 존재는 처음부터 상호내재의 관계성 속에 있었기 때문에 그것은 삼신론일 수 없는 것이다. 보프는 결코 성부, 성자 성령을 서로 분리된 개별적 존재로 보지 않는다. 삼위는 개체화되고 고립된 인격으로 존재하지 않고, 처음부터 관계성 속에 존재한다. 보프의 관계적 삼위일체론이 삼신론적 요소를 가지고 있다 할지라도, 실제적인 의미에서는 삼신론적 결과를 가져오기보다 오히려 하나님의 삼위일체성을 적절하게 이해하는 데 기여한다고 볼 수 있다. 보프의 관계적 삼위일체론은 하나님을 세 신적 위격의 사랑의 공동체로 이해하고, 가족과 교회를 포함한 사회의 위계적 체계를 교정하는 데 삼위일체의 관계적 유비를 강조함으로써 삼신론이란 비판을 감수해야만 했다. 그러나 우리가 보프의 관계적 관점을 제대로 파악하면 삼신론의 위험은 극복될 수 있는 문제이다.

참고문헌

김영선. 『조직신학 이해』. 서울: KMC, 2014.

곽미숙. 『삼위일체론, 전통과 실천적 삶』. 서울: 대한기독교서회, 2009.

라틴아메리카 주교단 협의회 사무국/김수복 · 성염 옮김. 『메델린 문헌』. 서울: 분도출판
사, 1989.

박만. 『현대 삼위일체론 연구』. 서울: 대한기독교서회, 2003.

이종성. 『삼위일체론』. 서울: 대한기독교출판사, 1991.

임홍빈. 『현대의 삼위일체론』. 서울: 생명의 씨앗, 2006.

한겨레신문(1992년 8월 9일).

레오나르도 보프 저/김영선 · 김옥주 공역. 『성삼위일체 공동체』. 서울: 크리스천 헤럴드,
2011.

＿＿＿/이세형 옮김. 『삼위일체와 사회』. 서울: 대한기독교서회, 2011.

＿＿＿/김수복 옮김. 『해방신학입문』. 서울: 한마당, 1987.

＿＿＿/황종렬 옮김. 『해방자 예수 그리스도』. 서울: 분도출판사, 1993.

다니엘 미글리오리 저/이정배 옮김. 『조직신학입문』. 서울: 나단, 1994.

Barth, K. *Church Dogmatics*, I/1. Edinburgh: T & T Clark, 1975.

Hodgson, Leonardo. *The Doctrine of the Trinity*. New York: Charles Scribner's
Sons, 1944.

Jüngel, Eberhard. *God as the Mystery of the World*. Grand Rapids: William B.
Eerdmans, 1983.

Kelly, J. N. Early. *Christian Doctrines*. New York: Harper & Row, 1978.

LaCugna, Catherine Mowry. "The Baptismal Formula, Feminist Objections and
Trinitarian Theology," Journal of Ecumenical Studies 26(Spring 1989).

＿＿＿＿＿. *God for Us: The Trinity and Christian Life*. New York: Harper, 1991.

Macmurray, John. *Persons in Relation*. New York: Harper & Brothers, 1961.

Moltmann, *Jürgen. The Trinity and the Kingdom of God: the Doctrine of God*.

trans. Margaret Kohl. London: SCM, 1981.

_____, *History and the Triune God: Contributions to Trinitarian Theology*, trans.
John Bowden. New York: Crossroad, 1992.

O'Collins, Gerlad. *The Tripersonal God:Understanding and Interpreting the Trinity*. New York: Paulist Press, 1999.

O'Donnell, John J. *The Mystery of the Triune God*. London: Sheed & Ward, 1988.

Rahner, K. *The Trinity*. New York: Herder and Herder, 1970.

Zizioulas, John D. *Being as Communion: Studies in Personhood and the Church*.
Crestwood, N.Y.: St. Valdmir's Press, 1997.

존 지지울라스의
관계적 삼위일체론에 대한 이해

■ 김은수[1] ■

I. 들어가는 말: 지지울라스의 생애와 주요 저작들

20세기 이후 현대 기독교 신학에서 가장 주목할 만한 현상 중 하나는 "삼위일체론"에 대한 신학적 관심의 급부상과 이와 관련한 "삼위일체 신학"Trinitarian Theology의 부흥일 것이다. 그러나 이러한 현상은 기독교 조직신학의 한 교의적 요소로서의 "삼위일체론"에 관심을 둘 뿐만 아니라 성경적·기독교적 신神이해에 대한 근원적인 재이해를 추구함과 동시에 신학적 해석학으로부터 시작하여 조직신학 전반과 실천신학의 제 영역에 이르기까지 기독교 신학 전체를 재조명하고 재구성하는 방향으로 진행되고 있다. 더 나아가, 삼위일체에 대한 신학적 관심은 심층적인 학제간의 대화를 통해 인간학, 사회과학, 자연과학, 예술 등 다양한 인접학문 분과까지 확대되는 양상을 보여 왔다.[2] 이러한 현상과 관련하여 일찍이 크리스토퍼 쉬

---

1 서울대학교 화학과를 졸업하고 미국 Trinity Evangelical Divinity School에서 신학박사 학위(Ph. D)를 받았다. 현재 한국개혁신학연구소 원장과 햇불트리니티신학대학원 겸임교수(조직신학)로 있다. 주요저서로는 『개혁주의 신앙의 기초』(전4권) (2010), *Time, Eternity, and the Trinity*(2010), 『칼빈과 개혁신앙』(2011)이 있다.

2 특히 최근 삼위일체론 신학의 부흥과 학제간의 대화에 대하여 일별하려면 다음의 자료들을 참

뵈벨C. Schwöbel은 이른바 "삼위일체 신학의 르네상스"가 도래하였다고 적절하게 표현한 바 있다.[3] 이러한 세계적인 신학 흐름과 관련하여 한국의 신학계에서도 그동안 삼위일체론에 대한 다양한 연구 논문들과 저서들이 발표되고 출간되어 왔으나 특별히 삼위일체론 이해에서 중요한 하나의 축을 담당하는 현대 동방교회 신학에 대한 연구는 풍성하게 이루어지지 않았다. 특히 여기에서 우리가 살펴보고자 하는 존 지지울라스John D. Zizioulas, 1931~는 현대 동방교회 신학의 발전에 큰 영향을 미친 가장 독창적인 신학자 가운데 한 사람으로 평가되고 있지만, 국내에서는 아직 그에 대한 소개나 깊이 있는 연구가 이루어지지 않은 상황이다.[4] 따라서 이 글에서는 지지울라스의 "인격의 존재론"ontology of person에 근거한 삼위일체론 이해와 더

조하라: Christoph Schwöbel, ed., *Trinitarian Theology Today: Essays on Divine Being and Act* (Edinburgh: T & T Clark, 1995); Stephen T. Davis, Daniel Kendall, and Gerald O'Collins, eds., *The Trinity: An Interdisciplinary Symposium on the Trinity* (Oxford: Oxford University Press, 1999); Stanley J. Grenz, *Rediscovering the Triune God: The Trinity in Contemporary Theology* (Minneapolis: Fortress Press, 2004); John Polkinghorne, *Science and the Trinity: The Christian Encounter with Reality* (New Haven, N.Y.: Yale University Press, 2004); Miroslav Volf and Michael Welker, eds., *God's Life in Trinity* (Minneapolis: Fortress Press, 2006); Peter C. Phan, ed., *The Cambridge Companion to the Trinity* (Cambridge: Cambridge University Press, 2011), etc.

3   Christoph Schwöbel, "Introduction: The Renaissance of Trinitarian Theology - Reasons, Problems and Tasks," in *Trinitarian Theology Today*, ed. Christoph Schwöbel (Edinburgh: T & T Clark, 1995), 1-30. 쉬뵈벨은 "삼위일체론에 대한 성찰은 불가피하게 기독교 신학의 전체적인 기획과 그것의 시대 문화적 상황과의 관계를 반영하는 것 같다. 그러므로 삼위일체 신학은 신학함에 있어 다양한 학문 분야들과의 연관 속에서 신학적 기획의 모든 양상들에 영향을 미치는 하나의 집약적인 표지가 되는 것으로 나타나고 있다"고 말한다(p. 1).

4   존 지지울라스의 삼위일체 신학에 대한 본격적인 연구는 외국에서는 비교적 활발하게 이루어지고 있으나, 국내에서는 아직 전무한 것으로 보인다. 그동안 영어권에서 출간된 지지울라스의 삼위일체론에 대한 연구 자료는 다음을 참조하라: Miroslav Volf, *After Our Likeness: The Church as the Image of the Trinity* (Grand Rapids: Eerdmans, 1998), 77-123; Grenz, *Rediscovering the Triune God*, 131-47; Aristotle Papanikolaou, *Being with God: Trinity, Apophaticism, and Divine-Human Communion* (Notre Dame, IN: University of Notre Dame Press, 2006); Veli-Matti Kärkkäinen, *The Trinity: Global Perspectives* (Louisville: Westminster John Knox Press, 2007), 88-99; Patricia A. Fox, *God as Communion: John D. Zizioulas, Elizabeth Johnson, and the Retrieval of the Symbol of the Triune God* (Collegeville, Minnesota: The Liturgical Press, 2001), etc.

불어 삼위일체론을 중심으로 한 그의 신학에 나타난 그의 주장의 핵심 요소들과 여러 특징을 분석하고, 나아가 그 주장의 다양한 신학적 적용과 함의를 간략하게 살펴본 뒤에, 마지막으로 몇 가지 비평적 고찰을 제시하고자 한다.

　동방정교회 전통에서 자라난 지지울라스는 독특하게도 처음부터 서방신학과 계속 활발한 대화를 나누며 그의 신학 작업을 수행하였고, WCC(세계교회협의회)를 통해 동서방교회의 에큐메니칼 운동에도 줄곧 적극적으로 참여해 왔다.[5] 그리하여 이 시대의 가장 독창적이며 영향력 있는 동방정교회 신학자 가운데 한 사람으로 평가받고 있다. 특히 로마 가톨릭 신학자인 이브 콩가르Yevs Congar는 지지울라스를 "우리 시대의 가장 독창적이며 심오한 신학자 가운데 한 사람"이라고 극찬한 바 있으며,[6] 데이비드 피셔David A. Fisher는 비잔틴의 지적 전통을 현대에 구현한 지도적인 인물이라는 찬사를 보냈다.[7] 먼저 그의 생애와 주요 저작들을 살펴보자. 그는 1931년 그리스의 코자니에서 태어나 데살로니카 대학교와 아테네 대학교에서 신학공부를 시작하였다(1950-1954). 이후 일 년 동안(1954-1955) 대학원생의 신분으로 스위스 제네바 근교에 있는 '보세이 에큐메니칼연구소'에서 공부하며 처음으로 서방신학을 접하였는데, 이 경험은 그로 하여금 일생 동안 동방/서방 신학간의 대화와 에큐메니즘에 천착하게끔 한 결정적인 계기가 되었다. 그리고 1955년에 미국으로 건너가 하버드 대학교

5　지지울라스의 생애와 경력에 대한 간략한 소개는 Fox, *God as Communion*, 3-6을 보라. 그리고 그의 생애를 상세하게 알고 싶으면 Gaëtan Baillargeon, *Perspectives orthodoxes sur l'Eglise-communion: L'oeuvre de Jean Zizioulas* (Motréal: Editions Paulines, 1989)를 참조하라.

6　Yves Congar, "Bulletin d' ecclésiologie," *Revue des sciences philosophiques et théologiques* 66 (1982), 88. 여기에서는 Fox, *God as Communion*, 6에서 재인용. Cf. Kärkkäinen, *The Trinity*, 88.

7　Cf. David A. Fisher, "Byzantine Ontology: Reflections on the thought of John D. Zizioulas," *Diakonia* 29/1 (1996): 57. 여기에서는 *Grenz, Rediscovering the Triune God*, 134를 참조함.

에서 석사 및 박사과정을 밟으며 계속 신학을 공부하였다. 거기에서 러시아 정교회 출신의 교부신학자 게오르게 플로로프스키 Georges Florovsky에게 교부신학을, 폴 틸리히 Paul Tillich에게 철학과 조직신학을 배웠다. 그는 플로로프스키의 지도 아래 하버드 대학교에서 박사과정 연구(1960-1964)와 아테네 대학교 박사학위 연구를 동시에 진행하여 최종적으로 아테네 대학교에서 박사학위를 받았다(1966).[8] 이후 아테네 대학교에서 한동안 교회사를 가르쳤으며, 에딘버러 대학교(1970-1973)에서는 교부신학 교수로 일했고, 글래스고우 대학교와 런던 킹스 칼리지에서는 조직신학을 가르쳤다. 1986년에 그는 그리스 페르가몬의 명의 총대주교the titular metropolitan of Pergamon로 선출되었고, 또한 데살로니카 신학대학원의 교의학 교수로 섬기며 활발하게 신학 작업을 수행하면서 개신교와 로마 가톨릭 및 영국 성공회와 함께 지속적으로 신학적 에큐메니칼 활동에 관여하고 있으며, 나아가 WCC를 통하여 환경문제와 사회 정치적인 이슈에도 적극 참여하고 있다.[9]

지지울라스의 근본적인 신학적 사유의 지평은 교회론, 특히 '성만찬적 교회론'eucharistic ecclesiology에 자리하고 있다.[10] 그의 신학적 관심은 일차적으

---

8 이 박사과정을 밟는 동안에 지지울라스는 두 가지 연구를 동시에 진행하였는데, 하나는 플로로프스키의 지도 하에 고백자 막시무스(Maximus the Confessor)의 그리스도론을 연구한 것이었고, 다른 하나는 아테네 대학교의 박사과정을 위하여 하버드 대학교의 교회사 교수였던 윌리엄스(A. G. Williams)의 지도 하에 초대교회에서의 감독과 성찬 안에 나타난 교회의 일치에 대한 문제를 연구한 것이었다. Baillargeon, *Perspectives orthodoxes sur l'Eglise-communion*, 29. 여기에서는 Fox, *God as Communion*, 4를 참조함.

9 Cf. Fox, *God as Communion*, 6.

10 지지울라스에 의하면, 성만찬(Eucharist)은 교회에서 '사용'되거나 '집례'되는 어떤 객관적 행위 혹은 '은총의 수단'으로서의 여러 성례들 가운데 하나가 아니라, "가장 탁월한 통일성의 성례이며, 따라서 교회 그 자체의 신비에 대한 표현이다." John D. Zizioulas, "The Bishop in the Theological Doctrine of the Orthodox Church," *Kanon* 7 (1985): 25. 여기에서는 Volf, *After Our Likeness*, 73에서 재인용; 『삼위일체와 교회』 황은영 역 (서울: 새물결플러스, 2012)]. 또 다른 곳에서는 "성찬은 선재하는 교회의 행위가 아니라, 교회를 존재하게(to be) 하고 교회를 구성하는(constitutive) 사건이었다. [즉], 성찬이 교회의 존재를 구성했다"고 말한다. John D. Zizioulas,

---

로 그리스어로 쓰인 그의 박사학위 논문, "영원하신 삼중성에 따른 성스러운 성찬식과 감독직에 근거한 교회의 통일성"University of Athens, 1965[1]에서 구체화되었고, 나아가 세계적인 주목을 끈 그의 가장 중요한 저작인 『친교로서의 존재』Being as Communion, 1985[2]에서 더욱 확장된 형태로 발전된다. 이 저작에서 그는 '인격의 존재론'을 통하여 그 근원을 '교회적 존재'ecclesial being로서의 인간과 교회의 존재방식을 하나님의 형상imago Dei으로 이해하며, 이것을 하나님의 존재방식, 즉 삼위일체 하나님the Triune God에 정위시킨다. 지지울라스에 따르면, 이 새로운 신학 체계에서 그 '인식의 순서'ordo cognoscendi에서는 교회의 친교(교제/연합)의 경험을 통해 신적 친교(교제)에 대한 올바른 이해로 나아가지만, 그 '존재의 순서'ordo essendi에서는 삼위일체 하나님의 친교가 교회적 친교에 선행하며 후자를 가능하게 한다. 그것은 인간의 올바른 존재방식으로서의 교회가 바로 삼위일체 하나님의 형상imago trinitas으로 이해되기 때문이다. 이렇게 인격적 존재론에 근거한 관계적 존재로서의 인간의 교제

Being as Communion: Studies in Personhood and the Church (Crestwood, NY: St. Vladimir's Seminary Press, 1985), 21 (강조는 저자의 것임). 이와 같이 지지울라스에 따르면, 교회의 역사적 실존과 구조를 형성하는 성만찬은 하나님의 존재뿐만 아니라 그의 형상으로 창조된 인간의 참된 형상을 이해하는 근본 토대에 해당한다. 나아가, 참으로 성만찬을 통한 이러한 '교회적 존재방식'(ecclesial way of being)은 인간이 삼위일체 하나님과 그 자신과 이 세계가 온전한 형태로 누릴 종말론적 친교를 예기하는 것이다.

11 애초에 그리스어로 쓰인 이 박사학위 논문은 그 연구 주제와 관련된 최근의 논의들을 반영하여 영어로도 출판되었다. John D. Zizioulas, Eucharist, Bishop, Church: The Unity of the Church in the Divine Eucharist and the Bishop During the First Three Centuries (Holy Cross Orthodox Press, 2001).

12 이 저작은 먼저 프랑스어로 -L'être ecclésial, Perspective Orthodoxe 3 (Geneva: Labor et fides, 1981)- 출판되었으며, 나중에 두 개의 장을 추가하여 영어로 -Being as Communion: Studies in Personhood and the Church (Crestwood, NY: St. Vladimir's Seminary Press, 1985)- 출판되었다. 『친교로서의 존재』, 이세형/정애성 역 (춘천: 삼원서원, 2012)]. 이 책은 그가 글래스고우 대학교에서 교수로 재직하던 시기에 출판한 것이며, 엄격히 말하면 삼위일체론에 관한 것이 아니라 교회론이 그 중심 주제이며, 기독교적 '인격의 존재론'에 근거한 "성만찬적 교회론"을 다루는 것이긴 하나, 모든 논의의 근저에 삼위일체 하나님에 대한 이해가 있기 때문에 특히 중요하다. 여기서 지지울리스가 사용하는 'communion'이라는 용어는 "친교", "교제", "연합", "공동체" 등 여러 가지로 번역될 수 있으나, 이 논문에서는 주로 "친교"로 번역하며 상호교환적 동의어인 "교제"로도 표현했다.

와 삼위일체 하나님의 교제는 '교회적' 존재방식을 통하여 서로 연관되고 또 연합된다.

지지울라스의 신학사상은 더욱 심화된 형태로 그 다음 저작이자 다양한 논문모음집인 『친교와 타자성』Communion and Otherness, 2006[13]을 통해 발표되었다. 여기에서 그는 본질적으로 그리고 전체적으로 삼위일체 신학의 중심성, 통합적 구조 및 전망 속에서의 삼위일체 하나님의 존재방식, 그리고 하나님의 형상으로서의 인간의 인격성과 교회의 본질, 나아가 세계와의 관계를 더욱 일관되게 통합하는 방향으로 나아가고 있다. 지지울라스는 이러한 신학 작업, 곧 "신新교부적 종합"neo-patristic synthesis을 통해 특별히 동방교회와 서방교회의 두 신학 전통을 보다 서로 밀접하게 결합시키는 일에 기여하려고 한다.[14] 이러한 저작들에서 드러나는 지지울라스의 창의적인 신학적 사유의 근간은 서로 밀접하게 연관된 두 개념, 즉 "인격의 존재론"의 개념과 "친교로서의 존재"의 개념이라고 할 수 있는데, 이것은 모두 삼위일체 하나님에 대한 그의 이해에 근거를 두기 때문에 그의 삼위일체론에 대한 이해는 그 자신의 신학적 사유의 뿌리와 골격을 파악하는 데 필수적이라고 할 수 있다. 따라서 여기서는 지지울라스의 모든 신학적 사유의 토대라 할 수 있는 삼위일체론에 대한 이해와 그것이 지닌 신학적 함의들을 중심으로 그의 신학의 특징적 요소들을 살펴보고자 한다.[15] 그리고

---

13 John D. Zizioulas, *Communion and Otherness: Further Studies in Personhood and the Church*, ed. Paul McPartlan (London/New York: T & T Clark, 2006).

14 Cf. John D. Zizioulas, *Being as Communion*, 20, 26.

15 지지울라스의 삼위일체론 이해와 관련하여 특히 중요한 저작들은 위에서 언급한 단행본들 외에 다음 자료들을 참조하라: John D. Zizioulas, "Human Capacity and Human Incapacity: A Theological Exploration of Personhood," *Scottish Journal of Theology* 28 (1975): 401-48; "On Being a Person: Towards an Ontology of Personhood," in *Persons, Divine and Human: King's College Essays in Theological Anthropology*, eds. Christoph Schwöbel and Colin Gunton (Edinburgh: T & T Clark, 1991): 33-46; "The Doctrine of God the Trinity Today: Suggestions for an Ecumenical Study," in *The Forgotten Trinity*, ed. Alasdair

결론에서는 그의 관계적 삼위일체론 이해의 특징을 요약함과 동시에, 이러한 관계적 삼위일체론에 근거한 신학적 사유에 있어 아직 해소되지 않은 한계와 본질적인 문제점들이 무엇인지 간략하게 언급하고자 한다.

II. 인격의 존재론과 삼위일체 하나님

지지울라스는 먼저 고대 그리스 철학의 정태적이며 일원론적인 '실체의 존재론'ontology of being, substance을 비판하면서,[16] 그와 다른 기독교적, 성경적 존재론의 특징적 요소를 '관계적 존재론'relational ontology이라 부르며 이것을 '인격의 존재론'ontology of person으로 구체화한다. 그는 "아마도 이러한 존재론을 만든 것이 교부사상의 가장 위대한 성취"라고 할 수 있으며, "교부들의 교회적 경험은 하나님과 세계 사이의 존재론적 일원론을 깨뜨림과 동시에 영지주의적[즉. 이원론적] '심연'gnostic gulf을 피하는 데도 결정적인 역할을 했다"고 평가한다.[17] 이러한 교회 공동체, 즉 '교회적 존재'의 체험을 통하여 하나님의 존재를 이해한 것이 동방교회 교부들의 위대한 성취인데, 그들은 바로 안디옥의 이그나티우스. 이레니우스, 아타나시우스, 그리고 특히 세 명의 카파도키아 신학자들—바실, 나지안주스의 그레

I. C. Heron (London: BCC/CCBI, 1991): 19-32; "The Doctrine of the Holy Trinity: The Significance of the Cappadocian Contributions," in *Trinitarian Theology Today: Essays on Divine Being and Act*, ed. Christoph Schwöbel (Edinburgh: T & T Clark, 1995): 44-60. 이러한 신학논문들은 대부분 재편집되어 그의 책 *Communion and Otherness: Further Studies in Personhood and the Church*, ed. Paul McPartlan (London/New York: T & T Clark, 2006)에 수록되었다.

16 고대 그리스 철학(플라톤, 아리스토텔레스, 플로티누스 등)과 로마 철학 사상이 일원론적인 존재론에 근거하여 '인간'을 개별적 정체성을 지닌 비인격적인 '가면'(프로소폰)과 '역할'(페르소나)로 이해하는 것과 그 영향을 받은 서구사상의 비극적 한계에 대한 지지울라스의 보다 상세한 비판적 고찰은 J. D. Zizioulas, *Being as Communion*, 27-35에 나와 있다.

17 John D. Zizioulas, *Being as Communion*, 15.

고리, 닛사의 그레고리—이다.[18] 이들의 이해에 따르면, 삼위일체는 하나의 "시원적인 존재론적 개념"primodial ontological concept이지 '한 하나님 one God의 실체에 덧붙여지거나 뒤따라오는 어떤 것이 아니다. 따라서 관계 속에 있는 인격적 존재방식으로서의 친교를 떠나서는 하나님의 실체뿐만 아니라 '하나님'의 그 어떤 존재론적 내용이나 참된 존재도 없다. 오히려 "하나님의 존재는 오직 인격적 관계성과 인격적 사랑을 통해 알려진다. 존재는 생명을 의미하고 생명은 친교를 의미한다."[19] 그러므로 그는 "하나님의 존재는 관계적 존재이다. 친교의 개념이 없이는 하나님의 존재에 대해 말하는 게 불가능할 것"이라고 힘주어 말한다.[20] 지지울라스에 의하면, "이러한 존재방식으로 친교는 교부사상에서 하나의 존재론적 개념이 되었다." 이 때문에 그는 "친교가 없이는 아무것도, 심지어 하나님조차 존재하지 않는다"고 강력하게 주장한다.[21]

나아가, 여기에서 반드시 언급해야 할 더 중요한 사실이 있다. 이러한 '친교'는 궁극적인 존재론적 개념의 역할을 하는 '본성'nature이나 '실체'substance를 대신하는 비인격적이고 비공유적인 개념으로서의 어떤 '관계성'relationship을 의미하는 게 아니라는 사실이다.[22] 즉, "'친교'는 스스로 존재하는 것이 아니다. 성부가 바로 그 '원인'cause이다."[23] 카파도키아 교부들의 삼위일체 하나님 이해에서 가장 중요한 개념과 원인인 친교는 그 자체로 존재하는 어떤 구조나 실체의 개념이 아니라 바로 '인격'person의 결과이다. 지지울라스에 따르면, "〔삼위일체〕 하나님이 성부로 인하여 존재한다는 사실은 곧 하나님의 실존, 그의 존재가 한 자유로운 인격의 결과라

---

18 Cf. John D. Zizioulas, *Being as Communion*, 16f.
19 위의 책, 16.
20 위의 책, 17.
21 위의 책, 17.
22 위의 책, 17.
23 위의 책, 17.

는 것을 보여준다. 이것은 그의 자유로운 인격[즉, 성부의 인격]이 참된 존재를 구성한다는 의미이며, 이는 친교뿐만 아니라 자유에도 적용된다. 참된 존재는 오직 자유로운 인격으로부터, 자유로이 사랑하는 인격으로부터 오는데, 그것은 다른 인격들과의 친교 사건을 통하여 자신의 존재, 자신의 정체성을 자유로이 확정하는 인격이다."[24] 이와 같은 동방교회 카파도키아 교부들의 사상은 다음과 같은 두 가지 명제들로 요약할 수 있다.

첫째, 친교 없이는 참된 존재가 없다. 그 자체로 인식될 수 있는, 한 "개별자"individual로 존재하는 것은 없다. 친교는 하나의 존재론적 범주이다.

둘째, 한 "휘포스타시스"hypostasis, 곧 구체적이고 자유로운 한 인격으로부터 비롯되어 "휘포스타세스"hypostases, 곧 구체적이고 자유로운 인격들로 나아가지 않는 친교는 하나님 존재의 "형상"image이 아니다. 인격은 친교 없이 존재할 수 없다. 그러나 [동시에] 인격을 부정하거나 억누르는 그 어떤 친교의 형태도 용납될 수 없다.[25]

이와 같이 지지울라스는 성부의 한 인격으로부터 말미암는 삼위일체에 대한 카파도키아 교부 신학자들의 이해에 기초하여, '자유로운 인격'free person이 참된 존재true being, 곧 '친교로서의 존재'being as communion를 구성한다고 주장한다. 오늘날 삼위일체 논쟁과 더불어 인간 존재의 이해에 대한 신학적, 철학적 논쟁에서 핵심적인 쟁점으로 부각되고 있는 이 '인격'person의 개념은 그가 가장 심혈을 기울여 논증한 것인데, 이에 기초하여 전개한 것이 곧 '인격의 존재론'이며 '인격의 신학'이다.[26]

---

24 위의 책, 18.
25 위의 책, 18.
26 현대 신학에서 특별히 관계적 측면을 강조하는 "인격"에 대한 다양한 논의에 관해서는 다음의

지지울라스의 분석에 따르면, 고대 그리스 철학의 '프로소폰'prosopon, '프로소페이온'-극장에서 연극배우들이 썼던 가면 혹은 로마 철학사상의 '페르소나'persona - 사회적 혹은 법적 관계에서의 역할는 인간과 세계(우주) 사이의 필연적인 존재론적 통일성과 조화의 문제(참고, '일원론적 존재론') 때문에 결코 인간 존재를 독립된 자유로운 '인격'으로 정당화할 수 없었다.[27] 뿐만 아니라, 그리스-로마 철학사상에서는 '인격'persona을 타인과의 관계에서 한 본질적 존재ousia 혹은 hypostasis에 덧붙여진 '어떤 것'으로 이해하였다. 그러므로 고유하고 영속적인 '인격'에 대한 존재론적 이해가 가능하려면, "(a) 존재론적 필연성으로부터 이 세계와 인간을 자유롭게 할 수 있는 우주론의 혁신적인 변화, 그리고 (b) 인간의 존재와 그의 영속적이고도 지속적인 실존, 그리고 그의 참되고 절대적인 정체성과 인격을 결합시키는 인간에 대한 어떤 존재론적 관점이 필수적이다."[28] 그런데 이 두 가지 과제를 결합시켜 고대 그리스 철학, 즉 존재론적 이해에서 하나의 혁명적인 변화를 일으킨 사람들이 바로 동방교회의 카파도키아 교부들이었다. 교회의 '삼위일체 하나님 신앙-하나님이 성부, 성자, 성령이신 동시에 한one 하나님이심'을 존재론적으로 표현하려는 그들의 불굴의 노력으로 말미암아 하나의 "절대적인 존재론적 내용을 가진 인격의 개념"이 비로소 역사적으로 출현하게 되었던 것이다. 지지울

자료들을 참고하라: John Macmurray, *Persons in Relation* (New York: Harper & Brothers, 1961); Alistair I. McFadyen, *The Call to Personhood: A Christian Theory of the individual in Social Relationships* (Cambridge: Cambridge University Press, 1990); Christoph Schwöbel and Colin Gunton, eds., *Persons, Divine and Human: King's College Essays in Theological Anthropology* (Edinburgh: T & T Clark, 1991); John F. Crosby, *The Selfhood of the Human Person* (Washington, D.C.: The Catholic University of America Press, 1996); Alan J. Torrance, *Persons in Communion: An Essay on Trinitarian Description and Human Participation* (Edinburgh: T & T Clark, 1996); Philip A. Rolnick, *Person, Grace, and God* (Grand Rapids: Eerdmans, 2007); Najib George Awad, *Persons in Relation: An Essay on the Trinity and Ontology* (Minneapolis: Fortress Press, 2014), etc.

27 Cf. John D. Zizioulas, *Being as Communion*, 27-35.

28 위의 책, 35.

라스에 의하면, 이것은 철학 역사에서 실로 하나의 "철학적 이정표"였으며, "그리스 철학에서 하나의 혁명"a revolution of Greek philosophy이었다.[29] 그리고 바로 "이 혁명은 역사적으로 '휘포스타시스'hypostasis와 '인격'person을 동일시함으로써 표현되었다."[30]

사실 고대 교부신학에서 삼위일체론에 관한 논쟁이 극심했던 중요한 이유들 가운데 하나는 바로 동/서방교회 간에 사용했던 용어와 그 의미의 혼동과 더불어 상호간의 이해의 차이에 있었다. 즉, 서방교회 삼위일체론의 기초를 놓은 터툴리안의 "una substantia, tres personae"라는 형식에 대하여, 동방교회는 "persona"가 그 존재론적 의미가 불충분하며, 이는 사벨리우스Sabellius의 "세 역할"을 의미하는 단일신론적 양태론modalism으로 해석될 여지가 있다고 보았다. 반면에 오리겐 때부터 공식화된 동방교회의 "mia ousia, treis hypostases"라는 형식에서 '휘포스타시스'hypostasis는 사실 라틴어 '수브스탄티아'substantia와 거의 동의어로 사용되었고, 이것은 이미 존재론적으로 하나의 구체적인 '실체'를 의미하였기에,[31] 동방교회의 삼위일체 하나님에 대한 형식은 삼신론tri-theism으로 해석될 여지가 있었다. 이러한 여러 가지 존재론적인 어려움(양태론, 삼신론, 종속론 등)에 대해 카파도키아 교부들은 이제까지 "우시아"ousia와 동의어를 이해되었던 "휘포스타시스"hypostasis를 그 개념적인 구별을 통해 "인격"persona과 동일시

---

29 위의 책, 36.

30 위의 책, 36.

31 그리스 철학과 스토아 철학에서 'substantia'와 'hypostasis'와 같은 철학적 용어들의 존재론적 의미의 변화에 관해서는 John D. Zizioulas, *Being as Communion*, 38, n.31을 참조하라. 보다 상세한 분석과 논의에 대하여는 Harry A. Wolfson, *The Philosophy of the Church Fathers* (Cambridge, Mass.: Harvard University Press, 1976, 3rd ed., Revised); Christopher Stead, *Divine Substance* (Oxford: Clarendon Press, 1977); Clement C. J. Webb, *God and Personality* (London: G. Allen & Unwin Ltd.; New York: The Macmillan, 1918; Reprinted at Nabu Press, 2010)를 참조하라.

함으로써 돌파구를 열었다^{hypostasis = persona}. 지지울라스에 따르면, 이것은 단순히 용어의 사용과 의미를 정리하는 차원이 아니라 실로 존재론에서 하나의 근본적인 혁명을 일으킨 것이었다. 삼위일체 하나님의 존재를 성경적 원리에 따라 올바로 이해하고 표현하고자 하는 그 지난한 노력을 통해 하나의 존재론적인 혁명을 가져온 이 역사적 사건의 본질적인 의미를 지지울라스는 다음과 같이 두 가지 명제로 요약한다.

첫째, 인격^{person}은 더 이상 존재의 어떤 부가물, 즉 먼저 어떤 구체적인 실체의 존재론적 휘포스타시스를 증명한 다음 그것에 부가된 범주가 아니다. 인격은 곧 존재의 휘포스타시스 그 자체이다.

둘째, 실체들의 존재는 더 이상 존재 자체 – 존재는 그 자체로 하나의 절대적인 범주가 아니다 –가 아닌 인격에서 파생되는데, 정확히 말하자면, 인격은 존재를 구성하고^{constitutes} 실체들을 실체들이 되게 하는 것이다. 다시 말해서, 부가물에서 존재(일종의 가면)에 이르기까지 인격은 존재 자체가 되는 동시에 – 가장 중요한 점은 – 존재들의 구성 요소[the constitutive element of beings; "원리" 혹은 "원인"]이다.[32]

고대 교부신학의 존재론에서 일어난 이런 혁명적인 변화는 다음과 같은 두 가지 성경적이며 신학적인 "발효" 작용에 의해 가능했다. 첫째로, '무로부터의 창조'^{creatio ex nihilo}를 가르치는 성경의 창조교리는 고대 그리스 철학의 근본원리였던 '존재론적 일원론'을 깨뜨리는 동시에 이 세계의 존재론적 필연성을 제거함으로써 "존재, 곧 세계, 실존하는 것들의 실존을 자유의 산물로 만들었다." 즉, 성경의 가르침에 따라 교부들은 존재론에

---

32 John D. *Zizioulas, Being as Communion*, 39.

질적인 차이를 도입하는 동시에 이 세계의 원인을 세계 밖의 자유로운 독립적 존재인 하나님께 정위시킴으로써, 비로소 세계 존재를 그 존재론적 필연성으로부터 해방시켰고, 또한 세계의 '기원'(Αρχη)을 자유의 영역으로 바꾸었다.[33]

둘째로, 보다 더 중요한 사항으로서, 고대의 삼위일체론과 서방신학이 지속적으로 이해한 방식 즉, "하나님은 먼저 그의 실체 혹은 본질, 곧 그의 존재[ousia, being]로 존재한 다음에 삼위일체, 곧 인격person으로 존재한다"[34](cf. '실체론적 존재원리': One God[the Unity, substance, or nature] -) the Trinity)는 실체 중심의 존재론적인 교리적 가르침을 다음과 같이 혁명적으로 뒤집는다. 카파도키아 교부들(특히 바실)의 이해에 따르면, 삼위일체 하나님의 존재에서 '하나님의 통일성', '한 하나님', 하나님의 존재와 삶의 존재론적 '원리' 혹은 '원인'이 하나님의 한 실체one substantia or ousia에 있는 것이 아니라 오히려 "휘포스타시스hypostasis, 곧 성부의 인격the persona of the Father"에 있다고 한다.[35] 그러므로 삼위일체 하나님, 즉 하나님의 존재는 '한 신적 실체'가 아니라 한 특별한 존재, 곧 '성부의 인격'에 기인하고, 따라서 "한 하나님은 [바로] 성부이시다."[36] 그리고 성부께서는 그 자신의 인격적 자유 속에서 삼위일체를 구성한다(cf. '인격적 존재원리': One Person [of the Father] -) the Trinity). 이것은 하나님의 존재를 어떤 존재론적 '필연성'이나 하나님을 위한 '실체' 혹은 '실재'reality가 아니라 성부의 인격과 그의 인격적 자유에 귀속시키는 것이다. 이렇게 카파도키아 교부

---

33 위의 책, 39f.

34 위의 책, 40. 여기서 "먼저"(first)와 "다음에"(then)라는 말은 어떤 시간적 순서나 우선성이 아니라 논리적, 존재론적 우선성(priority)을 말한다(p. 40, n.33).

35 Cf. John D. Zizioulas, *Being as Communion*, 40.

36 John D. Zizioulas, *Communion and Otherness*, 106.

들이 일으킨 '삼위일체 하나님의 존재론적인 원리'에서의 혁신적 변화를 지지울라스는 다음과 같이 설명한다.

> 한 하나님은 한 실체가 아니라 성부를 말하며, 성부는 성자를 낳고^{generation} 성령을 발현^{procession}하는 "원인"이다. 결과적으로, 하나님의 존재론적 "원리"는 다시금 인격^{person}으로 돌아간다.…성부는 사랑으로-즉, 자유로이-성자를 낳고 성령을 내쉰다. 하나님께서 존재하신다면, 그것은 바로 성부께서 존재하시기 때문이다. 즉, 성부께서는 사랑으로 자유로이 성자를 낳고 성령을 내쉰다. 그러므로 인격-성부의 휘포스타시스$^{the\ hypostasis\ of\ the\ Father}$-이신 하나님께서 한 신적 실체로 존재하도록, 한 하나님으로 존재하게끔 만든다.…실체는 "벌거벗은" 상태로, 즉 휘포스타시스 없이, "실존의 양태"$^{a\ mode}$ $^{of\ existence}$ 없이 존재하지 않는다. 그리고 한 신적 실체는 오직 세 실존의 양태를 가지기 때문에 하나님의 존재가 있고, 그것은 실체가 아니라 한 인격, 곧 성부로 말미암는다. 이와 같이 하나님의 존재론적 "원리"가 성부이기 때문에 삼위일체 밖에는 하나님, 곧 신적 실체가 없다. 하나님의 인격적 실존(성부)이 하나님의 실체를 구성하고 그것을 휘포스타시스로 만든다. 하나님의 존재는 인격과 동일하다$^{The\ being\ of\ God\ is\ identified\ with\ the\ person}$. 그러므로 삼위일체론에서 중요한 것은 하나님은 실체에 의거해서가 아니라 인격, 곧 성부에 의거하여 "존재한다"는 사실이다.^{37}

---

37 John D. Zizioulas, *Being as Communion*, 40-42. 지지울라스는 카파도키아 교부들의 이러한 "인격의 존재론"을 다음과 같이 부연 설명한다: "어떤 실체나 본성도 인격이나 휘포스타시스, 또는 실존의 양태 없이 존재하지 않는다. [또한,] 어떤 인격도 실체나 본성 없이 존재하지 않지만 존재의 존재론적 '원리'나 '원인' - 즉, 사물을 존재하게 만드는 것 -은 실체나 본성이 아니라 인격 또는 휘포스타시스이다. 그러므로 존재는 실체가 아니라 인격에서 비롯된다"(p. 42, n.37). 다른 곳에서 그는 또한 다음과 같이 주장한다: "하나님에 관한 궁극적인 존재론적 주장은 한 하나님의 본질(ousia)이 아니라 성부에, 즉 휘포스타시스 혹은 인격(person)에 속한다는 것이다"(p. 88).

나아가, 이러한 '인격의 존재론'과 관련해 다음으로 언급해야 할 중요한 점은 오직 하나님만이 유일한 '참된 인격'이라는 사실이다. 이를 이해하려면 우리는 '인격'의 진정한 의미를 알아야 한다. 지지울라스에 의하면, 인격에서 가장 중요한 것은 '자유'이며, 이에 대한 궁극적인 도전은 '실존의 필연성'the necessity of existence이다.[38] 그리고 이런 자유의 도덕적 의미를 '선택의 자유'로 이해했다. 그러나 인간에게 그러한 선택은 언제나 필연성에 속박되어 있기 때문에 결국 그 필연성에 속박되는 것이 인간의 실존 자체이며, 그 근원은 그의 피조성에 있다. 이와 같이 "피조물로서의 인간은 그의 실존의 '필연성'에서 벗어날 길이 없다. 결과적으로, 〔인간의〕인격은 세계 내적 혹은 완전한 인간적 실재로서 실현될 수 없다.…〔그러므로〕, 절대적인 존재론적 자유로서의 참된 인격은 '피조되지 않은' 것, 즉 자기 실존을 포함한 그 어떤 '필연성'에도 속박되지 않은 것이어야 하기 때문에…만일 하나님이 존재하지 않는다면, 인격도 존재하지 않는다."[39] 따라서, 엄밀히 말하자면, 인격성은 오직 하나님께만 귀속시킬 수 있다.[40] 볼프의 분석에 따르면, "하나님의 존재는 인격과 동일하다"는 지지울라스의 말의 그 본질적인 의미는 하나님의 인격성이 그의 존재와 일치한다는 것이기 때문에, 그것은 곧 "하나님은 인격이시다"라고 언명하는 것이며, 또한 "인격이 곧 하나님이다"라고 표현될 때 그 진정한 의미가 드러난다.[41] 그러므로 존재론적 필연성에 속박된 피조물로서의 인간은 오직 그러한 하나님의 '참된 인격성'에 참여함으로써만 비로소 진정한 '인격'이 될 수 있는 것이다.

---

38 Cf. John D. Zizioulas, *Being as Communion*, 42.

39 John D. Zizioulas, *Being as Communion*, 42f.

40 Cf. M. Volf, *After Our Likeness*, 78.

41 M. Volf, *After Our Likeness*, 78.

III. 관계 속에 있는 "친교로서의 삼위일체 하나님"

이미 언급한 바와 같이 지지울라스의 견해에 의하면, 그 본성상 피조되지 않은 존재, 즉 '자존적'aseitic인 존재로서 절대적인 자유를 향유하시는 하나님만이 오직 "참된 인격"일 수 있다. 그러나 그런 "하나님의 존재론적 자유의 근거는 하나님의 본성이 아니라 그의 인격적 실존, 즉 하나님을 신적 본성으로 실존하게 하는 '실존 양태'에 있다."[42] 달리 말하자면, 하나님께서는 그 어떤 '존재의 필연성'(존재할 수밖에 없기 때문에 존재하는 것) 때문에 존재하시는 것이 아니라, 오히려 신적 생명의 자유로운 인격으로서 자신의 실존을 삼위일체 하나님으로 영원토록 구성하신다. 그리고 "이러한 [존재 방식의] 확정을 구성하는 것은 정확히 그의 삼위일체적 실존이다."[43] 이러한 지지울라스의 언명들이 삼위일체론과 관련하여 구체적으로 의미하는 바는 다음과 같다.

하나님이 자신의 [절대적인] 존재론적 자유를 행사하는, 보다 정확히는 하나님을 존재론적으로 자유롭게 만드는 방식은 하나님이 성자를 "낳고"begets 성령을 "내쉬는"brings forth **성부** 하나님이 됨으로써 실체의 존재론적 필연성을 초월하고 또 폐기하는 것이다. 이러한 하나님의 탈아적 ecstatic; 脫我的, 자기초월적 속성, 곧 하나님의 존재가 친교 행위an act of communion와 동일하다는 사실은 하나님의 실체가-만일 그 실체가 하나님의 일차적인 존재론적 술어라면-요구했을 법한 존재론적 필연성의 초월을 보증하고, 나아가 이 필연

---

42 John D. Zizioulas, *Being as Communion*, 44. 지지울라스에 따르면, "하나님의 본성은 '벌거벗은' 상태로, 즉 휘포스타시스 없이 존재하지 않는다. [그러므로], 하나님의 본성을 자유롭게 만드는 것이 휘포스타시스이다. 존재로서의 존재(being qua being)를 말하는 '벌거벗은' 본질 또는 '우시아'(ousia)는 자유가 아니라 오히려 존재론적 필연성을 가리킨다"(p. 44, n.39).

43 John D. Zizioulas, *Being as Communion*, 41.

성을 자유로운 신적 실존의 자기 확증으로 대체시킨다. 이 친교communion는 하나님의 실체의 결과가 아니라 한 인격, 곧 성부의 결과이므로 성부가 삼위일체적인 것은…신적 **본성**divine nature이 자기초월적이기 때문이 아니라 하나의 **인격**person으로서 성부the Father께서 이 친교를 자유로이 의도하시기 때문이다.[44]

이 중요한 진술의 의미를 요약하자면, 삼위일체 하나님의 존재의 구성 문제와 관련하여, 그 논리적인 순서는 먼저 한 하나님의 '실체'가 존재하고, 그 다음에 비로소 세 인격으로 존재하는 것이 아니다. 이렇게 되면, 지지울라스가 거듭 힘주어 주장하듯이, 그리스 철학의 '존재론적 일원론'의 함정에 다시 빠지게 된다. 그러므로 성경적 존재론, 곧 '인격의 존재론'에 따르면, 먼저 성부 하나님God the Father의 구체적이고도 유일하신 '휘포스타시스'가 존재하는 바, 이 휘포스타시스는 바로 그의 '인격'이며, 이 성부 하나님의 자유로운 인격이 성자 하나님과 성령 하나님의 존재론적 '근원'일 뿐만 아니라 인격적 '원인'이기도 한 것이다.

그리하여 성부 하나님께서는 자기-고립이 아니라 오히려 자기초월적 ecstatic 친교의 구성행위, 곧 성자 하나님 및 성령 하나님과의 구성적 관계를 통하여 자신의 존재방식을 확증한다. 다시 말하자면, 참된 자유로운 인격이신 성부께서 자신의 "엑스타시스적" 성품을 통하여 스스로의 실존을 '성부'로서 확증함과 동시에 '성자'와 '성령'을 실존케 함으로써 삼위일체 하나님을 구성한다.[45] 즉, '유일한 인격적인 하나님'께서는 그의 '아버

---

44 John D. Zizioulas, *Being as Communion*, 44.

45 여기에서 언급되는 "엑스타시스"는 지지울라스의 '인격의 존재론'에서 아주 중요한 하나의 본질적인 개념이다. 그는 이에 대하여 다음과 같이 설명한다: "엑스타시스(ekstasis) 개념은 하나님이 사랑이시고, 그러므로 하나님은 자기 밖에서 내재적인 사랑의 관계를 만든다는 의미이다. '자기 밖에서'라는 말이 특별히 중요하다. 그것은 엑스타시스로서의 사랑이 신플라톤주의적인 유출

지 되심'의 자유로운 확증을 통하여 자신의 존재를 '성부'로 취하되, 이러한 확증은 곧바로 '성자' 및 '성령'과의 신적 친교를 구성함으로써 발생하는 것이다.[46] 이것이 앞서 언급한 바와 같이, 지지울라스가 "이러한 확증을 구성하는 것은 정확히 그의 삼위일체적 실존"이라고 거듭 힘주어 주장하는 것이다.[47] 이와 같이 하나의 '인격'이신 성부의 자유로운 본성에 의해 하나님이 실존하는 방식은 곧 성부, 성자, 성령 하나님의 '신적 친교'이며, 이것이 자유로운 신적 사랑의 관계 속에서 **"친교로서의 삼위일체 하나님"**the Trinity as communion의 존재를 구성한다.[48] 그러므로 이제 **"존재한다**to be는 것은 **관계 안에서 존재한다**to be in relation는 것과 동일해진다."[49] 따라서 실로 "하나님은 관계적 존재이다. 〔그러므로 관계 속에 있는 인격적 존재로서의〕 친교라는 개념이 없이는 하나님의 존재를 말할 수 없다."[50] 나아가, 인격이신 하나님께서 존재론적으로 자유를 행사하는 유일한 방식이 곧 "사랑"이다. 실로 성경에서 "하나님은 사랑이시다"(God is love; 요일 4:16)라고 밝히는 것은 다름 아니라 바로 "하나님께서 삼위일체로, 즉 실체가 아니라 인격으로 '실존'하신다는 것을 드러낸다."[51] 이러한 의미에서

(emanation)을 생성하는 대신, 존재의 원초적 원인에 응답하고 귀환하는 것으로 보이는 존재의 타자성(otherness)을 생성한다는 말이기 때문이다." *Zizioulas, Being as Communion*, 91.

46 Cf. M. Volf, *After Our Likeness*, 78.

47 John D. Zizioulas, *Being as Communion*, 41.

48 바로 여기에 지지울라스가 *Being as Communion* 전체를 통하여 말하고자 하는 "인격의 존재론"에 기초한 "삼위일체적 존재론"(trinitarian ontology)의 핵심주장이 있다. 스텐리 그렌츠(Stanley J. Grenz)는 이것을 삼위일체론 이해에 있어 "칼 라너의 규칙"(Karl Rahner's Rule)에 비견하여 "지지울라스의 경구"(the Ziziolulas' Dictum)라고 부르자고 제안한다. Grenz, *Rediscovering The Triune God*, 135. 참고로 '칼 라너의 규칙'이란, 삼위일체론 이해에 있어 경륜적 삼위일체와 내재적 삼위일체의 통일성을 말하는 것으로, "경륜적 삼위일체가 곧 내재적 삼위일체이며, 또한 내재적 삼위일체가 곧 경륜적 삼위일체이다"라는 것이다. Karl Rahner, *The Trinity*, trans. Joseph Donceel (New York: Crossroad, 1997), 22.

49 John D. Zizioulas, *Being as Communion*, 88.

50 John D. Zizioulas, *Being as Communion*, 17.

51 John D. Zizioulas, *Being as Communion*, 46.

'하나님의 본질은 인격이시다'라는 언명은 곧 '하나님은 사랑이시다'라는 것과 동일하다. 그리고 그 사랑의 하나님은 자신의 자유함 속에서 신적 관계, 곧 삼위일체 하나님의 **교제**를 창설하심으로써 자신의 존재방식을 그와 같이 영원히 구성하고 확증하신다.

사랑은 하나님의 실체의 유출 혹은 "속성"이 아니라 하나님의 실체를 구성하는 것, 즉 하나님을 하나님 자신, 한 하나님으로 만드는 것이다. 그럼으로써 사랑은 존재의 한정적인–즉 부차적인–속성이 아니라 최고의 존재론적 술어가 된다. 하나님의 실존 양태인 사랑은 하나님을 "휘포스타시스화"하고 하나님의 존재를 구성한다. 그러므로 사랑의 결과로서 하나님의 존재론은 실체의 필연성에 종속되지 않는다. 사랑은 곧 존재론적 자유이다.[52]

나아가 지지울라스에 의하면, '인격'은 단순히 '영원히 존재함', 즉 어떤 존재론적인 내용의 획득만을 의미하는 것은 아니다. 오히려 "인격은 그 이상의 것, 곧 구체적이고, 유일하고, 반복될 수 없는 실재로 실존하기를 원한다. 인격을 실체의 '엑스타시'로만 이해해서는 안 된다. 그것은 또한 실체의 휘포스타시스, 구체적이고 유일한 정체성으로 간주되어야 한다. 유일성은 인격에서 절대적인 어떤 것이다.……즉, 인격은 그 자체가 목적이며, 인격성 personhood은 존재의 총체적인 성취이고 존재의 본성에 대한 보

---

52 John D. Zizioulas, *Being as Communion*, 46. 그러나 지지울라스의 해석에 따르면, 이 존재론적 자유로서의 '사랑'은 삼위일체 하나님의 공동본성이 아니라 성부와 동일한 것이라고 한다: "하나님을 '휘포스타시스화'(hypostsizes)하는 이 사랑이 세 인격에 '공통된' 어떤 것, 즉 하나님의 공동 본성(common nature)과 같은 것이 아니라 성부와 동일한 것이라는 뜻이다. 우리가 '하나님은 사랑이시다'라고 말할 때, 그것은 성부, 곧 하나님을 '휘포스타시스화'하고 하나님을 세 인격들로 만드는 바로 그 인격을 가리킨다. 요한일서를 면밀하게 연구해 보면, '하나님은 사랑이시다'는 구절이 성부를 가리킨다는 것이 드러난다. '하나님'은 곧 '그의 독생자를 보내신' 성부이다(요일 4:7-17)"(p. 46, n.41).

편적인 표현이다."[53] 그러므로 인격의 유일성의 생존, 즉 휘포스타시스는 실체나 본성의 어떤 성질로 간주되거나 환원될 수 없다. 인격은 본래 하나님의 존재방식으로서 오직 그만의 고유한 것이고, 그것은 그의 삼위일체적 실존으로 말미암아 그 정체성을 가지며, '**인격으로서의 존재**'는 곧 **삼위일체 하나님**의 '**사랑의 친교**'이다. 지지울라스는 이것을 다음과 같이 설명한다.

하나님의 인격적 정체성이 존속될 수 있는 것은 하나님의 실체 때문이 아니라 하나님의 삼위일체적 실존 때문이다. 만일 성부께서 불멸하다면, 그것은 그의 유일하고도 반복될 수 없는 아버지로서의 정체성, 곧 그를 '아버지'라 부르는 성자와 성령의 정체성으로부터 영원히 구별되기 때문이다. 성자가 불멸하다면, 그것은 먼저 그의 실체 때문이 아니라 그의 "독생자" 됨only-begotten, 여기서 유일성이 강조된다과 그가 성부의 '기뻐하는 자'라는 사실 때문이다. 마찬가지로 성령이 '생명을 주시는' 것은 그가 '친교'(고후 13:13)인 까닭이다. 하나님의 생명이 영원한 것은 그것이 인격적이기 때문이다. 말하자면, 그것이 자유로운 친교의 표현으로, 사랑으로 실현되기 때문이다. 생명과 사랑은 인격을 통해 동일해진다. 인격은 오직 사랑받고 사랑할 때 죽지 않는다. 사랑의 친교 밖에서는 인격이 그 유일성을 잃고 다른 사물들과 마찬가지로 어떤 존재 즉, 절대적인 '정체성'과 '이름'이 없는, 얼굴이 없는 한 '사물'이 된다. [그러므로], 인격에 있어 생명은 사랑에 의해 확증되고 유지되는 휘포스타시스의 유일성의 생존을 의미한다.[54]

고대 교리사의 발전과정에서 아리우스와의 삼위일체론 논쟁을 통하여

---

53 위의 책, 46f.
54 위의 책, 48-49.

아타나시우스는 하나님의 본성substance과 의지will를 구분하는 동시에 성자의 존재를 하나님의 의지가 아니라 실체(본성)와 연관시킴으로써 그 신적 실체에 있어 "동일본질성"homoousia을 확증하였다. 또한 성자가 성부의 실체ousia/substantia에 속한다는 것은 그 정의상 "관계적 특성"을 소유한다는 것을 말한다.[55] 이와 같이 "만일 하나님의 존재가 본성적으로 관계적이라면, 그리고 그것이 '본성'substance이라는 말의 의미라면, 모든 존재론과 관련된 하나님의 궁극적 특성으로 볼 때, 본성이 존재의 궁극적인 특성을 가리키는 한, 본성은 곧 친교로만 인식될 수 있다."[56]

이러한 존재에 대한 관계론적 이해는 카파도키아 교부들에 의해 더욱 구체화 되었는데, 그것은 그때까지 어떤 본질ousia의 '구체적인 개별성'concrete individuality을 의미했던 '휘포스타시스'라는 용어의 의미를 '우시아'에게서 분리시켜 바로 '프로소폰'prosopon; 인격과 동일시함으로써 이루어졌다. 즉, 아리우스주의자들은 성부의 원인적 특성('비발생', ungeneration / '비출생', unbegottenness)은 그의 본질ousia에 속하는 것이기 때문에, '낳으신 바'begottenness된 성자와는 그 본질이 다르고, 이것은 곧 두 위격 사이에 존재론적인 차별성과 종속subordinationism을 필연적으로 야기한다고 보았다. 그러나 카파도키아 교부들은 하나님의 '본질'ousia과 '인격'hypostasis을 구별한 다음, 성자의 '발생'generation과 성령의 '발출'spiration은 '신적 본질'ousia/substantia에 속한 것이 아니라 '인격'hypostasis/persona의 행위에 속한 것이기에, 세 위격은 그 본질 면에서 완전히 동일하다고 주장하였다homoousia. 나아가 각 '인격'의 고유한 특성은 다른 두 인격에 의해 공유

---

55 Cf. 위의 책, 84. 지지울라스에 따르면, "아타나시우스가 기독교 존재론의 발전에 끼친 중요한 공헌이 바로 이것이다. 아타나시우스는 존재에 대한 성찬론적 접근 안에서, 그리고 그것을 통하여 존재론적 의미를 획득한 친교 개념에 힘입어 친교가 의지와 행위의 차원이 아닌 실체의 차원에 속한다는 관념을 전개한다. 그리하여 친교의 개념 자체가 하나의 존재론적 범주로 세워진다"(p. 85f).

56 John D. *Zizioulas, Being as Communion*, 84.

되지 않음을 분명히 하였는데, 왜냐하면 한 인격 person의 인격성 personhood 은 그 환원 불가능한 고유성 uniqueness에 근거하기 때문이다.

이와 같이 '휘포스타시스'를 '인격'과 동일시하는 존재론적 혁신을 통해 카파도키아 교부들은 고대 삼위일체론에서 이단적인 사상들인 양태론, 삼신론, 그리고 종속론이 지닌 존재론적인 위험과 장애물들을 돌파하고, 세 인격의 온전한 구별 three distinct persons과 동시에 하나의 동일본질 one ousia, homoousia을 말함으로써 성경의 가르침에 온전히 부합하는 동방교회의 정통 삼위일체론을 확립하였다. 또한 '인격의 존재론'에 근거해 볼 때, '프로소폰' prosopon이라는 용어는 본래 "관계"를 의미하였기에, 이제 휘포스타시스가 '실체'의 존재론적 범주로부터 '관계적인 실존'의 범주로 이해되었음을 알게 된다. 그러므로 이제 "존재한다"는 것은 "관계 안에 존재한다"는 것을 의미하게 되었다.[57] 그리하여 "본질 ousia의 존재론적 성격을 찬탈함으로써 인격 person/hypostasis은 이제 궁극적인 의미에서 하나님의 존재를 가리킬 수 있게 되었다."[58] 그러므로 삼위일체 하나님의 존재방식과 관련된 중요한 사실은, 친교가 존재에 부가된 어떤 것이 아니고 **존재 자체가 관계 속에 있는 친교로서 구성된다는 것이다** being is constituted as communion.[59] 그러므로 이제까지의 지지울라스의 논의를 한마디로 요약하자면, "인격이 곧 존재" being as person이며 또한 인격으로서의 "존재는 곧 [관계 속에 있는] 친교" being as communion이기 때문에, "인격이신 삼위일체 하나님은 곧 친교" the Trinity as communion로서 존재하신다는 것이다.

---

57 Cf. 위의 책, 88.
58 위의 책, 88.
59 Cf. 위의 책, 101.

IV. 인격으로서의 인간과 친교로서의 교회의 존재방식

지지울라스는 "인격의 존재론"에 기초한 삼위일체 하나님 이해에 근거하여 인간의 인격성에 관한 이해에 대해서도 새로운 해석과 신학적 정립을 시도한다. 교부 신학은 성경의 가르침에 따라 전통적으로 인간을 "하나님의 형상과 모양"the image and likeness of God으로 이해하였다. 그러므로 지지울라스의 인간 이해에서도 '실체'보다는 '인격'이 우선한다. 그러나 인간의 인격성은 그가 '하나님의 형상'으로 지음을 받아서 생긴 것이다. 인간의 인격은 그 영혼, 의식(정신), 혹은 육체적인 몸과 동일시할 수 없고 그것들의 단순한 결합도 아니다. 오히려 그의 인격성이 그 전인적 존재를 하나님의 형상imago Dei으로서의 "인간"으로 실존하게 한다.[60] 즉, 인격으로서의 인간은 하나의 '전인적 존재'를 말하며, 자기폐쇄적인 '실체적 존재'가 아니라 '관계 속에 있는 존재'로 이해된다. 그러나 그러한 인간은 두 가지 "실존 양식"을 가지는데, 곧 (1) "생물학적 실존의 휘포스타시스"hypostasis of biological existence와 (2) "교회적 실존의 휘포스타시스"hypostasis of ecclesial existence가 바로 그것이다. 먼저 모든 인간은 임신과 출산의 과정을 통해 그 자신의 생물학적 실존의 휘포스타시스를 가진다. 애초에 이것은 두 사람의 에로스적인 사랑의 창조 행위, 곧 가장 깊은 친교의 산물로서 "개별성의 자기초월적 특성을 드러내는 놀라운 실존적 신비이다."[61] 그러나 이러한 생물학적인 인간의 휘포스타시스의 구성은 두 가지 "정념"에 의해 인격성이 파괴되는 비극적 결과를 초래하게 된다. 첫 번째 정념은 그의 생물학적 생존본능에 기초한 "존재론적 필연성" 때문에 자유가 아니라 필연성에 의해 실존하게 되는데, 이것은 궁극적으로 그의 피조성에 근

---

60 Cf. M. Volf, *After Our Likeness*, 81.

61 John D. Zizioulas, *Being as Communion*, 51.

거한다.[62] 두 번째 정념은 그 결과로 생기는 "개인주의"individualism, 곧 "분리"separation의 정념이다. 인간의 휘포스타시스들은 부모와의 관계를 비롯한 모든 관계성에서의 분리를 통하여 자신의 독립된 인격을 확증하고자 하지만, 이는 결과적으로 관계의 단절로 이어져 마침내 "인간의 마지막 최대의 정념인 휘포스타시스의 분해, 곧 죽음"으로 허무하게 끝난다.[63] 그러므로 지지울라스에 따르면, 인간의 죽음은 어떤 도덕적 잘못(범죄)의 결과가 아니라 생물학적 휘포스타시스의 "자연스러운 발전"으로서, 시간과 공간을 또 다른 개별 휘포스타시스들에게 양도하는 것이며 한 개인으로서의 휘포스타시스를 봉인하는 것이다.[64]

이 모든 것은 생물학적 휘포스타시스로서 인간은 본질적으로 비극적 형상임을 가리킨다. 인간은 탈아적 사실 ecstatic fact–에로틱한 사랑 –의 산물이지만, 이 사실은 자연적 필연성과 서로 얽히고 그로 인하여 존재론적 자유를 결여하게 된다. 인간은 하나의 휘포스타시스적 사실a hypostatic fact로, 하나의 육체a body로 태어나지만, 이 사실은 개별성 및 죽음과 뒤얽혀 있다. 인간이 자기초월에 이르고자 시도하는 바로 그 에로틱한 행위에 의해 인간은 개인주의로 이끌린다. 인간의 육체는 타자들과 사귀고, 손을 내밀고, 언어를 창조하며, 말, 대화, 예술, 입맞춤을 만들어 내는 비극적 도구이다. 그러나 그것은 위선적인 '가면', 개인주의의 요새, 최종적인 분리인 죽음의 매체이기도 하다.…

---

62 지지울라스는 이러한 인간이 필연적으로 가질 수밖에 없는 "존재론적 필연성"에 대해 다음과 같이 설명한다. 즉, 그는 생물학적 출생이라는 하나의 탈아적 행위에 의해 실존하게 되지만, 곧 생물학적 본성이 인격에 앞서고 본능의 법에 따르게 됨으로써 인격으로서의 고유한 특성인 자유를 상실하게 된다. "결과적으로 피조된 실존은 휘포스타시스의 구성에 있어 존재론적 필연성을 피할 수 없다. '필연적' 본성의 법 없이는, 곧 존재론적 필연성 없이는 인간의 생물학적 휘포스타시스가 존재할 수 없다." 위의 책, 53f.

63 위의 책, 50f.

64 Cf. 위의 책, 51.

이러한 인간적 휘포스타시스의 생물학적 구성의 비극은 그로 인해 인간이 인격이 되지 못하는 데 있지 않고, 인간이 그것과 실패를 통해 인격이 되려고 한다는 데 있다. 이 실패가 곧 죄이다. 그리고 그 죄는 인격만이 보유하고 있는 비극적 특전이다.[65]

그렇다면 이렇게 본질적으로 죽음으로 향한 인간의 생물학적 휘포스타시스의 비극적 운명을 극복하는 것, 즉 휘포스타시스의 영속적 실존을 가능하게 하는 것으로서의 구원은 어떻게 이루어지는가? 이것은 곧 인간의 인격적 엑스타시ecstasy, 자기초월와 그의 휘포스타시스의 표현인 에로스와 그의 육체가 더 이상 죽음의 담지자가 되지 않도록 하는 방법은 무엇인가 하는 질문이다. 지지울라스에 의하면, 이를 위해서는 다음 두 가지가 전제되어야 한다. "(a) 생물학적 휘포스타시스의 두 가지 기본 요소들인 에로스와 몸이 파괴되지 않아야 하고; (b) 휘포스타시스의 구성적 특성이 변화되어야 하는데, 이것은 단순히 어떤 도덕적인 변화 혹은 개선이 아니라 일종의 거듭남new birth으로 가능하다."[66] 이러한 극적인 거듭남(중생)은 그의 휘포스타시스를 죽음으로 이끄는 모든 행위를 배제하고 그의 인격을 사랑, 자유, 생명으로 만드는 것으로 이루어지는데, 그것은 곧 "교회적 실존의 휘포스타시스hypostasis of ecclesial existence를 구성하는 것",[67] 관계적 공동체의 구성으로 이루어진다.

---

65 위의 책, 52.

66 위의 책, 53.

67 위의 책, 53. 또 다른 곳에서 지지울라스는 이러한 교회적 휘포스타시스의 특성을 다음과 같이 설명한다. "교회적 휘포스타시스의 특성은 배타성 없이 사랑하는 인격의 능력인데, 이것은 도덕적 계명('네 이웃을 사랑하라' 등)에 순종하는 행위에서 비롯되는 것이 아니라, 인간의 '휘포스타시스적 구성'으로부터, 곧 인간이 교회의 자궁에서 새롭게 출생하여 모든 배타성을 초월하여 관계의 네트워크의 한 부분이 된다는 사실에서 나온다. 이것은 인간이 오직 교회 안에서만 한 보편적 인격으로서 그 자신을 표현할 수 있는 능력을 가지게 된다는 것을 의미한다"(p. 57f).

필연적인 본성의 법, 곧 존재론적 필연성에 얽힌 인간의 '생물학적 실존방식의 휘포스타시스'를 극복하는 것으로서의 '교회적 실존방식의 휘포스타시스'는 인간의 거듭남, 곧 "세례"로 말미암아 구성된다. "거듭남으로서의 세례는 [하나의 새로운 실존방식으로서의] 휘포스타시스를 구성하는 행위이다. 임신과 출산이 인간의 생물학적인 휘포스타시스를 구성하듯이, 세례는 새로운 실존방식, 새로 태어남으로 이끌어주고(벧전 1:3, 23), 그로 인하여 새로운 휘포스타시스에 이르게 된다."[68] 그러므로 지지울라스에 따르면, 예수 그리스도께서 참으로 '구원자'the Savior이신 이유는 다름 아니라 그가 "[참된] 인격의 실재 자체를 역사 안에서 실현하고 그것을 모든 사람을 위해 인격의 토대와 '휘포스타시스'로 만들기 때문이다."[69] 교부신학에서 예수 그리스도의 동정녀 탄생 교리가 예수는 다른 인간과 달리 그 어떤 '존재론적 필연성'에도 얽매이지 않는다는 것을 의미하는 부정적 표현이라면, 그리스도의 인격이 삼위일체 하나님의 한 인격, 곧 성자와 하나이고 동일하다는 칼케돈 교리의 가르침은 그것의 긍정적 표현이다. 이와 같이 동방교회 교부들의 그리스도론이 언명하는 대로 '그리스도 안에 있는 두 본성, 즉 신성과 인성의 휘포스타시스적 연합hypostatic union'에서 최대의 특징적인 요소와 출발점은 '실체' 혹은 '본질'이 아니라 또 다시 '인격'이 되는 것이다. 실로 예수 그리스도는 가장 탁월한 '인격'이시다. 그는 한 개인으로 존재하는 것이 아니라, 교부의 그리스도론의 "두 본성 교리" 신-인, vere Deus vere homo가 말하는 바, 한편으로는 성부와의 연합(성자의 참된 신성)과 또 다른 한편으로는 그의 몸 된 교회의 머리(참된 인성)로서의 연

---

68 위의 책, 53. 이러한 맥락에서 지지울라스는 교부신학에서 말하는 "어머니로서의 교회"(the Church as mother)의 개념을 적극 수용하면서 다음과 같이 말한다: "이 이미지의 정신은 정확하게 교회 안에서 출산이 일어나며, 인간이 '휘포스타시스'로서, 즉 인격으로서 태어난다는 것이다"(p. 56).
69 위의 책, 54.

합관계 안에서 참된 인격으로 존재한다.[70] 따라서 인간의 인격성의 회복은 오직 '참된 인격'이신 예수 그리스도의 인격에 연합함으로써 비로소 이루어진다. 이러한 사실을 최대한 강조해야 할 이유는 다음과 같다.

[이러한 신-인이신 예수 그리스도의 역사적 실존으로 말미암아], 이제 하나님에게만 아니라 인간에게도 존재론적 토대가 인격이라는 점이 강조되기 때문이다. 하나님께서 오직 인격으로서 본성적인 그 자신, "완전한 하나님"이신 것과 마찬가지로, 그리스도 안에 있는 인간 역시 오직 휘포스타시스(인격), 즉 자유와 사랑으로서 "완전한 인간"이다. 결과적으로 완전한 인간은 오직 하나의 참된 인격으로서만 존재한다. 하나님께서 존재로 실존하시는 것과 정확히 동일한 방식으로, 인간도 존재로서 구성되는 "실존의 방식"을 가지며 실존한다. 이것이 곧 인간의 실존의 언어로써 "휘포스타시스적 연합"(hypostatic union, [cf. '위격적 연합'])이 의미하는 바이다.[71]

성령에 의한 세례의 본질은 바로 하나님께서 인간을 예수 그리스도 안에서 그의 자녀로 삼는 것, 곧 인간의 휘포스타시스를 하나님의 아들의 휘포스타시스와 같게 만드는 것이다.[72] 왜냐하면, 인간의 인격성은 그 자신이 본래 갖고 있던 것이 아니라 오직 하나님의 인격성에 참여함으로 주어

---

70 이러한 지지울라스의 견해를 볼프는 다음과 같이 요약한다: "[영원 속에서] 성자께서 홀로 서 있지 않고 오히려 성부와의 관계 속에서 존재하시는 것과 같이, 성육신한 성자이신 예수 그리스도께서는 단순히 자기 홀로 선 개인이 아니다. 예수의 자기 이해와 초기 교회의 그리스도론 모두에서, 그리스도는 많은 이들을 그 자신에게 연합시키는 집단적 인격성이다. … 이와 같이 그리스도는 참된 인격이시며, 그 자신의 특수성 속에서 인간 본성의 보편성을 담지하시는 새로운 아담이시다." M. Volf, *After Our Likeness*, 84f.

71 John D. Zizioulas, *Being as Communion*, 55f.

72 Cf. 위의 책, 56.

지는 것이기 때문이다.[73] 이러한 방식으로 인간은 자신의 생물학적 휘포스타시스에 필연적으로 얽혀 있는 '존재론적 필연성'에 의한 본능의 법이 아니라 참된 인격이신 그리스도, 곧 성자께서 자유와 사랑 안에서 성부와 나누는 것과 동일한 하나님과의 관계에 기초하여 비로소 자신의 실존을 '인격'으로 확증할 수 있다.[74] 이와 같이 인간은 예수 그리스도의 참된 인격에 연합함으로써 그 근원인 인격적 하나님과의 교제 안에서만 비로소 인격성을 회복하게 된다. 지지울라스에 의하면, 구원은 인간이 그 생물학적인 개인적 실존으로부터 '존재론적 탈개인화'를 통하여 인격적 존재로 거듭나는 것을 말한다. 예수 그리스도 안에서 일어나는 인간의 자기초월(엑스타시)적 '인격화'personalization야말로 존재론적 측면에서 구원의 본질적 의미이다. 인간의 인격성은 한 개인(실체 혹은 주체)으로서가 아니라 관계 속에서, 한 공동체 안에서 대체 불가능하게 존재함으로써 구성된다. 나아가, 이러한 인간의 인격성은 그 근원에 있어 오직 홀로 인격적 존재이신 하나님과 교제하는 관계 속에서 비로소 가능해진다. 즉, 예수 그리스도와의 연합을 통하여, 그리스도 안에서 인간은 성자께서 성부와 맺는 관계와 동일한 하나님의 자녀가 됨으로써 비로소 그와 동일한 인격성을 획득하고(이것은 홀로 인격이신 성부에 대한 성자의 관계 방식과 동일한 것이라는 의미다) 하나의 인격으로 구성된다. 이미 언급한 바와 같이, 이것이 예수 그리스도의 구속 사역의 본질적인 의미이다.[75]

---

73 Cf. M. Volf, *After Our Likeness*, 78, 87.

74 Cf. John D. Zizioulas, *Being as Communion*, 55f.

75 볼프에 따르면, 인간의 인격화에 대한 지지울라스의 이러한 이해는 종교개혁자들의 칭의 이해와 유사한 측면이 있다고 한다. 즉, 칭의가 인간의 의에 근거한 것이 아니라 그리스도와의 연합에 의한 예수 그리스도의 '의의 전가'(예수 그리스도의 의를 자신의 것으로 획득함)에 의해 이루어지듯이 우리의 '인격화' 역시 우리 자신의 '인격화'에 의한 것이 아니라 오직 예수 그리스도의 안에서 '인격'으로 구성됨을 말하기 때문이다. (Cf. Volf, *After Our Likeness*, 86f.). 그러나 필자가 보기에는, 이러한 볼프의 종교개혁자들의 칭의 이해와의 비교는 몇 가지 측면에서 제한을 두어야 할 것 같다. 그것은 먼

이러한 지지울라스의 "인격의 존재론"은 인간의 인격화를 위한 그리스도론적 기초를 넘어 이제 성령론적으로 그 구체적인 실존의 구성을 향하여 확장된다. 그는 "성령은 그리스도의 사건을 역사 속에서 현실화하는 동시에 그리스도의 인격적 실존을 한 몸 또는 공동체로 실현한다"고 말한다.[76] 먼저 지지울라스에 따르면, 생물학적 실존으로서의 한 인간 개인의 엑스타시적 인격화가 이루어지는 구체적이며 실제적인 자리는 바로 "교회"이다. 그리고 교회는 성령 하나님에 의해 그리스도와 연합하여 구성된 "그리스도의 몸"으로서 인격으로 실존하게 된다. 인간은 세례를 통해 그리스도와 연합함으로써 인격이 될 수 있고, 또한 성만찬을 통해 계속 인격으로 실존하게 되는데, 그것이 바로 교회이다. 따라서 교회는 무엇보다도 하나의 "실존 양식"a mode of existence으로 이해되어야 하며, 이것은 곧 인간의 하나님과의 관계성, 곧 친교가 가장 분명하게 구현된 것으로서 '삼위일체 하나님의 형상'imago trinitas이다. 이러한 교회에 대한 이해를 그는 다음과 같이 설명한다. 교회의 신비는 바로 하나님의 존재 자체와 깊이 연관되어 있으며, 친교communion와 타자성otherness 사이의 관계에 대한 가장 적절한 모형이 바로 관계 속에 있는 존재, 곧 "친교로서의 삼위일체 하나님"의 존재방식이다. 나아가, 지지울라스의 이런 견해는 다음의 진술에 집약적으로 표현되어 있다.

교회는 단순히 하나의 제도가 아니다. 그것은 하나의 "실존 양식"mode of existence, 즉 하나의 **존재방식**a way of being이다. 교회의 신비는, 심지어 제도

저 그러한 인격화의 방법적인 측면이고, 두 번째는 그 범주와 범위와 관련된 것이다. 먼저 방법론적인 측면에서, 종교개혁자들의 칭의 이해에 있어서는 믿음이 그 도구가 되나, 지지울라스에 있어서는 성례를 그 도구로 삼고 있으며, 칭의는 그 법적인 상태를 말하는 것이나 인격화는 존재론적 상태를 말하며, 또한 종교개혁자들은 '제한 속죄'를 말하나, 지지울라스는 '보편적 현상'으로 이해하고 있다.

76 John D. Zizioulas, *Being as Communion*, 111.

적 차원에서도, 인간의 존재, 세계의 존재, 그리고 나아가 하나님의 존재 자체와 깊이 연관되어 있다.⋯먼저 교회적 존재는 하나님의 존재 자체와 연관되어 있다. 인간이 교회의 구성원이라는 사실에 의거하여 그는 "하나님의 형상"이 되고, 하나님 자신처럼 존재하고, 하나님의 "존재 방식"을 가지게 된다. 이러한 존재 방식은 어떤 도덕적 성과, 즉 인간이 **성취하는** 어떤 것이 아니다. 그것은 세계와 타인들, 그리고 하나님과 맺는 **관계**relationship의 방식이며 친교communion의 사건이다. 그것은 한 개인의 업적이 아니라 오직 **교회적** ecclesial 사실로서 실현될 수밖에 없기 때문이다. 그러나 교회가 이러한 실존 방식을 드러내려면 교회 자체가 하나님께서 존재하는 방식의 형상이 되어야만 한다.[77]

이와 같이 예수 그리스도의 인격에 참여함으로써 구성되는 인간의 인격화가 구체적으로 역사 속에서 구성되는 것은 "교회 안에서" 발생하며, 그것은 성령 안에서의 세례를 통하여 이루어진다. 이미 언급한 바와 같이, "인간의 잉태와 출생이 그의 생물학적 휘포스타시스를 구성하는 것처럼, 세례는 그를 새로운 실존의 방식으로, 즉 다시 새롭게 태어남으로 이끌어주며(벧전 1:3, 23), 결과적으로 새로운 휘포스타시스", 곧 '교회적 휘포스타시스'를 구성하게 한다.[78] 이와 같이 인간의 인격화는 하나의 존재론적 사건이며, 세례를 통해 예수 그리스도와 연합함으로써 생물학적 실존으로서의 한 '개인'(생물학적 실존의 휘포스타시스)은 죽고, 새로운 '공동체적 인격'(교회적 실존의 휘포스타시스)으로 거듭나게 된다. 그러므로 인간의 인격화, 즉 인간이 인격으로 실존하게 되는 것은 성령 안에서 그리스도와 연합되는 세례를 통해 삼위일체 하나님의 인격적 교제에 참여함으로써 이루어

---

77 위의 책, 15 (강조는 저자의 것).
78 위의 책, 53.

진다. 성령 안에서의 세례는 그리스도와 연합되는 사건일 뿐만 아니라 또한 동시에 그의 몸(교회), 공동체에로의 통합을 가리키는 "교회적 사건"이다. 이는 세례를 통해 관계의 네트워크에 편입되는 것을 말하고, 개인은 관계 속의 공동체 안에서 인격으로 구성된다.

그와 같이 세례에 의해 구성된 개인의 인격화는 이제 성만찬을 통하여 하나의 공동체로 구체화되고 역사적으로 현실화된다. 그러므로 성만찬은 삼위일체 하나님과의 생명의 교제를 육화하고 실현시키는 가장 탁월한 공동체적 사건인 것이다.[79] 지지울라스에 따르면, 성만찬은 단순히 하나의 은혜의 방편이 아니고, 오히려 그것은 "무엇보다도 하나의 회집 synaxis, 공동체, 그리고 관계의 네트워크이며, 그 속에서 인간은 생물학적인 혹은 사회적인 모든 배타성을 초월하는 한 몸의 지체로서 생물학적 존재와는 〔전혀〕 다른 방식으로 '실존한다'."[80] 성만찬은 '그리스도의 몸'으로서의 교회를 구성하며, 다시 교회와 그리스도가 한 몸, 즉 "그리스도의 몸"이 되는 자리이다. 성찬 친교 eucharistic communion에서 이제 인간 인격의 생물학적 휘포스타시스의 부분적인 표현인 몸은 개인주의와 자기중심성에서 해방되고 그것을 초월하여 "공동체의 숭고한 표현", 즉 "그리스도의 몸"이 되며, 더 이상 개인적이고 배타적인 것이 아니라 오히려 "친교와 사랑"의 개념에 의해 변화되며, 이 '교회적 휘포스타시스'를 통해 '생물학적인 휘포스타시스'의 자체적 분해, 곧 죽음까지도 넘어서게 된다.[81] 그리하여 지지울라스에 의하면, 성만찬 속에서 "인간은 하나의 보편적 인격의 실존방식을 통하여 세계와 관계를 맺고, 세계 안에서 보편적 현존, 곧 개인이 아니라 참된 인격인 휘포스타시스를 표현하고 실현한다. 그러므로 인간의 실

---

79 Cf. 위의 책, 61, 115.
80 위의 책, 60.
81 위의 책, 64.

존 안에서 교회는 그리스도 자신이 되고, 또한 교회의 모든 지체들은 그리스도와 교회가 된다."[82] 이와 동시에 지지울라스는 이러한 '성만찬적 휘포스타시스'의 초월적이며 (미래에 완성될) 종말론적인 특성을 강조한다.[83] 그것은 비록 우리가 '성만찬적 휘포스타시스'의 실존으로 존재한다 할지라도 아직은 여전히 '생물학적 휘포스타시스'에 따른 출생과 죽음을 경험하고 있기 때문이다.[84] 그러므로 성만찬은 "이미-그러나-아직"이라는 변증법 속에서 "인간의 종말론적 실존의 역사적 실현과 표지일 뿐만 아니라, 그것의 실현을 위한 운동이며 전진이기도 하다."[85] 그리하여 지지울라스에 따르면, "인간의 교회적 실존, 성찬의 방식에 의한 인간의 휘포스타시스화는 인간의 죽음에 대한 최후 승리의 담보이자 그 '전조'가 된다. 이러한 승리는 본성 nature이 아니라 인격person의 승리이며, 인간이 그 자신 안에서의 자기-충족적인 승리가 아니라 하나님과의 휘포스타시스적인 연합으로 인한 승리, 곧 교부 그리스도론에 나오는 인간으로서의 그리스도의 승리이다."[86]

V. 나가는 말: 비판적 고찰과 함의

지금까지 우리는 고대 동방교부, 특히 카파도키아 신학자들의 삼위일체론을 존재론적으로 재해석함으로써 독특한 "인격의 존재론"을 정립한 지지울라스의 "친교로서의 삼위일체" 이해의 주요 내용과 그 본질적 특징들 및 그에 따른 다양한 신학적 적용과 함의들에 관해 간략하게 분석하고

---

82 위의 책, 58.
83 위의 책, 61.
84 위의 책, 59.
85 위의 책, 61, 62.
86 위의 책, 64.

살펴보았다. 지지울라스가 자신의 "신교부적 종합"을 통하여 재정립하고 자 하는 "인격" 중심의 존재 이해와 신학은 서로 불가분의 관계에 있는 삼 위일체 하나님과 인간, 그리고 교회의 이해에 분명히 새로운 신학적 사유 의 지평을 열어주며, 많은 중요한 신학적 함의들을 함축하고 있다는 것과, 이미 지지울라스 스스로 그러한 신학적 적용을 조직신학적 주제들 전반에 걸쳐 다양하게 시도하고 있음을 살펴보았다. 즉, 그러한 "인격의 존재론" 중심의 신학적 기획을 통하여 그는 고대의 실체 substance 중심의, 그리고 근 대의 개별적 주체 the self 중심의 철학에 근거한 삼위일체 하나님 이해와 인 간 이해의 한계와 문제점들을 극복하려고 한다. 그것은 오로지 자기중심 적이며 개인주의적인 '실체' 혹은 '주체' 중심의 폐쇄적이고 자기-파괴적 인 존재 이해가 아니라, 자유와 사랑 속에서 철저하게 자기초월(엑스타시) 적인 관계 중심의 공동체적인 '인격' 중심의 존재 이해로 나아간다. 그리 고 그러한 인격적 존재론 이해가 지닌 신학적 함의들은 놀랍도록 풍성하 고, 또한 신학의 모든 영역에 다양하게 적용되고 확장된다. 여기에 그의 신학적 기획의 독창성과 중요하고도 명백한 여러 장점들과 기여가 있다.

그러나 "인격의 존재론"에 근거한 지지울라스의 신학적 기획은 그 독 창적 공헌과 많은 장점들에도 불구하고, 적어도 개혁파 신학의 입장에서 보기에는, 여러 문제점들을 여전히 안고 있으며 다양한 측면에서 그 한계 가 노출되고 있는 것도 분명한 사실이다. 지면 관계상 그 가운데 몇 가지 만 간략하게 지적하자면, 먼저 지지울라스의 삼위일체론 이해가 지닌 가 장 큰 문제점은 삼위일체 하나님의 존재론적 구성에서 분명하게 드러나 는 '일종의 종속론'적 성향이다. 그는 이것을 시간적인 순서의 문제가 아 니라 단지 논리적이며 존재론적인 질서일 뿐이라고 거듭 주장하지만, 명 확하고도 엄격한 성부의 군주성 monarch, 단일기원을 주장하면서 계속 위격간 의 명백하고도 해소될 수 없는 존재론적 '비대칭성'을 주장한다. 즉, 삼위일체 하나님의 비대칭적–상호적 관계 속에서 성부는 성자와 성령에 의해 "조건 지어진 존재"(cf. 성부의 정체성의 전제조건)이지만, 성자와 성령은 성부에 의하여 "구성된 존재"라고 한다. 그는 삼위일체 하나님의 존재방식에서 성부의 인격이 유일한 '구성 원리' 혹은 '원인'이기 때문에 이러한 존재론적 비대칭성은 위격간의 구분을 위해 반드시 필요한 전제조건이라고 주장한다. 이러한 지지울라스의 삼위일체론 이해는 고대 동방교회의 이해를 비교적 충실하게 반영하는 것이긴 하나, 성자와 성령의 위격(인격)의 존재를 성부에게 종속시킴으로써 그 실체론적 존재와 삼위일체의 구성에서 일종의 종속론적 경향을 여전히 해소시키지 못할 뿐더러 오히려 강화시키는 것 같다. 즉, '내재적 삼위일체'the immanent Trinity에서 성자 하나님과 성령 하나님의 존재론적 '자존성'aseity에 문제를 야기하는 것 같다. 지지울라스의 삼위일체론 이해가 야기하는 이러한 문제는 '내재적 삼위일체'와 '경륜적 삼위일체'를 개념적으로 그리고 존재론적으로 적절하게 구분하지 않고, 경륜상에 나타나는 삼위일체 하나님의 위격적 질서와 순서를 그의 '인격의 존재론'을 통해 그대로 내재적 삼위일체의 존재론적 질서와 순서에 적용하기 때문에 생기는 것이다. 또한 그의 "인격의 존재론"에서 관계와 공동체성에 지나치게 집중함으로써 '실체의 일식현상'(인격에 의해 실체가 실종되는 현상)이 일어나며, 철저하게 존재를 '인격'으로만 이해할 경우, 인간을 제외한 여타 피조물들의 존재론적 특징을 어떻게 이해해야 하는가 하는 문제가 발생한다. 나아가, 오랫동안 동/서방 교회의 삼위일체론 논쟁 가운데 중요한 이슈인 "필리오케filioque 문제"도 여전히 해소되지 않은 채 남아 있다.

그리고 '인격의 존재론'에 근거한 지지울라스의 신학적 기획에서 '인격의 존재론'이 하나의 블랙홀처럼 작용함으로써, 성경이 가르치는 다른 많은 중요한 신학적 요소들이 간과되거나 왜곡되는 경향이 있다. 즉, 지지울라스의 "인격의 존재론"에 근거한 신학적 사유에서 삼위일체 하나님과 인간에 대한 이해, 그리스도론과 성령론, 나아가 교회론에 이르기까지 철저하게 존재론적으로만 경도되어 있기 때문에 다양한 인식론적 측면과 윤리적 행위의 측면이 철저하게 도외시되고 있다. 그리하여 그의 신학에서 "원죄 문제"는 더 이상 존재하지 않으며, "죄"는 어떤 윤리적인 범죄행위의 문제가 아니라 단순히 인간이 인격적 존재가 되지 못하는 상태의 문제일 뿐이다. 따라서 성경이 가르치는 가장 중요한 복음의 핵심인 예수 그리스도의 십자가와 부활 사건에서 말하는 구속사역과 구원의 문제도 더 이상 우리의 죄에 대한 대속적인 사역이 아니라, 오직 성육신을 통한 그의 인격적 존재의 역사적 실현 속에서만 그 의의를 발견하며, 구원은 존재론적으로 우리의 존재를 '인격'으로 구성하는 것으로 환원되어 버리고 만다. 나아가, 그러한 지지울라스의 "존재론적 집중"은 신학에서 다양한 인식론적 측면들, 계시와 말씀의 선포, 그리고 신앙(믿음)의 역할 등과 관련된 성경의 가르침들뿐만 아니라, 하나님과 인간의 행위의 측면들, 인간의 죄, 회개, 칭의, 성화, 기도 등에 대하여 아무런 긍정적인 역할도 인정하지 않는다. 예를 들어, 그의 신학에 있어 믿음(신앙)은 그 어떠한 역할도 하지 못하며, 실제로 그의 저작들에는 신앙에 대한 언급이 거의 없다.

지지울라스의 새로운 신학적 사유에서 '인격'으로 이해된 존재론적 측면의 부각은 충분히 중요한 의미가 있지만, 항상 어느 한 쪽으로 지나치게 경도되면 성경의 전반적인 가르침을 왜곡할 수도 있다는 것을 우리는 늘 명심해야 한다. 즉, 성경은 언약 관계 속에서 하나님과 인간의 관계를 말하며, 이러한 관계는 분명히 인격적 관계로서의 존재론적인 참여를 말하기도 하지만, 또한 언약의 대상에 대한 인식론적 관계(신앙의 문제, cf. 호 4:6, 요 17:3)와 윤리적 책임의 관계(언약관계 속에서 주어지는 행위에 대한 윤리적 책임의 문제, cf. 레 11:45, 벧전 1:16, 요 13:34)도 분명히 말하고 있다.

성경이 인격적인 하나님과 그 하나님의 형상으로서의 인간, 그리스도와의 연합, 그리고 그리스도의 몸으로서의 교회 등에 대해 말하고 있지만, 또한 계시(말씀)하시는 하나님, 인간의 범죄 행위, 그리스도의 십자가와 부활의 구속사역, 믿음으로 말미암는 칭의와 성화, 성령의 다양한 사역들, 그리고 교회의 다양한 측면들과 사역들에 대하여도 말하고 있음을 우리는 잘 알고 있다. 따라서 우리는 "인격적 존재론"에 기초한 지지울라스의 새로운 신학적 기획이 아직 전체적으로 완성의 단계에 이르지 못하고 있음을 충분히 고려하면서, 그의 독창적인 신학적 기여와 장점들을 적절하게 수용하면서도 성경의 가르침에 따라 그 한계와 문제점들을 인식하고 더욱 깊이 있게 보완해 나가야 할 것이다. (*) *Soli Deo Gloria!*

참고문헌

Awad, Najib George. *Persons in Relation: An Essay on the Trinity and Ontology*. Minneapolis: Fortress Press, 2014.

Crosby, John F. *The Selfhood of the Human Person*. Washington, D.C.: The Catholic University of America Press, 1996.

Davis, Stephen T., Daniel Kendall, and Gerald O'Collins, eds. *The Trinity: An Interdisciplinary Symposium on the Trinity*. Oxford: Oxford University Press, 1999.

Fox, Patricia A. *God as Communion: John Zizioulas, Elizabeth Johnson, and the Retrieval of the Symbol of the Triune God*. Collegeville, Minnesota: The Liturgical Press, 2001.

Grenz, Stanley J. *Rediscovering the Triune God: The Trinity in Contemporary Theology*. Minneapolis: Fortress Press, 2004.

Heron, Alasdair I. C., ed. *The Forgotten Trinity*. London: BCC/CCBI, 1991.

Kärkkäinen, Veli-Matti. *The Trinity: Global Perspectives*. Louisville: Westminster John Knox Press, 2007.

Macmurray, John. *Persons in Relation*. New York: Harper & Brothers, 1961.

McFadyen, Alistair I. *The Call to Personhood: A Christian Theory of the individual in Social Relationships*. Cambridge: Cambridge University Press, 1990.

Papanikolaou, Aristotle. *Being with God: Trinity, Apophaticism, and Divine-Human Communion*. Notre Dame, IN: University of Notre Dame Press, 2006.

Phan, Peter C., ed. *The Cambridge Companion to the Trinity*. Cambridge: Cambridge University Press, 2011.

Polkinghorne, John. *Science and The Trinity: The Christian Encounter with Reality*. New Haven, N.Y.: Yale University Press, 2004.

Rahner, Karl. *The Trinity*. Trans. Joseph Donceel. New York: Crossroad, 1997.

Rolnick, Philip A. *Person, Grace, and God*. Grand Rapids: Eerdmans, 2007.

Schwöbel, Christoph, ed. *Trinitarian Theology Today: Essays on Divine Being and Act*. Edinburgh: T & T Clark, 1995.

_____ and Colin Gunton, eds. *Persons, Divine and Human: King's College Essays in Theological Anthropology*. Edinburgh: T & T Clark, 1991.

Stead, Christopher. *Divine Substance*. Oxford: Clarendon Press, 1977.

Torrance, Alan J. *Persons in Communion: An Essay on Trinitarian Description and Human Participation*. Edinburgh: T & T Clark, 1996.

Volf, M./황은영 옮김. 『삼위일체와 교회: 하나님의 형상으로서의 교회에 대한 카톨릭/동방 정교회/개신교적 이해를 찾아서』. 서울: 새물결플러스, 2012.

Volf, Miroslav. *After Our Likeness: The Church as the Image of the Trinity*. Grand Rapids: Eerdmans, 1998.

_____ and Michael Welker, eds. *God's Life in Trinity*. Minneapolis: Fortress Press, 2006.

Webb, Clement C. J. *God and Personality*. London: G. Allen & Unwin Ltd.; New York: The Macmillan, 1918; Reprinted at Nabu Press, 2010.

Wolfson, Harry A. *The Philosophy of the Church Fathers*. Cambridge, Mass.: Harvard University Press, 1976, 3rd ed., Revised.

Zizioulas, John D./이세형 · 정애성 공역. 『친교로서의 존재』, 춘천: 삼원서원, 2012.

Zizioulas, John D. "Human Capacity and Human Incapacity: A Theological Exploration of Personhood." *Scottish Journal of Theology* 28 (1975): 401-48.

_____. *Being as Communion: Studies in Personhood and the Church*. Crestwood, NY: St. Vladimir's Seminary Press, 1985.

_____. "On Being a Person: Towards an Ontology of Personhood." In *Persons, Divine and Human: King's College Essays in Theological Anthropology*, eds. Christoph Schwöbel and Colin Gunton (Edinburgh: T & T Clark, 1991): 33-46.

____. "The Doctrine of God the Trinity Today: Suggestions for an Ecumenical Study." In *The Forgotten Trinity*, ed. Alasdair I. C. Heron (London: BCC/CCBI, 1991): 19-32.

____. "The Church as Communion." *St. Vladimir's Theological Quarterly* 38 (1994): 3-16.

____. "The Doctrine of the Holy Trinity: The Significance of the Cappadocian Contributions." In *Trinitarian Theology Today: Essays on Divine Being and Act*, ed. Christoph Schwöbel (Edinburgh: T & T Clark, 1995): 44-60.

____. *Eucharist, Bishop, Church: The Unity of the Church in the Divine Eucharist and the Bishop During the First Three Centuries*. Holy Cross Orthodox Press. 2001.

——. *Communion and Otherness: Further Studies in Personhood and the Church*. Ed. Paul McPartlan. London/New York: T & T Clark, 2006.

캐서린 모리 라쿠나의
관계 존재론적 삼위일체 신학

■ 이동영[1] ■

✑

I. 서론

이 논문의 목적은 미국의 가톨릭 여성 신학자 캐서린 모리 라쿠
나[Catherine Mory LaCugna, 1952-1997]의 삼위일체론, 소위 '관계 존재론적 삼위일
체 신학'을 개관하고 그것을 개혁신학의 관점에서 비판적으로 평가해 보
는 것이다. 삼위일체론이 그리스도인의 신학(신앙) 및 삶과는 아무런 관계
가 없는 관념적 교리, 즉 하나님의 존재의 신비[theologia]에 대한 추상적이고
사변적인 교리로 치부되어온 오랜 신학사적인 분위기 속에서, 라쿠나는
이러한 편견을 재고하고 삼위일체 교의가 지닌 실천적 함의에 대한 해명
을 시도함으로써 오늘날의 '삼위일체 신학의 르네상스'를 불러오는 데 작

---

1 부산외대 법학과와 총신대학교신학대학원을 졸업했으며, 화란 암스테르담 자유대학교(Vrije
Univ, te Amsterdam)에서 신학석사 학위(M.A)를, 독일 보훔대학교(Ruhr Universität Bochum)
에서 신학박사 학위(Dr, theol.)를 취득하였다. 현재 서울성경신학대학원대학교 조직신학 조교수로
재직하고 있으며, 총신대학교신학대학원 강사로 일하고 있다. 저서로는 *Der dreieinige Gott und
seine Gesellschaft, Schriften der Hans-Ehrenberg-Gesellschaft*, Bd. 20 (2013)이 있으며 역서
로는 『복음이냐 혁명이냐? 복음과 정의를 위한 아브라함 카이퍼의 정치적 투쟁, 그 정치적 영성의 실
천』(1994)과 『다른 사람들은 산상설교를 어떻게 읽었는가?』(1996)가 있다.

지 않은 역할을 하였다.[2] "삼위일체 교의는 궁극적으로 그리스도인의 삶에 결정적인 영향을 미치는 실천적 교의이다"라는 것이 삼위일체론에 대한 그녀의 일관된 입장이다.[3]

이 논문에서 필자는 라쿠나의 삼위일체 신학을 다음과 같은 순서로 논구하려고 한다. 필자는 우선 삼위일체론이 신학의 역사에서 그리스도교 교의의 주변부로 밀려나서 몰락하게 된 원인에 대한 라쿠나의 설명을 살펴볼 것이다. 다음으로, 소위 '경륜'(경륜적 삼위일체)과 '신학'(내재적 삼위일체)의 관계에 대한 그녀의 이해를 분석할 것이며, 이를 바탕으로 삼아 그녀의 삼위일체 신학의 토대가 되는 '관계 존재론', 즉 인격(위격)에 대한 그녀의 이해방식 및 삼위의 위격들과 우리의 인격들 사이의 연합에 대한 그녀의 이해방식을 고찰할 것이다. 이후에 자신의 '관계 존재론'의 토대 위에서 전개한 그녀의 '관계 존재론적 삼위일체 신학'을 정리할 것이다. 그리고 그녀의 '관계 존재론적 삼위일체 신학'이 지닌 실천적인 함의가 무엇인지를 설명할 것이다. 결론에서는 그녀의 '관계 존재론적 삼위일체 신학'을 간략하게 요약한 후, 필자가 디디고 서 있는 신학적 기반인 개혁신학의 관점에서 그것을 비판적으로 평가해 볼 것이다.

---

2 '삼위일체 신학의 르네상스'라는 표현은 엘빈 쉐델로부터 연유한다(E. Schoedel, *Bibliographia Trinitaria: Internationale Bibliographie trinitarischer Literatur*, Bd. I: Autorenverzeichnis, Bd. 2; Register und Ergaenzungsliste, Muenschen: K. G. Sauer, 1984, 1988); Christoph Schwöbel, *Gott in Beziehung*, Tübingen: J. C. B. Mohr (Siebeck), 2002, 30-31. 이러한 삼위일체 신학의 르네상스의 중심에 개신교의 위르겐 몰트만, 볼프하르트 판넨베르그, 에브하르트 윙엘, 로마 가톨릭의 발터 카스퍼, 피트 슈넨베르크, 기스베르트 그레샤케, 그리고 정교회의 존 지지울라스, 크리스토스 얀나라스, 스텐리 하라카스 등이 서 있다(참조. Dong-Young Lee, *Der dreieinige Gott und seine Gesellschaft*, Kamen: Hartmut Spenner, 2013, 6). 다음 책도 참조하라. 캐서린 모리 라쿠나/이세형 옮김, 『우리를 위한 하나님: 삼위일체와 그리스도인의 삶』 (서울: 대한기독교서회, 2008), 215-216.
3 캐서린 모리 라쿠나, 위의 책, 19.

II. 본론

1. 삼위일체론의 몰락의 원인

1.1 삼위일체론이 형성된 경위

삼위일체론에 관해 흔히들 품고 있는 선입견이 있다. 삼위일체론은 그리스도인의 신앙 및 삶과는 무관한 하나님의 존재의 신비를 사변적으로 논구하는 고답적이며 관념적인 교리라는 선입견이다.[4] 삼위일체론에 대한 이러한 선입견이 형성되게 된 데에는 그만한 이유가 있다. 원래 삼위일체론은 하나님의 '존재의 신비'를 고대 교부들이 사변적으로 논구하는 과정에서 형성된 교리가 아니었다. 이 교리는 원래 초대교회의 구원의 경험에 뿌리를 박고 있었다. 고대교회의 삼위일체 교의의 형성 과정을 살펴보면, 삼위일체론이 먼저 형성되고 삼위 하나님에 대한 예배가 드려진 것이 아니다. 삼위일체 교리는 초기 그리스도인들의 구원 경험으로부터 형성된 교리였다. 이 교리는 철학적 사변의 산물이 아니라 초기 그리스도인들이 자신들의 구원의 경험을 통해 인식하고 따라서, 예배 중에 드렸던 성부 하나님, 성자 하나님, 성령 하나님에 대한 찬양과 기도를 신학적으로 성찰하는 과정에서 형성된 것이다. 그래서 교부 아크비타니아의 프로스퍼 Prosper von Aquitanien은 다음과 같이 말할 수 있었다: "예배의 법[예전]이 신앙의 법 [신학]보다 앞선다"legem credenda lex statuat suppicandi.[5]

우리가 신약성경을 살펴보면 성부, 성자, 성령에 대한 고백은 그리스도 안에서 발생한 구원사건에 대한 찬양(송영)[고후 13, 13; 엡 1, 3] 및 예배 (예전)안에서의 축도(고전 12, 4이하; 고후 13, 13; 엡 4, 4이하)와 밀접하게

---

4   참고. 캐서린 모리 라쿠나, 『우리를 위한 하나님』, 20.
5   위의 책, 499. 괄호는 필자가 삽입한 것.

관련되어 있다는 사실을 발견하게 된다.[6] 부활하신 그리스도의 세례 명령에서도 세 분의 이름이 등장한다(마 28, 18-20).[7] 신약성경에서 삼위일체의 호칭이 등장하는 문맥들을 고찰하면, 삼위일체론이 초대교회의 예배 속에 그 '신학적 자리'를 가지고 있음을 알 수 있다.

1.2. 경륜에서 분리된 신학과 삼위일체론의 몰락

삼위일체론이 고대 교회 신자들의 구체적인 구원경험에 뿌리를 둔 교리였음에도 불구하고, 그 구원경험의 구체적인 맥락을 떠나 하나님의 내적인 신비를 존재론적으로 사색하는 추상적이고 관념적인 교리로 간주되게 된 데에는 그만한 이유가 있다. 그 발단은 4세기에 벌어진 아리우스와 아타나시우스 사이의 논쟁이었다. 예수 그리스도의 신성을 둘러싸고 벌어진 이 논쟁에서 아리우스는 성자가 성부와 동일한 하나님이 아니라 성부의 '피조물'ktisma이라고 주장했다. 아리우스에 따르면, 성자는 성부와 '유사본질'homoiousios을 소유할 뿐 '동일본질'homoousios을 보유하고 있지 않다. 이 주장의 배후에는 전제 군주적 일신론에 대한 열정, 즉 한 분 하나님의 전제 군주적 지배에 대한 열정이 도사리고 있었다.[8] 그러나 아리우스의 주장을 아타나시우스는 순순히 받아들일 수 없었다. 이는 구원론적인 이유 때문이었는데, 아리우스의 주장대로 예수가 성부와 유사본질을 지닌 단지 피조물에 불과하다면, 예수는 우리와 이 세상의 구주가 될 수 없다는 것이었다. 왜냐하면 오직 하나님만이 우리와 이 세상을 구원하실 수 있기 때문이다. 우리가 아리우스의 유사본질의 개념을 받아들일 경우에는 예수의

---

6 Wilfried Joest, *Dogmatik*, Bd. 1, UTB 1336, Göttingen: Vandenhoeck & Ruprecht 1995, 319. 다음 책도 참조하라. 캐서린 모리 라쿠나, 위의 책, 486-487.

7 캐서린 모리 라쿠나, 위의 책, 487.

8 참고, 위의 책, 69-70.

죽음은 단지 한 의로운 선지자의 죽음일 뿐 그 이상도 그 이하도 아닌 것이 되고 만다. 이러한 구원론적 이유 때문에 아타나시우스는 성부와 성자 사이의 동일본질을 끈질기게 주장하게 되었고, 보편교회는 AD 325년 니케아 공의회에서 아리우스를 정죄하고 아타나시우스에게 승리를 안겨줌으로써 구원의 진리를 수호할 수 있었다. 니케아 공의회의 교부들은 성자는 성부와 동일본질을 가진 하나님이라고 천명했다. 니케아 공의회가 동일본질이라는 용어를 사용하여 성부와 성자 사이의 관계를 규정하려 했던 원래의 의도는 성부와 성자, 이 양자의 관계를 형이상학적 범주로 해명하는 데 있지 않고, 그리스도가 이 세상의 구세주라는 사실을 명백하게 선포하는 데 있었다.[9] 그러나 이러한 니케아 공의회의 결정은 성부와 성자가 동일본질을 보유하고 있다면 성부와 성자 사이를 어떻게 구분할 수 있는가 하는 신학적 질문을 불러일으켰다. 이 질문이 복잡한 논쟁의 형식으로 전개되었고, 그 결과 고대교회가 구원의 경험, 즉 삼위 하나님의 구원경륜의 맥락에서 고백했던 삼위일체 하나님에 대한 신앙은 구원경륜의 맥락을 떠나 성부와 성자와 성령의 내재적인 상호관계를 존재론적으로 규정하려는, 하나님의 존재의 신비에 대한 대단히 복잡하고 난해한 형이상학적 사변으로 흘러가게 되었던 것이다. 이로 인하여 니케아 공의회 이전에는 분리되지 않고 하나로 인식되었던 '오이코노미아'(경륜)[10]와 '테올로기아'(신

---

9 참고. 위의 책, 72.

10 '경륜'으로 번역되는 헬라어 '오이코노미아'라는 말은 '집'이라는 뜻의 '오이코스'(oikos)와 '법'이라는 뜻의 '노모스'(nomos)의 합성어로서 '집을 관리(경영)하는 법' 또는 '집을 이끌어 가는 법'이란 의미를 지니고 있는데, 구원의 역사에서 하나님의 구원의 활동(사역)을 표현하는 말로 사용되었다 (Alfred Adam, *Lehrbuch der Dogmengeschichte*, Bd. 1, Gerd Mohn: Gütersloher, 1992⁶, 161). 라쿠나는 이 경륜이라는 용어가 고대교회에서 상당히 폭넓게 사용되었음을 지적한다. 초기교부들은 오이코노미아를 '하나님의 섭리', '은총의 수여', '우주의 질서잡기' 등의 의미로 폭넓게 사용했다. 그러다가 3세기에 들어와서 '경륜'은 영지주의자들이 주장했던 '가현설'과 창조와 구원의 불연속성 및 구약과 신약의 불연속성에 대항하여 예수 그리스도의 성육신과 창조와 구원의 연속성 그리고 구약과 신약의 연속성을 강조하기 위하여 사용되었다(참조. Adolf von Harnack, *Dogmengeschichte*, UTB 1641,

학)가 두 개의 영역으로 나누어지게 되었고, 삼위일체 교의는 오직 신학의 차원에서만 형이상학적으로 토론되었다. 그리고 신학이 경륜에서 이탈되자 곧 삼위일체 교의가 몰락하게 되었다고 라쿠나는 지적한다.[11]

4세기의 아리우스 논쟁으로부터 시작하여 니케아 공의회(325)와 콘스탄티노플 공의회(381)를 거쳐, 아우구스티누스와 토마스 아퀴나스와 중세 신학에 이르기까지 삼위일체 교리에 대한 토론의 여정을 살펴보면, 이 교의가 초대교회의 구원의 경험, 즉 삼위 하나님의 구원경륜이라는 구체적인 '삶의 자리'$^{Sitz im Leben}$를 이탈하여 하나님의 내적 존재의 신비에 대한 매우 관념적이고 추상적이고 사변적인 토론의 주제로 바뀐 것을 알 수 있다. 아우구스티누스와 토마스 아퀴나스는 삼위 하나님의 구원의 경륜 속에서 예수 그리스도의 성육신 및 구원사역 그리고 성령의 신격화^{deitas}를 통해 드러난 하나님의 계시에서 시작하여 하나님의 내적 본성을 탐구하는 방식이 아니라, 한 분 하나님의 내재적 본질로부터 시작하여 삼위를 설명함으로써, 신학과 경륜의 분리를 극복하지 못했다고 라쿠나는 지적한다.[12]

삼위일체 교리를 하나님의 내적 신비에 대한 탐구로 이해하고 그에 대하여 고답적이고 사변적으로 논구하는 이러한 신학사적 흐름은 중세를 거쳐 계몽주의에 이르기까지 삼위일체 교리를 무의미한 교리로 폄하하는 분위기를 조장했다. 칸트와 슐라이에르마허는 삼위일체 교리를 기독교 신앙의 본질 및 삶과는 아무런 관계가 없는 무의미한 사변으로 간주했다. 칸트

Tübingen: J. C. B. Mohr [Paul Siebeck], 19918, 125). 그래서 안디옥의 이그나티우스와 리옹의 이레네우스는 '경륜'과 '성육신'을 동의어로 보았다. 알렉산드리아의 클레멘트와 오리게네스는 삼위 하나님의 존재가 구원의 역사 속에서 흘러넘치는 것을 경륜이라고 보았다. 니케아 공의회 이전의 초기 교부들의 사상에서는 경륜과 신학이 분리되지 않았고, 그들은 구원경륜에 대한 성찰과 기도와 관조 속에서 하나님을 사유했다. 하나님의 내재적 존재의 신비를 하나님의 구원경륜을 떠나서 그 자체로 성찰하는 일에는 관심이 없었다(참조. 캐서린 모리 라쿠나, 『우리를 위한 하나님』 51-63).

11 캐서린 모리 라쿠나, 위의 책, 71-72.

12 위의 책, 32; cf. Dong-Young Lee, *Der dreieinige Gott und seine Gesellschaft*, 3.

는 삼위일체 교의를 윤리적 실천과는 아무런 관계가 없는 무의미한 사변으로 간주했고, 교회의 전통적인 삼위일체론에 대항하여 하나의 강력한 '윤리적 일신론'을 주장했다.[13] 슐라이에르마허 또한 삼위일체 교리를 기독교 신앙의 본질과 그리스도인의 삶과는 무관하고 무의미한 사변으로 간주했다. 슐라이에르마허에 따르면 신앙은 인간의 자의식 안에 있는 하나님 경험 Gotteserfahrung을 의미한다. 이러한 인간의 경건한 자의식을 '절대의 존감정' Das schlechthinnige Abhaengigkeitsgefuehl이라고 불렀다. 그는 교회의 전통적인 삼위일체론을 인간의 경건한 자의식과는 아무런 관계가 없는 추상적이고 무의미한 교리로 간주했다.[14] 그래서 그는 자신의 신앙론 말미에서 삼위일체론을 기독교 교의의 부록으로 취급했던 것이다.[15] 그에 따르면 절대의존감정의 대상으로서의 하나님은 오직 한 분뿐이다. 삼위일체 교의에 대항하여 슐라이에르마허는 하나의 '경험적 일신론'을 주장했던 것이다. 20세기 로마 가톨릭 교회의 신학자 칼 라너 Karl Rahner는 이러한 사태를 풍자적으로 말하기를, 삼위일체론에 대한 모든 종교사적 문헌이 거짓으로 배척된다고 할지라도, 그리스도인들은 아무런 문제 없이 일신론자로 남게 될 것이라고 했다.[16] 20세기 중엽까지 삼위일체 교의는 그리스도인들

---

13 I. Kant, *Der Streit der Fakultaeten*, PhB 522, Hamburg: Felix Meiner Verlag, 2005, 41: 참조. Dong-Young Lee, *Der dreieinige Gott und seine Gesellschaft*, 4.

14 F. D. E. Schleiermacher, *Der chistliche Glaube*, Rolf Schäfer (Hrsg.), Berlin . New York: Walter de Gruyter, 2008, 170: Dong-Young Lee, *Der dreieinige Gott und seine Gesellschaft*, 4.

15 캐서린 모리 라쿠나, 위의 책, 214.

16 K. Rahner, "Der dreifaltige Gott als transzendenter Urgrund der Heilsgeschichte," in: *Mysterium Salutis*, Bd. II, Johannes Feiner und Magnus Löhrer (Hrsg,), Einsiedeln . Zürich . Köln: Benziger Verlag 1967, 319. 라쿠나 또한 자신의 저서에서 라너의 진술을 인용하고 있으나 이는 정확한 인용이 아니다. "라너가 말한 것처럼 다른 한편에서는 삼위일체 교의를 거짓된 것으로 생각하였다. 그리고 실제 이런 분위기는 그리스도교 문학에 반영되었다"(캐서린 모리 라쿠나, 『우리를 위한 하나님』 27) 그러나 라너는 자신의 저서에서 삼위일체론에 대한 모든 문헌이 거짓된 것으로 배척된다고 할지라도 그리스도인들은 아무런 문제없이 일신론자로 남게 될 것이라고 했다; Dong-

의 신앙과 삶으로부터 고립되었고, 기독교적인 실천과는 무관한 관념적이고 추상적인 교리로 간주되었다. 이것은 곧 삼위일체론의 몰락을 의미하는 것이었다고 라쿠나는 말한다.[17]

라쿠나는 삼위일체 교의가 구원의 경륜에 기초하여 구성될 때에야 비로소 신학과 경륜의 분리, 즉 내재적 삼위일체(본질의 삼위일체)와 경륜적 삼위일체(구원의 삼위일체) 사이의 분리를 극복하고, 다른 교의들과의 관계, 즉 기독론과 구원론으로부터 삼위일체 교의가 고립되는 것을 막을 수 있을 뿐만 아니라 삼위일체 교의가 그리스도인의 삶에 근본적인 의미와 원리를 제공하는 살아있는 교리가 될 수 있다고 보았다.[18] 그렇게 될 때에야 삼위일체 교의의 몰락을 극복할 수 있다는 것이다.

2. 경륜적 삼위일체와 내재적 삼위일체의 관계에 대한 라쿠나의 이해

2.1. 칼 라너의 '일치성의 원리'에 대한 라쿠나의 부분적 수용

라쿠나는 삼위일체론을 관념화시키고 추상화시킨 교리사적인 진전과정에 이의를 제기한다. 그녀에 따르면 하나님의 신비는 구원의 신비 속에서 드러나기 때문에 구원의 역사와 무관하게 하나님의 내적인 존재 자체를 사색하는 것으로부터 삼위일체론을 전개해서는 안 되고, 삼위 하나님의 구원 역사로부터, 즉 그리스도의 인격과 성령의 활동 안에 나타난 하나님의 자기소통에 기초해서 삼위일체론을 전개해야만 한다는 것이다. 라쿠나는 삼위 하나님의 자기계시에 의해 확증된 구원경륜에 기초해야만 삼위일체의 본질, 즉 내재적 삼위일체를 올바로 묘사할 수 있다고 말한다.[19] 이

Young Lee, *Der dreieinige Gott und seine Gesellschaft*, 4.

17 캐서린 모리 라쿠나, 『우리를 위한 하나님』, 215.

18 위의 책, 28-29.

19 위의 책, 20-21.

러한 경륜적 삼위일체(경륜)와 내재적 삼위일체(신학)에 대한 그녀의 견해
는 개신교의 칼 바르트와 함께 오늘날 삼위일체 신학의 르네상스를 일으
키는 데 중요한 역할을 한 가톨릭 예수회 출신 신학자 칼 라너 SJ. Karl Rahner
의 경륜적 삼위일체와 내재적 삼위일체의 관계에 대한 유명한 명제, 소위
'일치성의 원리'라고 불리는 명제에 기초해 있다.

　　라너는 하나님의 신비와 구원의 신비가 일치한다고 보았다. 하나님은
본성상 자기 소통적이며, 하나님이 성령의 능력 안에서 예수 그리스도를
이 세상에 보내주신 것, 즉 성육신 사건은 우리를 향한 '하나님의 자기전
달'(자기소통) Selbstmitteilung Gottes 이다. 그러므로 라너에게 있어서 하나님의
은총은 하나님으로부터 오는 그 무엇이 아니라 하나님 자신이다. 이해
할 수 없는 하나님께서 구원의 경륜 속에서 자신을 분배하고 소통함으
로써 하나님이 된다고 라너는 말한다.[20] 그래서 라너는 경륜적 삼위일체
와 내재적 삼위일체의 관계를 규정한 자신의 명제, 즉 '일치성의 원리'로
알려진 그 유명한 명제, "경륜적 삼위일체는 내재적 삼위일체이고, 내재
적 삼위일체는 경륜적 삼위일체이다"를 내놓을 수 있었던 것이다.[21]

　　라쿠나는 경륜적 삼위일체와 내재적 삼위일체의 관계를 규정할 때 라
너의 '일치성의 원리'를 수용한다. 그녀는 라너를 따라서 하나님이 구원의
경륜 속에서 삼위라면 자신의 본질에 있어서도 삼위라는 사실을 거듭 강
조한다. 왜냐하면 구원경륜의 역사는 삼위 하나님의 자기 소통의 사건이
기 때문이다.[22] 그래서 라쿠나는 하나님의 삼위일체성 Dreieinigkeit 이야말로

20　K. Rahner, *Sacramentum Mundi*, Freiburg in Breisgu: Herder, 1967-1969, 306; 캐서린
　　모리 라쿠나, 『우리를 위한 하나님』, 304.

21　K. Rahner, "Der dreifaltige Gott als transzendenter Urgrund der Heilsgeschichte", 328:
　　"Die ökonomische Trinität ist die immanente Trinität und umgekehrt."

22　캐서린 모리 라쿠나, 『우리를 위한 하나님』, 305.

하나님의 구원의 신비와 존재의 신비의 근본적인 공동 구조임을 재차 천명하였고, 이러한 관점에서 신학과 경륜(구원론)은 따로 나누어질 수 없다는 사실을 지적한다.[23]

2.2. 칼 라너의 '일치성의 원리'에 대한 라쿠나의 비판

라쿠나는 경륜적 삼위일체를 통해서 내재적 삼위일체를 인식해야만 한다는 라너의 견해를 수용하지만, 그럼에도 불구하고 경륜적 삼위일체와 내재적 삼위일체를 구분하여 삼위일체를 설명하는 라너의 이해방식에 문제가 있다고 본다. 왜냐하면 이 두 용어를 사용하게 되면 양자의 관계를 어떻게 설정하는가와 무관하게 하나님의 구원의 신비와 하나님의 본성(본질)의 신비를 구분하는 구조를 형성시키기 때문이라고 한다.[24] 아무리 하

---

23 위의 책, 304-305.

24 위의 책, 328. 칼 라너는 "경륜적 삼위일체는 내재적 삼위일체이고, 내재적 삼위일체는 경륜적 삼위일체이다"라는 유명한 명제를 설파하였다(K. Rahenr, "Der dreifaltige Gott als transzendenter Urgrund der Heilsgeschichte", 328). 라너의 이 명제는 라너가 로마 가톨릭의 신(新)신학 운동의 기수였으며 자신의 스승이었던 에리히 프리치바라(Erich Przywara)로부터 계승한 사상이다. 프리치바라는 1952년 짧은 논문 "삼위일체. 대화"(Trinität. Gespraech)에서 경륜적 삼위일체를 하나님의 '자기전달'(자기소통)[Selbstmitteilung Gottes]으로 파악하고, 이러한 관점에서 경륜적 삼위일체에 의거하여 내재적 삼위일체를 인식해야만 한다는 입장을 개진함으로써 삼위일체 교의의 이해에 새로운 길을 열었다. 라너는 프리치바라의 사상을 계승하여 경륜적 삼위일체와 내재적 삼위일체에 관한 자신의 유명한 명제를 정립하였던 것이다. 라너의 본래 의도는 삼위일체론에 대한 논의를 구원사(Heilsgeschichte)의 맥락 속에서 진행함으로써, 이 교의를 단지 하나님의 내적 신비에 대한 탐구로 이해하려는 고질적인 사변성과 관념성을 극복하는 데 있었다. 그리하여 삼위일체 교의를 교회의 예전 및 신자들의 삶과 관련한 구체적이고 실천적인 교의로 회복시키기를 원했던 것이다(Dong-Young, Lee, *Der dreieinige Gott und seine Gesellschaft*, 168-169). 그러나 라너가 경륜적 삼위일체와 내재적 삼위일체 이 양자를 '동일한 것'으로 보았는지, 아니면 '일치하는 것'으로 보았는지는 명확하지 않다(Dong-Young, Lee, *Der dreieinige Gott und seine Gesellschaft*, 198) 이 명제에 대한 해석이 양자를 '동일한 것'으로 보는 입장과 '일치하는 것'으로 보는 입장으로 나누어지게 되었다. 전자의 입장을 취하면 라너의 명제는 '동일성의 원리'(Identitaets-Prinzip)로, 후자의 입장을 취하면 '일치성의 원리'(Entsprechungs-Prinzip)로 명명될 수 있다. 예를 들면, 위르겐 몰트만과 이브 콩가르는 라너의 명제를 '동일성의 원리'로 이해하고 삼위일체의 경륜과 내재를 동일한 것으로 파악한 라너를 비판하는 반면에(참조. Y. Congar, *Der Heilige Geist*, Freibrug. Wien. Basel; Herder, 1982, 337; J. Moltmann, *Der Geist des Lebens. Eine ganzheitliche Pneumatologie*,

나님의 경륜 안에서 하나님의 내재를 인식할 수 있더라도, 경륜과 내재를 구분하면 경륜은 하나님의 내재에 그 기원과 근거를 둘 수밖에 없다는 것이다.[25] 라쿠나는 이것이야말로 자신이 라너를 따를 수 없는 이유라고 한다.[26] 니케아공의회 이전까지만 해도 경륜적 삼위일체와 내재적 삼위일체를 구분하는 이러한 사유 자체가 존재하지 않았다고 지적하는 라쿠나는 니케아 이전의 입장으로 돌아가자고 호소한다. 라쿠나는 니케아 이전의 교부들의 관점에 서서 너무나 종종 오해되고 오용되는 두 용어, 즉 경륜적 삼위일체와 내재적 삼위일체라는 용어를 사용하지 않는 것이 좋겠다는 입장을 견지한다. 그녀는 '경륜'[oikonomia]을, 니케아 이후 전통적인 입장을 따라 '우리를 위한' 또는 '우리를 향한' 삼위일체로 이해하지 말고, '창조-타락-구속-완성'에 이르는 하나님의 포괄적인 계획으로 이해하자고 제안한다. 이 경륜이라는 포괄적인 계획 속에서 하나님은 이 세상의 모든 만물과 더불어 사랑과 연합의 신비 속에 함께 존재한다는 것이다.[27] 마찬가지로 '신학'[theologia]을 내재적 삼위일체로 이해할 것이 아니라 단순하게 '하나님의 신비'로 이해할 것을 제안한다. 이 하나님의 신비는 구원의 신비와 구분된 하나님의 신비가 아니라, 구원의 신비, 즉 우리와 함께하는 하나님의 신비라고 라쿠나는 주장한다.[28] 그렇게 함으로써 라쿠나는 하나님의 신비를 내재적 삼위일체로, 그리고 구원의 신비를 경륜적 삼위일체로 구분하는 니케아 이후 삼위일체에 대한 이중적인 구분을 넘어서기를 원한다.[29]

München: Chr. Kaiser, 1991 305), 라쿠나는 '일치성의 원리'로 이해하고, 라너가 이 양자의 관계성을 강조함에도 불구하고, 양자를 구분하고 있다고 비판한다(Cf. 캐서린 모리 라쿠나, 『우리를 위한 하나님』, 328).

25 위의 책, 324.
26 위의 책, 324.
27 위의 책, 329.
28 위의 책, 329.
29 위의 책, 329.

라쿠나는 경륜적 삼위일체와 내재적 삼위일체를 구분하여 내재적 삼위일체를 독립된 개념으로 정의하는 것은 논리적 오류라고 주장한다. 왜냐하면 삼위일체에 대한 인식 자체가 성령 안에서 그리스도를 통한 우리의 하나님 경험을 통해서만 가능한데, 내재적 삼위일체라는 용어를 독립된 개념으로 설정하고 그 용어를 정의하게 되면 우리의 경험하는 하나님 경험과 관계없이 형이상학적으로 하나님을 인식할 수 있는 다른 어떤 차원이 있다는 식의 착각을 유발할 수 있기 때문이라는 것이다.[30] 라너는 경륜적 삼위일체가 내재적 삼위일체이며 내재적 삼위일체는 경륜적 삼위일체라고 말하면서, 내적인 자기전달(자기소통) 가운데 있는 하나님께서 성육신과 성령의 역사 안에서 진실로 자기 자신을 전달하신다고 보았다. 이렇게 하여, 경륜적 삼위일체가 내재적 삼위일체의 인식의 원리라고 할지라도, 경륜적 삼위일체에 대한 내재적 삼위일체의 존재론적 우위를 라너는 확보하려고 했다. 그러나 이러한 라너의 입장에 대항하여 라쿠나는 경륜적 삼위일체와 구분되는 내재적 삼위일체의 차원이 따로 존재하는 것이 아니라 내재적 삼위일체를 경륜적 삼위일체의 내적 구조에 대한 설명으로 보아야만 한다고 주장한다. "내재적 삼위일체 신학은 구원 경륜의 내적 구조에 관한 신학인 것이다."[31]

내재적 삼위일체 신학이란 하나님 '내면'에 있는 것을 분석하는 것이 아니라, 구원 역사 안에 나타난 하나님의 자기-표현의 구조와 유형을 생각하고 표현하는 방식이다.[32]

---

30 LaCugna and McDonnel, *Returning from The Far Country*, 204-205 (캐서린 모리 라쿠나, 『우리를 위한 하나님』 329, 각주 42를 따라 재인용).
31 캐서린 모리 라쿠나, 『우리를 위한 하나님』 330.
32 위의 책, 331.

그러므로 내재적 삼위일체를 구원경륜과 구분되는 하나님의 내적 본질로 이해하면 안 된다고 라쿠나는 주장한다. 그래서 그녀는 독일의 신학자 에버하르트 윙엘Eberhard Juengel의 입장을 수용하여, 내재적 삼위일체는 따로 존재하는 것이 아니라 구원 역사 속에서의 경륜적 삼위일체를 개념화시킨 것이라고 주장한다.[33] 그러므로 내재적 삼위일체란 우리와 관계하지 않는 하나님의 내적 본질을 의미하는 것이 아니고, 그리스도와 성령 안에서 우리와 함께하는 하나님을 의미하는 것으로 보아야 한다고 말한다.[34] 그녀는 대담하게 다음과 같이 주장한다.

> 하나님은 사실상 세계와 관계를 맺으며 존재한다. 하나님께서 관계 속에 존재하지 않는 것(본질 자체)인 양 하나님을 이론화하거나 하나님과 세계와의 관계를 하나님의 본성에 대한 기초 진리로 가정하는 것은 존재하지 않는 하나님에 대한 환상이다.[35]

삼위일체 교의 자체가 하나님 자신에 관한 교의가 아니라 우리와 함께 하시는 하나님의 삶과 하나님과 함께하는 우리의 삶에 관한 교의이므로 경륜과 내재를 구분하여 삼위일체를 서술해서는 안 된다는 것이다.[36] 그러므로 니케아 공의회 이래 당연시되어온 '자기 자신 안에 있는 하나님'Gott in sich selbst, 즉 내재적 삼위일체와 '우리를 위한 하나님'Gott fuer uns, 즉 경륜적 삼위일체, 이 두 개념의 구분으로부터 우리가 벗어날 수 있을 때에야 비로소 삼위 하나님의 삶(생명)과 연합된 우리와 피조물들의 삶(생

---

33 E. Juengel, *God as the Mystery of the World*, 346 (캐서린 모리 라쿠나, 『우리를 위한 하나님』 330을 따라 재인용).

34 캐서린 모리 라쿠나, 『우리를 위한 하나님』 335.

35 위의 책, 339.

36 위의 책, 336.

명)을 단절없이 일관성 있게 동시에 파악할 수 있게 된다는 것이 라쿠나의 주장이다.[37]

3. 라쿠나의 관계 존재론

라쿠나는 전통적 삼위일체 교의의 관념성을 극복하고 이 교의를 그리스도인의 신앙과 삶을 위한 실천적인 교의를 만들 목적으로 관계의 개념을 인격의 존재론적 범주로 사용하여 '경륜의 신비'와 '하나님의 신비'를 통합함으로써 자신의 '관계 존재론적 삼위일체 신학'을 구성하기를 원하고, 이로부터 또한 삼위일체 교의에 담긴 실천적 함의를 끌어내려고 한다. 지금부터 라쿠나의 삼위일체 신학에서 그 근간이자 핵심 개념이라고 할 수 있는 '관계 존재론'에 대하여 살펴보도록 하자.

3.1. 라쿠나의 관계 존재론의 사상적 배경

라쿠나에 따르면, 삼위일체 교의는 인간과 이 세상과 무관한 하나님 자신에 관한 교의가 아니라 이 세상과 관계하시는 하나님에 관한 교의이다.[38] 그러므로 삼위일체 교의는 하나님 자신의 내적 신비를 존재론적으로 사변하는 것이 아니라, 구원경륜 속에 나타난 삼위의 위격들과 인간의 인격들의 관계와 만남에 초점을 둬야 한다고 라쿠나는 말한다. 그래서 그녀는 삼위일체 교의를 탁월한 '관계성의 신학'으로 규정한다.[39]

라쿠나는 '하나님의 신비'와 '구원의 신비' 사이의 상응 관계를 강조하고 삼위의 위격들과 우리의 인격들 사이의 사귐과 연합에 관심을 집중하

---

37 위의 책, 336. 그러나 필자는 이러한 라쿠나의 견해에 동의하지 않는다. 만약 우리가 경륜적 삼위일체와 내재적 삼위일체, 이 양자를 구분하지 않고 일원적으로 보게 되면 하나님을 세상 속으로 환원시키고 종속시키는 오류에 빠지게 된다. 이 문제에 대해서는 결론부의 비판적 평가에서 상론할 것이다.

38 위의 책, 336.

39 위의 책, 343.

면서, 양자의 상호 관계를 '관계의 존재론'을 통하여 해명하려고 한다. 그녀는 관계의 존재론을 "관계성-안에-존재하는-것"to-exist-in-relationship으로 정의한다.[40] 그리고 라쿠나는 '관계 존재론'에 입각한 삼위일체 신학을 구성할 때 고대 동방교회의 카파도키아의 세 교부들(바실리우스, 닛사의 그레고리우스, 나치안츠의 그레고리우스)의 '관계 속에 있는 위격' 개념, 현대 영국철학자 존 멕머레이John Macmurray의 '인격주의 철학'의 '관계적 인격' 개념, 현대 그리스 정교회 신학자 존 지지울라스의 '인격 신학'에 나오는 '존재에 대한 인격의 우위성' 개념, 그리고 미국의 여성신학자 파트리카 윌슨 카스트너Patrica Wilson-Kastner의 '관계성의 신학'을 수용하고 활용한다.

1) 카파도키아 교부들의 '관계 속에 있는 위격' 개념의 수용

라쿠나는 카파도키아 교부들의 관계적 인격 개념을 수용한다. 카파도키아의 교부들은 삼위 외부에ad extra 한 분 하나님의 '본질'ousia을 따로 설정하지 않는다. 그들은 '신성의 원천'fons deitatis을 한 분 하나님의 본질(본성)이 아니라 성부의 위격으로 본다. 성부로부터 나오는 성자는 '출생'generatio의 '존재방식'tropos hyparaxeos으로, 성령은 '발출'processio의 존재방식으로 성부와 신성을 공유한다. 카파도키아 교부들에 따르면, 위격들은 한 분 하나님의 본질로부터 파생한 그 무엇이 아니고, 성부와 성자와 성령의 상호관계에 의거하여 각기 독자적인 '실체'hypostasis를 갖고 있다. 성부는 신성의 '기원 없는 기원'ursprunglose Ursprung이시고 '신성의 원천'으로서 위격을 형성하고 있으며, 성자는 성부와의 관계 속에서 '출생'generatio의 방식으로 자신의 위격을 형성하고, 성령은 성부와의 관계 속에서 '발출'processio의 방식으로 자신의 위격을 형성한다. 세 위격들이 가진 공동의

---

40 위의 책, 343.

본질본성, ousia은 세 위격들 밖에 독자적으로 존재하는 그 무엇이 아니라 세 위격의 연합unitas, 즉 '하나 됨'Einigkeit이다. 즉 위격의 상호관계와 연합, 즉 하나 됨이 한 하나님의 본질을 구성한다는 것이다. 그러므로 카파도키아의 교부들이 보기에, 하나님의 세 위격들의 상호 관계성을 배제한 체 한 분 하나님의 본질을 형이상학적으로 논구하는 것은 무의미하다.

성부는 성자와의 관계 속에서 성부이며, 성자는 성부와의 관계 속에서 성자이고, 성령 또한 성부와의 관계 속에서 성령인 것이다. 그러므로 세 위격들은 서로 아무런 관계가 없는 분리된 개체적 존재로 이해되어서는 안 된다고 그들은 보았다.[41] 카파도키아의 교부들을 따르는 동방 신학의 전통은 세 위격들이 서로 상호관계 속에서 존재한다는 '관계 존재론'과 더불어 삼위일체에 대해 성찰한다. 각 위격은 다른 위격들과의 관계와 무관하게 존재하는 것이 아니라 '관계 안에 있는 존재'being-in-relation로서 존재한다는 동방 신학의 입장에 라쿠나는 주목한다.[42] "경륜은 하나님이 홀로 존재하시는 존재가 아니라 우리와 함께 하시는 존재임을 입증한다."[43] 하나님은 창조와 구원의 역사 속에서 언제나 자기 자신과 이 세상과 인간과 관계를 맺는 존재로서 자신을 드러낸다. 경륜의 역사 가운데서 하나님의 본질은 추상적으로 계시되는 것이 아니라 예수 그리스도 안에서 구체적으로 우리와의 인격적인 관계 속에서 계시되고 전달되고 분여된다. 그러므로 카파도키아 교부들에게 있어서 구원의 신비와 하나님의 신비 속에서 드러나는 하나님의 위격의 특징은 관계성, 인격성, 그리고 연합이다.[44]

---

41 위의 책, 348.
42 위의 책, 349.
43 위의 책, 349.
44 위의 책, 349.

2) 존 맥머레이의 인격주의 철학의 '관계적 인격' 개념의 수용

라쿠나는 영국의 철학자 존 맥머레이의 인격주의 철학의 '관계적 인격' 개념을 수용한다. 존 맥머레이에 따르면 '인격'은 관계성 속에서만 인격일 수 있다. 고립된 주체로서의 자아는 비존재일 뿐이다. 그러므로 인격은 단자적인 것이 아니라 유기체적인 것이고, 고립되고 고정된 실체가 아니라 개방적인 되어감 속에 있는 실재이다. 인간의 자아는 다른 자아와의 관계 속에서만 자아일 수 있다.[45]

라쿠나는 맥머레이의 이러한 '관계적 인격' 개념을 수용한다. 그녀에 따르면 인격은 타자(다른 인격)와의 관계 속에서 행위할 때에만 인격이지 고립되어진 자충족적 주체로서의 인격이 아니다. 그리고 그녀는 이러한 인격개념을 삼위일체 교의에 적용하여, 경륜(구원의 신비)안에 나타난 하나님의 활동들이 하나님의 인격적 특징들을 드러낸다고 주장한다. 그러므로 하나님의 활동과 무관한 하나님의 인격은 성립될 수 없다는 것이다. 맥머레이에 따르면 공동체야말로 참된 인격이 나타나는 정황이며, 그러기에 공동체가 없이는 인격의 개념이 성립될 수 없다. 라쿠나는 이러한 맥머레이의 입장에 공감하여 다음과 같이 주장한다. "인격이란 타자 중심적이며, 포용적이고, 자유로이 관계를 맺는 작인[행위자]이다."[46]

3) 존 지지울라스의 '존재에 대한 인격의 우위성' 개념의 수용

라쿠나는 현대 그리스 정교회의 신학자 존 지지울라스John D. Zizioulas의 '존재에 대한 인격의 우위성'이라는 개념을 수용한다. 지지울라스는 카파도키아 교부들의 사상을 토대로 삼아 존재에 대한 인격의 우위성을 주장

---

45 J. Macmurray, *Person in Relation*, 27-29 (캐서린 모리 라쿠나, 『우리를 위한 하나님』, 365를 따라 재인용).

46 캐서린 모리 라쿠나, 『우리를 위한 하나님』, 368.

한다. 지지울라스에 따르면 존재가 인격을 구성하는 것이 아니라 인격이 존재를 구성한다.[47]

아우구스티누스를 따르는 서방의 전통이 신성의 원천을 한 분 하나님의 본질에서 찾는 것과는 달리, 카파도키아 교부들과 그들을 따르는 동방의 전통은 신성의 원천을 성부의 위격에서 찾는다. 그래서 카파도키아 교부들은 성부, 성자, 성령, 즉 삼위의 세 실체들을 한 분 하나님의 본질과 일치시키지 않고 세 분의 위격과 일치시킬 수 있었던 것이다. 지지울라스는 이러한 카파도키아 교부들의 위격은 곧 실체(위격=실체)라는 공식에 의존하여 위격(인격)이란 하나의 개체적인 존재가 아니라 다른 위격들과의 관계 속에서 형성되는 하나의 "개방적이며 황홀한 실재"라고 보았다.[48]

위격의 개념을 본질의 개념보다 우위에 두고 인격 상호간의 관계성을 강조하는 카파도키아 교부들의 전통은 하나님의 실재가 타자와 무관하게 고립되고 고독한 단자적인 실체 내지는 주체로서의 실재가 아니라 타자를 향하여 자신을 개방하고 그 타자와 관계함으로써 존재하는 인격적인 실재라는 점을 보여준다. 삼위일체의 실재는 위격들의 관계와 사귐 속에 있는 연합의 신비 가운데 있는 실재이다. 그러므로 지지울라스는 연합 안에서만 하나님은 하나님이시며, 연합에 의해서만 하나님은 존재할 수 있다고 강조한다.[49] 지지울라스에 따르면 세 위격들 상호간의 사랑이 위격들 사이의 개방적이고 친밀한 연합을 형성시킴으로써 하나님은 하나님이 된다는 것이다.

사랑은 하나님의 존재양식으로서 하나님을 [성부와 성자와 성령으로] 실체화

47 위의 책, 369.

48 위의 책, 370.

49 J. D. Zizioulas, *Bing as Communion. Studies in Personhood and the Church*, St. Vladimir's Press, 1985, 49.

하며 하나님의 존재를 구성한다.[50]

라쿠나는 이러한 지지울라스의 입장을 수용하여 삼위일체는 하나님의 사랑의 사건이며 세 위격들의 연합의 사건이라고 주장한다.[51] 그리고 하나님은 피조물들과의 연합 속에서만 하나님이 되신다고 주장한다.[52]

4) 파트리카 윌슨-카스트너의 '관계성의 신학'의 수용

라쿠나는 지지울라스가 '관계 속에 있는 인격' 개념을 통하여 관계성이 실재를 구성한다고 본 것은 옳지만 관계 안에 있는 인격들이 모두 하나님을 닮았다고 생각하는 것은 인격의 사회적 차원을 간과한 나이브한 생각이라고 비판한다. 라쿠나는 관계 구조의 억압과 모순은 인격을 파괴한다고 지적하며, 그것은 하나님을 닮은 것은 고사하고 반反하나님적인 것이라고 말한다.[53] 이와 관련하여 라쿠나는 여성과 남성의 관계의 대한 구조적 모순과 그 구조적 모순이 파생시키는 성 차별의 문제를 심각하고 중요하게 취급해야 한다고 주장한다.[54] 그리고 이러한 문제의식의 연장선상에서 미국의 여성신학자 페트리카 윌슨-카스트너Patrica Wilson-Kastner의 '관계성의 신학'에 주목하고 그녀의 논지를 수용한다.

---

50 J. D. Zizioulas, *Bing as Communion*, 46 (괄호는 필자의 삽입). 지지울라스는 자신의 이러한 관계적 인격 개념의 기반위에서 삼위일체론을 설명할 뿐만 아니라 이 개념을 자신의 교회론과 성례론(세례론과 성찬론)을 통해서 구체화한다. 관계론적 인격의 개념에 입각해서 교회론과 성례론을 구성함으로써 인격 개념이 신론에서만 논구되었을 때 빠질 수 있는 개념의 추상화 내지는 관념화를 넘어서고자 하는 것으로 보인다(참조. J. D. Zizioulas, *Bing as Communion*, 53-59).

51 캐서린 모리 라쿠나, 『우리를 위한 하나님』, 373.

52 참조. 위의 책, 495.

53 위의 책, 379-380.

54 라쿠나는 학문으로서의 페미니즘을, 문화, 지성, 언어, 정치, 종교-신비-상징의 세계에 나타나는 가부장적 정서에 대한 광범위한 비판으로 정의한다(C. M. LaCugna, "The Baptism Formula, Feminist Objections and Trinitarian Theology", in: *JES* 26/2 (1989), 235-250 [캐서린 모리 라쿠나, 『우리를 위한 하나님』, 280을 따라 재인용]).

윌슨-카스트너는 전제군주적 일신론이 남성의 지배 개념을 강화시킨 다면, 삼위일체 교의는 세 위격들 사이의 개방적이고 평등한 사귐의 상호 관계성을 강조한다고 주장한다. 그러나 윌슨-카스트는 가파도키아 교부들이 신성의 원천 내지는 원리를 성부의 위격으로 규정하고 성부의 위격으로부터 성자의 출생과 성령의 발출을 말하는 방식의 설명을 반대한다. 왜냐하면 이러한 가파도키아 교부들의 설명 방식은 성부, 즉 아버지를 통치와 지배의 원리요 정점으로 보는 가부장적 이데올로기를 신학적으로 정당화시키기 때문이라는 것이다. 그러나 가파도키아 교부들의 삼위일체론을 이런 식으로 해석하는 것은 그녀가 가부장주의에 대한 그녀 자신의 부정적인 관점을 가파도키아 교부들의 삼위일체론에 투영했기 때문이다. 그래서 그녀는 가파도키아 교부들을 따르는 동방의 전통에 대항하여 신적 위격들의 평등성과 비종속성을 강조하는 서방의 전통을 존중한다. 라쿠나는 윌슨-카스트너의 입장을 수용하면서 모든 종속론에 대항하여 신적 위격들의 평등성과 비종속성을 강조하는 것이야말로 아우구스티누스를 따르는 서방의 삼위일체 이해방식이 삼위일체 교의에 미친 대단히 중요한 공헌이라고 주장한다.[55]

윌슨-카스트너는 위격들 상호간의 독자성, 평등성, 관계성, 다양성의 관점에서 삼위일체론을 설명한다. 그녀에 따르면 각각의 위격은 자기 자신을 소유하고 있기에 독자성을 가지면서도 동시에 타자를 지향하고 타자를 향하여 자기 자신을 열어놓기에 관계성과 개방성을 가진다. 윌슨-카스트는 한 분 하나님의 주체의 삼중의 반복driemalige Wiederholung, 즉 한 분 하나님의 주체의 삼중적 존재방식drei Seinsweise을 주장하는 바르트와 라너의 양태론적인 경향의 삼위일체 이해에 대항하여,[56] 하나님의 삼위일체를 독

55 캐서린 모리 라쿠나, 『우리를 위한 하나님』, 391,
56 바르트와 라너는 근대적 개념의 '인격'(person)이 삼위일체에 적용될 경우에 삼신론

자적 위격들로 구분된 타자-지향적 개체위격들의 관계성으로 이해한다. 이러한 위격의 독자성과 개방적 관계성을 주장하는 윌슨-카스트너의 견해를 라쿠나는 수용한다.

3.2. 세 신적 위격들의 페리코레시스

'상호내주'cirum-insessio 내지는 '상호침투'cirucum-incessio로 번역될 수 있는[57] 헬라어 '페리코레시스'perichoresis는 세 위격들의 사귐 내지는 일치를 설명하기 위하여 8세기 동방의 교부 다메섹의 요한Johannes von Damaskus에 의해 거의 최초로 사용된 것이다.[58] 삼위일체 교의에서 '페리코레시스'라는 개념은 세 위격들이 정적으로 서로 안에 내주하며 안식을 누리는 것 뿐만 아니라 역동적으로 생동하면서 서로 안에 침투하는 것을 설명하기 위해 사용되었다.

라쿠나는 자신의 관계 존재론에 입각한 삼위일체론을 구성하기 위해 다메섹의 요한이 사용한 페리코레시스 개념을 적극적으로 수용한다. 라쿠나에 따르면 페리코레시스 개념은 세 위격의 통일성, 즉 그들의 하나

(Tritheismus)를 피할 수 없다고 보았다. 왜냐하면 근대의 인격 개념은 인격을 단자적인 독립적 주체로 이해했기 때문이다. 그래서 그들은 한 분 하나님의 유일한 신적 주체가 세 존재방식(Seinsweise) [Barth] 내지는 세 존립방식(Subsistenzweise) [Rahner]을 가진다는 입장을 고수했던 것이다(K. Barth, *Kirchliche Dogmatik*, I, 1, 513; K. Rahner, "Der dreifaltige Gott als transzendenter Urgrund der Heilsgeschichte", 342).

57 페리코레시스는 '상호내주' 또는 '상호침투'로 번역될 수 있다. 페리코레시스를 '상호내주'로 번역한 중세교부는 토마스 아퀴나스였고, '상호침투'로 번역한 중세교부는 보나벤투라였다(참조. A. Deneffe, "Perichoresis, circumincessio, circuminsessio", in: *Zeitschrift fuer katbologische Theologie*, 47, 1923, 497-532). 토마스 아퀴나스의 '상호내주'라는 단어가 세 위격 상호간의 일치성이 지닌 정적이고 공간적인 성격과, 안식의 성격을 부각시킨 번역이라면, 보나벤투라의 '상호침투'라는 단어는 세 위격 상호간의 일치성이 지난 역동적이고, 생동적이며, 운동적인 성격을 부각시킨 번역이다(W. Kern und Y. Congar, "Geist und Heiliger Geist", in: *Christlicher Glaube in monderner Gesellschaft*, F. Boeckle/F. X. Kaufmann u.a. (Hrsg.), Freiburg, 1982, 109; Dong-Young Lee, *Der dreieinige Gott und seine Gesellschaft*, 220; 참조. 캐서린 모리 라쿠나, 『우리를 위한 하나님』, 390).

58 참조. Johannes Damascenus, *De Fide Orthdoxae*, PG, XCIV, 798-1228.

됨의 원리를 성부의 위격이라고 보았던 카파도키아 교부들의 전제군주론을 보완하고, 아리우스와 그의 추종자들의 '종속론'Subordinatianismus에 쐐기를 박기 위해 등장했다고 한다.[59] 라쿠나의 페리코레시스에 대한 설명을 들어보자.

…페리코레시스 개념은 하나님의 세 위격들이 서로 안에 상호 내재하며 서로로부터 생명을 끌어내며, 서로와의 관계에서 위격일 수 있다는 개념이다. 페리코레시스는 서로 안에 있는 존재, 혼돈이 없는 침투란 의미이다. 어떤 위격도 홀로 존재하지 않으며, 홀로 관계되지 않는다. 만일 〔위격이〕 홀로 존재한다면… 하나님 안에 분리를 만들어 내는 것이다. 따라서 하나님의 위격이 된다는 말은 본성상 다른 위격들과의 관계 속에서 존재한다는 것이다. 모든 신적 위격은 자신의 존재를 다른 존재로부터 취하고 있고, 스스로 안에 타자를 포함하며… 동시에 다른 위격들 속으로 자아를 넘겨주고 있다.[60]

삼위의 각각의 위격은 페리코레시스의 신비 속에서 자신의 위격의 개체성을 보존하는 동시에 서로에게 '침투'하고, 서로에게 '내주'함으로 하나가 된다. 그러므로 한 위격은 자신의 실체를 표현할 뿐만 아니라 다른 두 위격들의 실체를 표출manifestatio하고 현시함으로써 하나님의 본질을 표현한다.[61] 하나님의 실체 또는 본질은 하나의 고립된 '단자'monad가 아니라 세 위격들의 페리코레시스적 관계성relationship이다.[62] 그리고 라쿠나는 이러한 세 위격들의 개체성과 연합을 동시에 강조하는 페리코레시스 개념을

---

59 캐서린 모리 라쿠나, 『우리를 위한 하나님』, 388.

60 위의 책, 388.

61 위의 책, 388.

62 위의 책, 391.

자신의 관계의 존재론에 입각한 삼위일체론 구성을 위하여 수용한다. 아울러 그녀는 윌슨-칸스트너를 따라 페리코레시스 개념으로부터 도출되는 '포용성', '공동체성', '자유'의 가치는 인격 상호간의 차별 없는 상호 사귐을 강조하는 윤리학의 기초적인 원리를 제공한다고 한다.[63]

4. 라쿠나의 관계 존재론적 삼위일체 신학

라쿠나는 가파도키아 교부들의 삼위일체론의 '관계 속에 있는 위격' 개념, 존 맥머레이의 인격주의 철학의 중심에 있는 '관계적 인격' 개념, 존 지지울라스의 '존재에 대한 인격의 우위성' 개념, 파트리카 윌슨-카스트너의 세 위격들 사이의 개방적이고 평등한 관계성을 강조하는 '관계성의 신학' 그리고 고대 동방교부들의 '페리코레시스' 개념 등을 종합적으로 사용하여 인격은 상호관계 속에서 자신의 인격성을 형성하고 인격 됨을 유지한다는 '인격' 개념을 구성하고, 이러한 인격 개념에 기초하여 자신의 '관계 존재론'을 정립한다. 그리고 이러한 '관계 존재론'를 사용하여 자신의 역동적이고 실천적인 '관계 존재론적 삼위일체 신학'을 전개한다.

4.1. 관계 존재론에 토대를 둔 경륜과 신학의 통합

라쿠나는 관계 존재론의 관점에서 '경륜의 신비'와 '하나님의 신비'를 통합한다. 그녀는 하나님의 구원 경륜을 통해서만 하나님의 신비, 즉 하나님의 본성의 신비를 인식할 수 있다는 것을 강조한다. 창조와 구원의 경륜 가운데서 자신을 계시하시는 '우리를 위한 하나님'God for us이 곧 '자기 자신 안에 있는 하나님'God in self이라는 것이다. 라쿠나는 경륜의 신비 가운데서 자기 자신과 인간 및 피조물 사이의 구체적인 관계 속에서 자신을 전달

---

63 위의 책, 391. 윌슨-카스트너는 페리코레시스가 보여주는 '포용성', '공동체', '자유'라는 세 가지 가치야말로 윤리학의 기초원리라고 말한다(캐서린 모리 라쿠나, 『우리를 위한 하나님』, 391).

하고 자신을 분여하는 하나님, 그리고 그 하나님과 피조물 사이의 이러한 구체적인 관계 속에서 하나님의 내적인 연합(일치)의 신비가 드러난다고 본다. 그래서 하나님의 신비(신학)와 경륜의 신비(경륜)를 분리하는 것은 고사하고 구분하는 것조차도 근원적으로 반대한다. 오직 구원경륜의 신비를 통해서만 하나님의 존재의 신비가 드러날 수 있다는 것이다. 그래서 피조물들과의 관계 속에서 구원을 수행하시는 하나님 자신의 구원의 신비 속에서 하나님의 존재가 인식되기 때문에 라쿠나는 하나님의 관계 존재론을 '구원론적 존재론'이라고 불렀다.[64] 왜냐하면 라쿠나 자신이 주장하는 것처럼, 하나님의 존재가 구원 경륜에서만 인식된다면 하나님의 존재를 구원 경륜의 맥락을 떠나서 사변적으로 논구할 수 없기 때문이다.

라쿠나는 관계 존재론의 관점에서 삼위일체 교의는 하나님과 세상의 상호관계를 해명하는 교리라고 말한다.[65] 좀 더 구체적으로 말하면, 삼위일체 교의는 성령의 능력 안에서 그리스도를 통하여 이 세상을 구원하시는 하나님의 구원의 신비를 해명하는 교리라는 것이다. 그러므로 하나님과 세상과의 관계 속에서 전개되는 하나님의 구원 경륜을 떠나 하나님의 내적인 신비를 존재론적으로 탐구하는 삼위일체의 서술방식은 성경의 계시에 위배된다. 삼위일체론은 세상과의 관계를 배제한 채 단지 하나님의 내적 본질을 논하는 고립적이고 사변적인 이론이 아니라는 것이다. 이 교의는 하나님과 인간의 만남, 하나님과 세상의 만남 및 관계에 대한 해설이다. 그러므로 라쿠나에 따르면 삼위일체 교의는 하나님의 구원 경륜과의 관계 속에서 다루어져야만 한다.[66] 그렇지 않으면 삼위일체 교의는 추상적

64 Elizabeth T. Groppe, "Catherine Morwy LaCugna's Contribution to Trinitarian Theology", in *Theological Studies*, 2002, 748 (김정숙, "사랑과 자유의 관계 존재론", 「신학사상」, 145, 2009(여름), 148을 따라 재인용).
65 캐서린 모리 라쿠나, 『우리를 위한 하나님』, 443.
66 위의 책, 443.

인 사변으로 전락하고 말 것이다. 그러므로 우리가 구원의 경륜으로부터 삼위일체 교의를 분리시킨다면, 삼위일체 교의는 우리의 신앙 및 삶과는 무관한 추상적인 교의가 되고 말 것이며, 사실상 이 교의는 무의미한 관념으로 폐기되고 말 것이라고 라쿠나는 주장한다.[67]

우리는 구원의 신비를 통해서만 하나님의 신비에 접근할 수 있기 때문에 삼위일체 교의는 구원 경륜을 떠나서 논구될 수 없다고 한다. 그래서 라쿠나는 관계 존재론의 관점에서 삼위일체에 부합하는 존재론은 상호관계를 배제한 고독한 주체에 대한 사변적 이론일 수 없으며, 연합과 인격적 관계를 존재의 궁극적 범주로 받아들일 수밖에 없다고 말한다.[68] 삼위일체 교의는 교의 자체를 넘어 살아계신 하나님의 신비를 가리킨다. 이 신비는 구원의 신비인 동시에 하나님 존재의 신비이다. 하나님의 존재는 시간 속에서 창조세계와 삼위의 위격들 간의 관계 속에서 형성되기 때문에 고정되거나 고착될 수 없고 항상 역동적이며 관계적이다. 역사와 시간 속에서 하나님은 순례자들과 사귀시며 동행하시는 하나님이라는 것이다.[69] 라쿠나는 관계 존재론의 관점에서 하나님이 자기 자신과 인간과 피조물과의 관계 속에서 존재하는 분이라고 주장한다.

> 관계적 존재론은 구원의 신비와 하나님의 신비의 근본적인 일치에서 나온 것이다. 하나님이 존재하는 것 TO-Be 은 관계-속에-존재하는 것 TO-BE in relationship 이며, 우리와의-관계-속에-있는-하나님의 존재 God's being in relationship to us 가 곧 하나님이다.[70]

---

67 위의 책, 443.

68 위의 책, 444.

69 LaCugna and McDonnel, *Returning from The Far Country*, 199 (캐서린 모리 라쿠나, 『우리를 위한 하나님』, 444를 따라 재인용).

70 캐서린 모리 라쿠나, 『우리를 위한 하나님』, 353-354.

그러므로 라쿠나는 '구원경륜'oikonomia salutis과 관계없이 하나님의 내적 본질을 논구하는 신학적 사유를 '실체 형이상학'으로 규정하고 배격한다.[71]

4.2. '관계'에 대한 '인격'(위격)의 우위성, 그리고 '탈존'으로서의 인격

라쿠나는 지지울라스를 따라 하나님은 위격(인격)들의 연합 가운데서만 존재할 수 있다고 주장한다.[72] 하나님이 존재한다는 것은 인격적으로 존재하는 것을 의미하며, 하나님이 인격적으로 존재한다는 것은 인격들 간의 관계와 그 연합 속에 존재하는 것을 의미한다고 한다. 그런데 인격은 타자와의 관계 속에서 타자를 지향하고 타자에게 자신을 개방함으로써만 인격일 수 있고 자신의 인격 됨을 유지할 수 있다는 것이다. 이것을 라쿠나는 '탈존'ecstasis[73]이라고 부른다. 그녀에 따르면 '탈존'은 인격의 존재방식이다.[74] 인격이 탈존이 아니라면 인격은 더 이상 인격일 수 없다고 한다. 인격(위격)은 다른 인격(위격)들을 지향하고, 그것들에 자신을 개방하며 그것들과 연합하는 자유로운 운동 속에서 자신의 인격을 실현하고 현시한다고 라쿠나는 주장한다.[75]

4.3. 하나님의 사랑과 자유로부터의 창조와 구원

하나님이 피조물과 실재적이고 인격적인 관계를 맺는다고 해서 우리는

---

71 위의 책, 22.

72 J. D. Zizioulas, *Bing as Communion*, 49 (캐서린 모리 라쿠나, 『우리를 위한 하나님』, 370을 따라 재인용).

73 헬라어 '엑스타시스'(ecstsis)라는 용어는 '~로부터 밖으로'를 의미하는 '엑크'(ek)라는 전치사와 '놓다'라는 의미의 '이스타나이'(istanai)의 합성어로서 라쿠나의 『우리를 위한 하나님』의 역자 이세형은 '엑스타시스'를 '탈존' 또는 '황홀'로 번역하고 있다(참조. 캐서린 모리 라쿠나, 『우리를 위한 하나님』, 370, 각주 50). 괜찮은 번역이라고 필자는 생각한다.

74 C. M. LaCugna, "The Practical Trinity", in *The Christian Century*, July (1992), 681 (캐서린 모리 라쿠나, 『우리를 위한 하나님』, 369-370을 따라 재인용).

75 캐서린 모리 라쿠나, 『우리를 위한 하나님』, 370.

이러한 관계맺음을 하나님의 자유가 침해되는 사건으로 보면 안 된다고 라쿠나는 주장한다.[76] 하나님의 자유는 피조물을 향하여 자기 자신을 개방하고 자신을 제약하고 자신을 비우는 사랑의 자유이지, 고전적 유신론이 속성 개념을 통하여 주장하는 고통 불가능성, 즉 고난으로부터의 자유가 아니라고 한다. 고난당할 수 없는 하나님의 전능은 사랑할 수 없는 전능이며, 사랑할 수 없는 전능은 무능하고 무기력한 전능이라는 것이다. 하나님은 피조물을 향하여 자신을 개방하고 제약하고 연합함으로써 자신의 전능을 현시하신 분이라고 한다. 그러므로 하나님의 창조는 토마스 아퀴나스가 주장하는 것처럼, 우연으로부터 기인한 '무로부터의 창조'creatio ex nihilo가 아니라 스스로 자기 자신을 개방하고 제약하고 내어주시는 하나님의 자유롭고 전능한 '사랑으로부터의 창조'creatio ex amore라고 그녀는 말한다.[77] 그러므로 창조는 타자, 즉 피조물에게 자기를 비우시고, 제약하시고, 분여하시는 하나님의 전능한 사랑과 자유로부터 기인한다는 것이다. "실로 창조는 하나님의 사랑과 자유의 열매인 것이다."[78] 그러므로 라쿠나는 지지울라스를 따라서 하나님의 '자유'와 그의 '사랑'을 동일한 것으로 이해한다.[79] 하나님은 자신의 전능한 자유, 즉 전능한 사랑으로 인해 자신을 개방하여 이 세상을 창조하며, 자신을 내어주어 이 세상과 관계를 맺고 연합하며, 이 세상을 구원한다고 한다. 그러므로 하나님의 존재는 인격적 관계 안에 있는 존재라고 그녀는 강조한다.

---

76 Cf. 위의 책, 495-496.

77 위의 책, 496.

78 위의 책, 495.

79 J. D. Zizioulas, *Bing as Communion*, 45-46.

5. 라쿠나의 '관계 존재론적 삼위일체 신학'의 실천적 국면

이제 라쿠나의 관계 존재론에 입각한 삼위일체 신학의 실천적 국면을 언급할 때가 되었다. 라쿠나에 따르면, 삼위의 위격들은 서로서로에게 그리고 피조물을 향하여 자신을 개방하고, 자신을 제약하고, 자신을 비움으로써 세계의 창조자가 되고 세상의 구원자가 되며, 그렇게 함으로써 하나님이 된다고 한다. 하나님은 세 위격들과 피조물 사이의 전능한 자유와 무한한 사랑의 상호관계 속에 존재하는 하나님이다. 그러므로 우리는 라쿠나의 삼위일체 신학을 '관계 존재론적 삼위일체 신학'이라고 부를 수 있을 것이다. 이 세상은 하나님의 자유와 사랑의 관계를 통하여 하나님의 존재의 신비가 드러나는 장소라고 그녀는 말한다.[80] 그러므로 이 세상 속에서 펼쳐지는 구원 경륜의 역사를 떠나서 하나님의 신비를 논구할 수 없으며, 우리가 속한 세계와 우리의 삶은 우리와 이 세상을 향하여 자신을 지향하고 개방하고, 우리와 연합하여 우리를 신격화(구원)의 길로 인도하는 하나님의 구원 경륜의 신비가 구체적으로 드러나는 장소일 뿐만 아니라 하나님 존재의 신비를 인식하는 장소라는 것이다. 하여 우리가 속한 세계와 여기서 발생하는 수많은 문제들에 대하여(대항하여) 우리가 지향하는 연대와 논의와 투쟁과 해방을 위한 행동은 삼위일체 하나님의 구원 경륜과 밀접하게 결합되어 있으며, 그것을 이루어가는 구체적인 과정이요 그것의 현시인 것이다. 라쿠나에 따르면 '경륜의 신비'와 '하나님의 신비'는 구분할 수 없고 분리할 수는 더더욱 없다. 하나님의 신비는 경륜의 신비 안에서만 드러날 뿐이라고 한다. 그러므로 우리의 삶과 실천은 삼위일체이신 하나님과 함께하는 구원 경륜의 여정이 된다는 것이다. 여기에서 라쿠나의 '관계 존재론적 삼위일체 신학'의 실천적 성격이 드러난다.[81]

---

80 김정숙, "사랑과 자유의 관계 존재론", 155.

81 라쿠나는 '관계 존재론적 삼위일체 신학'의 토대 위에서 삼위일체론을 그리스도교 실천의 중심

6. 결론: 요약과 비판적 평가

6.1. 라쿠나의 '관계 존재론적 삼위일체 신학'의 요약

라쿠나는 자신의 '관계 존재론'의 토대 위에서 인격은 타자를 지향하고 타자를 향해 자신을 개방하고 참여하기에 인격이며, 인격일 수 있다는 '관계적 인격' 개념을 구성한다. 그리고 이런 인격 개념을 통해 삼위 하나님의 위격(인격)을 해석한다. 하나님은 자유와 사랑 속에서 자신을 피조물들에게 내어주심으로써 존재하는 인격적인 하나님이라는 것이다. 즉 하나님은 인간과 세상과 인격적인 관계맺음을 통해 존재하는 분이며, 존재하실 수 있는 분이라고 한다. 그러므로 하나님은 타자와의 인격적 관계 속에서 자신의 존재를 구성하는 분이라고 라쿠나는 주장한다. 이러한 관계 존재론의 관점에서 라쿠나는 전통적인 삼위일체 이해에서 구분되었던 '오이코노미아'(경륜적 삼위일체)와 '테올로기아'(내재적 삼위일체)를 하나로 결합시킨다. 그리하여 그녀는 '오이코노미아'와 '테올로기아'의 분리 내지는 구분으로부터 발생했던 삼위일체론의 사변성과 관념성을 교정하고 삼위일체 교의를 그리스도인의 신앙과 삶에서 중심이 되는 실천적 교의로 전환시키기를 원한다. 하나님은 세계와 상관없이 홀로 고독하게 존재하는 단자적인 존재가 아니라 성부와 성자와 성령, 즉 세 위격들의 세상을 향한 자유와 사랑의 자기 개방성과 자기전달, 참여와 연합을 통하여, 즉 타자지향적인 '탈존'을 통하여 존재하는 분이라는 것이다. 하나님은 탈존적 존재이기 때문에 존재이시며, 이러한 탈존적 존재인 하나님은 삼위일체이신 하나님 외에 다른 하나님이 아니라고 그녀는 주장한다. 그러므로 하나님

원리로 삼는다. 그녀의 삼위일체적 실천이론은 자신의 삼위일체론적 '하나님의 통치'이론(캐서린 모리 라쿠나, 『우리를 위한 하나님』, 522-536)과 그것에 바탕을 둔 '삼위일체적 정치학'(앞의 책, 536-552) 및 '삼위일체적 삶: 이웃과 더불어 하나님의 삶을 살기'(앞의 책, 552-567)에서 구체적으로 개진된다. 그러나 이것들에 대하여 여기서 상론하는 것은 본 논문의 범위를 훨씬 넘어서는 것이다. 관심 있는 독자들은 위의 책을 참고하기 바란다.

의 구원 경륜의 신비가 곧 하나님의 존재(본질)의 신비인 것이며, 구원 경륜의 신비를 떠나서 하나님의 존재의 신비를 논구하는 것은 무의미한 일이라는 것이 그녀의 주장이다.

하나님은 그리스도를 통하여 성령 안에서 인간과 세상을 향해 자신을 개방하시고 자신을 분여하시기 때문에 우리 그리스도인의 삶은 삼위 하나님과의 인격적인 연합과 연대의 삶이며, 우리의 삶의 자리야말로 바로 우리의 '신격화'deitas를 위한 헌신과 노력과 분투의 장소라고 라쿠나는 주장한다.[82] 이것이 바로 라쿠나의 '관계 존재론적 삼위일체론'이 함축하고 있는 실천적 국면이다.

6.2. 비판적 평가

라쿠나의 '관계 존재론적 삼위일체 신학'에는 몇 가지 심각한 신학적 문제점들이 관찰된다.

1) 내재적 삼위일체를 경륜적 삼위일체로 환원시킴: 라쿠나의 '관계 존재론적 삼위일체 신학'에는 내재적 삼위일체를 경륜적 삼위일체로 환원시키는 심각한 오류가 발견된다. 즉, 라쿠나는 '내재적 삼위일체'를 '경륜의 삼위일체'로 환원시키는 것으로 보인다. 그녀는 '관계 존재론'의 토대 위에서 정립한 '인격' 개념을 가지고 전통적인 삼위일체의 '위격' 개념을 새롭게 해석한다. 여기서 하나님은 오직 관계성 속에서만 존재하는 인격이라는 입장을 견지함으로써 '경륜적 삼위일체'와 '내재적 삼위일체'의 두 국면을 통합한다. 그녀는 하나님의 삼위일체를 '경륜'oikonomia과 '내재'immanentia로 나누는 것은 삼위일체 이해에서 별로 좋지 않은 생각이라고

---

82   참조. 김정숙, "사랑과 자유의 관계 존재론", 155.

주장한다. 삼위일체가 '경륜'과 '내재'의 두 국면으로 나누어지면, 결국 하나님 존재의 신비를 내재의 국면 속에서 논구하는 가능성을 열어 놓게 되고, 그럴 경우 삼위일체론은 우리의 삶과는 무관한 하나님의 내적 존재의 신비를 사변적으로 성찰하는 관념적이고 무의미한 교의로 전락하기 쉽다는 것이다. 그러나 경륜과 내재의 구분을 폐기하는 이러한 라쿠나의 견해를 수용하게 되면 우리의 구원교리에 암영이 드리워지는 것을 피할 수 없다. 하나님을 더 이상 우리 구원의 하나님으로 말하기가 어렵게 되는 것이다. 왜냐하면 '경륜'과 '내재'의 구분을 반대하며 하나님은 피조물과의 관계 속에서만 존재할 수 있다는 라쿠나의 주장은 하나님의 존재를 경륜으로 환원시키고 거기에 종속시키는 심각한 문제를 야기시키기 때문이다. 물론 그녀는 경륜의 신비 속에서 하나님의 신비가 인식된다고 말함으로써 경륜과 내재를 구분하는 입장을 견지하는 것처럼 보인다. 그러나 하나님은 세계와의 관계 속에서만 존재한다는 입장을 강조함으로써 경륜과 내재의 구분을 사실상 폐기시키고 있다는 인상을 지울 수 없다.

일찍이 오스트리아의 개혁신학자 에더워드 뵐 Eduard Boehl은 삼위일체의 인식과 관련하여, 우리가 하나님을 세상과 관계없이 단지 존재론적으로 파악하는 것은 불가능하다는 사실을 지적하였다.[83] 그래서 네덜란드의 개혁신학자 헤르만 바빙크 Herman Bavinck는 성경과 교부들의 가르침을 따라서 경륜적 삼위일체에 대한 인식으로부터 시작하여 귀납적으로 내재적 삼위일체를 파악해야 한다고 역설했던 것이다.

…시간 가운데 [성자와 성령의] 보내심은 하나님의 존재 내의 삼위의 내재적

---

83 E. Boehl, *Dogmatik, Darstellung der Christlichen Glaubenslehre auf Reformiert-Kirchlicher Grundlage*, Amsterdam: Verlag von Scheefer & Co/Leipzig: Rund Giegler/Basel: Felix Schneider, 1887, 82 (권호덕, "콜브르게 학파 에드워드 뵐(Eduard Boehl)의 삼위일체 이해", 「조직신학 연구」 제20호, 2014년. 봄. 여름호, 44를 따라 재인용).

관계에 대한 반영이며, 출생과 내쉼에 그 근거를 갖는다.…그러므로 교부들은 시간 속에서 인간의 눈에 드러난 삼위들 간의 관계들로부터 그들의 영원한 내재적 관계를 도출했다. 이것은 완전히 정당한 것이다.[84]

그러므로 개혁신학은 경륜적 삼위일체는 내재적 삼위일체의 인식의 원리이며, 내재적 삼위일체는 경륜적 삼위일체의 존재의 원리라는 입장을 견지한다. 즉 양자는 분리시키면 안 되지만 구분해야 한다는 것이다. 그러므로 라쿠나와 같이 내재적 삼위일체를 경륜적 삼위일체와 구분하지 않고 전자를 후자에 환원시키는 입장을 개혁신학은 결단코 반대한다. 그렇게 될 경우 하나님은 세상의 일부로 전락하게 된다. 세상의 일부인 하나님, 세상에 종속된 하나님이 어떻게 우리의 구원의 하나님일 수 있겠는가? 그러므로 영원한 내재적 삼위일체야말로 시간 속에 계시된 경륜적 삼위일체의 존재의 원리요 기반이라는 것을 우리가 결코 간과해서는 안 될 것이다. 그래서 미국의 개혁신학자 존 프레임[John M. Frame]은 다음과 같이 정당하게 말했던 것이다.

존재론적 삼위일체는 창조를 떠나서 존재하는, 즉 만약 삼위일체 하나님이 어떤 것도 창조하지 않으셨다고 할지라도 존재하셨을 삼위일체 그 자체입니다.… 그러나 경륜적 삼위일체는 창조 세계와의 관계 안에 있는 삼위일체입니다.[85]

이와 같이 경륜적 삼위일체와 내재적 삼위일체의 구분이 견지되지 않을 때 삼위 하나님은 세상에 종속되고, 세상으로 환원된다. 세상으로 환원된 하나님이 세상과 아무리 친밀한 관계를 맺더라도 어떻게 세상을 구원

---

84 바빙크, 『개혁교의학』 제 2권, 403 (괄호는 필자의 삽입). 참조. 402.
85 존 M. 프레임/김용준 옮김, 『조직신학개론』, (서울: 개혁주의신학사, 2011), 67.

할 수 있겠는가? 하나님의 영원한 아들이 성령의 능력으로 이 세상에 성육신하셨다는 신학적 입장, 즉 영원한 하나님의 본질로부터 경륜(계시)으로 펼쳐지는 삼위 하나님의 구원 역사를 견지하는 입장이 없다면, 그리스도의 사역과 고난과 죽음은 우리를 위한 구원사건이 아니라 세상의 불의에 희생된 한 의로운 선지자의 죽음 이상의 의미를 가질 수 없게 되는 것이다. 이것이야말로 라쿠나의 '관계 존재론적 삼위일체 신학'이 안고 있는 대단히 심각한 문제점들 중 하나라고 필자는 생각한다. 그러므로 경륜으로부터 하나님의 본질을 인식하는 니케아 이전 교부들의 강조점, 즉 경륜적 삼위일체를 강조하는 동시에 하나님의 본질로부터 구원 경륜으로 나아가는 그들의 입장, 즉 양자 모두에 대한 강조를 우리는 굳게 견지해야 할 것이다.

2) 신학 논리의 딜레마(I): 라쿠나의 관계 존재론적 삼위일체 신학에는 심각한 신학적 논리의 딜레마가 존재한다. 라쿠나는 존재에 대한 위격의 우위성을 주장할 때는 카파도키아 교부들의 이론을 견지하지만, 삼위의 평등성을 주장할 때는 아우구스티누스 교부의 이론을 견지한다. 그러나 양자의 이론에서 위격의 구성을 가능케 하는 각 이론 고유의 위격 구성의 원리를 거부함으로써 양자의 이론이 규정하는 위격 개념 자체를 폐기시키는 것처럼 보인다. 그녀는 자신의 삼위일체 신학을 위해 '관계적 인격' 개념을 구성할 때 신학적 논리와 개념의 정합성을 무시한 채 동방(카파도키아 교부들)과 서방(아우구스티누스) 사이를 왔다갔다 하며 자기 구미에 맞는 이론을 끌어다 쓰는 것으로 보인다. 이에 대해 상론해 보자.

(1) 카파도키아 교부들의 위격 개념의 폐기: 카파도키아의 교부들이 존재에 대한 위격의 우위성을 주장할 수 있었던 것은 신성의 원천을 '성부의

위격'으로 보았기 때문이다. 아우구스티누스 교부의 전통에 반하여 카파도키아의 교부들은 본질 또는 존재에 대한 위격의 우위성을 강조했고, 위격의 우위성을 기반으로 하여 세 신적 위격들의 관계성을 강조했다. 그들이 그렇게 할 수 있었던 것은 신성의 원천을 '성부의 위격'에 두었기 때문이다. 그러나 라쿠나는 신성의 원천이 성부의 위격이라는 카파도키아 교부들의 입장을 받아들이지 않는다. 그 입장을 받아들이지 않으면 카파도키아 교부들의 위격 개념 자체가 성립할 수 없는데도 말이다. 그 입장을 그녀가 받아들이지 않았던 이유는 오늘날의 페미니즘의 가부장주의에 대한 비판적 이념을 전제로 하여 카파도키아 교부들의 삼위일체론을 무리하게 해석하려고 했기 때문이다. 신성의 원천을 성부의 위격으로 파악하는 카파도키아 교부들의 위격 구성 이론을 수용할 경우 성부의 전제군주론을 허용하게 되고, 그렇게 되면 삼위일체론이 가부장주의를 정당화시키는 신학적 이데올로기로 전락할 수 있다고 그녀는 우려한다. 그러나 카파도키아 교부들이 말하는 위격들의 상호관계를 가부장적 위계질서로 파악하는 그녀의 견해는 가부장주의에 대한 오늘날의 여성신학의 관점을 무비판적으로 카파도키아 교부들의 위격 개념에 투영함으로써 발생한 오해이고 오류이며 오독이다. 신성의 원천이 성부의 위격이라 할지라도 성부가 성자와 성령과 맺는 관계는 경쟁과 지배의 관계가 아니라[86] 지극한 사랑과 친밀한 사귐의 관계임을 카파도키아의 교부들이 강조한다는 사실을 라쿠나는 간과하고 있다. 특히 나치안츠의 그레고리우스는 삼위의 관계를 계급적 지배질서로 파악해서는 안 된다는 사실을 주의 깊게 강조했다. 그래서 그는 전제 군주적 지배가 어떤 한 위격에만 귀속되지 않는다는 사실을 다음과 같이 천명한다.

---

86 성부가 성자와 성령과 맺는 관계를 우리는 결코 경쟁과 지배의 관계로 이해하면 안 된다.

각 위격을 살피면 각각이 하나님이며, 이것은 성부에게 해당되는 것처럼, 성자에게도, 성령에게도 해당된다. (…) 내가 한 하나님을 깨닫자마자 삼위의 영광에 휩싸이고, 삼위를 구분하여 보자마자 즉시 한 하나님께로 인도된다.[87]

칼뱅 또한 그레고리우스의 이 유명한 진술을 자신의 『기독교 강요』에서 인용함으로써 그레고리우스를 지지했다.[88] 성부의 근원성은 성자와 성령과의 관계를 배제한 채 성립될 수 없다. 왜냐하면 성부는 성자와의 관계 속에서만 성부이기 때문이다. 그러므로 '신성의 근원 없는 근원'에 성자도 성령도 함께 참여한다고 그레고리우스는 옳게 강조했던 것이다. 언급되지 않은 위격은 언급된 위격과 연관되어 있는 것이다. 우리가 성부를 언급할 때 비록 성자를 언급하지 않는다고 할지라도, 성부는 성자와의 관계 속에서 성부이므로, 이러한 성부의 호칭 속에 성자와의 관계가 이미 전제되어 있다는 사실을 잊어서는 안 된다. 그러므로 그레고리우스는 삼위 중 한 분을 격하시키는 것은 전체를 폐기시키는 것이라고 말했고, 따라서 세 위격들의 관계는 가부장적인 위계질서가 아니라 세 위격들 상호간의 지극히 친밀한 사랑과 교제의 관계라는 점을 명백히 천명했다.[89] 하여 성부의 위격으로부터 성자의 영원한 '출생'과 성령의 영원한 '발출'을 성부에 의한 가부장적 지배질서로 이해하는 것은 카파도키아 교부들의 견해를 심하게 오해하고 심각하게 왜곡하는 것이다.[90] 라쿠나가 성부의 신성으로부터의 성자의 출생과 성령의 발출을 설명하는 카파도키아 교부들의 사상, 즉 세 위격의 구성에 관한 교리를 가부장적이라고 비판하는 것은 페미니즘

87 Gregorius Theologus, *Oratio Theologica*, 40, 41, PG XXXVI, 76B.
88 J. Calvin, *Inst.*, I, 13, 17.
89 Gregorius Theologus, *Oratio Theologica*, 43, 30. PG XXXVI, 417B.
90 참조. W. Pannenberg, *Systematische Theologie*, Bd. 1, Göttingen: Vandenhoeck & Ruprecht, 1988, 353.

이 규정한 가부장주의에 대한 비판적 이념을 이 교리에 일방적으로 투사했기 때문에 빚어진 오류이다. 여기에서 라쿠나의 위격 개념의 심각한 문제점이 드러난다. 라쿠나가 카파도키아 교부들의 견해를 따라 본질 또는 존재에 대한 위격의 우위성 개념을 수용하여 위격들의 관계성을 강조함에도 불구하고, 성부의 위격을 신성의 원천으로 보는 카파도키아 교부들의 위격 구성 원리를 가부장주의 운운하면서 수용하지 않는 것은 카파도키아 교부들의 위격 개념 자체를 근원적으로 폐기시키는 것이다. 성립되지 않는 위격의 개념으로 어떻게 위격들의 관계성을 논구할 수 있다는 말인가?

(2) 아우구스티누스 교부의 위격 개념의 폐기: 라쿠나는 카파도키아 교부들과 그들을 계승한 지지울라스의 위격 개념을 수용하여 존재에 대한 위격의 우위성을 강조하면서 위격들의 관계성을 설명했다. 그리고 이러한 관점에서 그녀는 아우구스티누스의 위격 개념을 비판했다. 아우구스티누스는 한 분 하나님의 '본질'essentia을 '신성의 근원'fons deitatis으로 파악한다. 그러다 보니 세 위격들이 독자적인 인격적 실체로 파악되기보다는 한 분 하나님의 인격의식 속에 있는 삼중적 차원으로 이해되었고, 그 결과 아우구스티누스의 삼위일체 이해는 양태론적인 경향으로 기울어지게 되었다고 라쿠나는 비판한다. 이렇게 그녀는 한편으로는 아우구스티누스적인 서방 삼위일체 전통을 비판하면서도, 다른 한편으로는 파트리카 윌슨-카스트너를 따라서 신적 위격들의 '평등성'과 '비종속성'을 아우구스티누스의 서방 전통으로부터 수용한다. 그러나 여기서 라쿠나는 아우구스티누스를 따라 세 위격들의 평등성을 강조하지만, 평등한 세 위격들의 구성을 가능하게 하는 위격 구성의 원리에 대한 아우구스티누스의 입장은 수용하지 않는다. 아우구스티누스에 따르면 세 위격들의 구성 내지는 성립을 가능케 하며 세 위격들의 평등성을 보장하는 위격 구성의 원리는 '한 분 하나

님의 본질'이다. 한 분 하나님의 본질이 위격들을 성립시키는 신성의 원천이며, 세 위격들의 평등성을 보장하는 평등성의 원리이다. 그런데 라쿠나는 위격의 '평등성'과 '비종속성'을 강조하는 서방의 입장을 따른다고 하면서도 양태론의 위험성을 운운하면서 위격들의 구성과 평등성의 원리가 되는 한 분 하나님의 본질을 신성의 근원(원천)으로 인정하고 하지 않는다. 여기에서 라쿠나의 아우구스티누스 위격 개념 수용의 심각한 오류가 드러난다. 라쿠나가 아우구스티누스를 따라 위격들의 평등성과 비종속성의 개념을 수용하면서도, 한 분 하나님의 본질을 세 위격들을 성립시키는 신성의 원천으로 보지 않으려는 것은 아우구스티누스의 위격 개념을 근원적으로 폐기시키는 것이다. 세 위격들의 구성의 원리로서 한 분 하나님의 본질을 인정하지 않으면 아우구스티누스의 위격 개념과 위격의 평등성의 개념은 성립될 수 없다. 그런데 라쿠나는 양태론 운운하며 아우구스티누스의 위격 구성의 원리를 거부하여 그의 위격 개념 자체를 폐기시켜놓고는, 위격들의 평등성과 일체성을 타자-지향적 개체 인격들의 관계라고 주장하는 오류를 범하고 있다. 성립되지 않는 위격의 개념을 가지고 어떻게 위격들의 평등성과 일체성을 말할 수 있겠는가?

이렇게 카파도키아 교부들을 따라 존재에 대한 위격의 우위성을, 그리고 아우구스티누스 교부를 따라 위격들 상호간의 평등성을 동시에 강조하는 라쿠나의 위격 개념은 양자의 위격 개념을 모두 무너뜨림으로써 심각한 신학적 논리의 자체붕괴를 초래하고 있다. 카파도키아 교부들의 동방 삼위일체론과 아우구스티누스 교부의 서방 삼위일체론을 활용할 때 각각의 신학 논리의 맥락과 그 정합성을 무시한 채, 동방과 서방 사이에서 자신의 구미에 맞는 요소들만 끌어다 쓰다 보니 동방과 서방의 각각의 고유한 위격 개념을 붕괴시키는 심각한 신학적 문제를 불러일으키고 있는 것이다.

3) 신학 논리의 딜레마(II): 라쿠나의 구원경륜에 대한 이해에서 또 하나의 심각한 신학적 논리의 딜레마가 발견된다. 라쿠나는 카파도키아 교부들의 전통에 서서 한 하나님의 본질에 대한 세 위격들의 우위성을 강조하는 것처럼 보인다. 왜냐하면 카파도키아의 전통에서 하나님의 본질은 세 위격들 외부에 존재하는 것이 아니라 세 위격들의 '연합'unitas, 즉 '하나됨'Eingkeit을 의미하는 것이기 때문이다. 그러나 라쿠나는 구원경륜을 이해할 때, 구원경륜을 세 위격들의 공동의 사역이라고 말하지 않고 '창조-타락-구속-완성' 안에 나타난 한 분 하나님의 자기 소통이라고 주장함으로써, 그녀 자신이 카파도키아 교부들을 앞세워 비판했던 아우구스티누스적인 서방전통으로 아무런 설명 없이 회귀하고 있는 것이다.[91] 그녀의 주장처럼 구원경륜이 한 분 하나님의 자기 소통이라면 구원경륜 속에서의 성부와 성자와 성령의 사역을 한 분 하나님의 사역으로 봐야 한다. 이것은 세 위격의 비종속성과 평등한 상호관계성을 주장하는 그녀 자신의 주장과 모순된다. 일관성이 있으려면 구원경륜에서의 하나님의 사역을 한 분 하나님의 자기전달(자기소통)Selbstmitteilung이 아니라 세 위격들의 '상호전달'(상호소통)Wechselmitteilung이라고 말했어야만 한다.

4) 신학 논리의 피상성: 라쿠나의 '관계적 인격' 개념, '관계 존재론', 그리고 그것들에 기초한 '관계 존재론적 삼위일체 신학'은 삼위일체론이 함축하고 있는 실천적 성격과 그 실천의 정당성을 어느 정도 해명하는 듯이 보이나, 현실적으로 구조적 모순과 억압 가운데 있는 인간사회와 인간인격들의 복잡한 중층적 상호관계들을 사랑과 자유와 정의의 관계로 변화시키기에는 여전히 너무 피상적이며 사변적이다.[92]

---

91 캐서린 모리 라쿠나, 『우리를 위한 하나님』, 307.
92 참조, 김정숙, "사랑과 자유의 관계 존재론", 155.

참고문헌

권호덕. "콜브르게 학파 에드워드 뷜(Eduard Boehl)의 삼위일체 이해", 「조직신학 연구」, 제20호(2014. 봄 · 여름호).

김정숙. "사랑과 자유의 관계 존재론", 「신학사상」, 145호, 2009(여름).

Adam, Alfred. *Lehrbuch der Dogmengeschichte*, Bd. 1, Gerd Mohn: G?tersloher, 19926.

Augustinus. *De Trinitate libri*, PL, XLII, 819–1098.

Barth, Karl. *Kichliche Dogmatik*, I, 1, Z?rich: Theologischer Verlag, 1987.

헤르만 바빙크/박태현 옮김. 『개혁교의학』, 제2권, 서울: 부흥과 개혁사, 2011.

Boehl, Eduard. *Dogmatik, Darstellung der Christlichen Glaubenslehre auf Reformiert-Kirchlicher Grundlage*, Amsterdam: Verlag von Scheefer & Co/ Leipzig: Rund Giegler/Basel: Felix Schneider, 1887.

Calvin, Johannes. *Unterricht in der christlichen Religion (institutio christinae religionis)*, von 1559 uebersetzt und bearbeitet von Otto Weber, Neukirchen-Vluyn: Neukirchener, 19976.

Congar, Yve. *Der Heilige Geist*, Freiburg/Wien/Basel: Herder, 1982.

Dong-Young, Lee. *Der dreieinige Gott und seine Gesellschaft*, Kamen: Hartmut Spenner, 2013.

론 M. 프레임/김용준 옮김. 『조직신학개론』, 서울: 개혁주의신학사, 2011.

Gregorius Theologus. *Oratio Theologica*, PG, XXXVI.

Harnack, Adolf von, *Dogmengeschichte*, UTB 1641, Tübingen: J. C. B. Mohr [Paul Siebeck], 19918.

Joest, Wilfried. *Dogmatik*. Bd. 1, UTB 1336, Göttingen: Vandenhoeck & Ruprecht 1995.

Johannes Damascenus. *De Fide Orthodoxae*, PG, XCIV.

Kant, Immanuel. *Der Streit der Fakultaeten*, PhB 522, Hamburg: Felix Meiner Verlag, 2005.

LaCugna, Catherine M. "The Baptism Formula. Feminist Objections and Trinitarian Theology", *JES* 26/2(1989).

캐서린 모리 라쿠나/이세형 옮김. 『우리를 위한 하나님. 삼위일체와 그리스도인의 삶』, 서울: 대한기독교서회, 2008.

Moltmann, Jürgen. *Der Geist des Lebens. Eine ganzheitliche Pneumatologie*, München: Chr. Kaiser, 1991.

Müller, G. L. *Katholische Dogmatik*, Herder, 1952.

Pannenberg, Wolfhart. *Systematische Theologie*, Bd. 1, Göttingen: Vandenhoeck & Ruprecht, 1988,

Rahner Karl. "Der dreifaltige Gott als transzendenter Urgrund der Heilsgegschichte", in: *Mysterium Salutis*, Bd. II, Johannes Feiner und Mangnus Löhrer (Hrsg.), Einsiedeln . Zürich . Köln: Benzinger Verlag, 1967.

_____. *Sacramentum Mundi*, Freiburg in Breisgu: Herder, 1967–1969.

Schleiermacher, F. D. E. *Der christliche Glaube*, Rolf Schäfer (Hrsg.), Berlin . New York: Walter de Gruyter, 2008².

Schoedel, Erwin. *Bibliographia Trinitaria: Internationale Bibliographie trinitarischer Literatur*, Bd. I: Autorenverzeichnis, Bd. 2; Register und Ergänzungsliste, München: K. G. Sauer, 1984, 1988.

Schwöbel, Christoph. *Gott in Beziehung*, Tübingen: J. C. B. Mohr (Siebeck), 2002.

Zizioulas, John. J. D. *Being as Communion. Studies in Personhood and the Church*, New York: St. Vladimir's Press, 1985.

에필로그 ▪

　지금까지 우리는 기독교 신학사에 위대한 족적을 남긴 신학자들의 삼위일체 하나님에 대한 논의를 특별히 관계적 삼위일체론의 관점에서 살펴보았다. 사실 이들의 삼위일체론이 단도직입적으로 관계적 삼위일체론을 전개하는 것은 아니지만, 앞서 살펴보았듯이 이들이 이해하는 하나님은 기존의 삼위일체론에서 기술되는 하나님보다 좀 더 인격적이고 공동체적이며 열려 있는 분이다. 즉 성부·성자·성령 하나님의 세 위격은 상호간에 긴밀한 연합(일치)을 이루실 뿐만 아니라 피조물과도 끊임없이 상호관계를 맺으시는 분이다.

　이 책에 기술된 신학자들이 구상하는 삼위일체론은, 학자들마다 정도의 차이는 있지만, 하나님의 내적인 신비에 대해서만 관심을 기울이지 않고 외적으로 인간과 이 세계를 향해 열려 있다. 그리하여 그리스도인들의 가정과 교회, 사회와 세상에서의 삶에 대해서도 중요한 가르침을 줌으로써 좀 더 나은 가정과 교회, 사회와 세상을 만드는 데 기여하는 측면이 있다. 때로는 우리 인류가 꿈꾸고 실현해야 할 이상적인 공동체를 향한 현실개혁의 신학적인 원리와 동력을 제공하기도 한다. 이러한 사실은 올바로 해석된 삼위일체론이 인간과 세계에 대한 매우 귀중한 신학적 통찰을 제시함으로써 이 세계의 변혁을 가능케 하는 원동력이 될 수도 있음을 시사한다.

　앞서 논의를 통해 수차례 강조된 바와 같이, 관계적 삼위일체론이란 성부·성자·성령 하나님의 세 위격을 페리코레시스(περιχώρησις), 곧 상호 내주·상호 교통의 친교적 연합communion을 이루시는 분으로 이해하는 삼위일체론이다. 사실 최근 신학계에서는 얼마 전까지만 해도 사회적 삼위일체론이 큰 영향력을 행사했었는데, 오늘날에는 관계적 삼위일체론이 새롭게 두각을 나타내고 있다. 물론 관계적 삼위일체론과 사회적 삼위일체론은 따로 확연히 구분될 수 없을 만큼 많은 부분을 공명하는 것이 사실이다. 그럼에도 불구하고 후자가 자칫 삼신론tritheism에 빠질 위험이 있는 데 비해, 친교적 연합의 관계적 위격과 본질 개념에 기초한 관계적 삼위일체론은 사회적 삼위일체론의 위험요소를 미연에 방지할 수 있다는 점에서 관계적 삼위일체론의 차별성이 드러나는 것 같다.

무엇보다도 우리가 살아가는 21세기 시대상황 속에서는 '관계'와 '소통'과 '상생'의 중요성이 나날이 커져감에 따라, 관계적 삼위일체론은 현시대에 대안이 될 만한 신학적 원리를 제시한다고 말할 수 있다. 개인의 독립성과 자율성을 지나치게 강조하는 오늘의 시대상황 속에서 위기의 중요한 원인 중 하나는 극단적인 개인주의 및 이기주의로 인한 공동체성 상실에 기인하는데, 상호간에 친밀한 관계성 속에서 함께 더불어 살아가시는 삼위일체 하나님의 존재방식을 가르치는 관계적 삼위일체론은 실로 많은 교훈을 준다. 그러므로 관계적 삼위일체론은 최근 신학계의 또 다른 중요한 동향으로 나날이 보다 큰 공감대를 형성해나갈 것으로 보인다.

하나님을 관계적 존재로 이해하는 최근의 삼위일체론은 오늘날 세계를 하나의 관계의 그물망으로 이해하는 탈현대주의postmodernism의 거대한 도전 속에서도 크나큰 설득력을 지닌다. 주지하는 바와 같이, 탈현대주의는 세계를 하나의 유기적이고 전일적인 전체로 이해함으로써, 오늘날 세계는 부분과 전체가 서로 깊이 연결되어 상호간에 영향을 주고받으면서 관계를 맺는 유기적인 생명체로 간주된다. 그러면서도 탈현대주의는 하나의 가치관 내지 정신사조가 모든 것을 지배하는 획일화를 거부하는 탈획일화를 지향함으로써, 오늘날 우리는 다양성과 다름, 곧 다종교와 다문화와 다가치와 다변화와 다원화 등을 추구하는 시대를 살아가고 있다.

이러한 상황 속에서 우리는 서로 완전히 독립되고 구별되는 다른 위격임에도 함께 어우러져 공존하시는 삼위일체 하나님의 실존을 통해 기독교가 인류문명에 기여할 수 있는 방도이자 기독교 자체의 생존의 길을 발견할 수 있다. 인류역사에서 다름과 다양성을 침해한 결과 엄청난 비극들(예: 인종차별, 민족차별, 성차별, 계급차별, 문명·종교갈등 등)이 발생했던 터라, 다름과 다양성을 존중하시는 삼위일체 하나님에 대한 논의는 향후 인류문명이 나아가야 할 이상적인 방향을 제시할 수 있다는 것이다. 뿐만 아니라, 관계적 삼위일체론은 기독교가 감당해야 할 역할과 사명을 공고히 함으로써, 급속한 세속화와 거대한 안티^{anti}기독교의 흐름 속에서도 기독교가 살아남을 수 있는 중심적인 지렛대가 될 수도 있을 것이다.

이처럼 오늘날 신학계에서 삼위일체론이 부흥하는 상황에서 특별히 관계적 삼위일체론이 절실히 필요하다는 것은, 이 시대의 신학이 성서와 기독교 전통에 깊이 뿌리박고 있는 동시에 교회와 사회의 구체적인 현실을 실제로 변혁할 수 있는 신학적인 원리를 추구할 때에야 비로소 생명력이 있다는 사실을 보여준다. 즉 우리 시대의 신학이 철저히 성서에 기반을 둔 기독교 전통을 반영하는 동시에 시대상황을 변화시킬 수 있는 신학이 될 때, 교회와 사회를 하나님의 말씀으로 다시 새롭게 재형성할 수 있는 생명력 강한 신학이 될 수 있다는 것이다.

이러한 맥락에서 기독교 신학사에서 논의된 삼위일체론을 계승하여 오늘날 우리가 지속적으로 지향해야 할 삼위일체론은, 캐서린 모리 라쿠나의 표현대로, 이 세상과 동떨어진 영원한 하나님의 삶에 대한 학문이 결코 아니라, 오히려 구원의 역사 속에 계시는 하나님, 우리와 함께 하시는 하나님의 삶에 대한 학문, 곧 그리스도인들의 삶에 근본적인 변화를 가져오는 실제적인 교리일 것이다.[1] 그러므로 이제 우리는 지금까지 기독교 2000년 신학 전통에서 삼위일체 교리를 그리스도인의 실천적 삶과 무관한 교리로 잘못 인식해 왔던 편견을 극복함으로써 이를 그리스도인의 실천적 삶에 동기부여하는 실천적 교리로서 새롭게 정립해 나가야 할 것이다.

---

1   캐서린 모리 라쿠나/이세형 옮김, 『우리를 위한 하나님: 삼위일체와 그리스도인의 삶』(서울: 대한기독교서회, 2008), 19-41.

관계적 삼위일체론의 역사

관계 속에 계신
삼위일체 하나님

초판 1쇄 인쇄 2015년 7월 30일
초판 1쇄 발행 2015년 8월 5일

지은이 웨슬리신학연구소
펴낸이 홍병룡
만든이 최규식·정선숙·강민영·장우성

펴낸곳 협동조합 아바서원
등록 제 274251-0007344
주소 서울특별시 은평구 증산로 19길 19 2층
전화 02-388-7944 | 팩스 02-389-7944
이메일 abbabooks@hanmail.net

ⓒ 협동조합 아바서원, 2015

ISBN 979-11-85066-45-5 03230